Slavko Barbarić

Umkehr als fundamentale Lehr- und Lernaufgabe christlicher Erwachsenenbildung

Theologische Grundlegung, kritische Analyse
der theologisch-andragogischen Literatur
und empirisch-analytische Untersuchung der
Cursillo-Bewegung im deutschsprachigen Raum
Mit einem Geleitwort von Günter Biemer

PETER LANG
Frankfurt am Main · Bern · New York

CIP-Kurztitelaufnahme der Deutschen Bibliothek

Barbarić, Slavko:

Umkehr als fundamentale Lehr- und Lernaufgabe
christlicher Erwachsenenbildung : theol. Grund-
legung, krit. Analyse d. theol.-andragog. Lite-
ratur u. empir.-analyt. Unters. d. Cursillo-
Bewegung im deutschsprachigen Raum / Slavko
Barbarić. Mit e. Geleitw. von Günter Biemer. –
Frankfurt am Main ; Bern ; New York : Lang, 1985.
   (Europäische Hochschulschriften : Reihe 33,
   Religionspädagogik ; Bd. 8)
   ISBN 3-8204-8284-9
NE: Europäische Hochschulschriften / 33

BX
2375
,A3
B37
1985

ISSN 0721-3638
ISBN 3-8204-8284-9
© Verlag Peter Lang GmbH, Frankfurt am Main 1985

Druck und Bindung: Weihert-Druck GmbH, Darmstadt

Umkehr als fundamentale Lehr- und Lernaufgabe christlicher Erwachsenenbildung

Europäische Hochschulschriften

Publications Universitaires Européennes
European University Studies

Reihe XXXIII

Religionspädagogik

Série XXXIII   Series XXXIII

Education religieuse
Religious Education

Bd./Vol. 8

PETER LANG

Frankfurt am Main · Bern · New York

Geleitwort

Die Wahrscheinlichkeit wird deutlicher, daß die technologisch-industrielle Nutzung der Welt den heutigen Menschen dazu befähigt, die Vorräte seiner eigenen Zukunft vorweg zu verzehren. Die Wahrscheinlichkeit wird deutlicher, daß die Abfallprodukte der jetzigen Lebensweise (atomarer Müll) unsere Nachkommen auf Jahrtausende belasten können. Die Einsichtsfähigkeit einer immer größeren Zahl von Menschen wächst, daß wir in Zentral-Europa und im nordatlantischen Lebensraum "über die Verhältnisse" leben sowohl im Vergleich zur weitaus größten Zahl der Weltbevölkerung heute als auch im Vergleich zu dem, was an planetaren Ressourcen für die künftigen Nachkommen übrig bleibt. Wie im Zeitraffer hat durch die naturwissenschaftlich-technologische Umgangs- weise des Menschen mit seiner Welt die alte ökologische Balance ausgehakt. - Die bedrückende Frage bleibt zusätzlich: wächst mit der Rüstungsspirale auch die Wahrscheinlichkeit des Gebrauchs der fabrizierten Vernichtungsautomaten?

Es scheint, als seien wir aber noch nicht am Point of no Return angelangt. Die gewaltigen Friedensdemonstrationen zeigen den Umkehr-Willen und die Umkehr-Forderung von großen Massen unserer Bevölkerung. Das komplexe und differenzierte Ziel des Überlebens und des neu-Lebens auf Erden wird jedoch nur erreichbar, wenn sowohl die politischen Führer und die führenden Wissen- schaftler und Wirtschaftler, aber auch die Individuen der Gesellschaft zu einer geistigen Änderung gebracht werden können. - Eines der größten Umkehr- potentiale unserer abendländischen Tradition steckt im Christentum.

Das Werk von Slavko Barbarić durchforstet das Umkehrpotential der christlich- jüdischen Theologie (des Alten und Neuen Testaments) von Anfang an und konfrontiert mit den jüngsten Äußerungen des kirchlichen Lehramts der katho- lischen Kirche. Der Verfasser entwirft daraus einen Kriterienkatalog für die Analyse und Messung der Umkehrpraxis. An der weit verbreiteten spirituellen Bewegung des Cursillo führt er eine empirisch-analytische Messung des Umkehr- potentials durch, so wie er in der hermeneutischen Analyse der einschlägigen Fachliteratur kirchlicher Erwachsenenbildung eine Bewertung ihrer Umkehr- stimulans aufweist.

Dieser Arbeit gebührt nicht nur Beachtung, weil darin empirisch-analytisches und hermeneutisches Vorgehen im Rahmen der Praktischen Theologie unvermischt und doch in gegenseitiger Bezogenheit präsentiert wird, sondern weil es sich auch um die Aufarbeitung einer der wichtigsten Potentialien des christlichen Glaubens handelt: seine Selbstreformfähigkeit.

Der junge kroatische Franziskaner Slavko Barbarić ofm., der mit dieser Arbeit der geistlichen Bewegung des Cursillo ein sympathisches Denkmal gesetzt hat, ist inzwischen selbst unter schwierigen äußeren Bedingungen in die Praxis der Umkehrverkündigung "an der Basis" zurückgekehrt. Vermutlich würde er an dieser Stelle auf die Umkehrimpulse der Marienerscheinung von Medjugorie als ein christliches Einflußpotential für unüberschaubare Zahlen verweisen, wie man vor einem Jahrhundert auf die Umkehrimpulse der Marienbotschaft von Lourdes oder vor einem halben Jahrhundert auf die Umkehrforderung der Marienbotschaft von Fatima verwiesen hat.

Günter Biemer

I. Vorwort

Die Aufgabe der vorliegenden Arbeit ist, die Umkehr in ihrer
Bedeutung als zentrale Lehr-Lernaufgabe der christlichen
Existenz zu behandeln. Es geht also um folgende Frage: Wie
muß "Umkehr" gelehrt werden, damit sie gelernt werden kann.

Von Beginn der Heilsgeschichte an wurde sie gelehrt und
gelernt. Und sie wird bis zur Vollendung der Menschheitsgeschichte ebenso gelehrt und gelernt werden müssen. Das bezeugt
uns die Heilige Schrift. Umkehr, Metanoia, Sinnesänderung ist
die Grundforderung der Schrift sowohl des Alten als auch des
Neuen Testamentes. Sie ist die unaufgebbare Bedingung dafür,
zum Volk Gottes zu gehören. Sie steht als Postulat am Anfang
jeder Erneuerung des Lebens im Glauben.

Im Auftrag ihres Gottes Jahwe riefen die Propheten das erwähl-
te Volk durch ihr Leben und ihr Wort zur Umkehr, nachdem sie
selbst bereit waren, die eigene Umkehr zu lernen. Dies bedeutete für die Propheten und für das Volk, sich immer tiefer dem
Willen Jahwes ausliefernd, "fremde Götter" und alle falschen
Hoffnungen zu verlassen und nur ihm, dem einzigen Gott, mit
voller Hingabe zu dienen.

Der endgültige Metanoiaruf erklang in Jesus Christus. Er verkündete den Menschen die mit ihm erschienene 'Basileia' Gottes.
Sie drängt zur Umkehr. "Die Zeit ist erfüllt, und das Reich
Gottes ist nahegekommen. Kehret um und glaubt an die Heilsbotschaft" (Mk 1,15). Die 'Basileia' Gottes gilt allen Menschen aller Zeiten, weil er für alle gekommen ist und will,
daß alle durch die Umkehr an der Heilsbotschaft teilhaben.

Daher sandte er seine Jünger in alle Welt, damit sie in der
Kraft des Heiligen Geistes sein Werk auf Erden fortsetzten.
Und dort, wo Menschen das Wort der Apostel hörten und umkehr-
ten, bildeten sich Gemeinschaften. Sie ereigneten sich im
Umkehrgeschehen und gingen aus ihm hervor. Zugleich trugen sie
es weiter und wurden so zu Trägern der Umkehr. Diese Gemeinschaften sind eine Gabe für die Menschheit mit dem Auftrag,

sich selbst ständig zu erneuern und durch die eigene Erneuerung erneuernd in der Welt zu wirken.

Die Gabe der Umkehr und die aus ihr entstehenden Aufgaben stehen in direktem Verhältnis zueinander: je intensiver die Gabe gelebt wird, desto erfolgreicher können die Aufgaben verwirklicht werden und umgekehrt.

Daraus ist für die Kirche von heute die Konsequenz zu ziehen: es muß von neuem intensiv die Umkehr gelernt und gelehrt werden, um so ihrer Aufgabe in und für die Welt gerecht zu werden. Zu diesem Lernen und Lehren der Umkehr möchte diese Arbeit einen Beitrag dadurch leisten, daß sie die Elemente, die diesen Prozeß bestimmen, aufzeigt.

Die Elemente waren aus der Heiligen Schrift und aus verschiedenen Lehrdokumenten der Kirche, die Äußerungen zum Umkehrlernen und -lehren enthalten, sowie aus ihrer Praxis zu eruieren.

Bei dieser Arbeit wurde der Autor mit fachlichem Wissen und mit viel Einsatz und Geduld von Professor Dr. Günter Biemer begleitet. Für seine helfende Begleitung bedanke ich mich herzlich. Ebenso gilt meine Dankbarkeit Dr. Albert Biesinger, Professor Dr. Peter Fiedler, Gabriele Niekamp und Judith Dinter für ihre ebenso vielseitige und immer bereite Hilfe. Zuletzt möchte ich den Teilnehmern der Cursillo danken, die bereit waren, dem Autor Einblick in eine Praxis des Umkehrlernens zu geben.

II. Inhaltsverzeichnis

Seite

III. Methode und Aufbau der Arbeit

1. Diese Arbeit versteht sich im Rahmen der praktischen Theologie. Ihre Aufgabe und Zielsetzung ist, die "Umkehr" als Lern- und Lehraufgabe der christlichen Existenz zu behandeln.

   Dabei geht es zuerst um die Kriterien und Bedingungen des Umkehrlernens und -lehrens. Diese sollen gesucht und dargestellt werden, können jedoch nicht im einzelnen reflektiert werden. Dazu bedarf es der gründlichen Konsultation und Aufarbeitung der Praxis der Kirche. Aus ihr soll ein Umkehrprofil herausgearbeitet werden, an dem das heutige Wirken der Kirche kritisch beurteilt werden kann.

   Mit "Praxis der Kirche" ist hier ein Vielfaches gemeint: so wurde die Heilige Schrift auf das Thema der Umkehr hin befragt, weil sich in ihr das der Kirche vorgegebene und richtungsweisende wie auch verpflichtende Verständnis der Umkehr findet.

   Um das Umkehrprofil noch umfassender darstellen zu können, überprüften wir ebenso, wie sich die lehrende Kirche heute zum Umkehrlernen und -lehren äußert. Damit waren wir bei den kirchlichen Lehräußerungen der neuesten Zeit. Wir haben folgende Lehrdokumente herangezogen, die auf diese Fragestellung hin eingehend überprüft werden sollen:

   - die einschlägigen Dekrete des Zweiten Vatikanischen Konzils (1962-1965), von dem die Erneuerungsimpulse für die heutige Kirche ausgegangen sind. Die wichtigen Texte zum Thema Umkehr fanden wir in den Konstitutionen: "Gaudium et spes", "Lumen gentium" und "Sacrosanctum concilium" und in den Dekreten "Apostolicam actuositatem", "Ad gentes", "Optatam totius" "Perfectae caritatis", "Presbyterorum ordinis" und "Unitatis redintegratio";

   - die erste nachkonziliäre apostolische Konstitution "Paenitemini" (1966);

   - die Lehräußerungen der Gemeinsamen Synode der Bistümer in der Bundesrepublik Deutschland (1971-1975), die die vorgegebene Lehre auf die Situation der Kirche in Deutschland hin zu konkretisieren suchte, um so einen konkreten Impuls für die Erneuerung zu geben.

Bevor wir das Umkehrprofil in einer Zusammenfassung darstellen (2,5), wollen wir uns in einem systematischen Teil (2,4) mit der Frage nach der Möglichkeit und Ermöglichung der Umkehr beschäftigen.

2. Das so gewonnene Umkehrprofil diente uns als Hintergrund dafür, die vorliegende Praxis der Kirche in bezug auf die Umkehr zu untersuchen. Dabei beschränkten wir uns auf das Gebiet der kirchlichen Arbeit mit Erwachsenen und ihre Bemühungen, den erwachsenen Gläubigen Umkehr zu verkünden und sie zu einer neuen Praxis zu führen. Dies war der entscheidende Gesichtspunkt für die nötige Auswahl aus der Erwachsenenbildungsliteratur und den Erwachsenenbildungsmodellen.

Aus der Erwachsenenbildungsliteratur wurden drei Katechismen herangezogen, die nach dem Zweiten Vatikanischen Konzil erschienen sind:

- Glaubensverkündigung für Erwachsene (Deutsche Ausgabe des Holländischen Katechismus) Freiburg [6]1972 (HK);

- Neues Glaubensbuch, Der gemeinsame christliche Glaube, hrsg. von Feiner, Johannes - Vischer, Lukas, Freiburg u.a. [7]1973 (NG);

- Evangelischer Erwachsenen Katechismus, Gütersloh 1975 (EEK):

Von den Erwachsenenbildungsmodellen untersuchten wir:

- Dreher, Bruno - Lang, Klaus, Theologische Erwachsenenbildung, Graz 1969, und Dreher, Bruno, Glaubensstunden für Erwachsene, Ein Arbeitsbuch mit ausgeführten Modellen, Bde 1, 2, 3, Graz 1971 ff.

- Die Modelle von Emeis, Dieter, Lernprozesse im Glauben, Ein Arbeitsbuch für die Erwachsenenbildung mit dem Holländischen Katechismus, Freiburg 1973, und

- Wegzeichen des Glaubens, Freiburg 1972.

Dazu nehmen wir noch das Modell von

- Jellouscheck, Hans - Imhasly, Andreas, Freier leben, Gemeindeseminar zur kommunikativen und kreativen Freizeitgestaltung Freiburg 1973.

Außerdem sollen die theoretischen Ansätze von Erich Feifel dargestellt werden. Auf ihnen bauen vor allem H. Jellouscheck und A. Imhasly ihr Modell auf.

3. Unsere besondere Aufmerksamkeit gilt der Cursillobewegung, indem wir ihre Theorie und ihre Praxis darstellen und an dem Metanoiaprofil messen. Zur Untersuchung der Praxis der Cursillobewegung dienten dem Autor schriftliche Befragungen, die er bei neun Cursillos (dreitägiger Kurs) durchführte.

   Aus den so gewonnenen Ergebnissen, die im Laufe der Arbeit gewonnen wurden, soll als 6. Teil der Arbeit ein Ausblick versucht werden, der zusammenfassend zuziehende Konsequenzen für die Intensivierung des Umkehrlernens und -lehrens und speziell den möglichen Beitrag der Cursillobewegung dazu aufzeigen möchte.

4. Die Darstellung der gewonnenen Ergebnisse läuft in der vorliegenden Arbeit linear so wie hier gerade angedeutet wurde. Der Arbeitsprozeß aber verlief zirkulär. Zeitlich parallel zur Ausarbeitung des Metanoiaprofils lief die Vorbereitung und Durchführung der empirischen Untersuchung und Befragung der Erwachsenenbildungsliteratur und der Modelle.

   Die Kriterien aus der Heiligen Schrift waren die Grundlage dafür, die vorliegende Praxis zu befragen; umgekehrt hatten die aus der Praxis gewonnenen Postulate Einfluß auf die Sichtung der Literatur bei der Erstellung des Metanoiaprofils.

   Auf diese Weise hat schon während der Arbeit ein gegenseitiger Austausch von Theorie und Praxis stattgefunden, was jedenfalls zu den Postulaten des Umkehrlernens und -lehrens führte.

   Natürlich ist diese Vorgehensweise nicht die einzig mögliche in einer solchen interdisziplinären Arbeit. Man kann aber ebenso linear vorgehen. Die zirkuläre Methode hat sich aber insgesamt bewährt aufgrund des oben schon erwähnten frühzeitig stattfindenden gegenseitigen Austauschs zwischen Theorie und Praxis.

5. Der Stellenwert der empirisch-statistischen Untersuchung

Diese Untersuchung kann als eine Pilot-study verstanden werden. Das heißt konkret, daß die Ergebnisse nur einen vorläufigen, hinweisenden und weiterführenden Charakter haben können und keineswegs als endgültige Aussagen genommen werden.

Diese Untersuchung stellt insofern eine Pilot-study dar, als Arbeiten mit ähnlicher Fragestellung, und zwar als Versuch einer Messung von Verhaltens- und Einstellungsänderungen, die durch einen Kurs in Gang gesetzt werden sollen, im theologischen Bereich bis jetzt nicht geläufig sind. Den Pilot-study-Charakter erhält diese Untersuchung weiterhin auch durch die geringe Anzahl der untersuchten Kurse (9) und damit der untersuchten Personen (146) und durch den kurzen Abstand, der zwischen dem 1. und 3. Meßzeitpunkt lag.

Die Untersuchung umfaßte drei Meßzeitpunkte. Um nämlich eine Veränderung feststellen zu können, muß man mit den Versuchspersonen wenigstens zweimal in einem bestimmten Zeitabstand in Kontakt kommen. Wir wählten drei Meßzeitpunkte, wobei der dritte Meßzeitpunkt drei Monate nach den ersten beiden lag. Der 1. und 2. Meßzeitpunkt sind am Anfang und am Ende des dreitägigen Kurses angesetzt. Was den 2. Meßzeitpunkt betrifft, kann gesagt werden, daß er dazwischengenommen ist, um in die Veränderungen, die bei verschiedenen Aussagen feststellbar sein könnten, mehr Einsicht zu bekommen. Die entscheidenden Veränderungen liegen aber zwischen dem 1. und 3. Meßzeitpunkt.

Die Messung der Veränderungen war bei der Wahl der statistischen Verfahren entscheidend, die eine solche über mehrere Termine laufende Messung ermöglichen.

Der Autor verwendete ein Verfahren der Varianzanalyse und des T-Tests. Beide Verfahren werden später kurz beschrieben, um dem Leser die Interpretation der Ergebnisse verständlich zu machen. Da es dabei um komplizierte statistische Verfahren geht, die nicht ausführlich dargestellt werden können, wird an den betreffenden Stellen auf weiterführende Literatur verwiesen.

Um zu untersuchen, ob die theoretischen Konzepte, die der Autor bei der Erstellung des Fragebogens verwandte, sich bei der Auswertung des Fragebogens empirisch bestätigen, wurde das Verfahren der Faktorenanalyse zur Findung von Strukturen angewandt. Zudem wurde die Faktorenanalyse durchgeführt, um die Strukturveränderungen innerhalb der drei Termine, über die die Untersuchung lief, zu überprüfen.

Zur Aufgabe einer Pilot-study gehört auch die Vermittlung der damit gewonnenen Erfahrungen und der daraus resultierenden Verbesserungsvorschläge. Dies wird am Ende ausgeführt werden.

IV. Abkürzungen

1. Konzilsdokumente:

AA	Dekret über das Laienapostolat "Apostolicam actuositatem"
AG	Dekret über die Missionstätigkeit der Kirche "Ad gentes"
GS	Pastorale Konstitution über die Kirche in der Welt von heute "Gaudium et spes"
LG	Dogmatische Konstitution über die Kirche "Lumen gentium"
OT	Dekret über die Ausbildung der Priester "Optatam totius"
PC	Dekret über die zeitgemäße Erneuerung des Ordenslebens "Perfectae caritatis"
PO	Dekret über Dienst und Leben der Priester "Presbyterorum ordinis"
SC	Konstitution über die heilige Liturgie "Sacrosanctum concilium"
UR	Dekret über den Ökumenismus "Unitatis redintegratio

2. Lexika, Zeitschriften u.a.:

ADC	Arbeitsgemeinschaft der Diözesansekretariate der Cursillobewegung (Österreich)
AV	Abhängige Variable
BLzNT	Begriffslexikon zum Neuen Testament
CAD	Cursillo-Arbeitsgemeinschaft der Bundesrepublik Deutschland
EB	Erwachsenenbildung
EEK	Evangelischer Erwachsenen Katechismus
FC	Frauencursillo
GeSy	Gemeinsame Synode der Bistümer in der Bundesrepublik Deutschland
HK	Holländischer Katechismus
HPTh	Handbuch der Pastoraltheologie

LG1	Lernprozesse im Glauben
LLP	Leiter des Lernprozesses
LThK	Lexikon für Theologie und Kirche
MC	Männercursillo
MySal	Mysterium salutis
NG	Neues Glaubensbuch
OG	Offizielle Gesamtausgabe
PBL	Praktisches Bibellexikon
Paen	Apostolische Konstitution "Paenitemini"
SPSS	Statistik-Programm-System für die Sozialwissenschaften
Th.EB	Theologische Erwachsenenbildung
ThWNT	Theologisches Wörterbuch zum Neuen Testament
V	Variable
VA	Varianzanalyse
UV	Unabhängige Variable
WG	Wegzeichen des Glaubens
WMANT	Wissenschaftliche Monographien zum Alten und Neuen Testament
ZAW	Zeitschrift für die alttestamentliche Wissenschaft
ZThK	Zeitschrift für Theologie und Kirche

1.0 Umkehr und Erneuerung in lehramtlichen Aussagen

Der eindringliche Ruf nach Umkehr und Erneuerung "in capite
et in membris" ist in der Kirche immer aktuell gewesen. In
der jüngsten Vergangenheit der Kirche war dieser Ruf von verschiedenen kirchlichen Instanzen erneut zu hören. Dazu gehört
der Reform- und Erneuerungsimpuls, den das Zweite Vatikanische
Konzil (1962-1965) in seinen verschiedenen Dekreten und
Konstitutionen der heutigen Gesamtkirche vermittelt hat. Da
es in dieser Arbeit um Metanoia als zentrale Lehr-Lernaufgabe
der Kirche geht, soll in diesem einleitenden Kapitel das
Begriffsprofil der Metanoia, das sich in den Dokumenten des
Zweiten Vatikanischen Konzils zeigt, dargestellt werden. Um
dieses Profil herausarbeiten zu können, soll unsere Aufmerksamkeit all dem gelten, das unmittelbar mit ihm zu tun hat.
(Sünde, Schuld, Bereich der Umkehr, Begleitung usw.) Damit ist
zugleich die Vorgehensweise dieser Untersuchung angedeutet,
in der die einschlägigen Stellen über das neue Selbstverständnis der Kirche, über Sünde und Schuld, Umkehr und Bekehrung,
über Erneuerung und ihre Träger dargestellt werden. Sie gehören nämlich unbedingt zu dem Spektrum des Metanoiaprofils.
Ohne zu wissen, was die Kirche über sich selbst gesagt hat,
wie sie sich selbst in der heutigen Welt versteht, wie sie
den Menschen in seinem Schuldigwerden und in seinen Erneuerungsmöglichkeiten heutzutage deutet, kann man kaum die Aufforderung nach Metanoia verstehen und begründen.

Zu diesen Überlegungen wird das apostolische Schreiben "Paenitemini" von Papst Paul VI. (1966) hinzugezogen, weil es sich
als Weiterführung des Metanoiagedankens des Zweiten Vatikanischen Konzils versteht und zum Profil der Metanoia einen
Beitrag leistet.

Mit der Frage, wie eine Ortskirche den Ruf nach Metanoia verstanden hat und ihn zu realisieren versucht, wenden wir uns
schließlich der Gemeinsamen Synode der deutschen Bistümer
(1972-1975) zu.

1.1 Umkehr und Umkehrfeld nach dem Zweiten Vatikanischen Konzil

1.1.1 Kirche - pilgerndes Volk Gottes

Die zentrale Lehre des Zweiten Vatikanischen Konzils gilt der Kirche. Daher steht im Zentrum die dogmatische Konstitution über die Kirche "Lumen Gentium" (LG)[1]. Sowohl in ihrem Aufbau als auch in ihren Aussagen vermittelt sie ein neues Verständnis der Kirche in bezug auf sich selbst und auf ihren Dienst in der Welt. Im Gegensatz zu anderen Konzilien, die sich meistens mit aktuellen Irrtümern auseinandersetzten, ging es dem Zweiten Vatikanischen Konzil um die ausgiebige Erklärung der eigenen inneren Kraft ihrer Lehre,[2] die "ihr Wesen und ihre universale Sendung ihren Gläubigen und aller Welt eingehender erklären" will (LG 1).[3]

Nachdem sich die Kirche im ersten Kapitel von LG als Sakrament in Jesus Christus, "das heißt Zeichen und Werkzeug für die innigste Vereinigung mit Gott wie für die Einheit der ganzen Menschheit" (LG 1) dargestellt hat, spricht LG im zweiten Kapitel über die Kirche als Volk Gottes. Diese Reihenfolge ist sehr wichtig und soll zur Kenntnis genommen werden, weil es zum ersten Mal geschieht, daß in einem Dokument über die Kirche vor allen hierarchischen Unterschieden von der Kirche als "Volk Gottes" gesprochen wird. Dieses Volk ist von Gott gewollt, in Jesu Christi Blut gestiftet und aus allen Völkern zusammengewachsen (vgl. LG 9 passim). Es befindet sich auf seinem Pilgerweg, geführt vom Heiligen Geist, und in seiner Kraft hört es nicht auf, "sich selbst zu erneuern, bis sie durch das Kreuz zum Lichte gelangt, das keinen Untergang kennt" (LG 9).

Das Volk Gottes ist der Erneuerung immer bedürftig und soll den Weg der Buße gehen. Nur so kann es, das sich auf seinem Weg als schuldig erfährt, 'in capite et in membris' Christus, dem heiligen, schuldlosen, der die Sünde nicht kannte (vgl. Hebr 7,26; 2Kor 5,21) und der als Gottes gehorsamer Knecht in der Liebe zu allen Menschen gelebt hat, folgen. Dieses wandernde Gottesvolk setzt die Sendung Jesu fort. "Sein Gesetz ist das neue Gebot (vgl. Joh 13,34), zu lieben, wie

Christus geliebt hat. Seine Bestimmung endlich ist das Reich Gottes, das von Gott selbst auf Erden grundgelegt wurde, das sich weiter entfalten muß, bis es am Ende der Zeiten von ihm auch vollendet werde, wenn Christus, unser Leben (vgl. Kol 3,4) erscheinen wird und die 'Schöpfung selbst von der Knechtschaft der Vergänglichkeit zur Freiheit der Herrlichkeit der Kinder Gottes befreit wird' (Röm 8,21)" (LG 9). Nicht nur mit der Sendung Christi wandert dieses Volk, das die Kirche ist, durch die Geschichte der Menschheit bis zur Vollendung. Es ist dazu mit demselben Geist, in dessen Macht Jesus selbst gewirkt hat, und mit den Sakramenten ausgerüstet und so zur Erfüllung seiner Aufgabe fähig gemacht worden (vgl. LG 9). Daß es dabei um das priesterliche Volk geht, das mit dem Heiligen Geist gesalbt ist, wird im Art. 10 derselben Konstitution gesagt. Und als solches hat es die Sakramente als Mittel zum Heile bekommen, aus denen es die Kraft zur Vollkommenheit in der Heiligkeit schöpfen kann, damit es die Vollkommenheit des Vaters erreiche (vgl. LG 11). Nicht nur am Priestertum Christi hat es Anteil, sondern auch an seinem prophetischen Amt, durch das es zum lebendigen Zeugnis "vor allem durch ein Leben in Glauben und Liebe, in der Darbringung des Lobesopfers an Gott als Frucht der Lippen, die seinen Namen bekennen (vgl. Hebr 13,15)" befähigt ist (Lg 12). In diesem Zusammenhang gilt für alle Gläubigen, daß sie alle gemeinsam in den Sachen des Glaubens nicht irren können. "Und diese ihre besondere Eigenschaft macht sie durch den übernatürlichen Glaubenssinn des ganzen Volkes dann kund, wenn sie 'von den Bischöfen bis zu den letzten gläubigen Laien' ihre allgemeine Übereinstimmung in Sachen des Glaubens und der Sitten äußert" (LG 12).[4]

Dies ist der neue Rahmen, in dem die Konstitution ihre Lehre über die Kirche weiterentwickelt. Er ist ein Zeichen dafür, daß und wie die Kirche über sich nachgedacht hat und eine Umkehr vollzogen hat. "Seit der Reformation wurde die Kirche vorwiegend als geistlicher Obrigkeitsstaat gesehen: der Papst an der Spitze wie ein absoluter Monarch, dann sich stufenförmig erweiternd die Bischöfe, Priester. Ihnen rein passiv gegenüberstehend die 'Gläubigen'. Die rechtliche und unveränderliche Seite trat in schroffer Abgrenzung gegen alles,

was nicht Kirche war, hervor."[5] Das Zweite Vatikanische
Konzil kommt nun zu einer neuen tieferen Lehre über das Wesen
der Kirche. Es sieht die Kirche als Geheimnis und Volk Gottes,
dem die Hierarchie dient, deren Amtsträger, die mit heiliger
Vollmacht ausgestattet sind, im Dienste ihrer Brüder stehen,
"damit alle, die zum Volke Gottes gehören und sich daher der
wahren Würde eines Christen erfreuen, in freier und geordne-
ter Weise sich auf das nämliche Ziel hin ausstrecken und so
zum Heile gelangen" (LG 18). H. Mühlen sieht hier "jene Rück-
gliederung der Amtsträger in das Volk, die in dem neuen, brüderlichen Umgangston von Amtsträgern und Laien bereits sichtbaren Ausdruck gefunden hat".[6] Daraus resultiert auch ein
neues Verhältnis der Bischöfe untereinander, denen die kolle-
giale Verantwortung in der Kirche mit dem Papst zusammen zusteht. "Die Bischofsweihe überträgt mit dem Amt der Heiligung
auch Ämter der Lehre und der Leitung, die jedoch ihrer Natur
nach nur in der hierarchischen Gemeinschaft mit Haupt und
Gliedern des Kollegiums ausgeübt werden können" (Lg 21, vgl.
23). Die Bischöfe stehen mit ihren Priestern wieder zum
'Dienst inmitten der Gläubigen'. "Sosehr die Bischöfe wahre
Autorität (auctoritas) und Vollmacht (potestas) über ihre
Kirche besitzen, so dürfen sie diese doch nur zur Auferbauung ihrer Gläubigen in Wahrheit und Heiligkeit gebrauchen,
'eingedenk, daß der Größere werden soll wie der Geringere
und der Vorsteher wie der Diener (vgl. Lk 22,26-27)'".[7]

So befinden sich nach der Lehre des Zweiten Vatikanischen
Konzils Papst, Bischöfe, Priester, Kleriker und die Laien
als Mitglieder des wandernden Volks Gottes in brüderlicher
Gleichheit, wenn auch mit verschiedenen Charismen und daher
mit verschiedenen Aufgaben, in derselben Sendung. "Die ge-
weihten Hirten wissen sehr gut, wieviel die Laien zum Wohl
der ganzen Kirche beitragen. Sie wissen ja, daß sie von
Christus nicht bestellt sind, um die ganze Heilsmission der
Kirche an der Welt allein auf sich zu nehmen, sondern daß
es ihre vornehmliche Aufgabe ist, die Gläubigen so als Hirten
zu führen und ihre Dienstleistungen und Charismen so zu prüfen, daß alle in ihrer Weise zum gemeinsamen Werk einmütig
zusammenarbeiten" (LG 30). M. Gozzini sagt: "Diese konziliare

Einsicht ist von großer Tragweite, weil sie die Heilsmission
der Kirche und die sakramentale Verantwortlichkeit, die für
alle daraus folgt, bei aller Unterschiedenheit der Ämter, als
'gemeinsames Werk' der Hierarchie und der Gläubigen bezeichnet."[8] In der gemeinsamen Sendung des Volkes Gottes sind alle
gleich "zum Streben nach Heiligkeit und ihrem Stand entsprechender Vollkommenheit eingeladen und verpflichtet" (LG 42).
Es sind alle zur vielfältigen Verwirklichung der Heiligkeit
eingeladen, die sich in jedem Stand und in jeder Situation
zwar auf verschiedenen Wegen, aber mit gleichen Mitteln, von
allen verwirklichen läßt.[9]

In diesem neuen Selbstverständnis der Kirche als Volk Gottes
finden alle Aufforderungen zu Erneuerung und Umkehr, die
dargestellt werden sollen, ihren gebührenden Platz. Auf seinem
Hintergrund soll der Metanoiaruf des Zweiten Vatikanischen
Konzils in seiner Begründung und Zielsetzung aufgezeigt werden.
Dazu ist es nötig, verschiedene Gegebenheiten, die zu den Grundstrukturen des Metanoiaprofils gehören, in der Kirche als wan-
derndem Volk Gottes näher zu erläutern.[10]

1.1.2 Sünde und Schuld im Individuum

Zu den Gegebenheiten, in denen sich das Volk Gottes befindet,
gehören Sünde und Schuld. Über die Sünde als solche, über ihre
Wurzeln und Folgen wird an verschiedenen Stellen in verschiedenen Dokumenten gesprochen.

So spricht die Pastoralkonstitution über die Kirche, "Gaudium
et spes" (GS) in Nr. 13 über die Sünde, nachdem zuvor in Nr. 12
von der Würde der menschlichen Person die Rede war. Der Mensch
ist in GS 12 als Zentrum alles Geschaffenen, als Ziel und Gip-
fel, dem alles auf Erden hinzuzuordnen ist, dargestellt. Wenn
in der darauffolgenden Nummer über die Sünde und den Fall des
Menschen gesprochen wird, ist dies ein deutliches Zeichen dafür,
was für ein Bild die Konstitution über den Menschen entwickeln
will. Belehrt durch die Offenbarung geht man hier einen mittleren Weg zwischen zwei extremen Auffassungen vom Menschen.
Das eine Extrem ist dies, daß sich der Mensch als "absolute
Norm" alles Geschaffenen setzt.

Das andere Extrem besteht darin, daß man den Menschen als
Verzweifelten, Geworfenen, Gescheiterten und zum Scheitern
Verurteilten, für den es keine Hoffnung gibt, versteht.
Die Pastoralkonstitution vermeidet diese Extreme, indem sie
einerseits den freien, würdevollen und schöpferischen Menschen akzeptiert, und andererseits seine Schwäche, Versagen und Schuldhaftigkeit, die ihn tatsächlich zu Verzweif-
lung und Scheitern führen können, nicht vergißt. Die Kirche
geht den Weg, auf dem die wahre Lage des Menschen umschrie-
ben und seine Schwächen erklärt werden dürfen, zugleich
aber auch seine Würde und Berufung richtig anerkannt werden
können (vgl. GS 12).

Nach dem Zeugnis der Heiligen Schrift ist der Mensch nach
dem Bilde Gottes geschaffen, fähig, seinen Schöpfer zu erkennen und zu lieben, ein freies Geschöpf, das als Herr
über alles Geschaffene bestellt ist, und einer, der auf die
Gemeinschaft mit den anderen Menschen und mit Gott angewiesen ist (vgl. Gen 1,26; Weish 2,23; Sir 17,3-10).

Aber als in Freiheit Geschaffener und in Freiheit Gesetzter
hat der Mensch gleich am Anfang seiner Geschichte seine Freiheit mißbraucht, sich gegen Gott aufgelehnt und sein Ziel
außer ihm zu erreichen versucht (vgl. GS 13). Damit ist gesagt, worin die Sünde und Schuld des Menschen besteht. Durch
den Mißbrauch der Freiheit, der sich als Auflehnung gegen
Gott ereignet, sündigt der Mensch und macht sich so schuldig.
Die Auflehnung besteht im Entzug des Gehorsams gegenüber
Gott und in der Abwendung von ihm, durch die die Verneinung
Gottes als höchstes Ziel sichtbar wird. Die Zuwendung zu
der geschaffenen Welt, die in der Ablehnung Gottes sich
vollzieht, ist nur die andere Seite der Sünde und des Sich-
Schuldigmachens. Der Mißbrauch der Freiheit ist für die Menschen nicht ohne Folgen geblieben. "Der Mensch erfährt sich,
wenn er in sein Herz schaut, auch zum Bösen geneigt und
verstrickt in vielfältige Übel, die nicht von seinem guten
Schöpfer herkommen können" (GS 13). Der allgemeine Zustand
des Menschen ist nicht mehr vom Licht, sondern von Dunkelheit gekennzeichnet (vgl. Röm 1,21ff.). Durch den Mißbrauch
der Freiheit hat zuerst die Freiheit der Menschen selbst

gebüßt. Sie ist durch die Sünde angeschlagen und geschwächt.
Der Mensch ist "durch sich selbst" (GS 13) nicht mehr fähig,
dem Bösen abzusagen.

Zugleich muß er noch weitere Folgen der Sünde ertragen. So
mußte das Gewissen, das der geheimste Kern und das Heiligtum
des Menschen (vgl. GS 16) ist, in Gefahr geraten. Es droht ihm
eine Abstumpfung, die sich in der Trägheit und dem Unwillen
zeigt, die Wahrheit zu suchen und nach dem Guten zu streben.

Durch den erlittenen Anschlag auf seine eigene Freiheit und
sein eigenes Gewissen hat der Mensch sich selbst entwürdigt,
herabgesetzt, erniedrigt und so unüberwindbare Hindernisse
auf dem Weg zu Glück und Vollendung, die ihm als freiem
Geschöpf zustehen, aufgebaut. Aus der Verwundung, die durch
die Sünde dem Menschen zugefügt ist, ist auch die Rebellion
des Leibes zustande gekommen und muß daraus auch verstanden
werden (vgl. GS 14). Der Mensch erfährt sich in einem solchen
Zustand innerer Zerrissenheit, die sich besonders in dem ständigen Kampf zwischen Gut und Böse, Licht und Finsternis auswirkt (vgl. GS 13).Der Mensch, der sich nun sich selbst und
der Welt zugewandt hat, ist nicht fähig, sich selbst zu retten,
"durch sich selbst die Angriffe des Bösen wirksam zu bekämp-
fen" (GS 13). Ebenso ist er unfähig, gegen die Kettenreaktion
des Bösen in der Welt sowohl sein eigenes Geschick, als auch
das der Welt, allein zum Guten zu wenden.

Der Mensch ist aber in seinem sündigen Zustand nicht allein
gelassen. Auch wenn er seit dem Mißbrauch der Freiheit erniedrigt, entwürdigt, herabgesetzt und verwundet ist und ebenso
unfähig, allein gegen das Böse zu kämpfen, kann er vor sich
selbst, vor der Welt und vor Gott einen anderen Weg in Freiheit
und Würde als Geretteter und Geheiligter einschlagen. Ihm ist
es möglich, sich von neuem frei für Gott zu entscheiden.

Einen neuen Weg und eine neue Hoffnung hat Gott den Menschen
durch das Heilsereignis in Jesus Christus eröffnet. Durch seinen Tod und seine Auferstehung hat Jesus Christus die Menschen
aus der Knechtschaft der Sünde herausgeführt in die Freiheit
der Kinder Gottes. Mit den Menschen will er sich "gegen den
Fürsten dieser Welt" (Joh 12,31) als Sieger beweisen. Wenn sich

also der Mensch für den Weg Jesu entscheidet, erneuert er
sich selbst und befindet sich auf dem Weg zur eigenen Vollendung, zur Zurückgewinnung all dessen, was durch die Sünde
verlorengegangen ist. Er wird erfahren, daß seine Freiheit und
seine Würde, obwohl angeschlagen und verletzt, nicht zerstört
sind. Er kann zur Würde der personalen Freiheit gelangen,
"wenn er sich aus aller Knechtschaft der Leidenschaften befreit und sein Ziel in freier Wahl des Guten verfolgt sowie
sich die geeigneten Hilfsmittel wirksam und in angestrengtem
Bemühen verschafft"(GS 17).

1.1.3 Unheil in der Gesellschaft

Innerlich durch die Sünde verwundet und gezwungen, die eigene
Zerrissenheit zu ertragen, überträgt der Mensch sein Unheil
auch auf die Gesellschaft. Es ist überall dort zu spüren, wo
der Mensch als Mit-Wirkender in und an der Welt oder als Mit-
Seiender mit den Menschen erscheint.

Daher verweist die Konstitution GS auf verschiedene Gebiete
des menschlichen Wirkens und findet in ihnen die Folgen der
Sünde, die der Mensch in sich trägt. Innerlich zerrissen, ver-
zerrt der Mensch sehr leicht die Wertordnung und vermengt
Böses mit Gutem. Dadurch wird der Raum der wahren Brüderlichkeit und der erfolgreichen Zusammenarbeit zerstört. Deshalb
ist es möglich, daß alles, was der Mensch schafft, jeglicher
Fortschritt, Technik, Beherrschung der Natur, Wissen um sich
selbst, ihm selbst und dem ganzen Menschengeschlecht zur Gefahr wird (vgl. GS 37) Statt wahrer Brüderlichkeit ist Eitel-
keit und Bosheit anzutreffen, die "das menschliche Schaffen
in ein Werkzeug der Sünde umwandelt" (GS 37). Die Folgen der
Sünde sind zu spüren sowohl dort, wo der Mensch seinen Auftrag nicht erfüllt, als auch dort, wo er ihn zu erfüllen versucht.

Der soziale Bereich ist also ebenfalls von den Folgen der
Sünde betroffen. Der Mensch erfährt sich als Mit-Seiender und
als solcher kommunikationsfähig und -bedürftig. Er kann sich
nicht heraus-halten, sondern ist in das vorgefundene Unheil
der Gesellschaft gleichsam hineingeboren und somit auch in den

ständigen Kampf zwischen Gut und Böse. Einerseits ist der
Mensch als Wesen der Kommunikation zu seiner personalen Entwicklung auf seine Mit-Welt angewiesen; andererseits "kann
dennoch nicht geleugnet werden, daß die Menschen aus den gesellschaftlichen Verhältnissen heraus, in denen sie leben und
in die sie von Kindheit an eingefangen sind, oft vom Tun des
Guten abgelenkt und zum Tun des Bösen angetrieben werden"
(GS 25).

Das Böse und vielfältige gesellschaftliche Übel kommen teilweise aus der Spannung in den wirtschaftlichen, politischen
und sozialen Strukturen (vgl. GS 25), aber dies ist nicht die
Antwort auf die Frage, wo die Wurzeln des Bösen liegen. Die
Antwort liegt auf einer tieferen menschlichen Ebene. Die
tiefen Wurzeln für das ganze Unheil im sozialen Bereich liegen im menschlichen Herzen selbst.

Durch die erfahrene Herabsetzung, Erniedrigung und Entwürdi-
gung der Menschen, die Folgen der Sünde sind, versucht der Mensch
in Stolz und Selbstsucht aufgrund seines Mit-Seins seine Freiheit und Würde zurückzugewinnen. Dabei gebraucht er die anderen als Mittel zu seinem eigenen Ziel. So entsteht ein Kreis
der Wechselwirkungen zwischen innerem und äußerem Übel und
Unheil. "Doch ihre (sc. der Sünde) tieferen Wurzeln sind
Stolz und Egoismus der Menschen, die auch das gesellschaftliche
Milieu verderben. Wenn aber einmal die objektiven Verhältnisse
selbst von den Auswirkungen der Sünde betroffen sind, findet
der mit Neigung zum Bösen geborene Mensch wieder neue Antriebe
zur Sünde, die nur durch angestrengte Bemühung mit Hilfe der
Gnade überwunden werden können" (GS 25). Aus dieser Wechselwirkung von innerem und äußerem Unheil entstehen vernichtende
Kriege unter den Völkern und Nationen, soziale Ungerechtigkei-
ten usw.

In dieser sozialen Dimension der Folgen der Sünde bekennt die
Kirche auch eigene Sünde und Schuld, wenn sie an die Trennung
der Kirchen denkt. Sie sieht nicht nur die Schuldhaftigkeit
der anderen, sondern gesteht auch ihren eigenen Anteil an der
Trennung. In dem Dekret über den Ökumenismus "Unitatis redintegratio" (UR) stellt das Konzil fest: "Eine solche Spaltung
widerspricht aber ganz offenbar dem Willen Christi, sie ist

ein Ärgernis für die Welt und ein Schaden für die heilige
Sache der Verkündigung des Evangeliums vor allen Geschöpfen"
(UR 1). Die Sünde beider Seiten hat zu Trennung geführt und
die Trennung selbst ist ebenso eine Sünde, ein Ärgernis, und
schadet der heutigen Verkündigung der Kirche.

In dem Dekret über den missionarischen Auftrag der Kirche
"Ad gentes" (AG)   sagt das Konzil die Allgemeinheit der
Sünde aus. Alle haben gesündigt und alle ermangeln der Herrlichkeit Gottes (vgl. Röm 3,23). So erfahren sich alle Menschen durch die Macht der Sünde gefesselt und alle erwarten
das Heil. Die Kirche, obwohl selbst nicht frei von Sünde und
selbst von den Folgen der Sünde geplagt, fühlt sich verpflichtet, allen Menschen zu verkünden, wie es um sie steht und
worin ihre volle Berufung besteht. "Christus und die Kirche,
die von ihm durch die Predigt des Evangeliums Zeugnis gibt,
überschreiten alle Besonderheit der Rasse oder der Nation und
können deshalb von niemand und nirgendwo als fremd erachtet
werden" (AG 8). Christus wird zum Beispiel, Lehrer, Heilbringer und Lebendigmacher, den alle Menschen, die nach einer erneuerten, "von brüderlicher Liebe, Lauterkeit und Friedensgeist
durchdrungenen Menschheit" (AG 8) verlangen, zur Erfüllung
ihrer Sehnsucht brauchen.

Im Grunde genommen sind alle Störungen des Gleichgewichtes,
an denen die moderne Welt leidet, mit jenen tieferen Störungen des Gleichgewichtes verbunden, das im Herzen des Menschen liegt (vgl. GS 10). Diese Störungen, die sich im Individuum als eine Ohnmacht für das Gute und als eine innere
Zerrissenheit und Neigung zum Bösen bemerkbar machen und in
der Gesellschaft als allgemeines Unheil, das zu den vernich-
tenden Kriegen, nationalem Haß, sozialer Ungerechtigkeit und
Unterdrückung führt, führen das Individuum und die ganze
Menschheit an ihre Grenzen, wo sie sich als Geschöpfe erfahren,
die schwach und sündig sind, die oft tun, was sie nicht wollen
(vgl. Röm 7,14).

1.1.4 Umkehr und Bekehrung

Hier stellt sich die Frage, wie nach der Lehre des Konzils
dieser Zustand, in dem sich der einzelne Mensch, die Kirche

selbst und die ganze Gesellschaft befinden, überwunden werden kann. Die Antwort findet man dort, wo von der Metanoia
die Rede ist, in der der Weg zur Einheit, zum Frieden und
zur Verbesserung der sozialen Verhältnisse gesehen wird.

1.1.4.1 Umkehr - Weg zur Einheit

In dem Dekret über den Ökumenismus findet man eine von den
wenigen Stellen, an denen Umkehr und Bekehrung ausdrücklich
erwähnt sind. Sie sind in diesem Zusammenhang als der einzige
Weg für die Überwindung der verschuldeten Trennung zwischen
den Kirchen dargestellt. "Es gibt keinen echten Ökumenismus
ohne innere Bekehrung. Denn aus dem Neuwerden des Geistes,
aus der Selbstverleugnung und aus dem freien Strömen der
Liebe erwächst und reift das Verlangen nach der Einheit"
(UR 7). Die Umkehr ist ein inneres Geschehen im Herzen des
Menschen, das nur durch Sich-vom-Heiligen-Geist-führen-lassen
im Herzen des Menschen bewirkt werden kann. Es zeigt sich in
einem demütigen und geduldigen Dienst und einer Herzensgüte
und Bereitschaft zu vergeben. Daher ist Metanoia das innere
Geschehen im Menschen, das die Folgen der Sünde wie Stolz,
Egoismus, Zerrissenheit überwindet; und statt über die Men-
schen selbstsüchtig zu herrschen, führt Umkehr zum "freien
Strömen der Liebe" und weckt eine Sehnsucht nach Einheit.

Sie führt weiterhin zur Reue (vgl. UR 1) und zum demütigen
Bekenntnis der Sünden, was das Konzil auch ausspricht: "In
Demut bitten wir also Gott und die getrennten Brüder um Ver-
zeihung, wie auch wir unseren Schuldigern vergeben" (UR 7).
Im Angesicht der verschuldeten Trennung gesteht das Konzil
die ständige Reformbedürftigkeit der Kirche: "Die Kirche
wird auf dem Wege ihrer Pilgerschaft von Christus zu dieser
dauernden Reform gerufen, deren sie allzeit bedarf, soweit
sie menschliche und irdische Einrichtung ist" (UR 6). So wie
über die Umkehr des Einzelnen als einem inneren Geschehen,
Neuwerden im Geist gesprochen wird, versteht das Konzil die
Erneuerung der Kirche "wesentlich im Wachstum der Treue gegenüber ihrer eigenen Berufung" (UR 6). In diesem Zusammenhang ist besonders an die Treue zur Bewahrung der Einheit
in der Liebe gedacht, um die Jesus gebetet hat, daß alle eins
seien, wie er eins mit dem Vater ist (vgl. Joh 17,12ff.).

In dem biblischen Grundwort "metanoia" steckt alles und
ist alles gesagt, was den Ökumenismus fördern kann. "Er
(sc. der Text) verwendet das biblische Grundwort Conversio
(metanoia) im Sinne der immer entschiedeneren Lösung von
menschlicher Selbstsucht und Eigenliebe, der radikaleren
Hinkehr zu Gott und Bereitschaft zur Erfüllung seines Willens,
der Umkehr und des Gesinnungswandels, der auch im Getauften
ständig notwendig und nie vollendet ist."[11]

Eine solche Bekehrung der einzelnen und der Kirche, die zur
Heiligkeit des Lebens führt, sieht das Konzil als die Seele
der ganzen ökumenischen Bewegung an (vgl. UR 8). In allem,
was auf dem Weg zur Einheit unternommen wird (Dialog, Austausch der Güter usw.vgl. UR 3, 9, 10), sollen Liebe und
Demut spürbar werden, die eine Zusammenarbeit nicht nur auf
der kirchlichen Ebene fruchtbar machen, sondern durch die
auch der gemeinsame Dienst in der Welt ermöglicht wird und
Zusammenarbeit   bei der Bekämpfung des gesellschaftlichen
Unheils, das die ganze Menschheit plagt (vgl. UR 12).

Der Weg zur Einheit soll in der Hoffnung gegangen werden,
daß die Macht des Guten und nicht die des Bösen das letzte
Wort hat, weil die Umkehr jeden einzelnen und die ganze Kirche immer mehr in das Geheimnis Christi hineinwachsen läßt,
und weil das Volk Gottes "von Gott nach seinem geheimnisvollen Ratschluß sanft geleitet (wird), bis es zur ganzen Fülle
der ewigen Herrlichkeit im himmlischen Jerusalem freudig
gelangt" (UR 3). Aus dem durch die Umkehr befreiten Herzen
wird die Neugestaltung des privaten und öffentlichen Lebens
möglich, die auch unter den getrennten Brüdern spürbar werden
wird (vgl. UR 8).

1.1.4.2 Umkehr - Weg zum Frieden

Wenn die Sünde, wie wir in den vorhergehenden Ausführungen
gesehen haben, Krieg, soziale Ungerechtigkeit und Unterdrük-
kung der Völker zur Folge hat, dann wird die Befreiung von
der Sünde und das ständige Hineinwachsen in das Geheimnis
Christi der Weg zum Frieden sein. Die Kirche selbst versteht
sich als Sakrament für die Vereinigung der Menschheit (vgl.
LG 1). Was kann diese Vereinigung bedeuten, wenn nicht den

Frieden unter allen Völkern? Daher sieht sich die Kirche auch
als Förderin des allumfassenden Friedens (vgl. LG 13).

Das Konzil sieht sich dem Frieden verpflichtet, daher ruft
es die Christen besonders eindringlich auf, mit allen Menschen an der Festigung des Friedens mitzuarbeiten, weil sie
Jesus Christus folgen, der der Urheber des Friedens ist (vgl.
GS 77). Der Weg zum Frieden kann aber nur in der Umkehr zur
neuen Gerechtigkeit und zu gegenseitiger Liebe gegangen werden,
weil der Friede nur möglich ist, wo Gerechtigkeit geübt wird
(vgl. Is 32,17). Nur durch sie kann er gesichert werden, nicht
durch ein Gleichgewicht der entgegengesetzten Kräfte oder
durch das Machtgebot eines Stärkeren (vgl. GS 78). Die neue
Gerechtigkeit besteht in der bereiten Teilung der Güter, in
Achtung der Würde anderer Völker und Nationen. Der Aufbau des
Friedens und seine Bedingungen lassen erkennen, wie er gerade
nur auf dem Weg der Umkehr zu erreichen ist, und zwar des
ständigen Sich-überprüfen-lassens an dem Beispiel Jesu Christi,
der in seinem Kreuz die Menschen mit Gott versöhnte, in seinem
Leib den Haß tötete, und so den Weg der Einheit aller in einem
Volk öffnete (vgl. Eph 2,16; Kol 1,20ff.). Der Friede bleibt
so lange in Gefahr, wie es Sünde gibt, die in sich immer die
Gefahr eines Krieges birgt. Aber sollte es den Menschen gelingen, sich in Liebe und Gerechtigkeit zu begegnen, so wäre die
Sünde in ihren sozialen Folgen, nämlich Krieg und Ungerechtigkeit, überwunden (vgl. GS 78 passim).

Den Anfang des Friedens sieht das Konzil wiederum in der Neuwerdung des Menschen, in seiner gewandelten Gesinnung. "Neue
Wege, von einer inneren Wandlung aus beginnend, müssen gewählt
werden, um dieses Ärgernis (sc. den Krieg) zu beseitigen, die
Welt von der drückenden Angst zu befreien und ihr den wahren
Frieden zu schenken" (GS 81). Wenn das Konzil die Ablegung
des nationalen Egoismus und der Herrschaftsansprüche gegenüber
den anderen Nationen und die Pflege der Hochachtung von der
ganzen Menschheit verlangt, dann spricht es wiederum einerseits die Folgen der Sünde und andererseits die Forderung
der Umkehr und Bekehrung aus (vgl. GS 82).

Was hier über die Umkehr als Weg zum Frieden bzw. als Weg zur
Überwindung der im sozialen Bereich gefundenen Folgen der

Sünde gesagt worden ist, gilt ebenso für die Umkehr als den
Weg zur Verbesserung der sozialen Verhältnisse. Das Konzil hat
damit auch besonders die soziale Dimension der Umkehr in ihren Folgen hervorgehoben.

1.1.5 Kirche - Ort der Umkehr

In der Dogmatischen Konstitution über die Kirche wird unter
anderem besonders die Rolle der Gemeinschaft in der Umkehr
und Bekehrung hervorgehoben. Sie selbst verdankt ihre Existenz
dem Geschehen der Umkehr derer, die Jesus begegnet sind, und
als solche gilt sie als Ursakrament der Umkehr, indem sie
die bevollmächtigte Trägerin der Sakramente geworden ist. So
ist sie zum Ort geworden, an dem Gottes verzeihende Güte und
Liebe erfahrbar sind. Die Versöhnung mit Gott ist in der
Kirche den Menschen zugänglich geworden, und zwar sakramental
und nichtsakramental.

Zu gleicher Zeit ist die Versöhnung mit der Gemeinschaft der
Kirche betont, weil jede Sünde der Getauften in ihrer sozialen Dimension die Sendung der Kirche in der Welt verfälscht und
beeinträchtigt. Sobald sich aber der Umkehrwillige mit Gott
und mit der Gemeinschaft der Kirche versöhnen läßt, ist dieselbe Gemeinschaft mit ihrer "Liebe, Beispiel und Gebet"
(LG 11) für ihn da als Hilfe und zugleich Ansporn. Hier
klingt das "Subsidiaritätsprinzip" bei der Umkehr an, wo sich
die Mitglieder der Kirche im Buße-tun und im Umkehren untereinander helfen, und somit ist "zum ersten Male in einem
konziliaren Dokument der ekklesiologische Aspekt der sakramentalen Buße"[12] hervorgehoben. Von der Sünde wird der Sünder
durch das Blut Christi gereinigt und erlangt in ihm seine
"volle Heiligkeit"[13]. Aber die Heiligkeit und Vergebung, der
neue Anfang durch die Gnade Gottes, existieren nicht "außerhalb
der konkreten Glieder, die als solche im irdischen Leben der
Sünde fähig und auch tatsächlich sündig bleiben".[14]

Die Gemeinschaft stellt auch Bedingungen an den Umkehrenden.
Er muß z.B., um zum liturgischen Leben der Kirche zugelassen
zu werden, schon vorher dem Ruf zur Umkehr Folge geleistet
haben, damit die Teilnahme mit gläubigem Herzen vollzogen

werden kann. So heißt es in der Konstitution über die Liturgie
"Sacrosanctum Concilium" (SC): "In der heiligen Liturgie er-
schöpft sich nicht das ganze Tun der Kirche; denn ehe die
Menschen zur Liturgie hintreten können, müssen sie zu Glauben
und zu Bekehrung gerufen werden"... (SC 9).

Die Liturgie ist der Höhepunkt des Tuns der Kirche und "zugleich die Quelle, aus der all ihre Kraft strömt" (SC 10).
Dies gilt besonders für die Eucharistie, weil sich in ihr im
höchsten Maße die Heiligung der Menschen und die Verherrlichung Gottes verwirklichen (vgl. SC 10). In Nr. 11 von SC ist
den Seelsorgern empfohlen, darüber zu wachen, daß die Gläubigen mit geistlichem Gewinn an der Liturgie teilnehmen, weil
sich das geistliche Leben, die Neugestaltung des Menschen im
Heiligen Geist, nicht unbedingt mit der Teilnahme an der heiligen Liturgie deckt (vgl. SC 12). Hier erscheint die Umkehr
und Bekehrung als Bedingung, jedoch nicht dafür, ob die Teilnahme am eucharistischen Handeln der Kirche gültig oder erlaubt ist, sondern dafür, ob sie für den einzelnen zum geistlichen Gewinn dient.

Es stellt sich hier die Frage: Nach welchen Kriterien soll
entschieden werden, wer mit geistlichem Gewinn und wer ver-
gebens am eucharistischen Handeln teilnimmt, und wann der
eine oder der andere überhaupt zugelassen werden kann.

Es findet sich teilweise eine Antwort auf diese Frage in den
Aussagen über die Nichtchristen, denen das Evangelium von
Jesus Christus zum ersten Male gepredigt wird. Es soll so
gepredigt werden, "auf daß die Nichtchristen glaubend mit einem
Herzen, das ihnen der Heilige Geist geöffnet hat, sich frei
zum Herrn bekehren und ihm aufrichtig anhangen.." (AG 13).
Um in das Geheimnis der Liebe Gottes eingeführt werden zu
können, ist eine "anfanghafte" Bekehrung notwendig: das
heißt, die Bereitschaft, mit Christus in eine persönliche
Gemeinschaft zu treten und unter seiner Gnade sich führen zu
lassen, vom alten zum neuen Menschen zu werden, der in
Christus und durch Christus allein vollendet werden kann (vgl.
AG 13).

So kann man sagen, daß die Kirche zum Ort der Umkehr geworden

ist, weil sie von Gott durch Jesus Christus die Mittel, die
das Zeichen für die Begegnung Gottes mit dem Menschen sind, für
ihr Unterwegssein bekommen hat, aus denen sie die Kraft
empfängt, ihre Sendung in der Welt in Treue gegenüber Gott zu
vollziehen. Ihre erste Aufgabe ist, sich ständig zu erneuern,
um Ort der Umkehr und Bekehrung für Menschen sein zu können.

1.1.6 Umkehr und Buße

Buße und Bußpraxis sind in den Dokumenten des Zweiten Vatikanischen Konzils nicht eigens behandelt. Wenn sie erwähnt werden, dann geschieht dies im engen Zusammenhang mit der Umkehr.
Die Buße und die Bereitschaft, Buße zu tun, gelten als besonderer Ausdruck für die Umkehr. Sie wird durch die Buße in ihren
vielfältigen Möglichkeiten gefördert. Daher auch die Notwendigkeit und auch die Empfehlung, die Buße allen Menschen immer-
während zu verkündigen. Die Verkündigung der Buße geht zusammen mit der des Glaubens, was zur Vorbereitung auf den Empfang
der Sakramente für die Christen und Nichtchristen dient (vgl.
SC 9).

Die Buße kann als der äußere Rahmen für den inneren Prozeß der
Umkehr, die dann als Tugend der Buße bezeichnet werden kann,
verstanden werden. Sie fördern sich gegenseitig. Je tiefer
der innere Prozeß der Umkehr das Herz des Menschen verwandelt,
desto mehr überschreitet sie die individuelle Dimension und
gewinnt ihre soziale Dimension, nämlich in den Werken der
Liebe und des Apostolates (vgl. SC 9), auf die echte Umkehr
nicht verzichten kann (vgl. SC 110).

Um die Buße zu fördern, empfiehlt das Konzil besondere Zeiten,
wie es Tradition ist, die österliche Bußzeit einzuhalten und durch neue Elemente zu beleben, damit die doppelte Aufgabe der Bußzeit erfüllt werde, nämlich einerseits die
Feier der Taufvorbereitung oder der Tauferinnerung und andererseits ein größerer Eifer für das Hören des Wortes, für das
Gebet usw. Die Elemente, durch die die Umkehr gefördert werden
kann, sind unter anderem die Motive, die in der Taufliturgie
zu finden sind: z.B. die Absage an das Böse, Neuwerdung aus
dem Wasser und dann Kindschaft Gottes, Bruderschaft untereinander und Verantwortung füreinander. Die Katechese soll ebenso

ihre Möglichkeiten ausnützen und die Gläubigen sowohl über die individuelle und innere als auch über die äußere und soziale Bedeutung
der Bußpraxis unterrichten (vgl. SC 109 und 110).

1.1.7 Umkehr und Erneuerung

In den Dokumenten des Zweiten Vatikanischen Konzils ist "Erneuerung"
ein neues Wort für "Umkehr". Überall dort, wo entweder von der ganzen
Kirche oder von den Gläubigen die Erneuerung verlangt wird, geht es
um die Aufforderung, die Folgen der Sünde zu überwinden und sich in
die Nachfolge Jesu Christi zu vertiefen. So ist die Botschaft der
Konzilsväter zu Anfang des Konzils zu verstehen. "Bei dieser Versamm-
lung wollen wir unter der Führung des Heiligen Geistes Wege suchen,
uns selber zu erneuern, 'um dem Evangelium Jesu Christi immer treuer
zu entsprechen'".[15]

Zugleich erklären die Konzilsväter den Wunsch, nicht nur sich selbst
erneuern zu wollen, sondern sie sind bereit, alle ihre Kräfte, alle
Gedanken daraufhin zu richten, um in den ihnen anvertrauten Gläubigen
ebenso eine Erneuerung in Gang zu setzen.[16] Das von Johannes XXIII.
angekündigte "aggiornamento" meint die Erneuerung, die mit dem Ruf
nach 'Umkehr' gleichgesetzt werden kann. Der Versuch, das Leben der
einzelnen, der Familien und auch der Gesellschaft auf den rechten
Pfad zu lenken, die geistlichen Kräfte zu stärken und die Herzen
auf die wahren Güter zu lenken, ist eigentlich Aufruf zur Umkehr.[17]
Und Erneuerung ist, sagt J. Ratzinger, "Hinkehr zu jener Einfachheit, die im letzten ein Echo ist der Einfachheit Gottes. In diesem
Sinn einfach zu werden - das wäre die eigentliche Erneuerung für
Christen, für jeden einzelnen von uns und für die Kirche".[18]

"Erneuerung" umschreibt jedoch nicht nur den Inhalt der Umkehr, sondern wird auch dort gebraucht, wo es um die verschiedenen Lebens-
äußerungen der Kirche geht. Die Erneuerung der liturgischen Formen
z.B. hat wiederum im Sinn, die Elemente, die die Umkehr und Erneuerung der Gläubigen fördern können, hervorzutun, und den Verhältnissen des Lebens anzupassen. So verlangt das Konzil die Prüfung
und Erneuerung all dessen, was nicht genau bewahrt worden ist, indem man sich auf die Anfänge der Kirche zurückbesinnt (vgl. UR 6).
Diese Erneuerung hat ihre Träger und Bereiche und fordert Konsequenzen für die Praxis der Kirche in ihrer vielfältigen Tätigkeit, besonders auch für die Intensivierung der Umkehrpastoral.

1.1.7.1 Erneuerung hinsichtlich ihrer Träger und Bereiche

Die Frage, die sich hier stellt, lautet: wer sind die Träger der
Erneuerung und welche Akzente setzt das Konzil im Hinblick auf
ihre Bereiche? Das Subjekt und zugleich Objekt der Erneuerung ist
das ganze Volk Gottes. Alle - Laien, Kleriker, Priester, Bischöfe
samt dem Papst - sind erneuerungsbedürftig. In ihrer ständigen Erneuerungsbedürftigkeit sind sie alle zugleich auch Träger
der Erneuerung und Umkehr. Es wird dennoch besonders die Rolle der
Laien betont, denen das Konzil in vorher nicht gekannter Weise
ein großes Gewicht beimißt. Es sagt, daß ohne ihre Mitarbeit das
Apostolat der Hirten "nicht zu seiner vollen Wirkung kommen"
kann (vgl. AA 10). Begründet wird der lebendige und aktive Anteil
der Laien aus ihrer Teilnahme am Amt Christi, der Priester, Prophet und König ist.

Schon kurz nach dem Konzilsende macht B. Dreher auf zwei wichtige
Aussagen des Konzils aufmerksam, die sich in der Erneuerungsarbeit der Kirche selbst bewähren müssen. Einmal ist es die Rolle
der Erwachsenengemeinde, zum anderen die der Laien. Er sagt: "Die
aktuelle Aussage der Kirchenkonstitution ist, daß die Kirche Volk
Gottes ist, und daß die mündige Erwachsenengemeinde ihr künftiges
Leben bestimmt."[19] Es kommt alles darauf an, ob es gelingt, eine
intensive, lebendige Gemeinde der Laien zu verwirklichen oder
nicht. Dies hängt wiederum von den Laien selbst ab. B. Dreher
sagt weiter: "'Die Kirche in der modernen Welt' beruht geradezu
exklusiv auf der Erweckung einer kirchlich orientierten und qualifizierten Laienschaft -, die mehr 'dialogisch' mit der Kirche im
letzten Prinzipienwissen verbunden ist, aber selbständig ihre
Unternehmungen in den konkreten Lebensbereichen 'weit draußen'
in die Hand nehmen muß, dort, wo sämtliche anderen Stände der
Kirche - Papst, Bischöfe, Klerus, Ordensleute, 'Katholische Aktion'
- nur beratende und begleitende Instanzen sein können."[20] Nachdem
der Laie im Volk Gottes als verantwortliches Mitglied, d.h. nicht
mehr als bloßes Objekt, sondern als Subjekt der Kirche anerkannt
worden ist, kommt ihm eine große Verantwortung in der modernen
Welt zu. Indem sie auf eigene Umkehr und Erneuerung immer bedacht
bleiben sollen, sind sie dazu verpflichtet, in allen Bereichen,
in denen sie arbeiten und leben, die Erneuerung weiterzutragen.
Es gilt für den Laien, daß er nicht nur Hörer der Kirche

ist, sondern daß er teilhat an ihr als dem Zeichen des Heiles
für die Welt. Er ist Kirche in der Welt. Indem das Volk Gottes
in seinen verschiedenen Schichten versucht, die Umkehr und
Erneuerung zu leben und aus ihnen Hoffnung für das Leben und
für die Welt zu schöpfen, ist es für die ganze Menschheit
stellvertretende Keimzelle der Umkehr und Erneuerung. "So ist
denn dieses messianische Volk, obwohl es tatsächlich nicht alle
Menschen umfaßt und gar oft als kleine Herde erscheint, für
das ganze Menschengeschlecht die unzerstörbare Keimzelle der
Einheit, der Hoffnung und des Heils" (LG 9). Mit seinem Dasein
in der Welt hat das Volk Gottes und somit jedes Mitglied des
Volkes seine Funktion, und zwar in bezug auf allgemeine Erneuerung auf dem Weg zur Vollendung, die Christus am Ende der Zeiten herbeiführen wird.

Der erste konkrete Platz und Bereich, an dem sich die Laien
als Träger der Erneuerung bewähren sollen, ist die Familie.
Diese soll "ehrlich und eifrig ihr Nachdenken darauf richten,
was in der eigenen katholischen Familie zu erneuern und·was zu
tun ist, damit ihr Leben mit mehr Treue und Klarheit für die
Lehre und die Einrichtungen Zeugnis gebe, die ihnen von Christus
her durch die Apostel überkommen sind" (UR 4). Die Erneuerung der
Familie durch den gelebten Glauben ist nur dann möglich, wenn
die erwachsenen Christen ihre christliche Aufgabe wahrnehmen und
an ihr ernsthaft arbeiten. Sie sollen von dem Streben nach Vollkommenheit ergriffen werden, damit sie selbst immer geläutert
werden und durch die Bereitung der Familien und so auch der
Kirche und der ganzen Menschheit zur gewünschten Erneuerung
verhelfen.

Die Aufforderung, die an die Laien von dem Zweiten Vatikanischen
Konzil ergangen ist, breitet sich aus und sprengt die Grenzen
der Familie, indem sie auf den gesellschaftlichen Bereich erweitert wird. Ihr Einsatz, der aus Freiheit in Freiheit geschieht,
gilt besonders der Förderung des Friedens und der Gerechtigkeit
in der Welt. Dieser Einsatz wird gelingen, wenn sie mit Christus
tief verbunden von jeder Sklaverei befreit und auf ewige Güter
bedacht bleiben (vgl. AA 4). Die Befreiung versteht das Konzil
im Sinne der Seligpreisungen, in denen den Armen, den Friedens-
stiftenden, denen die wegen der Gerechtigkeit verfolgt werden,

den Barmherzigen das Heil verheißen wird (vgl. Mt 5,3ff.).

Die Laien sollen sich durch Werke und Worte bewähren, durch die
sie Zeugnis für Christus ablegen. Daher heißt es, daß den Laien
unzählige Gelegenheiten zur Ausübung des Apostolates der Evange-
lisierung und Heiligung offenstehen (vgl. AA 6). Somit anerkennt man die Charismen der Laien und will sie so einsetzen,
"daß alle in ihrer Weise zum gemeinsamen Werk einmütig zusammenarbeiten" (LG 30).

Es läßt sich sagen, daß die Laien durch die Erneuerung des
eigenen Glaubens und durch die Vertiefung der Glaubenseinstellung fähig werden, die Aufgaben der Verkündigung in Wort und
Tat zu übernehmen. Aber, schon bevor sie eine Aufgabe übernehmen, sind sie durch ihren Glauben, ihre Hoffnung und ihre Liebe
stellvertretende Keimzelle der universalen Erneuerung.

Ihr Einsatz wird in einer engeren Zusammenarbeit mit den Hirten
erwartet, die ihrer Mitwirkung bedürfen (vgl. AA 10). Das erste
Bewährungsfeld ist die Familie. Es werden Familienkreise angeregt, um "die Ziele ihres Apostolats leichter erreichen zu können"
(AA 11). Besonders werden sie in der Jugendarbeit erwartet und
dazu ermutigt. Sie sollen die Jugend zuerst durch ihr Beispiel,
und bei gegebener Gelegenheit auch durch den klugen Rat und mit
tatkräftiger Hilfe zum Apostolat anregen (vgl. AA 12). Auch auf der
nationalen und internationalen Ebene ist dem Dienst der Laien
Vertrauen und Verantwortung zugesprochen (vgl. AA 10.13)

1.1.7.2 Erneuerungsmöglichkeiten für die Träger der Erneuerung

Wie wir schon gesehen haben, ist das ganze Volk Gottes zur
Erneuerung aufgerufen. In diesem Prozeß werden Aufgaben je
nach den Charismen zugeteilt. Den Bischöfen, Priestern und
Ordensleuten kommt aufgrund ihres besonderen Charismas noch eine
besondere Aufgabe zu. Sie besteht darin, daß sie bei der Sorge
um die eigene Erneuerung auch fähig sind, die Erneuerung der
Laien zu begleiten.

In der Einleitung zum Dekret über die Priestererziehung "Optatam totius" (OT) sagt das Konzil, daß die erstrebte Erneuerung
der gesamten Kirche zum großen Teil vom priesterlichen Dienst

abhängt (vgl. OT, Einleitung). Durch ihre Erziehung sollen sie zur wahren inneren Formung gelangen, damit sie fähig werden, den anderen Gläubigen bei ihrer Erneuerung Hilfe zu leisten (vgl. OT 17). Dazu müssen sie auch ausgebildet werden und sich um Weiterbildung kümmern (vgl. OT 22).

Die gleiche Aufgabe steht den Orden in der Erneuerung zu. In dem Dekret über die zeitgemäße Erneuerung des Ordenslebens "Perfectae caritatis" (PC) werden die Orden zur Erneuerung gerufen. Diese besteht darin, daß sie sich bemühen, den ursprünglichen Geist des jeweiligen Gründers durch die Rückkehr zu den Quellen von neuem zu befragen und den Zeitverhältnissen angemessen aus ihm zu leben. "Zeitgemäße Erneuerung des Ordenslebens heißt: ständige Rückkehr zu den Quellen jedes christlichen Lebens und zum Geist des Ursprungs der einzelnen Institute, zugleich aber deren Anpassung an die veränderten Zeitverhältnisse" (PC 2). Im Geiste des Evangeliums und des jeweiligen Gründers erneuert, wirken sie durch ihr Dasein erneuerungsfördernd, indem sie durch freiwillige Ehelosigkeit, Armut und Gehorsam in brüderlicher Liebe leben (vgl. PC 12, 13, 14), und sich so Gott ganz weihen und für die Menschen da sind.

Dabei sollen die Orden unter Wahrung ihrer jeweiligen Eigenart sich erneuern und sich "den gegenwärtigen Bedürfnissen der Menschen so anpassen, daß ihre Klöster gleichsam Pflanzstätten zur Auferbauung des christlichen Volkes werden" (PC 9). Es folgt daraus, daß sie, selbst erneuert, die Erneuerung unmittelbar in den Laien anregen, begleiten und weiterführen.

1.1.8 Christus - Alpha und Omega aller Erneuerung

In der Nr. 45 von GS wird wiederholt gesagt, "daß die Kirche das 'allumfassende Sakrament des Heiles' ist, welches das Geheimnis der Liebe Gottes zu den Menschen zugleich offenbart und verwirklicht" (GS 45). In den vorhergehenden Nummern derselben Konstitution wird über den Dienst, den die Kirche dieser Welt leisten möchte, gesprochen (vgl. besonders den I. Hauptteil mit seinen vier Kapiteln). Das Konzil vergißt auch nicht zu sagen, was alles von der Welt die Kirche erfährt (vgl. GS 44). Alles aber, was die Kirche ist, was sie anbieten kann und was sie sein wird, kommt ihr von Christus selbst zu. Er ist der neue

Adam, der in der Mitte der Zeiten gesandt worden ist (vgl. GS 22).
Er steht in seiner Kirche als Garant all dessen, was sie in
seinem Namen verkündet. "Denen also, die der göttlichen Liebe
glauben, gibt er die Sicherheit, daß allen Menschen der Weg der
Liebe offensteht und daß der Versuch, eine allumfassende Brüderlichkeit herzustellen, nicht vergeblich ist" (GS 38). Durch seinen Geist weckt er nicht nur das Verlangen nach einer absoluten
Zukunft, sondern belebt die Bestrebungen, reinigt und stärkt
sie, damit das Leben auf Erden humaner werde. So steht er am
Anfang der neuen Menschheit in der Geschichte und durch seinen
Geist wirkt er in ihr weiter, indem er der Kirche seinen Auftrag
und seine Sendung übertragen hat. So dient sie dem Heilsplan,
der in und durch Jesus Christus kundgetan worden ist. Dieser
Heilsplan hatte seinen Anfang, bevor Christus in die Welt gekommen ist. Aber er ist in Christus gefaßt worden und in ihm und
durch ihn wird er zur Vollendung geführt. Er ist nämlich auch
"das Ziel der menschlichen Geschichte, der Punkt, auf den hin
alle Bestrebungen der Geschichte und der Kultur konvergieren,
der Mittelpunkt der Menschheit, die Freude aller Herzen und die
Erfüllung ihrer Sehnsüchte" (GS 45).

So bekommt wiederum die durch das Zweite Vatikanum angeregte
Erneuerung ihre christologische Dimension, weil sie ihren Ausgangspunkt und ihr Ziel in Jesus Christus hat, in dem einmal
alles zusammengefaßt werden wird, alles, was im Himmel und auf
Erden ist (vgl. Eph 1,10). Aber sie erhielt nicht nur eine christologische Dimension. Die Kirche selbst und die Welt werden so
lange erneuerungsbedürftig sein, bis alles in ihr, das Alpha
und Omega, Erster und Letzter, Anfang und Ende (vgl. Offb 22,12f.),
seine eigene Erfüllung und Vollendung erfahren hat.

1.2 Umkehr und Umkehrfeld nach "Paenitemini"

1.2.1 Vorbemerkung

Das erste Dokument der Kirche nach dem Zweiten Vatikanischen
Konzil ist die apostolische Konstitution "Paenitemini", erschienen am 17. Februar 1966, von Paulus dem VI.[21]. Schon aus
dem Titel kann man sehen, daß es in ihr um Umkehr und Buße
geht. Sie stellt die Fortsetzung der Lehre über Umkehr und Erneuerung des Zweiten Vatikanischen Konzils dar, indem sie sie
erweitert und konkretisiert. Daher ist sie für dieses einleitende Kapitel wichtig. Wenn man sich fragt, warum eine solche
Konstitution mit einem solchen Inhalt als erstes Dokument nach
dem Konzil erlassen wurde, so findet man die Antwort in dem
Stellenwert der Umkehr bei der Erneuerung. Die Aufgabe, die sich
das Zweite Vatikanische Konzil gestellt hatte, war, die Erneuerung der Kirche und durch sie die der Welt von neuem in Gang
zu setzen. Die Kirche als pilgerndes Volk Gottes kann keine
Erneuerung erfahren ohne radikale Bereitschaft zur Umkehr und
Bekehrung, die durch die Buße besonders gefördert werden. Daher
ist es auch die erste pastorale Aufgabe der Kirche, die Gläubigen zur Buße zu führen und so auch zu Umkehr und Erneuerung.
W. Trilling schreibt: "Immerhin läßt es erstaunt aufhorchen,
wenn in der Konstitution über die Heilige Liturgie des Vaticanum
Secundum von der Kirche gesagt wird, daß sie denen, die schon
glauben, immer wieder 'fidem et poenitentiam', Glaube und Umkehr zu predigen habe".[22] Dies tut von neuem "Paenitemini"
(Paen). In der Einleitung steht: "Weiterhin ist sich die Kirche lebendiger bewußt geworden, daß sie, obschon nach Gottes Ratschluß heilig und untadelig, doch aus Migliedern besteht, die
sündig sind und deswegen der beständigen Bekehrung zu Gott und
der Selbsterneuerung bedürfen". Daß es ihre Absicht ist, die
Lehre des Konzils aufzugreifen, erkennt man schon an der Einleitung. Dort wird die Umkehr mit den Worten aus SC 110 beschrieben, wonach sie nicht nur eine innere und individuelle, sondern
auch eine äußere und soziale Größe ist (vgl. Paen, Einleitung).

1.2.2 Biblische Ansätze zum Verständnis der Umkehr

Den ersten Akzent setzt "Paenitemini" auf die Zeiten, in denen

Menschen besonders motiviert waren, Buße zu tun und umzukehren.
Das weist Paen zunächst am altt. Zeugnis nach. Durch verschiedene Situationen geführt, war das Volk Israel zu verschiedenen
Zeiten besonders umkehrwillig. Der häufigste aber nicht der
einzige Anlaß war die Sünde. Durch die Buße wollten sie den
Unwillen Gottes besänftigen. Zu den anderen Anlässen zählen
verschiedene Katastrophen oder von den Propheten wegen der
Sünde des Volkes oder eines einzelnen angekündigtes Unheil. In
solchen Situationen war das Volk für den Umkehrruf der Propheten
hellhörig (vgl. Paen I).

Das AT kennt verschiedene Formen der Buße mit verschiedenen
Inhalten. Dabei wurden nur diejenigen von Gott angenommen, die
Ausdruck einer inneren Umkehrhaltung waren. Nur durch solche
Buße konnte Gott auch besänftigt werden.

Aber das AT kennt auch eine Bereitschaft zum Buße tun, und zwar
außerhalb einer besonderen Zeit. Sie wurde von einzelnen Personen im Volk getan und ist als Ausdruck der Sehnsucht nach Gott
zu verstehen und als Vorbereitung, das Wort Gottes besser verstehen zu können und ihm eine eigene, persönliche Antwort zu
geben. Dieses Bußgeschehen war besonders von Lob- und Preisge-
beten begleitet (vgl. Paen I). Daher versteht "Paenitemini"
Umkehr als "ein frommes und ganz persönliches Tun, das letztlich
dahin zielt, daß wir Gott lieben und uns ihm anheimgeben" (Paen I).

Damit ist die innere Dimension der Umkehr und auch der Buße formuliert. Sie ist so persönlich und so individuell, daß dabei
niemand vertretbar ist und jeder für sich selbst die Verantwortung übernehmen muß. Dieses deswegen, weil durch Umkehr und
Buße sich der Mensch für die Liebe zu Gott und zu den Nächsten
öffnet und nur so den Weg der eigenen Befreiung von den Folgen
der Sünde gehen kann.

Die äußere Dimension beinhaltet die Zuwendung zu dem Nächsten
in Gerechtigkeit und Liebe. Dabei geht es aber nicht nur darum,
dem Nächsten etwas Gutes zu tun. Mit dieser sozialen Dimension
ist auch die Bedingung der Zugehörigkeit zum Volk Gottes gemeint.
So bekommt Umkehr in ihrer sozialen Dimension einen ekklesiologischen Akzent und wird zu einer Bedingung der Zugehörigkeit zur
Kirche. Diese Dimension ist aus der Zeichenhaftigkeit von Umkehr

und Buße zu verstehen. Beide sind im AT auch Zeichen der Heiligkeit und Vollkommenheit. Es genügt, nur an einige Ereignisse aus der Geschichte des Volkes Gottes zu denken, um sehen zu können, wieviel Unheil abgewiesen und wieviel Heil herbeigeführt worden ist, gerade durch Gebete, Fasten, Buße und Umkehr der einzelnen, die sie vollzogen (vgl. Jdt 8,6 ff; Dt 10,3 ff. u.a.).

Eine neue Dimension betont "Paenitemini", indem sie den stellvertretenden Charakter der Buße hervorhebt. So hat z.B. Mose für das ganze Volk Buße getan (vgl. Dt 9,9; Ex 24,18). Besonders soll hier an das stellvertretende Leiden des Gottesknechtes gedacht werden, der für die Missetaten der anderen freiwillig leidet (vgl. Is 53,4ff.). Obwohl der andere im Umkehrgeschehen unvertretbar ist, wirken Umkehr und Buße sich einladend aus. Es geht aber nicht nur um ein Beispiel, sondern noch mehr um die Sühne für die Sünden der ganzen Menschheit (vgl. Paen I).

Ausgehend vom alttestamentlichen und neutestamentlichen Verständnis von Umkehr und Buße, versteht Paen sie als eine tiefgreifende Wandlung des Menschen, durch die das ganze menschliche Dasein verändert wird und so für die Fülle des in Jesus Christus angebotenen Heiles offen und fähig wird. Die Begegnung mit Christus führte die Menschen immer zur Selbsterkenntnis und Einsicht, daß man etwas tun muß, und was man tun soll.

Nicht nur während seines Lebens waren solche Begegnungen möglich, sondern auch nach seinem Tod und seiner Auferstehung. Die erste entscheidende Begegnung geschieht in der Taufe, die den Getauften Christus gleichförmig macht, und zwar im Leiden, Sterben und Auferstehen zum neuen Leben (vgl. Paen I).

In diesem Zusammenhang steht die Rede über die Kirche. Sie ist Trägerin der Gnade, die die Taufe ermöglicht. Zugleich ist sie auch ein Raum, wo die neuen Begegnungen mit Christus stattfinden können, nämlich durch andere Sakramente. Besonders erscheint das Sakrament der Versöhnung wichtig, das allen Zugang zur radikalen Vergebung Gottes ermöglicht, die durch die Sünde sich von ihm abgewandt haben.

1.2.3 Bußpraxis nach "Paenitemini"

Trotz der Betonung der inneren, individuellen und ganz persönlichen Dimension der Umkehr, was auch richtig ist, darf ebenso
ihr äußerer Charakter nicht vergessen werden. "Dennoch kann sie
(sc. innere Buße) die äußere Übung dieser Tugend nicht ersetzen
oder mindern, ja sie betont deren Notwendigkeit in der menschlichen Gesellschaft unserer Zeit mit besonderer Eindringlich-
keit" (Paen II). Dabei geht es nicht nur um das Postulat, daß
sich die innere Haltung vor Gott durch die Werke bewähren soll,
sondern um ein äußeres, das von der Gesellschaft her an alle,
die Umkehr leben wollen, gestellt wird. An dieser Stelle unternimmt "Paenitemini" wiederum die Analyse der Gesellschaft und
der Postulate, die aus ihr an die Umkehrenden gestellt werden.

Von den Priestern wird verlangt, daß sie den aszetischen Normen
folgen sollen, die von der Kirche erprobt und empfohlen sind
und die auch in der heutigen Zeit notwendig sind (vgl. "Presbyterorum ordinis"/PO/Nr. 16). Aus der Konstitution über die
Kirche in der heutigen Welt übernimmt "Paenitemini" den Aufruf
an die Eheleute (vgl. GS 49, 52), die Tugend der Buße zu pflegen mit der Begründung, durch sie die Liebe zueinander zu
stärken und so ein heiliges Leben führen zu können. Hier wird
Bereitschaft zur Buße mit der Befreiung zur Liebe in Verbindung
gebracht, die ohne Buße fruchtlos bleibt und Gefahr läuft,
kraftlos zu werden.

Wenn man sich fragt, was unter der Bußpraxis verstanden werden
soll, dann heißt es zuerst: es soll von neuem gefastet und Ab-
stinenz geübt werden, zwei althergebrachte Formen der Buße, die
sich auch bewährt haben. Dies heißt aber nicht, daß neue Formen,
die als der jeweiligen geschichtlichen Situation angepaßter
erscheinen, nicht gesucht werden sollen. Alle Formen der Buße
haben letztlich ein Ziel, nämlich die Bekräftigung des inneren
Menschen zur Freiheit der Kinder Gottes. Als besondere Folge
der Sünde erwähnt "Paenitemini" die Zerrissenheit des Menschen,
die sich im ständigen Kampf zwischen Leib und Geist bekundet,
"da doch nach der Sünde Adams das 'Fleisch' streitet gegen den
Geist und der Geist gegen das 'Fleisch' (vgl. Gal 5,16f.;
Röm 7,23f.)" (Paen II). Bei der Übung der empfohlenen Bußpraxis
geht es aber nicht um die Abtötung des Leibes, sondern um etwas

Wesentlicheres, und zwar darum, daß der Mensch sich dadurch positiv ausrichten kann und so auf dem Weg bleibt, die durch die Sünde verlorene Würde wiederherzustellen (vgl. Paen II).

In diesem Zusammenhang wird auf das Beispiel Christi verwiesen, der auch bereit war, die äußeren Bußwerke auf sich zu nehmen und so den Weg zur Freiheit der Kinder Gottes zu weisen und die Türe ins Reich Gottes zu öffnen. So steht Christus als der paradigmatische Mensch im Bußetun, dessen Beispiel sich positiv auf die Menschen auswirkt, aber auch stellvertretend für alle gilt.

"Paenitemini" wünscht, daß diese Abgestimmtheit der inneren und äußeren Bußpraxis nicht in Vergessenheit gerät. Im anderen Fall würde das Gleichgewicht zwischen innerem und äußerem Akt verlorengehen. Es kommt darauf an, daß die notwendige Balance "zwischen dem äußeren Akt der Buße und der seelischen Hinwendung zu Gott, die mit Gebet und Werken der Liebe geprägt ist" (Paen II) erhalten bleibt.

1.2.4 Drei konkrete Wege

In einem weiteren Schritt wird "Paenitemini" noch konkreter in ihrem Reden über die Bußpraxis, indem sie konkrete Bußformen für verschiedene Lebenssituationen empfiehlt.

Allgemein gesagt versteht "Paenitemini" unter der äußeren Buße stetige Pflichterfüllung für jeden Lebensstand, geduldiges Ertragen der Mühen, die mit der Tagesarbeit verbunden sind, und ein vertrauensvolles Annehmen aller Unsicherheiten und Ängste, die einem Menschen auf dieser Erde begegnen (vgl. Paen III). Diese Tugend der Buße verlangt von den Menschen keine besonderen Taten, wie sie oben definiert wurden, sondern nur eine ständige Gesinnung, damit alles, was dem Menschen im Alltag begegnet, ihm zur Förderung seiner Hinwendung zu Gott und zu den Menschen dient und zur Befreiung von einer falschen Einstellung zu den Dingen der Welt.

Ein anderer Weg gilt für die Kranken und Schwachen, die Armen und von verschiedenem Elend geplagten Menschen. Bei solchen legt die Buße härtere "Formen" gegenüber der allgemeinen

Pflichterfüllung auf. Sie verlangt von ihnen ein geduldiges,mit
Christi Leiden verbundenes,Ertragen alles Schweren. Und diejenigen, die dies mit Geduld vollziehen, "erfüllen nicht nur in
voller Weise die Pflicht der Buße, sondern verdienen für die
Brüder ein von der göttlichen Gnade erfülltes Leben und für
sich die im Evangelium verheißene Seligkeit" (Paen III). Hier
geht es um das stellvertretende Leiden, so wie es in besonderer
Weise dem Leiden Christi zukommt.

Eine dritte konkrete Möglichkeit sieht "Paenitemini" im freiwilligen Bußetun. Die früheren zwei Wege sind für den Buß-
willigen nicht ausweichbar. Sie sind ihm gleichsam aufgezwungen.
Hier nun wird die Freiwilligkeit betont. Für sie gibt es auch
Gründe, besonders in der freiwilligen "Entäußerung" des Herrn
für die Menschen. So wie er alles Leid freiwillig auf sich genommen hat, so sollen es auch die Gläubigen tun. Dieser Weg
führt den Gläubigen zur Heiligkeit und volleren Hingabe an Gott
und den Menschen in der Liebe (vgl. Paen III).

Gebet, Fasten und Werke der Liebe sind das besondere Feld, in
dem sich die Freiwilligkeit der Buße bewähren kann.

Eine andere Komponente, um wirksamer Buße zu tun und sicherer
zur inneren Hinwendung zu Gott zu gelangen, sind besondere
Zeiten und Orte, die die Bußgesinnung fördern. Hier sind die
Zeiten vor Weihnachten und die Fastenzeit besonders zu beachten.

1.2.5 Zusammenfassung von "Paenitemini"

In "Paenitemini" ist die Lehre der Kirche über Buße sowohl
biblisch als auch pastoraltheologisch zur Sprache gekommen.
Ein besonderer Akzent liegt auf der sozialen Aufgabe der Buße
und auf dem Versuch, die Notwendigkeit des Zueinanders von
innerer und äußerer Dimension der Buße zu zeigen und zu bewahren.

Der stellvertretende Charakter der Buße ist stark hervorgehoben, durch den sich das Für-einander in der Kirche und das
Stellvertretende der Kirche für die ganze Menschheit zeigt.

Die Betonung der althergebrachten Formen der Buße und ihre
Anpassung an die jeweilige Situation ist ein Postulat, um die

Inhalte, um die es geht, in immer neuen Formen und durch neue
Methoden den Menschen zugänglich zu machen. Daraus entsteht
die Freiheit, neue Formen zu suchen und sie anzuwenden.

Im aufgezeigten dritten Weg der Buße, der in Freiwilligkeit
gegangen werden soll, zeigt sich die Tugend der Buße in besonderer Weise.

1.2.6 Zusammenfassung und Folgerungen für die Umkehrpastoral

Aus den Aussagen des Zweiten Vatikanischen Konzils und der
apostolischen Konstitution "Paenitemini" sollten die Grundstrukturen der Umkehr und Erneuerung herausgearbeitet werden,
welche in den genannten Dokumenten aufgezeigt werden und daher
für die gegenwärtige Erneuerung der Kirche und der Gesellschaft
wichtig sind. Keiner von den gefundenen und herausgearbeiteten
Grundstrukturen konnte mehr Raum eingeräumt werden, da die Absicht
dieses einleitenden Kapitels ist, die Grundstrukturen für Umkehr und Erneuerung aufzuzeigen, um daraus Folgerungen für
eine intensivierte und den lehramtlichen Aussagen gerechtwer-
dende Umkehrpastoral zu ziehen. Folgendes soll zunächst als
Hinweis festgehalten werden:

1. die Umkehrpastoral soll bedacht sein auf das neue Selbstverständnis der Kirche, die sich als pilgerndes Volk Gottes
   unterwegs versteht und zu jeder Zeit "in capite et in membris" reformbedürftig, d.h. erneuerungs- und umkehrbedürf-
   tig ist;

2. alle Mitglieder dieses pilgernden Volkes Gottes müssen auf
   den Ruf zur Umkehr hören; deswegen soll sie auch allen gepredigt werden. Für alle gilt, nach dem Evangelium Jesu
   Christi je nach dem eigenen Stand und der eigenen Situation
   sich zu erneuern. So sind alle gleich "Objekt" der Erneuerung;

3. selbsterneuert wird das ganze Volk auch Subjekt bzw. Träger
   der Erneuerung und der Umkehr. Jeder soll nach der ihm zu-
   geteilten Gabe seine eigene Aufgabe im Prozeß der Erneuer-
   rung von Kirche und Welt finden;

4. als Träger der Erneuerung und Umkehr steht das Volk Gottes mitten in der Welt als Keimzelle der Hoffnung. Es wirkt einladend und setzt sich ein für die allgemeine Erneuerung im Geist der Liebe. Dabei bleibt es immer durch die eigene Erneuerung stellvertretend umkehrbereit;

5. um der Erneuerung des Volkes Gottes willen soll es Personen und Gruppen in ihm geben, die als Begleiter bei diesem Geschehen fungieren. Dabei ist an Priester und Ordensleute gedacht. Sie sollen zu verschiedenen Zeiten besonders zur Umkehr und Erneuerung rufen. Neben den Zeiten soll es auch Orte geben, die sich auf die Gläubigen umkehrmotivierend auswirken;

6. in dieser Umkehrarbeit sollen Sünde und Schuld in ihren Folgen sowohl für das Individuum als auch für die Gesellschaft ernstgenommen und verkündet werden; zugleich soll die Sehnsucht nach der Herstellung der verlorenen Würde, nach Freiheit, Wahrheit und Gerechtigkeit geweckt werden;

7. eine intensivierte Umkehrpastoral kann nicht ohne erneuerte Liturgie gedacht werden. Daher kommt auch das Postulat, daß sie so gefeiert wird, daß sie tatsächlich als Werk des Volkes Gottes erscheint. Ein besonderer Akzent soll auf die Feier der Taufe und Firmung, Eucharistie und Versöhnung gesetzt werden;

8. Umkehr und Bekehrung sollen als Wege zur Verbesserung der Situation des Individuums selbst, der Familie und der Gesellschaft dargestellt werden, und zwar als Wege zur Einheit, zum Frieden, zur Verbesserung sozialer Verhältnisse;

9. die Umkehrpastoral soll darauf bedacht sein, in die konkrete Situation der Adressaten hinein, die durch eine eingehende Analyse festgestellt werden muß, diesen die befreienden Inhalte des Evangeliums anzubieten.

Die sozio-kulturellen Situationen sollen als Frage an die Umkehrpastoral verstanden werden, auf die sie Antwort gibt;

10. die Umkehrpastoral soll mutig zu jeder Zeit zur Buße aufrufen, und zwar nicht nur zu jener, die "unausweichbar" ist, sondern auch zu jener freiwilligen, durch die die Liebe besonders gefördert wird;

11. es geht aber dabei nicht nur um die Gegenwart, sondern auch
um die Vergangenheit und Zukunft. Die Vergangenheit gibt
Anlaß zur Dankbarkeit, aber auch zum Bekenntnis der Schuld.
Der Mut, in die eigene Vergangenheit zu schauen und die
eigene Erneuerungsbedürftigkeit einzusehen, gibt Motivation zur Umkehr in der Gegenwart: und die Zukunft verlangt
von der jeweiligen Umkehrpastoral eine prophetische Dimension. Das heißt, daß es der Umkehrpastoral nicht allein
darum geht, in der Gegenwart etwas zu verbessern, sondern
für die Zukunft des einzelnen Menschen, der Kirche und der
ganzen Menschheit vorbeugend zu wirken;

12. dies alles soll in dem universalen Plan der Vollendung,
die Christus in seinem Heiligen Geist am Ende der Zeiten
herbeiführen wird, aufgezeigt werden. Christus, der als
Garant aller Verheißungen steht, als Anfang und Ende,
Alpha und Omega der universalen Erneuerung, soll allen
Gläubigen Beispiel sein, dazu Lehrer und Lebendigmacher
im Heiligen Geist.

1.3 Umkehr und Umkehrfeld nach der Gemeinsamen Synode

Damit die Beschlüsse des Zweiten Vatikanischen Konzils für
die angestrebte Erneuerung der Kirche und der Gesellschaft
überhaupt fruchtbar werden können, sollen sie von Ortskirchen
überdacht und für die jeweilige Situation konkretisiert und
durchgeführt werden. In diesem Kontext ist die Gemeinsame
Synode der Bistümer in der Bundesrepublik Deutschland zu verstehen. Sie wurde mit dem Ziel der "wirksame(n) und situations-
gerechte(n) Verwirklichung" (OG I, 29)[23] der Erneuerung der
Kirche gehalten. Mit der Absicht, die Strukturen dieser Erneuerung aus den synodalen Beschlüssen und Arbeitspapieren heraus-
zuarbeiten, sollen diese überprüft werden. Mit den Strukturen
der Erneuerung werden auch das Verständnis und die Forderungen
der Umkehr zum Ausdruck kommen. Aus der Analyse der Situation,
in der sich die Kirche in der BRD befindet, werden dann konkrete Wege und Aufgaben aufgezeigt. Die Analyse der kirchlichen
und gesellschaftlichen Situation war für den theologischen
Ansatzpunkt der Synode entscheidend. Im Lichte dieses Ansatz-

punktes wird dann wiederum die Situation sowohl der Kirche als auch der Gesellschaft betrachtet, und zwar ihre Vergangenheit, Gegenwart und Zukunft.

1.3.1 Christus als Grund unserer Hoffnung

Die christliche Hoffnung ist in Gott, der sich als der "Gott unserer Hoffnung" (vgl. Röm 15,13) geoffenbart hat. Er hat sich in neuer Weise in seinem Sohn Jesus Christus als Grund unserer Hoffnung gezeigt. Sein Leben und sein Werk, das als selbstlose Teilnahme am Schicksal des Menschen erscheint, öffnen den Weg zur Befreiung aus jeglicher Angst und Verblendung, die die Menschen in ihren menschenverachtenden Vorurteilen, in ihrer Selbstgerechtigkeit und Hartherzigkeit gefesselt halten. So wie er gehandelt und gesprochen hatte, weckte er in allen Menschen, die ihm begegneten, neue Hoffnungen (vgl. OG I, 89). In seiner für die Menschen hoffnungsweckenden Liebe nahm er sogar den Kreuzestod auf sich. Gott aber erwies sich als treu an ihm und erweckte ihn von den Toten zu einem neuen Leben. So bekam die Hoffnungsgeschichte ihre entscheidende Begründung und wird zu einer unbesiegbaren Hoffnung (vgl. OG I, 88).

Als der Auferstandene ist Christus zum Richter der Menschen und der Geschichte geworden. Dies ist auch Zeichen und Begründung der christlichen Hoffnung. Die Sehnsucht der Menschheit nach Gerechtigkeit findet hier ihre Begründung. Diese Tatsache des Gerichtes, das Christus zusteht, "spricht schließlich von jener gerechtigkeitsschaffenden Macht Gottes, die den Tod als den Herrn über unser Gewissen entthront und die dafür bürgt, daß mit dem Tod die Herrschaft der Herren und die Knechtschaft der Knechte keineswegs besiegelt ist" (OG I, 92f.). Zugleich ist das Gericht eine Botschaft über die Möglichkeit "des ewigen Verderbens", die in das Leben der Gläubigen "Ernst und Dramatik" ihrer Verantwortung bringt (vgl. OG I, 93).

Die Botschaft von der Vergebung, die in Jesus Christus so radikal erschienen ist, ist ein weiterer Grund der Hoffnung. Sie befreit einerseits von jenem Unschuldswahn, "der sich in unserer Gesellschaft ausbreitet und mit dem wir Schuld und Versagen, wenn überhaupt, immer nur bei 'den anderen' suchen, bei den

Feinden und Gegnern, bei der Vergangenheit, bei der Natur,
bei der Veranlagung und dem Milieu" (OG I, 93), und andererseits befreit sie zur "redlich erkannten und anerkannten
Schuld", über der Gott als Richtender, aber auch als Verzei-
hender steht (vgl. OG I, 94), wodurch den Menschen gerade in
ihrem Schuldigwerden eine heilige Zukunft eröffnet wird (vgl.
OG I, 95). Daraus entsteht und darin gründet die christliche
Hoffnung auf den neuen Menschen, die neue Erde und den neuen
Himmel, mit deren Vollendung das Reich Gottes endgültig an-
brechen wird (vgl. OG I, 95f.). Diese Hoffnung lähmt nicht
einen gerechtigkeitssuchenden Einsatz in der Welt, sondern
gibt gerade den notwendigen Mut dazu. Sie ist ein Anruf, mit
der verwandelnden Macht Gottes mit allen Kräften in dieser
Welt am Aufbau einer besseren Welt mitzuarbeiten, weil sie
letztlich Schöpfung Gottes ist. "Deshalb gehört zu unserer
Hoffnung die Bereitschaft, diese unsere tödliche, in sich
verfeindete und leidvoll zerrissene Welt ohne Zynismus und
ohne schlechte Naivität als letztlich zustimmungsfähig anzuerkennen, als verborgenen Anlaß zur Dankbarkeit und zur Freude:
als Schöpfung Gottes. Zu unserer Hoffnung gehört also die
Fähigkeit, ja zu sagen, und die Bereitschaft, zu feiern und
zu loben - obwohl es so viel Verneinungswürdiges gibt und
obwohl keineswegs alles gut ist, so wie es ist" (OG I,97f.).

1.3.2 Umkehr im Angesicht der Hoffnung

Vor dieser in Christus unbesiegbar begründeten Hoffnung prüft
die Kirche Deutschlands ihre Vergangenheit, Gegenwart und Zukunft. Sie fühlt sich dieser Hoffnung verpflichtet, und definiert und versteht sich selbst aus der Hoffnung heraus. "Diese unsere Kirche ist eine Hoffnungsgemeinschaft", sagt die
Synode (OG I, 99). Die Hoffnung, die sie in sich trägt, schuldet sie sich selbst und der Lebenswelt heute mehr denn je.
Daher kann die Hoffnung der einzige Weg und das einzige Gesetz der Erneuerung sein. Deshalb muß die Kirche "Rechenschaft
über unsere Hoffnung" geben (vgl. OG I, 85), gerade angesichts
der Gesellschaft, die durch Hoffnungslosigkeit geplagt wird.
"'Die Welt' braucht heute keine Verdoppelung ihrer Hoffnungslosigkeit durch Religion; sie braucht und sucht (wenn überhaupt)

das Gegengewicht, die Sprengkraft gelebter Hoffnung. Und was
wir ihr schulden, ist dies: das Defizit an anschaulich gelebter Hoffnung auszugleichen" (OG I, 101).

Der Weg der Hoffnung, den die Kirche in ihrer Erneuerung und
Umkehr gehen will, führt sie in die Lebenswelt und nicht aus
ihr heraus. Gerade diese Lebenswelt zeigt der Kirche, ob sie
ihre Hoffnung lebt, wie und ob sie aus ihr handelt. In einer
Selbstkritik bekennt die Kirche ihre Schuld und ihr Versagen,
weil dies auch "ein Zeugnis unserer spezifisch christlichen
Hoffnung, die die Kirche immer zu einer offensiven Gewissenser-
forschung anleitet", ist (OG I, 102). Sie bekennt zuerst, daß
alle Krisen ihres Lebens letztlich nicht auf Anpassungsschwierigkeiten gegenüber unserem modernen Leben und Lebensgefühl be-
ruhen, "sondern auf Anpassungsschwierigkeiten gegenüber dem, in
dem unsere Hoffnung wurzelt und aus dessen Sein sie ihre Höhe
und Tiefe, ihren Weg in ihre Zukunft empfängt: Jesus Christus
mit seiner Botschaft vom 'Reich Gottes'" (OG I, 101). Ihr Versagen in der Vergangenheit ist ein Versagen aus der inkonsequent
gelebten Hoffnung, aber zugleich erkennt sie aus diesem Versagen
von neuem ihre Sendung und ihren Dienst. Die Synode betont vier
Punkte, zu denen sie sich aus der Hoffnung heraus besonders
verpflichtet fühlt:

- die Tatsache, daß in Deutschland die große Glaubensspaltung
  stattgefunden hat, zeigt ein Versagen an der Wahrheit und
  der Liebe und ein Beteiligtsein an dem Skandal der zerrisse-
  nen Christenheit. Indem die Kirche ihren Anteil an der Spaltung bekennt, erklärt sie sich bereit, alles zu unternehmen,
  damit die Einheit, die der einheitsstiftenden Tat Gottes
  entspringt, auch "durch unser Tun in seinem Geist, durch die
  lebendige Erneuerung unseres kirchlichen Lebens in der Nachfolge des Herrn" zustande kommt (OG I, 108);

- im Angesicht der jüngsten Verfolgung des jüdischen Volkes
  bekennt sich die Kirche besonders schuldig. Die Schuld besteht darin, daß die Kirche aufs Ganze gesehen "sehr mit
  dem Rücken zum Schicksal dieses verfolgten jüdischen Volkes
  weiterlebte"(OG I, 108). Die Kirche bekennt auch den Grund
  des Verschweigens und sich Zurückziehens, der in der

Angst, um eigene Vorteile zu bewahren, bestand. Daraus verpflichtet sich die deutsche Kirche, daraus zu lernen und wach zu bleiben "gegenüber allen Tendenzen, Menschenrechte abzubauen und politische Macht zu mißbrauchen, und indem sie allen, die heute aus rassistischen oder anderen ideologischen Motiven verfolgt werden, ihre besondere Hilfsbereitschaft schenkt, vor allem aber, indem sie besondere Verpflichtungen für das so belastete Verhältnis der Gesamtkirche zum jüdischen Volk und seiner Religion übernimmt" (OG I, 109 f.);

- da sich die Kirche "einem vergleichsweise reichen und wirtschaftlich mächtigen Lande." zugehörig weiß, sieht sie sich den armen Kirchen gegenüber verpflichtet. Dabei darf es nicht nur darum gehen, etwas vom eigenen Überfluß abzugeben, sondern auch um Verzicht auf berechtigte Wünsche und Vorhaben. Damit will sie ihren Dienst aus der Hoffnung heraus tun, um die Tischgemeinschaft mit allen aufrechtzuerhalten und das Ärgernis zu vermeiden, daß sich die Kirche selbst in Reiche und Arme spaltet (vgl. OG I, 109). Alle Mitglieder des Volkes Gottes, als die Träger der einen Hoffnung (vgl. OG I, 102), sind berufen, das Subjekt dieses aus der Hoffnung heraus entstehenden Vorhabens zu sein. "Die Kosten, die uns dafür abverlangt werden, sind nicht ein nachträgliches Almosen, sie sind eigentlich die Unkosten unserer Katholizität, die Unkosten unseres Volk-Gottes-Seins, der Preis unserer Orthodoxie" (OG I, 110);

- eine weitere Aufgabe gilt einer lebenswürdigeren Zukunft der Menschheit. Da die wirtschaftliche Expansion ihre Grenzen hat und damit verschiedene Gefahren für das gemeinsame Wohl der Menschheit in sich birgt, wird sie "zum Prüfstand für die moralischen Reserven, für die gesamtmenschliche Verantwortungsbereitschaft in unseren hochentwickelten Gesellschaften werden" (OG I, 110).

Dies ist die Aufgabe der Stunde in der Welt, die schlummernden Kräfte zu wecken, durch die die wirtschaftlich und sozial benachteiligten Völker weiterer Ausbeutung durch die wirtschaftlich stärkeren Staaten verschont bleiben sollen; durch die ebenso die Bewohnbarkeit der Erde für die kommenden Generationen bewahrt

werden soll. Es geht um eine Bereitschaft, sich für Gerechtigkeit, Freiheit und Frieden in der Welt mit allen Kräften einzusetzen. Alle diese Aufgaben sollen an der "einen Hoffnung, zu
der wir berufen sind" (vgl. Eph 4,4) gemessen werden und an
ihr sich immer neu inspirieren (vgl. OG I, 111).

1.3.3 Umkehr - Entscheidung für Hoffnung

Eine solche Hoffnung, zu der sich die Kirche in der Synode
bekannte und vor ihr ihre Vergangenheit, Gegenwart und Zukunft
überprüfte, verpflichtet zur Umkehr, der die Hoffnung in dieser
konkreten kirchlichen Situation auch Inhalte vorgibt. Um sich
für diese Hoffnung entscheiden und sie konsequent gehen zu
können, muß man frei werden von jeglichem Zwang des "reinen
Bedürfnisdenkens" und sich für die Sehnsucht öffnen, die alle
Bedürfnisse übersteigt (vgl. OG I, 87). In einer solchen Freiheit und Offenheit kann man der Hoffnung gerecht werden und
die Wege, die sie zumutet, gehen. Es ist letztlich der Weg
Jesu, der die unbesiegbare Hoffnung eröffnet hat. Die Synode
nennt vier Wege, für die man sich entscheiden muß, an denen
die Umkehr und so auch Nachfolge gelebt werden können:

- es ist zunächst der Weg des Gehorsams des Kreuzes. Er führt
  den einzelnen und die ganze Gemeinschaft des Volkes Gottes
  in eine "unkalkulierte Auslieferung unseres Lebens an den
  Vater" (OG I, 104). Das bedarf der Bereitschaft, eigene
  Kreuzeserfahrungen zu machen, und durch sie das lebendige
  Zeugnis vom Gott unserer Hoffnung, die uns fähig macht, allen
  schädlichen Anpassungen zu widerstehen, abzugeben. Der Weg
  des Kreuzes und der Umkehr zum Kreuz wehren sich gegen jegliche Einnahme jener Plätze und Funktionen, "die uns nicht
  einfach der Wille Gottes, sondern der geheimnislose Selbst-
  erhaltungswille unserer totalen Bedürfnisgesellschaft und
  das Interesse an ihrem reibungslosen Ablauf zudiktiert haben"
  (OG I, 104);

- der zweite Weg ist der Weg in die Armut, den die Hoffnung
  den Umkehrwilligen zumutet. Die Armut, die Jesus vorgelebt
  hat, läßt "ein solidarisches Verhältnis zu den Armen und
  Schwachen unserer Lebenswelt überhaupt" entstehen (OG I,105).

Nur so kann die hiesige Kirche dem realen Leid, der Armut
und Not, dem gesellschaftlichen Scheitern begegnen und den
Menschen Hoffnung bringen. So will die Kirche neuem Versagen
und neuer Verschuldung an den Armen und Kleinen wehren, an
denen sie sich schon schuldig gemacht hat (vgl. OG I, 105);

- der Weg des Gehorsams und der Armut führen zu Freiheit. So
wie Jesus in seiner Ausgeliefertheit an den Vater in aller
Freiheit gegen gesellschaftliche Vorurteile und Idole auftrat
und gerade für diejenigen, die durch sie zerstört waren,
eintrat, so muß sich auch jeder, der sich in der heutigen
Gesellschaft als Hoffnungstragender versteht, durch die ständige Umkehr zu einer solchen Freiheit befreien;

- in all dem soll doch die Freude der Kinder Gottes zum Ausdruck kommen, durch die man heute gerade "ein hervorragendes
Zeugnis für die Hoffnung, die in uns ist" (OG I, 107) ablegen kann. Durch die Freude kann man einem öffentlichen Verdacht der Illusion und der Projektion widerstehen, dem
heutzutage der Glaube ausgesetzt ist.

Um den Aufgaben, derer sich die deutsche Kirche aus der Hoffnung heraus bewußt geworden ist, gerecht zu werden, soll das
ganze Volk Gottes sich für Umkehr und Nachfolge entscheiden
und sich so "an der lebendigen Erneuerung unserer Kirche" beteiligen.

1.3.4 Hilfen zum Aufbruch zur Hoffnung

Im Lichte des theologischen Ansatzes, zu dem sich die Synode
entschlossen hatte, sind jetzt jene weiteren Strukturen aufzuzeigen, die die Kirche selbst als Hilfen zur Erziehung anbietet. Damit ist man bei der Frage nach dem katechetischen Wirken
der Kirche in der Bundesrepublik Deutschland.[24] In dem katechetischen Wirken hat die Gemeinsame Synode die Rolle der Erwachsenen besonders hervorgehoben. Dies ist wichtig zu betonen,
weil gerade die Erwachsenen, selbst von der Hoffnung getragen
und ständig auf dem Weg, sich durch die Umkehr in ihr zu
festigen, als Multiplikatoren die allgemeine Erneuerung der
Kirche mittragen sollen. In dem katechetischen Dienst der
Kirche werden nicht nur die Pfarrseelsorger und Gemeindekate-

cheten, sondern alle Gläubigen (vgl. OG II, 40) erwartet, weil
sie nicht als bloße Empfänger des katechetischen Wirkens der
Kirche betrachtet werden dürfen. "Immer geht es um den gegenseitigen Austausch von Erfahrungen, Fragen und Einsichten.
Deshalb ist es besonders bei den Jugendlichen und Erwachsenen
angebracht, von der katechetischen Tätigkeit mit ihnen zu sprechen und nicht nur vom katechetischen Dienst an ihnen" (OG II,
41). Daraus folgt, daß an den kirchlichen Diensten der Liturgia, Martyria und Diakonia ganz bewußt alle, besonders die
Erwachsenen, beteiligt werden sollen, damit die gewünschte Erneuerung herbeigeführt werden kann. Damit die Erwachsenen dieser Aufgabe Folge leisten können, sollen sie sich selbst als
immer erneuerungsbedürftig verstehen. Daraus entstehen die
speziellen Aufgaben des katechetischen Dienstes bzw. der theologischen Erwachsenenbildung.

1.3.4.1 Erwachsene als "Empfangende"

Bevor die Erwachsenen in ihrem Aufgabenbereich dargestellt
werden, werden sie zuerst aufgrund der synodalen Aussagen als
"Empfangende" verstanden. Das heißt, daß sich die Träger der
Erneuerung nicht als "Fertige" und "Gebende" gegenüber den
"Werdenden" und "Empfangenden", also den Adressaten verstehen sollen (vgl. OG II, 50f.). Von allen Erwachsenen, die die Träger der
Erneuerung sein wollen, wird erwartet, "daß sie sich ernstlich
um eine Orientierung ihres Lebens an Jesus Christus und um die
tätige Gemeinschaft mit der Kirche bemühen" (OG II, 51). Ihr
Reifungsprozeß wird ebenso durch die Krisen und Rückschritte
wie durch das Wachstum gekennzeichnet sein. Dies kommt daher,
daß die Tatsache des Neu-geworden-seins durch Taufe und Firmung nicht die andere ausschließt, "daß wir uns als Einzelne
und als Gruppen in Widerspruch stellen zu dem, was wir als
Befreite einer neuen Schöpfung sind und sein sollen" (OG I,
258). Es geht aber nicht nur den einzelnen und den Gruppen so,
sondern auch der ganzen Kirche, in der spürbar wird, daß man
sich immer wieder vom Geist dieser Welt, statt vom Geist Jesu
Christi führen läßt (vgl. OG I, 258). Zu diesen Mißverhältnissen im einzelnen, in den Gruppen und in der ganzen Kirche
kommt es deswegen, weil man als Christ "in einer gebrochenen,

von Sünde und Schuld geprägten Welt voll Ratlosigkeit und
Verwirrung, Uneinigkeit und Auseinandersetzung" lebt (OG I,
258). Die Schuld und die Sünde, das menschliche Versagen
überhaupt, treten am ehesten dort auf, wo die Verantwortung
füreinander versagt, wo Unterdrückung, Lieblosigkeit, Habsucht,
Untreue, Hochmut, Mißtrauen herrschen. Von diesen Wirklichkeiten des menschlichen Versagens sollen sich die Christen nicht
führen lassen, sondern vom Heiligen Geist, der durch die Umkehr
und Buße eine neue, von der Hoffnung getragene Lebenspraxis
eröffnet.

Durch die Umkehr zur Hoffnung läßt sich vieles Unheil aus dem
eigenen Leben und aus dem der Kirche und Gesellschaft heilen
und vieles ebenso vermeiden.

Daher müssen den Erwachsenen von neuem die Sakramente in
ihrer Heilsbedeutung erschlossen werden. Der Synodenbeschluß
"Schwerpunkte heutiger Sakramentenpastoral" spricht unter
anderem besonders über Taufe, Firmung und Bußsakrament. So
will die Synode das Bewußtsein wachsen lassen, wie unumgäng-
lich Umkehr und Buße für alle bei der Erneuerung der Lebenspraxis sind (vgl. OG I, 227ff.) Unter anderem sind Akzente auf
die Gewissensbildung, die liturgischen Formen der Vergebung,
den Dienst der Versöhnung, die Taten der Buße und ihre Zeiten
gesetzt. Eine besondere Rolle wird der Gemeinde dabei zugeschrieben. Diese wird besonders deutlich in den Sakramenten
der Eingliederung, der Taufe und Firmung. "Sie dürfen nicht
als private Familienfeste verstanden und gefeiert werden, sondern sind Feste der ganzen Gemeinde, die den Neugetauften in
ihre Mitte aufnimmt und in welcher der Gefirmte seine Sendung
zur Mitwirkung am Heilsdienst Jesu Christi verwirklicht" (OG I,
231). Ohne diese Hinführung zu den Sakramenten durch die erneuerte Sakramentenpastoral ist die Erneuerung der Erwachsenen
nicht denkbar.

Ihnen müssen weiterhin auch neue Formen im liturgischen Handeln in dem Erneuerungsprozeß erfahrbar gemacht werden. Sie
sollen mit den neuen Methoden in der Arbeit vertraut gemacht
werden, damit sie fähig werden, in den Bereichen, wo sie erwartet werden, "qualitativ wie quantitativ zureichende Angebote
zu machen" (OG II, 54).

Das Arbeitspapier "Katechetisches Wirken" diskutiert über die
Ziele, Problemfelder, Realisierungsformen und verschiedene
Zielgruppen von Erwachsenen (vgl. OG II, 55ff.) wie sie gebildet werden sollen, um fähig zu werden, ihren Anteil an der
Erneuerung wahrzunehmen. Bei allem muß aber deutlich werden,
"daß kirchliche Erneuerung kein Selbstzweck ist, sondern mit
der Förderung der menschlichen Existenz, dem Dienst an der
Gesellschaft und der zweckfreien Verherrlichung Gottes in
einem wesentlichen Zusammenhang steht"(OG II, 56).

Durch die Wahrnehmung der eigenen Haltung des Empfangens, des
eigenen nicht Fertig-seins und durch die bewußte Annahme der
Hilfen, die ihnen in der Kirche zur Verfügung stehen und durch
die Ausbildung, können die Erwachsenen ihre Rolle als "Gebende"
dort übernehmen, wo sie erwartet werden.

1.3.4.2 Erwachsene als "Gebende"

In allen Bereichen werden für die erwachsenen Gläubigen Ein-
satzmöglichkeiten gesehen, speziell aber auf dem Gebiet des
Religionsunterrichts, der Jugendarbeit, des Katechumenats
und der Arbeit.

1. Der Religionsunterricht (RU) soll als ein Teil des katechetischen Wirkens der Kirche verstanden werden. Damit verliert
er seine Monopolstellung, indem sich die Kirche in ihrer katechetischen Tätigkeit grundsätzlich den Menschen aller Lebens-
alter zuwendet. Die Synode weiß sich dazu durch die geänderte
gesellschaftliche Situation veranlaßt. "Der Wandel im Verhältnis von Gesellschaft und Kirche und die Veränderungen im Bewußtsein der Menschen in bezug auf christliche Sinngebung und
Lebensgestaltung, die es dem einzelnen nicht nur schwermachen,
zum Glauben zu kommen, sondern auch den Glauben das ganze
Leben über zu bewahren, verlangen eine völlige Neuordnung des
katechetischen Wirkens der Kirche in der Bundesrepublik Deutschland" (OG I, 120). Daraus ergeben sich die Möglichkeit und die
Notwendigkeit, sich an alle Erwachsenen zu wenden, die durch
die theologische Erwachsenenbildung zur Übernahme der eigenen
Verantwortung gegenüber dem RU befähigt werden sollen. Durch
die Betonung der Weiterbildung der Erwachsenen darf nicht die

religiöse Erziehung der Kinder und Jugendlichen vernachläßigt
werden. Der RU darf seinen Stellenwert nicht verlieren, und
ihm soll gebührende Aufmerksamkeit geschenkt werden. Eine andere Gefahr soll ebenso vermieden werden, nämlich, daß man wegen
des RU die weitere Bildung der Erwachsenen im Glauben nicht
ernst nimmt. Das echte Verhältnis besteht für die Synode
darin, daß beide sich, RU und Erwachsenenbildung, als Teile
eines und desselben Wirkens in der Kirche verstehen und so
aufeinander abgestimmt werden. Sie sollen sich gegenseitig
ergänzen und unterstützen, wobei jedes Konkurrenzdenken ausgeschlossen werden soll (vgl. OG I, 121). Bei der neuzeitlichen
Verunsicherung des RU können die Erwachsenen durch eine intensive Öffentlichkeitsarbeit aus der Krise heraushelfen. Ihr
Engagement wird Unterstützung und zugleich Ermutigung für den
RU bedeuten.

Daraus entsteht als konkrete Anforderung an die theologische
Erwachsenenbildung die Aufgabe, die Erwachsenen mit allen
Veränderungen in der Gesellschaft vertraut zu machen. Diese
Veränderungen stellen fordernd neue Fragen an die Theologie und
Kirche, die dann zu neuen Einstellungen in dem Engagement
der Erwachsenen führen. Durch einen lebendigen Austausch zwischen gesellschaftlicher Situation und den Aufgaben der Gläubigen werden sie fähig werden, den RU zu unterstützen. Die
Synode stellt nämlich eine fortschreitende Entkirchlichung
der Gesellschaft fest, die ein positives Verhältnis der Schüler zum Glauben und zur Kirche immer weniger voraussetzen
läßt (vgl. OG I, 130). Deshalb bekommt die Erwachsenengemeinde
ihre wichtige Aufgabe, den Schülern neue Zugänge zu den Wirklichkeiten Religion, Glaube, Kirche zu ermöglichen, zu denen
sie von Zuhause keine bekommen haben.

2.In der Jugendarbeit werden die Erwachsenen besonders erwartet. Die Synode sieht die Situation spannungsvoll. "Kirche
und Jugend, Kirche der Erwachsenen und 'junge Kirche' stehen
in Spannung zueinander. Oft hat man den Eindruck, sie stünden
wie gegnerische Fronten einander gegenüber" (OG I, 290). Die
Spannungen, die durch den mitverantwortlichen Einsatz der Erwachsenen und ihre Offenheit nicht nur gemildert, sondern auch
für die Kirche und Gesellschaft fruchtbar gemacht werden können,

wurzeln in verschiedenen anthropologischen, psychologischen und sozio-kulturellen Gegebenheiten. Für alle sollen diese Spannungen aber ein Zeichen sein, daß sich die Kirche Christi als Volk Gottes auf dem Weg befindet und der ständigen Erneuerung bedarf (vgl. OG I, 290). Dieses Spannungsfeld ist gerade die Chance für die Erwachsenen, den Jugendlichen in ihren verschiedenen Konflikten, die sie in Kirche und Gesellschaft bei der Suche nach ihrer eigenen Verwirklichung erleben, Hilfe in der und durch die Gemeinschaft zu leisten. So werden die Jugendlichen den Glauben als Lebenshilfe erfahren. Dies ist eine Anforderung an die Erwachsenen, für eine lebendigere Gemeinde zu sorgen, die die Jugendlichen auffangen kann. Es geht dabei nicht nur um die Jugendgruppen, in denen sich die Gleichaltrigen zusammenfinden, wachsen und tätig sein können (vgl. OG II, 83ff.), sondern auch um die Gruppen der Erwachsenen, in denen der Jugendliche erfährt, "daß seine Fragen, Probleme und Lebenserwartungen aus dem Glauben heraus Antwort erfahren können" (OG II, 85). Dies wird eintreffen, wenn die Ausstrahlungskraft glaubwürdiger Mitmenschen, Erwachsener wie auch Gleichaltriger das Licht des Glaubens auf das gesamte Leben und Tun ausstrahlt (vgl. OG II, 85).

Von der Erwachsenengemeinde wird also erwartet, daß sie zu einem Raum wird, in dem gelebter Glaube, Freiheit "Ablösung und zugleich neue Bindung", Heil und Erlösung erfahrbar gemacht werden. Der Jugendliche erwartet diesen Raum in der Gemeinde als den, der die Toleranz und Brüderlichkeit anbietet, und Kraft zum Leben und unbesiegbare Hoffnung mitgibt, "daß die Kirche tatsächlich auf dem Weg zu einer Gemeinschaft aus allen Schichten, Rassen, Altersstufen und Konfessionen ist" (OG I, 296).

Hier ist man bei dem "personalen Angebot", das in der Jugendarbeit als Mittel und Weg den Erwachsenen empfohlen wird. Mit dem "personalen Angebot" meint die Synode die Erwachsenen in der Gemeinde, denen die Jugendlichen begegnen, und deren Glaubwürdigkeit und Verwirklichung der Botschaft Jesu sie konkret erfahren. Nur dann kann ein Erwachsener zum Gesprächspartner und zum Vermittler der Grundwerte werden, wenn er im Vertrauen

dem Jugendlichen begegnet und die Rolle "des engherzigen
und ängstlichen Wächters" verläßt (vgl. OG I, 300).

Bei dem personalen Angebot geht es nicht nur um einzelne
Erwachsene, die aus ihrem gelebten Glauben den Jugendlichen
begegnen, sondern auch um solche Gruppen, die den Jugendlichen persönlich und ihren Gruppen Begleiter sein können.
So ins Leben gerufene "reflektierte Gruppen", so betont die
Synode, sind nicht nur ein Mittel zum Zweck, sondern selbst
ein Ziel von Jugendarbeit: "ein Ort, wo menschliches Miteinander mit all seinen Aufgaben und Bedingungen erfahren werden
kann - und darum zuletzt auch Kirche und Gemeinde mit ihren
Aufgaben und Voraussetzungen" (OG I, 301).

Die Synode gibt dem "personalen Angebot" in der Jugendarbeit
mehr Gewicht als dem "Sachangebot". Dies deswegen, weil, wenn
man sich einmal durch die personalen Begegnungen in die Gemeinde hat eingliedern lassen, "der Umfang des Sachange-
bots, des 'Programms', zunächst so unbegrenzt, wie das Leben
selbst" ist (OG I, 301). Diese zwei Angebote fördern sich
untereinander. "Programme, Aktionen, Bildungsveranstaltungen
haben mitmenschliche Verbundenheit, Solidarität, Gemeinde
zum Ziel. Wird dieses Ziel erreicht, dann ergeben sich wiederum
Aktionen, Programme und Dienst an der Welt von selbst".(OG I,302).

Hier entsteht die Frage, wie das "personale Angebot", das
die Befähigung der Erwachsenen zu einer solchen Aufgabe voraussetzt, zustande kommen soll. Die Synode sieht hier einen
Mangel und ermuntert zu einer Arbeit in dieser Richtung.
Damit ist besonders die theologische Erwachsenenbildung aufgerufen, darauf hinzuarbeiten, daß die Erwachsenen zu dieser
Aufgabe fähig werden.

3. Der von neuem aktuell gewordene Katechumenat[25] ist ein
weiterer Bereich, in dem sich die Erwachsenen als bewußte
Träger der Erneuerung bewähren sollen. Dabei geht es um die Be-
werber der Erwachsenentaufe.Alle diese Menschen, die getauft
werden möchten, nachdem sie sich der frohen Botschaft geöffnet haben, Gott suchen und sich auf dem Weg der Umkehr befinden, brauchen eine lebendige Erfahrung des gelebten Glaubens
(vgl. OG I 248). Dies setzt wiederum eine lebendige Gemeinde,

die in ihren Substrukturen lebendige Gruppen und Gemeinschaften trägt, voraus, in denen die Taufbewerber ihre weiteren Schritte in der Gemeinschaft der Kirche zu Jesus machen können. Dabei sind die "reflektierten Gruppen" die Begleiter der Taufbewerber.

Mit dem gleichen Einsatz und der gleichen Befähigung erwartet die Synode die Erwachsenen bei der Firmvorbereitung. Sie sollen durch ihre mitverantwortliche Tätigkeit helfen, das Reformpotential der Kirche auch auf diesem Gebiet zu aktualisieren (vgl. OG I, 256).

4. Die Welt der Arbeit ist ebenso ein Gebiet, in dem sich der Einsatz der erwachsenen Gläubigen entscheidend zeigen sollte. Wenn die Synode das Ziel der Bildungstätigkeit "für katholische Christen in der Entfaltung der menschlichen Anlagen, in der Befähigung des Menschen zum Dienst an seinen Mitmenschen, an der Welt und am Reich Gottes" (OG I, 520) formuliert, dann sind damit auch die Aufgaben der theologischen Erwachsenenbildung für die Erwachsenen in der Arbeitswelt angesprochen. Bei den Arbeitern besteht der entscheidende Schritt darin, daß sie ihr Leben aus der Haltung des "Mehrseins" und nicht aus der des "Mehrhabens" gestalten (vgl. OG I, 343f.) Um dieses den Arbeitern zu ermöglichen, schlägt die Synode vor, daß den Arbeitern ein Bildungsurlaub gegeben werden soll, der nicht nur allein für Zwecke der beruflichen, sondern auch für die "allgemeine" Bildung gilt (vgl. OG I, 342). Dabei soll es zunächst um die neue Einstellung zur Arbeit gehen, die aus der ethischen und erst recht aus der christlichen Sicht nicht nur eine Einkommensquelle ist, sondern vielmehr ein "Dienst an der Gemeinschaft", durch den der Mensch seine Anlagen und Fähigkeiten entwickelt und verwirklicht. Um den Schritt von "Mehrhaben" zum "Mehrsein" vollziehen zu können, soll die Sehnsucht nach einer sinnvolleren Gestaltung des Lebens geweckt werden. Dies wäre die notwendige Grundlage für die weiteren Aufgaben, die sich auf die Mitverantwortung, Mitbestimmung und Mitentscheidung konzentrieren. So wird die Möglichkeit geschaffen, verantwortlich für die Arbeitskollegen zu handeln, und die Verbesserung ihrer Lage zu fördern. Vor den christlichen Arbeitern, die ihr Leben und ihre Arbeit aus dem Glauben gestalten,

stehen in bezug auf die allgemeine Erneuerung zwei besondere
Aufgaben. 1. Sie stellen eine Brücke zwischen der Arbeitswelt
und der Kirchengemeinde dar. "Der Arbeiter bringt in das
Apostolat unter Arbeitern einen durch niemand anders ersetz-
baren Beitrag ein" (OG I, 350). Er besteht darin, daß der
Arbeiter "seinesgleichen aus der gemeinsam erlebten Arbeits-
welt viel unmittelbarer ansprechen kann als jeder andere"
(OG I, 350). Sein Wort und sein Tun haben leichter Zugang zu
dem Arbeiter als das der Amtsträger und der Funktionäre. Hier
geht es darum, daß die christlichen Arbeiter durch den eigenen
Einsatz für die Menschen in der Arbeitswelt (Betrieb, Betriebs-
rat, Personalvertretung usw.) "Zeugnis für Christus und seine
Kirche" ablegen (OG I, 350). 2. Das andere Gebiet, wo die
Arbeiter ihre Erfahrungen einbringen sollen, ist die Gemeinde.
Durch das verantwortete Engagement in der Arbeitswelt können
sie zum Gemeindeleben und seinen Aufgaben einen ebenso uner-
setzbaren Beitrag leisten, besonders aber in den Aufgaben
der Arbeiterpastoral (vgl. OG I, 350).

Daher soll die theologische Erwachsenenbildung die "reflektierten Gruppen" auch bei den Arbeitern fördern, durch die
sie selbst in der Gemeinde und die Gemeinde durch sie wachsen
und sich erneuern kann. Die Synode fordert die kirchlichen
Instanzen und Organisationen auf, nicht nur die qualifizierte
Mitwirkung, die von Arbeitern schon geleistet werden kann,
anzunehmen, "sondern sich auch um sie zu bemühen und besonders
auch Bildungsgelegenheiten anzubieten zur Aktivierung katholischer Arbeiter" (OG I, 351). Das heißt praktisch, daß neue
Modelle in der theologischen Erwachsenenbildung entwickelt
werden sollen, die für verschiedene Gruppen von Arbeitern unter Berücksichtigung ihrer sozio-kulturellen Situation geeignet sind.

Die Arbeiter dürften für solche Angebote und Gruppen offen
sein, weil sie die Erfahrung mitbringen, daß der einzelne
allein nichts machen kann und daß er auf gemeinsame Arbeit
und gemeinsames Unternehmen unausweichlich angewiesen ist.
Durch diese Erfahrung tragen sie auch in sich Erfahrungen von
Vertrauen, Angenommensein, Feiern usw., die ebenso angesprochen werden sollen.

In eine solche Weiterbildung der Arbeiter sollten ihre Frauen
und Kinder einbezogen werden, was wiederum neue Modelle und
neue Wege fordert.

Die erwünschte Erneuerung der Arbeiter und so der Arbeitswelt
geht inhaltlich den Weg der allgemeinen Erneuerung mit, das
heißt: durch Umkehr zur in Jesus Christus begründeten Hoffnung.
Sie wird nur durch die religiöse Praxis geweckt und gestärkt.
Daher ist es Aufgabe der Kirche, ihre Liturgie in allen ihren
Dimensionen für die Arbeiter anzubieten. In ihr sollen alle
Strukturen (Arbeitskreise, Gruppen, Aktionsgemeinschaften,
Wohnviertel usw.) ihren Platz und ihren Ausdruck finden. Sie
soll so gestaltet werden, daß sie Interesse, Bildungswillen,
Kreativität, Verantwortung, Glaubensbereitschaft weckt und
wachhält. Für die Arbeiter soll die Botschaft Jesu durch die
Liturgie ganz konkret vermittelt werden, damit sie selbst
für die Liturgie, Martyria und Diakonia fähig werden. Die
verkündete Wahrheit soll im "Geh und tu dasselbe "(Mt 12,50)
ihren Ausdruck finden (vgl. OG I, 357).

1.3.5 Zusammenfassung

1. Die Synode mit ihren Beschlüssen, die für die Erneuerung
   in der Deutschen Kirche Impulse gibt, ist schon ein erstes
   wichtiges Zeichen der Erneuerung. Die Elemente der Erneuerung findet man zuerst bei der theologischen Grundlegung
   und weiterhin in anderen für die theologische Erwachsenenbildung wichtigen Anregungen;

2. auf die Hoffnung hin besinnt sich die Kirche. Sie über-
   nimmt aus dem Zweiten Vatikanischen Konzil das neue
   Selbstverständnis und definiert sich als Volk Gottes.
   Es versteht sich als Träger der Hoffnung, die in Jesus
   Christus unbesiegbar begründet ist;

3. daraus bekommt das wandernde Volk Gottes, die Kirche in
   Deutschland, Mut, sich zu ihrer Vergangenheit und darin
   besonders ihrer Schuld zu bekennen. Sie erklärt sich dabei
   bereit, alles gutzumachen soweit es in ihren Kräften steht,
   und neue Verschuldung in der Gegenwart und der Zukunft

nach Kräften zu vermeiden;

4. sie will insgesamt den Weg der Nachfolge konsequenter
   gehen, auch und gerade weil sie die Wege des Gehorsams,
   der Armut, Freiheit und Freude sind, die Jesus gegangen
   ist;

5. den Erwachsenen wurde ein entscheidender Anteil an der
   Erneuerung zugeteilt. Ohne ihre Entscheidung, aus der
   Hoffnung zu leben, ist sie unmöglich;

6. die Umkehr aller besteht in der Entscheidung für die
   Hoffnung, die durch die Erneuerung der Liturgie der Kirche
   gefördert werden kann. Durch die Erziehung zur aktiven
   Anteilnahme am liturgischen Geschehen und besonders bei
   den Sakramenten, in denen man Christus "unserer Hoffnung"
   im Wort und in der Tat begegnet, werden die Umkehr und
   Nachfolge und ihre Notwendigkeit spürbar;

7. in diesen dargestellten Punkten erkennt man einerseits
   die Erneuerungsimpulse aus den Dekreten des Zweiten
   Vatikanischen Konzils und andererseits, wie sie angewandt
   auf die Situation, in der sich die Deutsche Kirche befindet, ihre Konkretisierung erfahren.

Somit hat die Umkehrpastoral neue Möglichkeiten und neue
Impulse bekommen und zugleich auch ein Postulat: nach
neuen Wegen und Methoden zu suchen und sie in der Praxis
durchzusetzen.

2.0 Der biblische Gehalt von Metanoia

2.1 Die Aussagen des AT

2.1.1 Umkehr - zentrale Aussage der Schrift

Den lehramtlichen Aussagen gemäß ist die Umkehr, die Lebensänderung im Sinne der Botschaft Jesu, Anfang und Form jeder
Erneuerung, zu der sich die Kirche jederzeit verpflichtet
wissen soll. Die Kirche aber erneuert sich, indem die Gläubigen ihr eigenes Leben im "Werden und Sein" von der Umkehr als
grundlegender und allumfassender Forderung, "mit der die Menschen vor Gott gestellt und zur Antwort auf das Evangelium
Jesu Christi, auf Gottes Heilsbotschaft in der Stunde des
Heils gerufen werden"[1], gestalten. Mit dem Ruf zur Umkehr
(metanoia) hat Jesus seine Botschaft an die Menschen angefangen: "Die Zeit ist erfüllt und das Reich Gottes ist nahegekommen. Kehret um und glaubt an die Heilsbotschaft." (Mk 1,15)[2].

Das, was mit diesem Wort "Umkehr" sachlich gemeint ist, wird
auf verschiedene Weise mit verschiedenem Wortgebrauch ausgedrückt wie z.B. Bekehrung, Rückkehr, Hinkehr, Buße, Erneuerung
usw. "Das weist schon darauf hin, wie sehr es sich bei ihm um
einen gefüllten, nicht einfach mit einem einzigen, eindeutigen
Übersetzungswort wiederzugebenden Sinngehalt handelt."[3]

Dies ist auch einleuchtend, wenn man an die langsame und fortschreitende Entwicklung der ganzen Heiligen Schrift und an die
Entwicklung verschiedener zentraler Aussagen in ihr denkt.
Und eine von den zentralen Aussagen der Schrift über die Beziehungen zwischen dem sich offenbarenden Gott und dem ant-
wortgebenden Menschen ist metanoia. Die Beziehungen, die mit
Umkehren bezeichnet werden, sind zu verschiedenen Zeiten von
verschiedenen Verfassern der Heiligen Schrift je anders verstanden, anders begründet und anders vom einzelnen und im Leben des ganzen Volkes vollzogen worden. Sie nehmen ihren Anfang
dort, wo Gott vor Abraham einen neuen Weg öffnet und ihn auffordert, das Alte zu verlassen, und dieser im Vertrauen auf
Gott das Neue wagt (vgl. Gen 12ff.) und gehen bis hin zu den

neutestamentlichen Umkehraussagen und ihrer Wirkungsgeschichte
in der Kirche.

Die Bedeutungsgeschichte des Begriffs "Umkehr" kennt Aufstieg
und Abstieg, Höhepunkte und Tiefpunkte, Breite und Einengungen
von Bedeutungen. Außer der Fülle von Bedeutungen und von Begriffen, die sich sachlich mit "Umkehr" decken, gibt es Berüh-
rungspunkte mit Glauben, Reue, Gebet, die sich untereinander
fördern und bedingen. Bei der Erschließung des ganzen Sachkom-
plexes kommt man ebenso auch auf die Sünde zu sprechen, durch
die die Umkehr die Dimension der Abkehr von den bösen Wegen
bekommt.

Uns geht es hier darum, den Sachkomplex der Umkehr von verschiedenen Standpunkten her zu erschließen, um so zu den Ergebnissen
zu kommen, die wir für die Beurteilung und Überprüfung der Ergebnisse der lehramtlichen Aussagen, der Erwachsenenbildungsliteratur und der Praxis, die Cursillo als ein für die Umkehr und
Erneuerung der Erwachsenen im Glauben bestehendes Modell zeigt,
brauchen. Daraus erhoffen wir für unsere Praxis in dieser
Zeit, für unser Hören auf Gottes Wort und den Dienst am Wort
Gottes in der Erwachsenenbildung, die not-wendigen Impulse und
Konsequenzen für eine, an der vorgegebenen Praxis der Schrift
orientierten, intensivierte Umkehrpastoral zu erhalten.

2.1.2 Alttestamentliches Wortfeld für "Umkehr"

Für unser Unternehmen ist es wichtig, die Grundbedeutung des
Wortfeldes zum Thema Umkehr darzustellen, um so zu den genuinen
und primären Gedanken zu gelangen und zu sehen, was ursprünglich dabei gedacht ist.

Im AT ist für die Umkehr das Zeitwort "šûb" gebraucht. Ehe dieser Ausdruck religiöse Bedeutung bekommen hatte, war er in dem
alltäglichen, profanen Bereich gebraucht worden. Er hat eine
Bedeutung im Sinne von Richtungsveränderung: die jeweils bisherige Richtung soll verlassen und sogleich eine neue eingeschlagen werden, z.B. zurückkehren, sich zurückwenden, umkehren,
einen anderen Weg einschlagen. Der Sprachgebrauch in der vor-
und außerbiblischen Welt meint mit "šûb" nachher erkennen, die

Gesinnung ändern, einen anderen Entschluß fassen usw. Dabei
ist aber keine Wertung der Änderung gesagt, ob sie sich zum
Schlechten oder zum Guten ereignet hat.[4]

Als dieser Ausdruck in die religiöse Sprache übernommen wurde,
bekam er auch neue Inhalte, die eine Spannung und Bewegung bedeuten vom Bösen zum Guten, vom Alten zum Neuen, vom Unglauben
zum Glauben, vom Mißtrauen zum Vertrauen, vom Verloren-sein zum
Wiedergefunden-sein. Also "ein Sich-Abwenden von dem, was böse
ist, und ein Sich-Hinwenden zu Gott. Eben dies aber umschreibt
das Wesen der Bekehrung, die eine Änderung des Verhaltens, eine
Neuorientierung der gesamten Lebenseinstellung in sich
schließt".[5] Die Begriffe von Umkehr in religiösem Sinne finden sich sehr oft im AT, und zwar sowohl im negativen wie im
positiven Sinne, und in beiden Bedeutungen zusammen. Insgesamt
ist "šūb" 118 mal in den Texten des AT gebraucht worden. Im
negativen Sinne von "Sich-von-etwas-abkehren" kommt "šūb"
39 mal vor.

Man kehrt sich ab von falschen Göttern und Götzendienst (vgl.
Hos 14,2f.); vom Bösen im allgemeinen (vgl. Jes 2,16); vom
bösen Wandel (vgl. Jer 36,3f.) usw.

Im positiven Sinne ist "šūb" 49 mal gebraucht, z.B. "Gott suchen" (Am 5,4); das Gute lieben (vgl. Am 5,14f.); Gerechtigkeit tun (vgl. Mich 6,8); aufrichtig leben (vgl.Soph 3,12f.)
usw.

Während in der negativen Bedeutung eine Abwendung von einer
Sache oder Person verlangt wird, heißt es im positiven Sinne
eine Zuwendung, eine Rückkehr zu etwas oder zu jemand.

Es gibt aber auch ca. 30 Stellen im AT, wo das Wort "šūb"
mit beiden Bedeutungen zusammen vorkommt (vgl. Jer 4. 14 u.a.)
"In diesen Fällen müssen wir 'šūb' wiedergeben durch 'umkehren'. Hier ist also sowohl die Aufgabe der bisherigen Richtung
als auch das Einschlagen der neuen inbegriffen, also eine völlige Umgestaltung."[6]

E. K. Dietrich betont die offene Bedeutung von "šūb" als
Rückkehr zu etwas oder zu jemand, der oder das noch unbekannt
ist. Dagegen vertritt W. Holladay die Meinung, daß die zentrale Bedeutung von "šūb" die Rückkehr zum schon bekannten, aber

verlassenen Gott ist. Er sagt: "Das Verb šūbh in Qual bedeutet:
sich in eine bestimmte Richtung bewegt haben, und sich dann
in die entgegengesetzte Richtung bewegen, und es schließt ein,
daß man wieder am Ausgangspunkt ankommt".[7]

W. Holladay analysiert eine horizontale und vertikale Bewegung
in den Bedeutungen von Umkehr. Die horizontale Bewegung ist
z.B. ein "Zurückkehren" zu jemandem oder zu etwas oder ein
"Sich-abwenden " von jemandem oder etwas. Die vertikale aber ist
dort vorhanden, wo es um ein "Aufstehen" oder ein "Fallen" geht,
wie bei Jer 8,4.[8] Das Verb "šūb" kann manchmal mit dem Wort
"wieder" übersetzt werden, und zwar in jenen Fällen, wo es in
Verbindung mit einem anderen Verb steht.[9]

Den Reichtum von Bedeutungen von "šūb" expliziert J. A. Saggin:
"Im AT begegnet hauptsächlich subh Qual 'zurückkehren' (intran-
sitiv) und in Hiphil 'zurückbringen' (transitiv), selten Polal
'zurückbringen' (auch 'verleiten'), Polal 'wiederhergestellt
werden' und Hophal 'zurückgebracht werden'".[10]

Aus dieser Bedeutungsübersicht des Grundbegriffes "šūb" für
Umkehr konnten wir sehen, daß er in sich eine Bewegung enthält.
Die Bewegung geht von der Überwältigung des Bösen im Menschen
hin zur Neuorientierung, zur Neuwerdung auf dem Weg der Aneignung des Positiven, des Heiles, das als Angebot gegeben wird.

Zu dieser Grundbedeutung von "šūb" finden wir auch Synonyme,
denen wir in den Texten des AT begegnen, die uns weiterhin den
Sinngehalt und die Fülle von Bedeutungen zeigen. Außerdem zeigen sie uns, wie konkret der Israelit die ganze Wirklichkeit
von Umkehr erlebt, und daß er ausdrückt, wie er sie erlebt,
ohne darüber besondere Spekulationen aufzustellen.

Unter den Synonymen gibt es den Doppelaspekt von negativen
und positiven Bedeutungen.

Positive Synonyme sind z.B., "sich zu Gott wenden" (Jes 45,
22), "Gott ernstlich suchen" (Jes 55,6); "dürsten nach Gott" (Ps
63,2); "ausschauen nach ihm" (Ps 63,3) usw.

Negative Synonyme sind: den Frevel tilgen, nicht hartnäckig in
Sünden verbleiben, keine bösen Pläne machen (vgl. Jer 4,14,
3,17, 18,12; Ri 2,19) usw.

In allen Bedeutungen des Hauptbegriffes und seinen Synonymen
findet man nirgendwo eine adjektivische Bedeutung im Sinne von
"bekehrt sein", das auf ein Ende des Prozesses und auf einen
dauernden Zustand hin gedeutet werden könnte. H. W. Wolff betont, daß in dem Begriff "šub" und seinen Synonymen "das Interesse nicht am Gegensatz gegen die bisherige Haltung haftet,
auch nicht an der Betonung der neuen Haltung, sondern an der
Wiederherstellung (ständige Bewegung auf etwas hin) eines ursprünglichen Status".[11]

Bedeutete das für den Semiten, daß jeder Mensch zu jeder Zeit
bereit sein soll, umzukehren, seine Richtung zu ändern, oder
sich in der gleichen Richtung ständig nach vorne zu bewegen?
Sollte es so gewesen sein, so brachte der Wortgebrauch zum Ausdruck, daß nicht nur die Sünder, sondern auch die Frommen wach-
gehalten wurden, fromm zu bleiben. Sonst "hätte der Fromme ja
leicht in die Versuchung fallen können, sich als einen 'Bekehrten' im Gegensatz zu den 'Unbekehrten' zu bezeichnen".[12]

Von dem "Ständig-Umkehren-Müssen" her kann die Frage gestellt
werden, ob dabei beide Aspekte, der positive und der negative,
Abkehr und Hinkehr gedacht sind oder nicht. Von der Abkehr und
Abwendung gesehen, würden sie eher einen 'Zustand' zulassen.
Deswegen kann man sagen, daß die Dynamik des Umkehrprozesses
von der positiven, zukunftsorientierten Hinwendung zum Positiven und Guten, zu Jahwe, herkommt. "Die Wieder-Zukehr zu Jahwe
bedeutet dabei ein grundsätzliches, das ganze menschliche Leben
umfassendes Sich-neu-Verhalten Gott gegenüber, und von daher
dann auch gegenüber dem Mitmenschen und der Gemeinschaft."[13]

2.1.3 Die Dimensionen der Umkehr

Die Entwicklung des Umkehrgedankens hängt eng mit der Auffassung von Glauben, Verantwortung, Sünde und Schuld zusammen.
Es gibt eine Entwicklungslinie, die von der Kollektivität zur
Individualität, von der kollektiven Verantwortung zur individuellen tendiert. Das Verhältnis zwischen kollektiver und individueller Umkehr ist so, daß beide nie gegeneinander stehen,
sondern die eine setzt die andere voraus, und die eine wird

durch die andere ermöglicht, verstärkt und getragen.
Es finden sich im AT Stellen und Texte, in denen die eine
oder die andere mehr betont und stärker gefordert ist, aber
nie steht eine gegen die andere.

2.1.3.1 Die kollektive Umkehr

Bei der kollektiven Umkehr ist der Ruf an das ganze Volk gerichtet. Von allen zusammen wird gefordert, einen falschen
Weg zu verlassen, Götter anderer und fremder Völker aus der
eigenen Mitte wegzuräumen und dem eigenen Gott zu dienen. Die
Texte mit solchen Gedanken finden sich sowohl in den ältesten
Schriften des AT als auch in den jüngsten, was uns zeigt, daß
die kollektive, das ganze Volk umfassende Anforderung nicht
etwa zugunsten der Individualisierung im Verlauf der Zeit
aufgegeben wurde.

So läßt der Deuteronomist Josua sich an das ganze Volk wenden
und sagen: "Und nun, fürchtet Jahwe und dienet ihm vollkommen
und treu. Entfernt die Götter, denen eure Väter jenseits des
Flusses und in Ägypten dienten, und dienet Jahwe! Wenn ihr
aber nicht dienen mögt, so wählet heute ... Ich und mein Haus,
wir wollen Jahwe dienen" (Jos 24,14-15). Der Deuteronomist
läßt weiterhin Josua alle zur Umkehr aufrufen und alle vor
eine Alternative stellen, zu wählen und sich zu entscheiden
für den Gott, der für sie da ist, oder für Götter, die Nichts
sind.

Hier weist Josua auf Jahwe als den einzigen Gott, dem gedient
werden soll, als den einzigen Herrn (vgl. Ex 20,2ff.). Das
ganze Volk antwortet, daß es entschieden sei, mit "Josua und
seinem Haus" alle falschen Götter zu verlassen und dem einzigen Gott zu dienen (vgl. Jos 24,24).

So läßt der Schriftsteller auch Samuel die Aufforderung an
das ganze Volk richten und ihn sprechen: "Wollt ihr euch mit
eurem ganzen Herzen zu Jahwe bekehren, so schafft die fremden
Götter und die Astarten aus eurer Mitte fort, richtet euren
Sinn auf Jahwe und dienet ihm allein" (1Sam 7,3-4).

Die Aufforderung, die der Schriftsteller durch Samuel ausspricht, ist mit der Verheißung verbunden, errettet zu werden
aus der Hand der Stärkeren.

Der Erfolg der Philister wird als Strafe für die Untreue zu
Gott interpretiert, die alle ertragen müssen, weil alle dafür
verantwortlich sind, weil alle sich schuldig gemacht haben,
aber nach einer Umkehr werden alle gemeinsam die Früchte des
Heils unter der einzigen Herrschaft Jahwes genießen.

Diese Aufforderung an das ganze Volk verbindet sich mit einem
äußeren Zeichen: dem "sofortigen Entfernen" fremder Götter;
aber das allein genügt nicht.

Ganz Israel soll mit Samuel nach Mizpa kommen, damit er für
sie bete und sie vor Jahwe bekennen, daß sie gesündigt haben.
Danach kam der Sieg über die Philister, der als Segen Gottes
für die Umkehr interpretiert wird (vgl. 1Sam 7,5ff.).

Weiterhin sind Konstatierungen des kollektiven Abfalls und
Aufforderungen, die an das ganze Volk gerichtet sind, besonders
in den Psalmen zu finden. Dort heißt es, daß alle abgeirrt sind,
daß alle dafür gestraft werden sollen und daß sie nach der
Strafe "sein Angesicht" suchen. "Trotz allem sündigten sie
wieder und glaubten nicht an seine Wunder ... Wenn er sie
aber hinwürgte, fragten sie nach ihm und suchten wiederum Gott,
gedachten, daß Gott ihr Fels ist und Gott, der Höchste, ihr
Erlöser.." (vgl. Pss 78,32 und 34f.; 81,12; 95,8; 106,6 u.a.).

Hier ist klar zum Ausdruck gebracht, daß ein Abirren und eine
Abwendung von Gott zur Strafe für alle führt, und wie ein
Suchen und ein Sehnen nach dem, der allein und einzig Gott
ist, dessen Verheißung bestehen blieb, rettet und heilt.

Diese Linie einer ethno-kollektiven Umkehrforderung bezeugen
auch die Bücher Chronik, Esra und Nehemia, die vorwiegend die
Aufforderung zur Umkehr an das ganze Volk richten (vgl. 2Chr
7,14; 15,4; 19,2 u.a.; Neh 1,9; 9,26; u.a.).

Aus diesem heilsgeschichtlichen Phänomen der kollektiven Umkehr sollen einige Punkte betont und festgehalten werden:

- die Verantwortung für einen nationalen Mißerfolg oder eine
  Katastrophe trägt das ganze Volk, weil alle gesündigt haben,

indem sie ihren Gott verließen;

- das ganze Volk soll die Bereitschaft zur Umkehr im "Entfernen" der fremden Götter und Bekenntnis der Sünden, im Gebet
für einander zeigen;

- die Verheißungen von Gottes Seite her bestehen und erfüllen
sich, sobald das Volk umgekehrt ist;

- bei der kollektiven Umkehr haben Propheten eine Vermittlerrolle, indem sie die jeweilige Katastrophe als Beweis des
kollektiven Abfalls interpretieren und gleichzeitig die
Aufforderung für die kollektive Umkehr formulieren.

2.1.3.2 Die individuelle Umkehr

In bezug auf individuelle Umkehrberichte und Umkehraufforde-
rungen ist zu unterscheiden zwischen persönlichen Berufungsgeschichten bei einzelnen Propheten, in denen sie ihre jeweilige Aufgabe bekommen hatten, im Volk Gottes als Verkünder
tätig zu sein, und Umkehrgeschichten von jedem einzelnen als den
Instruktoren des von Gott auserwählten Volkes. Aber sie sind
oft nahe beieinander und gehören meistens zusammen mit dem
Unterschied, daß Berufung im allgemeinen einmalig stattgefunden hat, während Umkehr für jeden tagtäglich erforderlich ist.

Um die Grundelemente der Berufungsgeschichten zu erfahren,
sollen die von Mose, Elija, Amos und verschiedenen anderen
konsultiert werden (vgl. Ex 1,1ff.; Amos Buch; Jer 1,4-10;
Gen 12,1ff. u.a.m.).

Aus der Berufungsgeschichte des Mose geht hervor, wie vom
Anfang seiner Geburt an alles irgendwie - so hat der Schriftsteller seinen Weg interpretiert bzw. gestaltet - darauf
hinzielt, ihn vorzubereiten für die große Aufgabe in seinem
Volk. Und als er "Gott begegnete" und mit seinem Namen gerufen wurde und Gottes Namen kennenlernte, da fand seine "Kehre"
statt und er verstand seine Aufgabe: mit "starker Hand" führte er unter der Wolke das Volk aus Ägypten und diente dem
Volke nach dem Willen Jahwes (vgl. Ex 1,1ff.).

<u>Amos</u> versteht sich plötzlich, ohne Vorbereitung, von Gott berufen, die Mißstände in Israel anzuprangern im Namen Jahwes. Er stellt sich vor, indem er sagt, daß er seinen bisherigen Weg und alle Beschäftigung verlassen und einen Weg im Dienste Jahwes anfangen muß. Er verlangt mit ganzer Kraft in allen Lebensbereichen, besonders aber im kultischen Bereich, eine Veränderung (vgl. den Grund-Tenor des Amosbuches).

Anders ist es mit der Berufungsgeschichte des <u>Jeremia</u>: er wurde vom Mutterschoß an erwählt und noch jung und unerfahren mußte er in Gottes Namen auftreten (vgl. Jer 1,4-10). Aber seine Berufung hat dasselbe Ziel: dem Volk zu helfen, zum Heil in Jahwe zu finden.

Die einzelnen Berufenen sehen sich eng verbunden mit dem Volk "im Kreislauf" insofern, als sie aus dem Leben des Volkes herauswachsen und später vor dem Volk stehen als diejenigen, die besonders das Schicksal des Volkes verkörpern.[14]

Diese besonders berufenen Menschen waren zum Dienst in dem Volke bestellt. Aber sie wußten sich nicht nur, wie gesagt, zu dem gesamten Volk gesandt, sondern auch zu den einzelnen aus dem Volk. Sie verlangten von ihnen als Individuen Umkehr. Wer sind die einzelnen Personen? Oft sind es die "Großen" im Volke.
Dazu H. Leroy: "Ein solches Wort (sc. der Aufforderung zur Umkehr) wendet sich immer an einen einzelnen und besonders an einen, gegen den keine Instanz Anklage erheben könnte: hier also an den König".[15] So wurde der Prophet Natan zum König David geschickt. Propheten-Aufgabe war es, dem König die Augen zu öffnen für das Böse, das er tut, für den bösen Weg, den er geht, für die Ungerechtigkeit, die er getan hatte, was kein anderer Mensch ihm ohne Todessanktionen vorhalten konnte.

In der dramatischen Begegnung erkennt David seine Schuld gegenüber dem Hethiter Uria. Erst als David zu dieser Einsicht gekommen ist und das Schuldbekenntnis erfolgt ist: "Ich habe gegen Jahwe gesündigt", wird ihm von dem Propheten Vergebung und Leben versprochen: "So hat dir auch Jahwe deine Sünden vergeben, du wirst nicht sterben" (2Sam 12,13).

Der Schriftsteller läßt David erkennen, daß seine eigene
Schuld das Unheil über seinen Sohn und über das Volk verursacht hat (vgl. 2Sam 12,11ff.). Zu Davids Einsicht über
persönliche Schuld gehört deshalb die Trauer, daß diejenigen,
die nichts verbrochen haben, büßen müssen. "Siehe, ich bin es,
der gesündigt, ich bin es, der Böses getan. Diese aber, die
Schafe, was haben sie verschuldet? So möge denn deine Hand
sich gegen mich und mein Haus richten" (2Sam 24,17). David
hat Jahwe, dem Gott seiner Väter, mißtraut. Dies wurde ihm
zur Sünde angerechnet, aber er "bereute" es und fand die Vergebung.

Aus der Einsicht in die Verschuldung vor Gott entsteht bei
David die Reue und Bereitschaft, durch Gebet und Fasten, Bußetun, die nicht nur die Vergebung der Sünden bewirkt, sondern
auch das Unheil abwenden kann (vgl.2Sam 12,16f.).

Ein anderes Beispiel finden wir im 1.Buch der Könige. Von Jerobeam
wurde die persönliche Umkehr gefordert, aber er bekehrte
sich nicht "von seinem bösen Wandel, sondern bestellte aufs
neue Leute aus der Masse des Volkes zu Höhenpriestern...
Dies wurde aber dem Hause Jerobeam Anlaß zur Sünde, zum Sturz
und zur Vertilgung vom Erdboden" (1Kön 13, 33-34).

Oder die Situation mit dem Propheten Elija und dem König Ahab.
Der König übte eine Gewalttat aus Habgier an Naboth aus. Elija
mußte eingreifen. "Auf! Geh hinab, Ahab, dem König von Israel
entgegen,... Und dies sollst du ihm sagen: Du hast gemordet,
und nun hast du auch noch die Erbschaft angetreten" (1Kön 21,
18f.). Ahab war bereit zur Umkehr. Er "zerriß seine Kleider,
legte ein Bußgewand um den bloßen Leib und fastete. Er schlief
sogar im Bußgewand und ging gedrückt einher". (1Kön 21,27).
Danach folgte die Abwendung des Unheils.

Hier geht es also um die Umkehr der Könige. Ihnen ist durch
die Propheten das Wort vermittelt, durch das sie ihre bösen
Taten und ihren bösen Wandel erkennen sollen. Jedem von ihnen
ist aber Freiheit gelassen, ob er den bösen Weg verlassen,
ob er umkehren will oder nicht.

Deswegen wird auch jeder persönlich belohnt oder bestraft.

Ezechiel spricht besonders den einzelnen Gottlosen an und
verlangt von ihm einen neuen Weg, um des Lebens des Gottlosen
willen. Der Prophet selber ist verantwortlich für das Leben
des Gottlosen und seine Aufgabe ist, ihn von den "gottlosen
Wegen abzubringen und ihn am Leben zu erhalten" (vgl. Ez 3,
16ff.). Dadurch ist nicht die Freiheit und Verantwortung des
Gottlosen aufgehoben; er selbst entscheidet und für die Entscheidung übernimmt er die Verantwortung. Ezechiel ist aber
auch für den Gerechten verantwortlich. "Hast du aber den
Gerechten verwarnt, daß er nicht sündige, und der Gerechte
sündigt nicht, so wird er am Leben bleiben, weil er verwarnt
war, du aber hast dein Leben gerettet." (Ez 3,21 und vgl.
11,18; 13,22; 18,21-23; 33,8 usw.).

Für den Gottlosen und für den Gerechten ist der Prophet als
Wächter und Retter da. Beide sind jeden Moment vor die Entscheidung für das Neue gestellt. Der nächste Schritt ins Neue
ist bei dem Gottlosen Abkehr und bei dem Gerechten Hinkehr.
Und wenn er nicht vollzogen wird, verfallen beide dem Tod.
"Der Gerechte und der Gottlose befinden sich im Grunde genommen in derselben Lage: in jedem Augenblick nämlich müssen sie
sich aufs Neue entscheiden, denn der letzte Augenblick, den
sie aber nicht kennen, entscheidet über das Leben und den
Tod."[16 a]

Der Individuierungsprozeß der Umkehrforderung ist in den
Psalmen weitergeführt und weiterentwickelt. Der einzelne aus
dem Volk soll auf das Wort hören, sich vor ihm nicht verschließen. Jeder muß seine eigenen Augen öffnen, um den Weg, den
ihm Gott zeigt, zu sehen und ihn in Treue zu gehen, in der
Verantwortung für das eigene und für das Heil des Volkes
(vgl. Pss 32; 38; 51; 130; 143 u.a.).

In bezug auf die individuelle Umkehr als biblisch=heilsge-
schichtliches Phänomen sind folgende Aspekte festzuhalten:

- die Propheten erleben die Umkehr in ihrer Berufungsgeschichte, durch die sie ihre Aufgabe erkennen und im Namen Jahwes
  vor das Volk treten;

- die Großen im Volk, die Könige, werden von den Propheten
  persönlich zum Verlassen ihrer bösen Wege aufgefordert

und zur Einsicht ihrer bösen Taten;

- je nach der Antwort auf das Prophetenwort wird ihnen Heil
  oder Strafe zuteil;

- in den einzelnen, die bereit waren, umzukehren, bewirkte
  das Prophetenwort zuerst das Bewußtsein über den schlechten
  Wandel. Aus der so geweckten Einsicht kommt die Reue und
  Buße, die die Vergebung der Sünden und neuen Wandel bekunden;

- es zeigt sich dabei das Verantwortungsbewußtsein des einzelnen gegenüber dem Volk.

2.1.3.3 Umkehr mit dem heiligen Rest

Bei **Jesaja** ist es zu der Ausprägung der individuellen Umkehr
mit der besonderen Betonung des Gedankens vom heiligen Rest
gekommen. Er sah, daß das ganze Volk nicht zur Umkehr bereit
war. Er wandte sich deswegen dem Rest des Volkes zu, der das
Heil erben und weitertragen wird, wenn er umkehrt und sich
von Jahwe führen läßt. Dieser Rest ist der "heilige Rest",
der die eschatologischen Güter erben wird, gegenüber dem
"historischen Rest" (vgl. Am 5,15; Jes. 37,4; Jer 6,9; Ez 9,8
usw.) und der religiösen Elite, die nach dem Exil auftaucht
(vgl. Jes 49,3; Hag 1,12; 2,2; Zach 8,6 usw.).[16b]

"Dieser Rest der Getreuen erscheint unter dem Namen eines 'Israel als des Knechtes Jahwes' oder eines 'Israel 'in dem ich
mich verherrlichen will' (Jes 49,3). Er hat im Hinblick auf
Gesamtisrael eine Aufgabe zu erfüllen (49,5)."[17]

Es geht nicht nur um die individuelle Umkehr der Könige,
sondern um eine Gruppe von Einzelnen aus dem Volk, die mit
ihrer Umkehr den Rest bilden, und so nicht nur persönlich
Erben des Heiles werden, sondern die Träger des Heiles für
das Gesamtisrael.[18]

E. K. Dietrich sieht in diesem Gedankengang bei Jesaja etwas
Neues im Verständnis von Umkehr auftreten: "Durch diese

Verknüpfung der allgemeinen Umkehrpredigt mit dem Restge-
danken entging Jesaja der Gefahr eines falschen Individua-
lismus und erhöhte damit gleichzeitig die Intensität der
Wirkung der Umkehrpredigt auf jeden einzelnen, der aber auch
noch organisch mit der Gemeinde verbunden blieb."[19]

Bei _Jeremia_ finden sich Stellen, in denen die Umkehr des
einzelnen aus dem Volke gefordert wird (vgl. Jer 5,1; 15,19;
18,8.6; 36, 3.7). Es geht darum, daß jeder sich seiner eigenen Verantwortung für das Leben und Heil des Volkes bewußt
wird. Dabei soll er nicht allein bleiben, sondern er soll
sich dem Rest anschließen.

Der Gedanke vom heiligen Rest der Umkehrbereiten hat durch
Jeremia eine Vertiefung erlebt. Es ist für ihn eine kleine
Gruppe von Judäern, die der Deportation entgangen und im
Heiligen Land verblieben waren. Sie waren Erben und Träger
der messianischen Hoffnung, stellvertretend für die Depor-
tierten, und ihnen ist die zukünftige Herrlichkeit versprochen worden, weil sie Jahwe treu geblieben sind und sich
nicht von ihm abgewendet haben.[20]

Für die Umkehr, die mit dem heiligen Rest verbunden ist,
sind folgende Kriterien wichtig und festzuhalten:

- es werden im Volk nicht nur Könige als einzelne zur Umkehr
  aufgerufen, sondern die Linie der Entwicklung geht zu jedem
  einzelnen aus dem Volk;

- das Verantwortungsbewußtsein wird von jedem verlangt, indem betont wird, daß jede Sünde Unheil des einzelnen und
  des Volkes verursacht, und die Umkehr das Heil;

- der heilige Rest soll dem Umkehrwilligen zu eigener Umkehr
  verhelfen;

- die stellvertretende Rolle des heiligen Restes kommt zum
  Ausdruck, weil er Erbe und Träger, deswegen auch Garant
  dafür ist, daß Gott sein Volk nicht verlassen wird und daß
  die Verheißungen in Erfüllung gehen.

2.1.3.4 Die universelle Umkehr

In den Zukunftsvisionen der Propheten taucht die Idee von
der universellen Umkehr, und zwar des gesamten Israel und
der ganzen Menschheit auf. In den Bildern, wie endzeitliche
"Gottesehe" (Hos 2,21ff.), Friede zwischen Tieren und Menschen (vgl. Hos 2,20; Jes 11,6 ff.;35,9),"Garten Eden"(Ez 36,35),
"der neue Bund" (Jer 31,31), "Ausgießung des Geistes über
alles Fleisch" (Joel 3,1f.), haben die Propheten ihren Glauben
und ihre Hoffnung für das gesamte Israel und die ganze Menschheit bekundet. Der Weg zu dieser von Gott erfüllten und geschenkten Zeit ist der Weg der Umkehr und Bekehrung. "Da werde
ich aus ihrem Munde nehmen die Namen der Baale, ihre Namen
sollen nicht mehr erwähnt werden" (Hos 2,19). Dieselbe Rolle,
die dem heiligen Rest in der Umkehr des gesamten Israel und
in der Erreichung der verheißenen Heilsgüter zugeschrieben
wird, fällt dem Gesamtisrael in bezug auf die Bekehrung
aller Völker zu, "Es wird geschehen am Ende der Tage, da wird
stehen der Berg des Hauses Jahwe festgegründet an der Spitze
der Berge, erhaben wird er sein über die Hügel, und Völker
werden zu ihm hinströmen, und viele Nationen werden kommen
und sagen: 'Auf! Laßt uns hinaufsteigen zum Berge Jahwes und
zum Hause des Gottes Jakobs, daß er uns lehre seine Wege und
wir auf seinen Pfaden wandeln! Denn von Zion geht aus die
Lehre, und Jahwes Wort von Jerusalem'!" (Mich 4,1-3). In dem
"Hinaufsteigen zum Berge Jahwes" und "Sich-von-ihm-belehren-
lassen" ebenso wie "Auf-seinen-Pfaden-wandeln-wollen" ist inhaltlich die Umkehr ausgedrückt. Israel hat dabei eine "Vermittlerrolle". Bei der universellen Umkehr werden nicht die
Bedingungen erwähnt, die sonst bei der kollektiven oder individuellen Umkehr auftauchen, z.B. Katastrophen, die zur Einsicht in die Schuld führen, die Reue aus der Einsicht und die
Bereitschaft, wieder alles gutzumachen.

Ein neues Element ist durch die kosmische Dimension der universellen Umkehr gegeben.

Von dieser Dimension her wird über die Katastrophen gesprochen bevor der endgültige Tag, der Tag Jahwes, kommt (Am 5,
18 ff.). Er ist in den prophetischen Visionen als Tag des

Gerichts geschildert (vgl. Jes 13,4ff.; Joel 4,9ff.; Sach 12, 1ff. usw.). "In den apokalyptischen Texten des späteren AT erhält die Endzeit so immer mehr die Konturen eines neuen Äons, in den diese Weltzeit nicht bruchlos, sondern durch eine Katastrophe hindurch übergehen wird", stellt A. Deissler fest.[21] Es geht jedenfalls um einen "neuen Himmel" und eine "neue Erde" (vgl. Jes 65,17ff.), aber nicht nur für die Stämme Israels, denn Jerusalem wird im Jubel erfüllt (vgl. Jes. 65, 19), sondern alle Völker werden sich versammeln und Jahwes Herrlichkeit schauen (vgl. Jes 66,18ff.).

Die universelle Umkehr ist dann vollzogen, wenn "die e i n e Welt mit unter dem e i n e n Gott" sich befindet.[22] Mit anderen Worten, wenn die Welt vor aller Herrschaft der Sünde sich abwendet und sich der Macht und Herrschaft Jahwes zuwendet.

Denselben Gedanken über die Umkehr des gesamten Israel und der Vollzahl der Heiden hat Paulus im Römerbrief, 11,25-32 aufgegriffen. Es ist für ihn ein Geheimnis, ein "mysterion", weil über Israel teilweise Verstockung gekommen ist, "bis die Vollzahl der Heiden eingegangen ist" (11,25): "Das Mysterium, von dem Paulus spricht, daß Israel in seiner Gesamtheit am Ende gerettet wird, das für ihn in der Schrift belegt ist, und zwar als Befreiung von der Gottlosigkeit und Sünde und als Erneuerung des Bundes Gottes mit ihm,..."[23]

Die Umkehr aller am Ende der Welt hat z.B. bei Origenes eine Radikalität in der Erlösungslehre gefunden, die in seinem Ausdruck "apokatastasis pantōn" zum Vorschein kommt. Es ist radikale "Wiederherstellung" aller, durch die auch die Ewigkeit der Hölle aufgehoben ist. "Origenes kennt also kein 'radikales Böses' und keine ewige Scheidung und Verdammnis".[24] Die Sünde ist dadurch nicht absolut unheilbar, weil durch die stufenweise Läuterung, in die alle einbegriffen sind, alle gereinigt werden.[25] Ein Gedanke, der die Brücke zu den Erlösungsvorstellungen der ostasiatischen Religionen schlägt, aber in der christlichen Tradition keine dogmatische Bestätigung gefunden hat.

Zusammenfassend kann gesagt werden:

- Die Vision der universellen Umkehr betrifft sowohl das
  gesamte Israel als auch die gesamte Menscheit;
- der ganze Kosmos ist inbegriffen, der durch Katastrophen
  verwandelt werden soll;
- die universelle Umkehr wird als eschatologisches Phänomen
  behandelt;
- die Idee von dieser Umkehr durchzieht auch das NT und
  findet ihren Höhepunkt bei Paulus, wie noch zu zeigen sein
  wird.

2.1.4 Prinzipien der Umkehr (I)

2.1.4.1 Prophetischer und gesetzlich-kultischer Ansatzpunkt[26]

Aus der Analyse des Hauptbegriffes und seiner Synonyme haben
wir schon erarbeitet, welche Bedeutung die Aufforderung zur
Umkehr hat. Dabei hat sich herausgestellt, daß man die Umkehrpredigt im AT von ihrem Ansatzpunkt in zwei verschiedene
Richtungen einordnen kann.

Die erste Richtung wird die rein prophetische genannt, die
z.B. bei Hosea, Jesaja, Jeremia, Deuterojesaja durchschlägt.
Sie verlangt die Umkehr mit der Begründung von Gottes Wesen
her und möchte die Umkehrenden zur persönlichen Begegnung
mit Jahwe hinführen. Deswegen ist diese Richtung auch zu
einem tieferen Verständnis der Sünde gelangt, weil sie von
Gottes Heiligkeit, Gerechtigkeit, Liebe und Treue ausgeht.
Die Umkehr ereignet sich nur in einer persönlichen und völligen Hingabe an Jahwes Liebe und Treue, wegen seiner Liebe
und Treue. "Gemeint ist damit die Rückkehr in das alte Jahwe-
Verhältnis der Wüstenzeit, des Anfangs also des Heilsbundes
Jahwes mit seinem Volk, das er sich erworben hat, die Rückkehr zu Jahwe, der 'ersten Liebe' (vgl. Os 3,4f.; 11,1-11
und die Ehe des Osee in ihrem prophetischen Sinn: Os 2)."[27]

Die zweite Richtung wird die gesetzlich-kultische genannt,
so z.B. teilweise bei Ezechiel, beim Deuteronomisten und

besonders bei den Propheten nach dem Exil.

Die Umkehr ist auch hier als ein innerer Umbruch verstanden,
aber es bestand die Gefahr, daß Beweggrund und Ziel der Umkehr das Gesetz bleibt (Tora) entweder als Ganzes oder in
seinen einzelnen Vorschriften. "Die Höhe, auf der sich der
Umkehr-Gedanke bei den Propheten bewegte, ist in der späteren
Geschichte Israels nicht durchgehalten worden. Zwar gibt es
immer noch Ausnahmen von dieser allgemeinen Feststellung. Bezeichnend ist jedoch, wie die personale und totale Zuwendung
zu Gott, wie sie die Propheten immer wieder für das Volk wie
den einzelnen in ihm gefordert haben, allmählich nur mehr den
Sinn einer Abkehr von einzelnen Verfehlungen, zumal gegen das
Gesetz, und so einer Hinwendung oder Bekehrung zur Tora bekommt."[28] Bei diesem Ansatzpunkt merkt man, wie die Umkehr
gleichbedeutend mit dem Gehorsam gegen das Gesetz, eine Ver-
ständnisverschiebung erlebt, die ihre Auswirkungen bis in den
Pharisäismus einerseits und bis hin zu den Essenern und Qumran
andererseits haben wird".[29]

Der primäre Grund des Umkehrrufes ist Untreue gegen die Tora
und nicht gegen Jahwe, gegen den Kult und nicht gegen den, der
auch ohne Gesetz und ohne Kult für sein Volk Sorgen trug. Und
in dieser Richtung liegt die Gefahr, der sich jede religiöse
Gemeinschaft in ihrer Geschichte widersetzen muß, auch das
Volk Israel: die Gefahr des Ritualismus und der Veräußerli-
chung.[30]

Allerdings muß gesehen werden, daß die Alternative nicht
Untreue gegenüber der Tora zugunsten einer größeren Jahwe-
Treue sein kann, wie von christlicher Seite lange Zeit argu-
mentiert wurde, sondern daß in der Konsequenz der israeli-
schen Heilsgeschichte die Umkehr durch erneuerte Tora-Treue
erfolgt und so neue Treue zu Jahwe geschieht, weil die "Gabe
der Tora" die entscheidende Weise der Zuwendung Gottes zu
seinem Volk ist. Hier unterscheiden sich auch die christliche
und jüdische Interpretation des AT insofern als vom NT her
die entscheidende Weise der Zuwendung Gottes die Inkarnation
in Jesus Christus ist, er zum Beweggrund und zum Zielpunkt
der Umkehr wird (Eph 1,10); jedoch so,daß am Ende auch Jesus
Christus sich dem Vater unterwirft (1Kor 15,28).[31]

2.1.4.2 Jahwe ist einzig

Jahwe hat sich den Israeliten als einziger, wahrhaftiger
und heiliger, an ihrer Geschichte beteiligter Gott geoffenbart. Schon aus Abrahams Lebensgeschichte und der Veränderung
seines Lebens geht hervor, daß er sich zuerst vom Götzendienst
abwenden sollte; damit mußte er auch die Stadt, die Verwandt-
schaft verlassen, um mit Gott, der ihn persönlich angesprochen
hat, der der einzige Herr ist, ein Leben, das ganz neu sein
soll, anzufangen (vgl. Gen 12ff.). In der lebendigen und
persönlichen Begegnung mit Gott erschien ihm alles Bisherige
im neuen Licht. Dem Wort Jahwes folgend, wurde er ein neuer
Mensch, bekam neue Aufgaben, wurde Träger großer Verheißungen
und des Segens für alle, die nach ihm kommen.

So ging es auch Mose. Gott offenbarte sich ihm. Er erlebte
seine Einzigartigkeit und Heiligkeit und war bereit, mit der
neuen Erfahrung sich im Namen dieses Herrn für das eigene
Volk einzusetzen (vgl. Ex 3,1 ff.)

E. K. Dietrich schreibt dazu: "Er (sc. Mose) erlebte Jahwe
als den wahrhaftigen Gott und deshalb mußte all das zerbrechen, was im Widerspruch mit ihm war. Er wendet sich ab von
seinem bisherigen Leben, welches angesichts des neuen göttlichen Auftrages als ziellos erscheinen mußte, und wendet sich
ganz zu Jahwe, indem er von der Berufung an sein ganzes Leben
bedingungslos unter die Befehle Gottes stellt".[32]

Aus diesen zwei alttestamentlichen Ereignissen können wir
schon ersehen, daß der Umkehrgedanke und seine Notwendigkeit
ganz mit dem Anspruch "Einzig-Herr-sein" Jahwes zusammenhängt.
Mit diesem Anspruch ernst zu machen, sich ihm glaubend und
vertrauend ganz zu stellen, das ist der entscheidende Punkt
und Grund der Umkehr und ihr letztes und höchstes Ziel!
Bei dem rein prophetischen Ansatz, auf den wir schon hingewiesen haben, ist dieser Gedanke und Ausgangspunkt sehr deutlich und stark herausgestellt. Der Grund dafür, daß Jahwe die
Propheten beauftragte, einzugreifen, war die Spannung zwischen
dem Absolutheitsanspruch Jahwes und dem Leben und Benehmen des
einzelnen oder des ganzen Volkes. Die ganze Wirklichkeit unter
diesem Gesichtspunkt zu sehen und sie auf ihn hin zu lenken,

war das sichere Zeichen, daß der Mensch den richtigen Weg
gehen wird.

Jeremia hat diesen Gedanken besonders stark in seinen Reden
aufgearbeitet. Er steht als Prophet vor dem Volk im Namen
Jahwes, der ihn berufen hat; er ist der Herr. "Fürchte dich
nicht vor ihnen, denn ich bin mit dir, dich zu erretten,
spricht Jahwe" (Jer 1,8). Und Jeremia verkündet, daß allein
Jahwe Herr, Herrscher und König ist, dessen "heiliger Besitz"
Israel ist (vgl. Jer 2,3), und jeder Versuch, sich seiner
Herrschaft im öffentlichen oder im privaten Leben zu entziehen, heißt "Hinter-Nichts-herlaufen" und "Selber-zu-Nichts-
werden" (vgl. 2,5).

Den Kampf um den einzigen Herrn führte Elija im Nordreich (vgl.
1Kön 18,39). Für Amos ist Jahwe der alleinige Herr und aller
Welt Richter (vgl. Kap.1 und besonders 2). Hosea preist Jahwe
als einzigen Herrn gegenüber den Götzen. Wer sagt: "mein Gott",
der wird vom "Unbegnadeten" zum "Begnadeten", von "Nicht-
mein-Volk" zu "Mein-Volk" (vgl. Hos 2,25). Das ganze Buch
Jesaja betont ebenso die Alleinzigkeit Jahwes: "Ich bin Jahwe
und keiner sonst" (45,18; passim).

Alles, was dem Leben und Wesen Jahwes widerspricht, muß verlassen werden. Sein Wesen ist Maßstab von Leben und Tod und
damit des Guten und auch des Bösen. Von daher erst kann etwas
gut genannt werden. Von daher kommt auch das Verständnis der
Sünde, des Abfalls. Die Sünde, das Böse, ist im Herzen als
Starrsinn gegenüber dem heiligen Willen Jahwes. Deswegen genügt es nicht, mit irgendetwas Äußerem aufzuhören, um Umkehr
zu vollziehen, sondern die innere, böse Gesinnung muß entwur-
zelt werden. Es genügt deswegen auch nicht, den Kult, Bußriten nur äußerlich zu setzen. Sie sind kein Zeichen der
Zugehörigkeit zu Jahwe, wenn ihnen nicht Bußtaten aus dem
Inneren des Menschen folgen und entsprechen. "Denn so spricht
Jahwe zum Hause Israel: Suchet mich, so werdet ihr leben! aber
suchet nicht Betel auf und gehet nich nach Gilgal und ziehet
nicht nach Beerscheba, denn Gilgal wird verbrannt, und Betel
wird zunichte werden. Suchet Jahwe, so werdet ihr leben"
(Am 5,4-6). Aber die Tatsache steht fest, daß der Umkehrwillige

zu Bußtaten und Werken kommen muß und durch sie die Umkehr
bezeugt (vgl. 2Sam 12,16ff.; 1Kön 21,27 u.a.).

Wenn also Jahwe der Einzige ist, dann ist Abfall von Jahwe:
der Götzendienst, das Vergessen seiner Taten und sorgenden
Liebe, das Mißtrauen gegenüber seinem Bundes- und Heilswillen,
die sündigen Handlungen des Volkes. Davon sich abkehren heißt,
von neuem zu Jahwe finden (vgl. Lev 19,4; 26,1; Dt 7,1;
32,21; 1Sam 12,21; Ps 31,7).

Das Herrsein und Einzigsein Jahwes muß als Absolutheitsanspruch verstanden werden, und dann kann "sub" so begründet
werden: "Der Absolutheitsanspruch Jahwes, ..., fordert totale 'Umkehr', d.h. Abkehr von allen anderen Göttern. Da aber
Jahwe sich seinem Volk zuerst als der rettende, barmherzige
Herr offenbart, ist diese Umkehr kein Müssen, sondern ein
Dürfen, keine Last, sondern Gnade. Die Umkehr von allen fremden, falschen, selbsterwählten Göttern zur alleinigen Anbetung Jahwes ist die Umkehr zum Glauben an die Gültigkeit der
Verheißung."[33]

Aus dieser Sicht heraus heißt Umkehr "... die Befreiung des
Menschen" von allen Götzen und allem sonst, unter dessen
Macht der Mensch sich selbst gestellt hat und dadurch sich
selbst, seine Würde und Freiheit verloren hat. Umkehr heißt,
(wieder) zu Jahwe hin befreit zu werden, sich Jahwe (wieder)
zuzuwenden bzw. sich zu ihm (wieder) hinwenden zu lassen als
dem, der allein und in Wahrheit Gott ist, dessen Name (also
"Wesen") aber gerade Jahwe ist".[34]

2.1.4.3 Umkehr verstanden vom Bund her

Im Leben des israelitischen Volkes gab es auch andere Heils-
motivationen, aus welchen heraus die Propheten die Umkehr
gepredigt haben. Eine von ihnen ist der Bund. Gott, der
Heilige, der Treue, schloß mit dem israelitischen Volk den
Bund, der mehrmals erneuert wurde. In ihm kommt Gottes Liebe
und Treue zu Israel zum Ausdruck. - Mit Noach hat Gott einen
Bund geschlossen und ihm auf diese Weise seinen Plan mit ihm
und seiner Familie gezeigt, die gerettet werden sollte, und

als Zeichen der Liebe Gottes für alle anderen Menschen die-
nen sollte. Mit Abraham schloß Gott den Bund, der für seine
Nachkommenschaft in entscheidender Weise gelten sollte als
Heil für die Völker. Eine Erneuerung des Bundes fand mit dem
Haus des Königs David statt (vgl. Gen 9; 15 und 17; Ex 19;
2Sam 7; Nm 18.19).

Im Mittelpunkt steht für Israel immer der Bund am Sinai.
Jahwe hat sein Volk mit 'starker Hand' aus Ägypten herausgeführt, und auf eigene Initiative schließt er mit diesem Volk
feierlich den Bund. Im Mittelpunkt des Bundesschlusses steht
der Inhalt der Bundesformel: "Ich bin der Herr, euer Gott,
ihr seid mein Volk".

Israel hat sich bei diesem Bund Jahwe unterworfen und anvertraut. In diesem 'Neuen Bund' wird Israel befähigt, den
vollkommenen Gehorsam zu leisten. Das auserwählte Volk sieht
sich durch Jahwe nicht nur kultischen, sondern auch sittli-
chen Anordnungen gegenübergestellt und zur Bundestreue verpflichtet. Durch den Bundesschluß ist die Königsherrschaft
Jahwes errichtet. Jahwe ist 'Adon'-Herr, das Volk 'Ebed'-
Knecht. Dabei liegt die Betonung dieses Titels mehr auf
'geliebter Knecht' oder sogar 'Sohn' denn auf Untergebener.
Aus diesem Verhältnis erwartet Jahwe von dem Volk treue
Einhaltung des Bundes. Von Jahwe ist Segen und Leben versprochen, wenn die Bundessatzungen von seinem Volk eingehalten
werden. "Ich rufe heute Himmel und Erde wider euch zu Zeugen
an: Leben und Tod habe ich euch vorgelegt, Segen und Fluch;
so erwähle nun das Leben, auf daß du am Leben bleibst, du
und deine Nachkommen" (Dt 30,19). Fluch des Unheils, des
Hungers, Krieges und der Gefangenschaft werden in der Folgege-
schichte als Konsequenzen von Bundesbrüchen diagnostiziert.
Sie beginnen schon beim Exodus (vgl. Ex 31,ff.), treten in
der Königszeit auf. Durch sie kommt es zur Sendung der Propheten: zur Predigt der Umkehr und Bundestreue. Jedes Unheil
im Volk wurde als Folge dieser Bundesuntreue verstanden und
gedeutet.

Alle Bundesaussagen, in denen es um Verheißungen an das Volk
geht, hatten ihren "Sitz im Leben" in den konkreten Situatio-

nen des Volkes Israel. Sie sollten dem Volk Mut geben, zu
Jahwe zurückzukehren und ihm treu zu bleiben. Und jede
Rückkehr war mit konkreten Gütern und Geschenken verbunden,
wie Friede, Wohlergehen im ganzen Volk usw. Die Verheißungen
waren aber nicht nur auf die konkrete Situation "hier und
jetzt" bezogen, sondern hatten auch einen eschatologischen
Überschuß für die kommende Zeit. So finden wir in Dt bis
Jesaja 54,14 Aussagen über Jerusalem, die auf die Vollendungs-
situation der Endzeit oder messianischen Zeit weisen: Auf
Gerechtigkeit wirst du gegründet sein, fern von Drangsal,
denn du hast nichts zu fürchten.

Wie Deuterojesaja (53,10), so haben Jeremia (31,31) und Ezechiel (37,26) auf die endgültige Bundeserneuerung verwiesen:
die Väter waren nicht treu, deswegen wurden sie verworfen;
der Grund war ihr hartes Herz; es muß ein neuer Bund geschlossen werden, der im Inneren gehalten wird; dazu muß
dem Volk ein neues Herz geschenkt werden. So werden Friede
und Heil, Freundschaft und Treue ewig bleiben.

Bei Deuterojesaja findet sich eine spezifische Erweiterung
des Gedankens: Der Gottesknecht wird zum "Bund für das Volk".
Der Knecht leidet; er bleibt aber treu und wird zum Segen
für alle (vgl. Jes 49-55, besonders 54,11ff.). Bei den Propheten kommt im Bundesverständnis die Verantwortung des einzelnen und des ganzen Volkes zum Ausdruck. Jeder hat den
Bund geschlossen; nicht nur die Väter, auch alle Nachkommen.
Deswegen haben die Umkehrprediger immer darauf gedrängt,
dem mit Jahwe geschlossenen Bund treu zu bleiben (vgl. Hos 8,
1; Dt 11,32; 1Makk 1,63).

Das Bundesverhältnis zwischen Jahwe und dem Volk Israel ist
bei den Propheten in verschiedenen Bildern wie z.B. der
Vater-Sohn-Beziehung und im Bild der Ehe geschildert (vgl.
Hos 2,2; 3,1). Jede Untreue gegenüber dem Partner in einer
Ehe wird mit Mißtrauen, Unfrieden, mit Gefährdung der Einheit bestraft. Jede Treue führt letzten Endes zum Glück.
Eben das ist durch diese Bilder über den Bund mit Gott ausgesagt. Andererseits ist es möglich, aus der Untreue zurück-
zukommen, sich vom Bösen abzukehren und sich dem Bundespartner

zuzuwenden, umzukehren. Am Ende steht die Verheißung, die
allein durch Gottes Treue in Erfüllung gehen wird: daß letzten Endes Jahwes Zuwendung zum Volk als seine freie und befreiende Tat geschenkt werden wird.

Umkehr, vom Bund her verstanden, heißt, den Bundeswillen
Gottes anzuerkennen, den daraus entstehenden Verpflichtungen
treu zu bleiben, um den Segen erben zu können, der den Vätern
verheißen ist.

2.1.4.4 Umkehr verstanden vom Kult her

Da der Mensch eigene innere Erfahrungen durch verschiedene
Ausdrucksformen in seinem Alltag zeigt, ist es in allen Religionen aller Kulturen zu verschiedenen äußeren Zeichen der
inneren Erfahrungen gekommen.

"Das Entscheidende ist die in sichtbaren Zeichen vollzogene
Verehrung Gottes oder des Göttlichen und damit verbundene
Hoffnung auf Leben und Heil".[35]

So kam es auch zu dem biblischen Kult, der ebenfalls auch
eine Entwicklung durchmachte im Laufe der Geschichte. In ihm
finden wir Elemente, die allen Kulturen gemeinsam sind:
heilige Orte, Gegenstände, Personen, kultische Handlung und
Vorschriften. Der Kult des auserwählten Volkes hatte eine besondere Aufgabe: nämlich das Gedächtnis zu stiften. Er sollte
im Volke das Bewußtsein wachhalten, daß Gott sich der Väter
angenommen hatte, daß er an ihnen seine Heilsmacht und seinen
Rettungswillen gezeigt hatte und daß alle, die an dem Kult
teilnehmen, die Erben desselben Heils und derselben Rettung
werden (vgl. Ps 81; 106; Jes 24; Dt 1,11 usw.). "Der Kult
erinnert zunächst an die Ereignisse der Vergangenheit, deren
festliche Begehung er erneuert; gleichzeitig aber macht er
sie für die Gegenwart fruchtbar und belebt auf diese Weise
den Glauben des Volkes an einen Gott, der in die Gegenwart
ebenso machtvoll eingreift, wie er dies in der Vergangenheit
getan..."[36] Derselbe Kult hatte bei den Propheten eine Zukunfts-
dimension, die besagt, daß Gott allen Völkern den echten Kult
schenken will, in dem er als Retter und Erlöser geehrt wird
(vgl. Jes 45; 66,18-23; Sach 14,16-21).

Um das Heil und die Rettung durch den Kult erleben zu können,
wird auch Gottes Liebe und Barmherzigkeit, sein Vergebungswille,
offenbar und seine Bereitschaft, mit jedem einzelnen, der ihn
um Vergebung bittet, von Neuem anzufangen. Aus diesem Glauben
an die Vergebung entstanden verschiedene Sühneriten, die der
Priester vollzog, wenn er selbst eine Schuld auf sich gela-
den hatte oder die ganze Gemeinde, der Fürst oder ein ein-
facher Mensch (vgl. Lev 4 und 5).

In allen diesen Riten und Opfern sollte das äußere Zeichen
der inneren Hingabe entsprechen. Jedoch bestand zur gleichen
Zeit die große Gefahr, nur bei äußeren Zeichen stehenzubleiben.
Deswegen traten die Propheten immer wieder für den rechten
Vollzug des Kultes ein, in dem innere Hingabe und Gehorsam
gegenüber Jahwe entscheidend sind.

Die Propheten sahen eine große Gefahr in einem rituellen
Formalismus, der das Volk Israel von den wahren Forderungen
im Kult ablenken konnte. Wo man dem Formalismus verfallen
war, wurde der Kult ein Hindernis auf dem Weg zu Jahwe. Wenn
von dem Kult und von verschiedenen Handlungen das Heil erwartet wird und nicht von Jahwe, war es für die Propheten ein
Zeichen, daß man sich auf dem falschen Weg befand. Die Propheten griffen in ihrer Kultkritik, "den kultischen Menschen
an, der sich mit Opfer und Tempel in Sicherheit wiegt, Gott
sein Tun, nicht aber seine Gesinnung und Hingabe anbietet:
die offene Bereitschaft, auf ihn zu hören".[36]

Ein gutes Beispiel ist dafür der Prophet Amos. Er sagte:
"Denn so spricht der Herr zum Haus Israel: Suchet mich, auf
daß ihr lebt, und sucht nicht Betel!" (Am 5,4-5). Für ihn
und andere Propheten war nicht vereinbar, auf einer Seite
Jahwe im Kult zu verehren, dabei stolz auf Tempel, Kult,
Fasten und andere kultische Formen zu sein, und gleichzeitig
unrecht gegeneinander zu handeln und sich wenig für Recht
und Gerechtigkeit besonders gegenüber den Armen einzusetzen.
Gerade dadurch wird der Kult in Frage gestellt. Er ist an
und für sich da, um einen Anstoß zu geben, Jahwe zu rühmen
und ihm zu danken und mit den Mitmenschen nach seinem Willen
zu leben. Wo jedoch der Kult das rechte Tun ersetzen soll,

da stehen die Propheten im Namen Jahwes auf. "Ich hasse und
verwerfe eure Feste und habe kein Wohlgefallen an euren
Festversammlungen. Denn bringt ihr mir Brandopfer dar...
An euren Speiseopfern habe ich kein Gefallen,... Wie Wasser
flute das Recht, und die Gerechtigkeit wie ein nie versiegen-
der Bach!" (Am 5,21.22.24).

Hier soll nicht der Eindruck entstehen, daß die Propheten
gegen den Kult seien; den Kult hatte das israelitische Volk
bekommen und es wäre fehl am Platze, bei den Propheten eine
einseitige Spiritualisierung der Religion zu suchen. "Der
Kult, den sie angriffen, war abergläubisch, auch wenn er dem
Herrn, dem Gott Israels galt. Denn auch die Verderbnis
kanaanäischer Ideen war in den Opferkult des Herrn eingedrun-
gen; das Opfer war ein automatisches Mittel zur Sicherung
des göttlichen Wohlwollens... Was aber der Herr verlangte,
war nicht bloß Darbringung von Opfern, sondern das, was dadurch versinnbildet wurde: die Vollstreckung seines Willens,
welcher das ganze menschliche Leben regierte."[37] Bei fast
allen Propheten klingt dieser Kampf um den rechten Vollzug
des Kultes an.

Samuel sagt, daß Gott durch den Kult derer, die keinen Gehorsam kennen, nicht geehrt werden kann (vgl. 1Sam, 15,22ff.);
Hosea verkündet, daß man durch die kultische Umkehr, beim Verbleiben bei den äußeren Formen sich nicht mit Gott versöhnen
kann, sondern nur durch eine neue Gesinnung und in einer
dementsprechenden Tat (vgl. Hos 6,1ff.). Jeremia prangert die
Verkehrtheit der Herzen im vollbesetzten Tempel an und erklärt,
daß der Kult so lange wertlos bleibt wie die Menschen ihr Herz
und ihre Gesinnung nicht ändern (vgl. Jer. 7,1ff.). Er hat
Jahwe erlebt als denjenigen Gott, der mit jedem einzelnen eine
persönliche Gemeinschaft will und sucht, und nicht unbedingt
im Tempel und in Opfern, die zur falschen Einstellung führen
können, geehrt werden will.

In der Weisheitsliteratur verbinden sich Treue zum Gesetz und
Kult eng miteinander, und ebenso wie bei den Propheten wird
von den Menschen Recht und Gerechtigkeit verlangt als Zeichen
des wahren Kultes und als Zuspruch, daß Gott nur aus solchen

Händen auch die Verehrung annimmt. "Ein Opfer von unrechtem Gut ist eine Gabe zum Hohn, und die Gaben der Gottlosen sind kein Wohlgefallen" (Sir 34,18).

In den Psalmen wird der falsche Kult, das falsche Gebet und überhaupt der Formalismus angegriffen: das Gebet, das mit dem Mund gesprochen wird, wobei das Herz sehr weit vom Herrn bleibt; oder Lippen mit und ohne Falsch, von denen das Gebet kommt; es wird mehrmals wiederholt, daß Gott kein Gefallen an den Brandopfern und anderen rituellen Handlungen hat ohne einen aufrichtigen Geist (vgl. Pss 17,1; 51,18 u.a.).

Noch einmal ist zu betonen, daß im Kult und allen seinen Formen Gott Jahwe geehrt werden soll und jegliches Tun ein echter Ausdruck der inneren Hingabe an Jahwe bedeuten soll. Diese Forderung des echten Kultes wird aber oft durch Ver- äußerlichung gefährdet und bedroht. Von daher kommen die Mahnungen der Propheten und die ständigen Aufrufe, jede kul- tische Handlung neu zu überdenken, sie aus dem inneren Leben kommen zu lassen, den Weg des Ritualismus, der nur Buchstabe ist, zu verlassen.[38] Darin besteht die Umkehr im Bereich des Kultes: Hinkehr im Vollzug des Kultes aus der inneren reli- giösen Einstellung, aus der Hingabe an Gott, verbunden mit ethischen Konsequenzen.

2.1.5 Modalitäten und Eigenschaften der Umkehr (Prinzipien der Umkehr, II)

2.1.5.1 Gottes Treue als Grund der Möglichkeit der Umkehr

Gott hat sich durch den mit seinem Volk geschlossenen Bund "auf immer und ewig" zur Liebe und Zuneigung zu diesem Volk verpflichtet, zu allen seinen Generationen, und sich auch der universalen Menschheit gegenüber als Liebender erklärt. Er ist Gott, der treu ist und treu bleibt. Diese Treue schenkt Israel wieder die Möglichkeit, umzudenken, mit seinem Gott neu anzufangen, indem es den bösen Lebenswandel ver- läßt und sich ihm mit ganzem Herzen zuwendet. Die Möglich- keit war auch dann gegeben und zugesagt, wenn "alles Dichten

und Trachten seines Herzen böse war", und sein Herz so war,
daß es Gottes Antrieb zur Umkehr nicht ernst nahm. Obwohl
das Volk oft abgefallen war, hörte die Treue des Herrn nicht
auf; denn seine Liebe und Treue währen in Ewigkeit (vgl. Ps
118). Der Grund der Möglichkeit für die Umkehr blieb und
bleibt also immer bestehen; denn er ist in Gottes Treue zu
seinem Volk gelegt.

2.1.5.2 Existentieller Einsatz prophetischer Gestalten

Um sein Volk immer von neuem mit der Einsicht des Herzens zu
beschenken, um von ihm das Übel, das nationale wie auch das
individuelle abzuwenden und Frieden und Heil herabströmen
zu lassen, "bediente" sich Gott verschiedener "Mittel".

Der erste Schritt war meist, daß er einen einzelnen berief,
der dem Volk von neuem seinen Willen vermitteln sollte. Bei
jedem von diesen berufenen Menschen, die im Namen Jahwes
auftraten, findet sich eine Berufungsgeschichte, eine umwer-
fende Begegnung mit Jahwe, die für jeden, angefangen bei
Abraham, eine radikale Wende in seinem Leben bedeutete. Jede
von diesen Berufungen geschah auf das Volk hin. So mußten
die Gerufenen, auch wenn sie zuvor in die Wüste gehen mußten
oder wenn sie vor der Verantwortung geflohen waren, (vgl.
Jona 1-4) zum Volk sprechen, seine bösen Wege anprangern und
zur Umkehr aufrufen. Von dem Leben jedes einzelnen so Gerufenen, ob zu den Erzvätern oder zu den Propheten Israels ge-
hörig, wissen wir, daß es ein schweres Leben war. Oft wurden
sie mit ihrem Auftrag abgewiesen, mißverstanden, angegriffen
und sogar getötet.

Trotz all dem konnten sie nicht zum Wort des Herrn "Nein"
sagen. Amos bekennt: "Brüllt der Löwe, wer erschreckt da
nicht? Spricht Jahwe, der Herr, wer sollte da nicht weissa-
gen?" (3,8).

So spricht keiner der Propheten im eigenen Namen. Sie sind
alle sehr engagiert, das Volk um des Heiles willen zurückzuführen und abzuhalten von den Missetaten. Da sie sich ganz als
Stimme Jahwes verstehen und Boten seiner Zuwendung sind,

können sie auch ohne Furcht auftreten. Sei es, daß sie
Unheil ankündigen, das bald eintreten wird als Strafe für
die Hartherzigkeit des Volkes, oder sei es, daß sie schon
gegenwärtiges Unheil als Strafe Gottes deuten, um das Volk
zur Umkehr und zur neuen Suche nach Jahwe zu führen. In diesem Punkt unterschieden sich die echten Propheten von den
Falschpropheten. Die falschen Propheten hatten keinen Mut
anzusagen, daß die Sünde Sünde ist, und daß das Volk mit
Strafe rechnen muß, wenn es nicht umkehrt, oder daß Heil
und Friede erst nach verbüßter Strafe eintreten werden. So
sprachen nur die von Gott Gesandten. Hier kann nur exemplarisch auf den Konflikt zwischen Jeremia und Hananja hingewiesen werden, bei dem der Unterschied zwischen echten und falschen Propheten zum Ausdruck kommt. (vgl. Jer 23,13-21; 28,2;
und dazu Ez 13,2-6; 1Kön 22,12, Dt 13,2 u.a.).

Auf jeden Fall kann gesagt werden, daß die von einem einzelnen gegebene Antwort Anfang und Impuls für das weitere "Schicksal" des Volkes war. Das Leben der Gottgesandten, ihre Antwort auf Gottes Wort, war das erste "Mittel" in der Hand
Jahwes, um sein Volk zur Umkehr zu rufen.

2.1.5.3 Drohreden

Die Propheten benutzten bei ihren Predigten verschiedene
Mittel, um die Botschaft Jahwes zu vermitteln, um das Volk
in Bewegung zu bringen. Das läßt sich an den literarischen
Formen der vorliegenden prophetischen Texte erkennen. Unter
anderen finden wir Drohungen, Drohreden. Sie hatten den Zweck,
durch Ansagen von Unheil, das als Strafe kommen soll, das Volk
von Missetaten abzuwenden; es soll hören und sehen, was auf
es zukommt, wenn es seine bösen Wege nicht verläßt. Meistens
wurde dem Volk gedroht, die nationale Unabhängigkeit zu verlieren, Sklaven und Knechte der Feinde zu werden in einem
fremden Land, wo es dann erst zur Einsicht kommen wird, wenn
es nicht sofort umkehre. Es finden sich oft auch Gerichtsre-
den, in denen über das kommende Strafgericht gesprochen wird
(vgl. Jes 24,20f; Hos 2,4ff.; 3,4f.).

Besonders deutlich zeigt das Beispiel der Jona-Erzählung,
was eine Predigt mit Drohbotschaft bei einem Volk auslösen
kann. Die Niniviten haben auf Jona gehört, sahen ihre bösen
Taten ein, verließen sofort ihre bösen Wege, taten Buße, fa-
steten und blieben so am Leben (vgl. 3,2ff.).

Bei Hosea wird dem Volk "mit einem falschen Herzen", das falsche Eide schwört, das "Bündnisse schließt", der König wegge-
nommen, sie werden zittern und trauern; die Herrlichkeit wird
von ihnen genommen, die Priester werden klagen usw. (vgl. Hos
10,2-15; Jes 1,4ff.; 5,25; Ez 25; u.a.).

2.1.5.4 Verheißungen

Die Propheten haben nicht nur gedroht, sondern oft auch
Verheißungen ausgesprochen, die das Volk positiv motivieren
sollten, eine Bewegung in jedem Menschen in Gang zu bringen,
die die eingeschlafenen Sehnsüchte nach echten Gütern wecken
sollte und somit auch den Mut, auf dem ständigen Weg der
Umkehr auszuhalten. Diese Verheißungen beziehen sich auf verschiedene religiös-ethische, nationale und andere Gegebenheiten. So verheißt Hosea Liebesgemeinschaft mit Jahwe. Aus
ihr wird Israel neu werden, begnadet, zum Volk Gottes gemacht,
und der Bekehrung folgt endlich die große Begnadung, bei der
Israel wie Tau, wie eine Lilie, wie ein Garten, wie ein
Weinstock sein wird (vgl. Hos 2,14-23; 14,1-9).

Bei Jesaja und Ezechiel beinhalten die Verheißungen den Fall
der Feinde und damit den Frieden; Jerusalem wird beschirmt,
verschont und gerettet werden; Ungerechtigkeit wandelt sich
in Gerechtigkeit; das Trockene und Dürre wird zum Grünen; die
Gottlosen kehren um usw. (vgl. Jes 31,4ff.; 32,1-18; Ez 18,
21-28). Die Psalmen sind voll von solchen und ähnlichen Verheißungen: "ewiges Bleiben" für jeden, der sich vom Bösen
abwendet und zum Guten zurückkehrt; die Feinde des Volkes
werden gebeugt, das Volk wird erfahren, wie Jahwe seine
Bedränger vertreibt und ihm das Glück währen läßt (vgl. Pss
37,27; 81,14 u.a.).

Die Propheten haben also dort im Namen Jahwes Güter versprochen und verheißen, wo Gottes Wille radikal gelebt wird. An
den Verheißungen sieht man, daß sie sich immer auf ein "irdi-
sches" Gut beziehen, das jedoch unmittelbar in Beziehung
zu Gott steht und mit der Treue zu seiner Treue, mit der
Liebe zu seiner Liebe zu tun hat.

2.1.5.5 Unheil und Not des Volkes als "Strafe" und Umkehr- motivation

Hier möchten wir uns nicht so sehr mit dem Gedanken auseinandersetzen, wie es im AT mit einer "Vergeltungstheorie"
steht, wie weit das Übel des Volkes Folge der Sünde ist,
also Strafe für die begangenen Missetaten. Unser Interesse
ist es, anhand einiger Texte aus den Schriften des AT zu
zeigen, daß die Propheten immer verschiedene Übel als eine
Situation verstanden haben, die zwar mit dem Abfall von Jahwe
zu tun hat, aber mehr noch eine Gelegenheit darstellt, sich
von neuem dem Bundesgott anzuvertrauen.

Bei _Amos_ finden wir Texte von einem engen Zusammenhang zwischen der Plage des Hungers, "Mangel an Brot", und der Einladung zur Umkehr, aber "dennoch seid ihr nicht umgekehrt zu
mir" (Am 4,6-8).

Besonders Mangel an Wasser, vernichtende Pest (wie in Ägypten),
die im Kriege Gefallenen u.a.m. sollen für die "Sehenden" Zeichen sein, daß es Zeit ist, zu Jahwe umzukehren.

Im selben Sinn spricht auch _Hosea_ von der Strafe: wenn die
Gewalttat in der Stadt herrscht, wenn das Recht gebrochen wird,
wenn Ephraim krank ist und Juda ein Geschwür hat, dann sollen
sie wissen, daß dies eine Strafe für ihre Vergehen ist und
ein Ruf, zu Gott umzukehren (vgl. 3,4; 5.4; 13,6).

Bei Hosea bekommt man sogar den Eindruck, daß nach den
meisten seiner Predigten die Umkehr fast unmöglich erscheint,
ohne daß Israel vorher eine Plage und Strafe durchgehalten hat.
Nur die Bedrängnis, die das Volk an sich erfährt, wird ihm
zu echter Einsicht verhelfen. Nur so kann es einsehen, daß im
Verhältnis zu seinem Gott etwas zu Bruch gekommen ist (vgl.
Kapitel 9 und 14 passim). Freilich betont Hos 14,5 zugleich
die "freie Großmut" Jahwes im Vergeben.

Jesaja deutet die Angriffe und Schläge durch die Syrer und
Philister (vgl. 9,7ff.) als Schläge, die das Volk zu dem
führen sollen, der es eigentlich damit schlagen ließ. Sogar
die falschen Propheten deutet er als Strafe für das Volk und
ebenso die Tatsache, daß die Ältesten zu Verführern des Volkes
geworden sind (vgl. 9,12-20).

Joel deutet Heuschreckenplage und andere Katastrophen als
von Jahwe dem abtrünnigen Volk geschickte Zeichen. "Wachet
auf", ruft der Prophet, "die ihr trunken seid, und weinet!
Wehklaget alle, ihr Weintrinker, daß der Most eurem Munde entzogen ward." (1,5). Alle sind in Trauer: Priester, Jugend,
Felder, Äcker; keine Freude mehr, die Herden der Rinder sind
zerstört, die Tiere lechzen nach Wasser (vgl. 1,8ff.), aber
die Trauer wegen der Strafe verwandelt sich in Freude, weil
Jahwe "gnädig und barmherzig, langmütig und reich an Güte;
er hat am Bösen keine Freude(2,13).

Auch in den Psalmen, bei Deuterojesaja, Daniel und Haggai
findet man dieselben Gedanken (vgl. Pss 78, 95, 106; Jes 57,
17; Dan 9,13f.; Hag 2,17f.).

Man kann feststellen, daß alles Unheil und jede Plage als
Folge der Sünde gedeutet wurde, aber nicht, um das Volk zu
vernichten, sondern um es zur Einsicht und zum Heil zu bringen.[39]

2.1.5.6 Umkehr: Aufruf zur Teilnahme an Gottes Leben und Wesen

Aus vielen Stellen des AT konnte der Eindruck entstehen,
daß die Umkehr eine Tat des Menschen ist und nur des Menschen,
weil es oft heißt: "kehrt um", "denkt um", "verlaßt das Böse",
"suchet sein Antlitz" usw. Aber aus allen Einzelbekehrungen
und Umkehrgeschichten wissen wir, daß Gott derjenige war,
der durch sein Wort den einzelnen oder das ganze Volk zur
Umkehr aufgerufen hat. Gott sprach an und ermöglichte eine
Antwort. "Abraham fühlte sich durch den Anspruch Gottes existentiell berührt, er gehorchte und verläßt seine bisherige

Heimat. Er wendet sich von der heidnischen Stadt mit ihrem
Götzen- und Dämonendienst, von der Bevormundung durch die
Priestergewalt ab und wendet sich zu dem wahrhaftigen Gott,
mit Vertrauen seine Gebote erfüllend."[40]

Am Beispiel Abrahams sehen wir deutlich, wie sich Jahwe
"engagiert", wenn es um Heil und Rettung des Menschen geht.
Abraham war von Gott angesprochen und verläßt seine Heimat
vertrauend auf den, der ihn gerufen hat. Er ließ sich führen.
Sein alter Name wurde verändert; er wurde "Vater der Menge".
"Er ist der Mann des Glaubens; als solchen rühmten ihn Christus
(Joh 8,56) und Paulus (Röm 4,18-22, Hebr 11,8-19). Aus dem
Glauben erwuchs die Hoffnung, das geduldige Harren auf die
Erfüllung der ihm gewordenen Verheißungen."[41] Seine Berufung
ist zum Vorbild der Berufung ganz Israels geworden. Er wird
zum Segen für alle Völker, erhält Prophetenanteil und seine
Bedeutung ist groß, daß sich Gott in späteren Zeiten als Gott
"des Abrahams" vorstellt.[42]

Gott offenbart sich, spricht seinen eigenen Namen aus, gibt
dem einzelnen einen neuen Namen, eine neue Aufgabe; er weist
auf den Abfall und die Untreue des Volkes hin. Er läßt rufen,
ermahnen, Strafe ankündigen, Heil verheißen, weil es ihm um
das Heil des Volkes geht (vgl. Ps 51,12; Nm 25,12; Ex 35,21
usw.).

"Er nimmt dem Volke den inneren Starrsinn und setzt die Gehor-
samsgesinnung an seine Stelle. Dadurch allein entsteht 'sein
Volk', Gott tut den ersten Schritt, er erweist sich zuerst als
ihr Gott, indem er selbst den Neubruch des Volkes schafft."[43]
Niemand bekehrt sich, ohne gerufen zu sein, und Jahwe ruft
zur Umkehr. Er will kein Vertilger, sondern Retter sein (vgl.
Hos 11,7 ff.).

Bei Hosea findet sich auch der Ausdruck der Reue und des Zor-
nes Gottes, weil das Volk so hartnäckig und undankbar ist. Es
geht fast nur um den Konflikt. Aber "während an anderen Stellen
bei Hosea 'das Gericht im Dienst der Liebe steht', ist also
der zwischen Gottes Zorn und seiner Liebe stehende Konflikt in
Kapitel 11 in Jahwes 'Herz' selbst verlegt und durch die Revo-
lution der Liebe gelöst".[44] Auf jeden Fall steht der Rettungs-

wille und die Bereitschaft Jahwes zu verzeihen und von neuem
anzufangen, immer fest. "Das bedeutet zugleich Umkehr oder
nicht - Jahwe läßt sich seine Heilsabsichten nicht vereiteln."[45]

Jahwe ist nicht nur derjenige, der zur Umkehr den ersten
Schritt macht, sondern er ist in seinem Wesen, in seiner Heiligkeit und Treue und in seiner Liebe der bestimmende Grund
der Möglichkeit und Grund der Notwendigkeit zur Umkehr. Das
heißt, daß von seinem Wesen, so wie er es geoffenbart hat,
das Motiv zur Umkehr kommt und nicht etwa von einem einzelnen Gesetz oder von dem gesamten Gesetz her. "Es gehört zu
den Grundaussagen des christlichen Glaubens, daß sich Gott im
Laufe der Weltgeschichte (die als diese konkrete Geschichte
auch immer zugleich Heilsgeschichte ist) dafür eingesetzt hat,
daß Menschen an ihren Lebensmöglichkeiten nicht heillos vor-
beileben!"[46] Die Tat Jahwes bei der Umkehr, sein 'Engagiert-
sein' vom Wesen her hat zur Folge, daß im Prozeß der Umkehr
auch der Mensch in seiner Wesensmitte, in seinem "Herzen" angesprochen ist -, und nicht nur in bezug auf einzelne Verhaltensweisen: "Die prophetische Botschaft des Alten Testamentes
stößt durch diese äußeren Zusammenhänge und Bedingtheiten hindurch bis an den Punkt vor, wo menschliches Leisten und Versagen seinen Ursprung hat: das Herz des Menschen. Hier begegnet
er als einzelner dem Anspruch seines Gottes, hier entscheidet
sich Wert oder Unwert seines Lebens vor diesem Gott. Hier
greift Gott aber auch ein, gibt dem Menschen ein neues, lie-
bendes Herz und macht ihm immer neue Umkehr und Neuanfang
möglich. An diesem Punkt kündigt sich die Umkehrpredigt Jesu
und die Vergebungsbotschaft des Neuen Testamentes an."[47]

So ist die Umkehr 1. immer und zuerst Gottesimpuls, ihre Ermöglichung ein von Jahwe kommender Anruf. Darum ist es, ob
es um ganz Israel geht oder um den einzelnen Israeliten, Gott
selbst, der die Initiative ergreift. 2. Umkehr hat Gottes
Wesen, seine Heiligkeit zum Ausgangspunkt und Ziel. 3. Sie
betrifft das Wesen, das Herz des Menschen und erfordert neue
umfassende Änderung.

In diesen Überlegungen, wie weit die Umkehr die Tat Jahwes
ist und/oder die des freien Menschen, schließen wir uns dem
Gedanken von P. Fiedler an, der Umkehr von Gottes Eingriff her

"Erlösung" nennt und von der Antwort des Menschen her
"Umkehr". "Umkehr" und "Erlösung" unterscheiden sich nämlich
nur darin voneinander, "daß der Nachdruck entweder auf dem
Tun des Menschen oder auf demjenigen Gottes liegt".[48] Weiterhin kommt von Jahwe nicht nur Anruf, Impuls zum neuen Anfang,
sondern auch die notwendige Kraft, die alten Wege zu verlassen
und sich mit Gott auf eine neue Zukunft hin zu orientieren.
Mit eigener Kraft vermag kein Sünder die Umkehr zu schaffen.
Nur die feste Zusage von Gott ist die sichere umkehrverheißen-
de Kraft sowohl für den einzelnen Sünder wie für das ganze
Volk.[49]

2.1.5.7 Umkehr, das transzendentale Element aller Akte gläubigen Lebens

Wir fragen uns hier, wie sich im AT die Umkehr zu den anderen
Vollzügen eines gläubigen Menschen verhält: zu Glauben, Gebet,
Reue, Buße usw. Wir werden feststellen können, daß sie alle
ganz eng miteinander in Beziehung stehen, einander bedingen
und einander helfen, den gläubigen Menschen auf dem lebenslangen Weg zu dem Ziel zu führen.

2.1.5.8 Umkehr in Interdependenz zum Glauben

Der bibel-hebräische Begriff für "Glauben" basiert auf der
Wurzel "aman". Sie bedeutet: "fest sein", "Bestand haben". Die
Hiphᶜil-Form (=glauben) bedeutet "als zuverlässig festhalten", "vertrauen", "Stand nehmen", "sich verlassen auf",
auch "bereit sein, Verheißungen annehmen" (vgl. Gen 15,6;
Nm 12,7; 1Sam 22,14; Jes 8,2; Hos 10,13; Ps 78,22 u.a.).
Daraus ergibt sich, daß es um zwischen-personale Zuverlässig-
keit und Vertrauen geht. In unzulässiger Weise wird das semantische Feld von "aman" verkürzt durch die Übersetzung mit "Für-
wahrhalten". Es ist immer eine personale Selbstverfassung gemeint und angesprochen, um die es den Verkündern des Wortes
ging, als sie sich im Namen Jahwes an das Volk oder an einen
einzelnen wandten. In allen Lebenssituationen sollen sie
dieses "feste Stehen" in und durch Jahwe erfahren. Damit soll
jeder falsche "Standort" ausgeschlossen sein, von dem aus man
wieder zu Jahwe zurückkehren müßte.

Schwacher Glaube ist dementsprechend ein "Nicht-fest-Stehen", eine Unsicherheit, gegen die man bei den Menschen und vor allem bei Gott Hilfe sucht, um zu erfahren, welches der richtige Weg ist. Daher muß man den Schritt der Umkehr machen. Wer in Gott fest steht, wird ohne Angst und im Vertrauen leben und gegen Mißtrauen kämpfen können.

Um eine solche Haltung vor Gott zu gewinnen, muß ein Mensch immer offen bleiben, darf er sich durch keine äußere oder innere Situation von ihm abbringen lassen. In diesem Punkt bedingen Umkehr und Glaube einander. "Umkehr und Glauben stehen nicht nur nebeneinander, sondern gehören ganz eng zueinander. Ja sie greifen ineinander und stellen eine Wechselwirkung dar."[50]

Wir haben schon festgestellt, daß die Umkehr eine Rückkehr zum gerechten Handeln gegenüber Gott und den Mitmenschen beinhaltet, daß sie verlangt, Recht und Gerechtigkeit zu tun, Unrecht und alles Böse zu vermeiden. Damit steht sie auch im engen Zusammenhang mit dem Tat-Glauben, weil nach dem AT zum Glauben unbedingt das Tun, eine rechte Haltung gehört. "Umkehr bringt das Bekenntnis zum einen einzigen Gott, Jahwe, hervor, aber nicht als theoretisch-abstrakte Formel, sondern als Ausdruck des lebendigen und im Leben auch praktisch vollzogenen Zugewendetsein auf den hin, von dem her der Mensch ist und alles besitzt."[51]

2.1.5.9 Gebet, Reue, Buße in der Interdependenz zur Umkehr

So wie der Glaube mit der Umkehr in einer lebendigen Wechselbeziehung steht, so auch das Gebet. Im AT findet sich kein umfassendes Wort als stehender Sammelbegriff für "Gebet", aber es gibt verschiedene Ausdrücke, die verschiedene Aspekte des Gebetes andeuten. So z.B. "rufen", "flehen", "weinen", "loben", "seufzen".[52] Sie drücken mehr seelische Stimmungen aus. Dann gibt es eine andere Gruppe von Begriffen, die mehr bestimmte Haltungen bedeuten wie "sich niederwerfen" oder Intensiv-Begriffe für "loben" wie "jubeln", "tanzen", "jauchzen" usw. (vgl. Jes 13,21; Pss 21,2 107,27 u.a.).

In dem semantischen Spektrum dieser Gebetsarten, wie sie in
den Begriffen gekennzeichnet werden, kommen zwei Prozeßlinien
zum Ausdruck: eine positive und eine negative, eine aus Trauer,
Verlust und Abwendung und eine aus Freude und Zuwendung.
In diesen semantischen Prozeßlinien des Gebetsbegriffs wird
die Struktur der Umkehr angezeigt.

Sobald ein einzelner, eine ganze Stadt oder das ganze Volk
eingesehen hatten, daß sie umkehren sollen, fingen sie an, Jahwe
zu suchen, anzurufen und zu ihm zu flehen, daß er ihre Schuld
verzeihen und vergessen möge und das angedrohte schwere
Schicksal abwenden möge (vgl. 1Kön 8,28-45; Pss 86,6, 102,
143,1 u.a.).

Der erste Schritt in der Umkehr, nachdem man die eigene Situation eingesehen hat, ist es, anzufangen in Trauer und Freude,
durch Bußtaten und Bußriten Gott zu suchen. Dies alles spiegelt
sich im Gebet. So wird es zum Ausdruck des Neuanfangens, des
Umkehrens. Neuanfang und Umkehr werden im Gebet ausdrücklich
erkennbar und durch das Gebet in ein neues, intensiveres
Stadium gebacht: "Aus dem Gebet kommt neue Kraft zur Umkehr
mit der Tat. Die Umkehr mit der Tat wiederum gibt neue Kraft
zum wahren Gebet. Je intensiver das Gebet den Menschen erfaßt,
desto radikaler wird die Umkehr und umgekehrt."[53a]

Der Weg der Umkehr führt zu Gott, und auf diesem Weg erleben
die Umkehrenden deshalb am Ende Freude und Friede, was
wieder zum Ausdruck kommt in Gebeten, in denen Gott für alles
gedankt wird, besonders für die Befreiung und Erlösung, in
denen Gott mit "lauter Stimme" gepriesen wird, der sein Antlitz
wieder gezeigt hat. Man dankt ihm und preist ihn sogar für die
Tage des Unheils, weil sie zum Guten geführt haben. All das
wird in Gebeten, als Danklieder, Dankopfer und Danksagungen
ausgesprochen. Das ganze Volk wird zu diesem Jubel aufgefordert über ihn, dessen "Huld ewig währt", der der "Hüter,
Schöpfer und Erlöser" ist, der "der Fels, der Starke, der
Erwähler Israels" von Tag zu Tag wird (vgl. 2Chr 20,21; Sir 51,
12ff.; Ps 107,8 u.a.).

Jedoch hilft nicht jegliches Beten zur Umkehr, nur
echtes Herzensgebet fördert die Umkehr; ja es wird

unerläßlich für die Umkehr. Ein Gebet, das die richtige
Gesinnung darstellt als lautere innere Haltung, ist dasjenige,
das Jahwe gefällt. Ein solches Gebet verlangt den ganzen
Menschen in seinem Sein und Tun, daß der Mensch vorbehaltlos
vor Gott kommt und nicht vielleicht nur mit den Lippen betet
(vgl. Jer 29,12ff; Jes 1,15ff., 29,13; Am 5,23f.).

Wo es aber geschieht, daß der Mensch doch nur Formeln und
Worte ausspricht, die aber nicht zur tätigen Hingabe führen,
ist es ein Zeichen dafür, daß die Umkehr nur äußerlich und nur
teilweise geschehen ist. Deswegen greifen die Propheten solche
Gebete, Opfer, Fasten, Bußliturgien an und rufen
zu einer tiefen, inneren, ins praktische Leben eingreifenden
Umkehr.

Somit sind auch Beziehungen zwischen Umkehr und Reue und Buße
in ihrer Interdependenz, in der gegenseitigen Abhängigkeit und
Verwiesenheit deutlich geworden. Der Umkehrende bereut seine
Sünden, tut Buße, und durch sie kommt er zu Freude, Frieden
und Heil.

2.1.6 Der Prozeß der Umkehr - (Psalm 51)

Wir wollen beispielhaft an Psalm 51 in Kürze die alttestamentliche Darstellung des Umkehrprozesses zusammenfassend zeigen:
- Sich schuldig machen - Gott greift ein - nach dem Modell:

David hat sich sowohl an Batscheba als auch insbesondere an
Uria schuldig gemacht. Der Prophet Nathan wird zu ihm geschickt und durch indirekte Bildsprache kann er den König un-
vermittelt betroffen machen: "Du selber bist der Mann!" (2Sam
12,7). [53b]

Folgende Prozeßstufen lassen sich an unserem Psalmtext, der nach
seiner Überschrift an dieses Modell anlehnt (der Psalm ist
später verfaßt!) eruieren:
- Einsicht:
    "David" sieht das Vergehen. Er wird zur Einsicht gebracht
    und erkennt seine Situation vor Gott. "Denn meine Bosheit
    erkenne ich wohl, immer steht mir vor Augen die Sünde"
    (V. 5). Es ist ganz persönlich gesprochen. "Ich habe gesün-
    digt an dir allein; was böse vor dir, ich hab' es getan"
    (V. 6)

- Offenheit, Gottes Weisung gelten zu lassen:
  Er bekommt Einsicht in das eigene Verschuldetsein. Folg-
  lich unterstellt er sich dem gerechten Urteil und der
  Herrschaft Jahwes. "Nun erweisest du dich in deinem Urteil
  gerecht, und recht behalten hast du in deinem Gerichte"
  (V. 6).

- Reue und Gebet:
  Bei der echten Umkehr kommt es auf den reuigen Sinn und
  das demütige Herz an (vgl. V. 18). Sie werden aber auch
  von Gott geschenkt, deswegen die Bitte "nimm von mir nicht
  hinweg deinen heiligen Geist" (V. 13), und in ihm "mache
  mich stark" (V. 14). Die Erwartung des Erbarmens des barmherzigen und gnädigen Gottes und die Hoffnung, von ihm
  die Vergebung (vgl. V. 3) seiner Missetat zu erhalten, um
  wieder vor ihm rein zu werden, werden zum Gebet (vgl.VV. 4,
  9 und 12). Der Psalmist läßt David nicht nur für sündhaftes
  Tun Bekenntnis ablegen, sondern weist darüber hinaus. "Ich
  war schon in Sünde, als mich die Mutter empfangen. Siehe,
  ich bin in Schuld geboren" (V. 7). So will er nicht nur
  rein, sondern auch wahr vor Gott werden, weil Gott Gefallen an der Wahrheit des Herzens hat (vgl. V.8): d.h. der
  von Gott kommende Maßstab für die eigene Wirklichkeit
  soll Geltung haben: Wahr ist, was Gottes Weisung anzeigt.
  Nach dem Bekenntnis der Sünden und der Reue, die im Gebet
  zum Ausdruck kamen, betet der Umkehrende um die neue
  "Freude und Wonne" (vgl. V. 10) an seinem Heil (vgl. V. 14).

- Missionarische Bereitschaft:
  David ist von neuem bereit und offen dafür, die Geheimnisse
  der Wahrheit Gottes zu erlernen (vgl. V. 8),seine Gerechtigkeit und sein Lob zu verkünden (vgl. V. 16 und 17). Der
  missionarische Geist ist geweckt, indem er sich bereit
  erklärt, die irrenden Gotteswege zu weisen und die Sünder
  zu bekehren (vgl. V. 15).[54]

2.1.7 Zusammenfassung

Nach dem Überblick über den alttestamentlichen Gehalt von
šūb läßt sich folgendes zusammenfassend sagen:

1. die Umkehr ist zentrale Ausage der Schrift des Alten Testamentes über das "dynamische" Verhältnis zwischen Gott Jahwe
   und seinem Volk. Deswegen ist der Umkehrgedanke in allen
   Hoch-Zeiten des religiösen Lebens Israels präsent, und besonders die Verkünder des Wortes Gottes tragen ihn als conditio sine qua non des Heils vor, als unersetzbare Bedingung,
   um mit Jahwe in lebendiger Verbindung zu sein;

2. Jahwe ist der Grund der Möglichkeit von Umkehr: denn Jahwe
   ist treu und geduldig, er liebt sein Volk und ist immer
   bereit, in seinem radikalen Vergebungswillen mit dem sündigen Volk von neuem anzufangen. Von ihm kommt die Initiative für die Umkehr, weil er der alleinzige Herr ist,
   der Leben und Heil spendet. Die Götter sind Nichtse und
   unter ihrer Herrschaft zu sein, bedeutet Knechtschaft und
   Tod. Jahwe zu suchen und sich seiner Herrschaft zu unterwerfen, bedeutet Freiheit, Befreiung und Erlösung, Heil
   und Frieden haben;

3. in bezug auf den einzelnen Menschen und auf das ganze
   Volk heißt Umkehr: Alle, die sündigen, verlassen Jahwe,
   ihren Gott. Deswegen müssen alle sich vom Bösen abkehren
   und sich Jahwe zuwenden. Die Abkehr von Jahwe wird als Tod,
   als Vernichtung und die Hinkehr als Heil erfahren. Um
   seiner Würde und um seines Lebens willen müssen der
   einzelne Mensch und das ganze Volk umkehren;

4. die Umkehr selbst ist immer als Abkehr von dem Bösen und
   Hinkehr zu Jahwe dargestellt. In bezug auf einen lebenslangen Prozeß der Umkehr kann die Abkehr eher als ein
   einmaliges Ereignis verstanden werden, die durch Einsicht
   in eigenes Verschuldetsein und seine Folgen entsteht.

   Die Hinkehr ist dafür ein lebenslanger Prozeß der Zuwendung zu Jahwe;

5. die Umkehr wird äußerlich durch verschiedene Ursachen
   motiviert. Katastrophen werden durch die Propheten als
   Strafe für die Sünde und zugleich als die Zeit der Forderung zur neuen Zuwendung zu Jahwe gedeutet. Um das Volk
   oder den einzelnen zur Umkehr zu bewegen, sandte Gott
   besonders Propheten, die durch ihr Leben und ihr Wort im
   Namen Jahwes zur Umkehr aufriefen;

6. die Umkehr ist ein innerer Prozeß, der sich in äußeren
   Handlungen bekundet. Zuerst zeigt er sich in äußeren
   Akten der Buße und der Reue, die sich in Freude über das
   wiedergewonnene Heil verwandeln. Der durch die Umkehr
   erneuerte Lebenswandel soll sich in einem neuen Verhältnis zu den Mitmenschen zeigen, das sich besonders in sozialer Gerechtigkeit bewahrheitet;

7. durch die Umkehr(-haltung) werden alle gottbezogenen
   Handlungen (z.B. Opfer) und das ganze religiöse Leben
   Gott wohlgefällig. Nur so wird Gott wirklich geehrt und
   findet der Mensch sein Heil. Umkehr bewirkt die stets
   aufs neue notwendig werdende Reinigung des Gottesbildes
   und Gottesbewußtseins. Sie ist das "Transzendentale" religiöser Handlungen, das Formelement der menschlichen Antwort auf den Eifer Gottes für sein Geschöpf, indem der
   Mensch selbst durch aufrichtiges Verhalten zu Gott offen-
   bleibt;

8. die Umkehr hängt mit Glauben, Beten, Reue, Bußetun eng
   zusammen. Sie fördern und bedingen einander; manchmal
   decken sie sich inhaltlich. Durch Glaube, Beten, Reue und
   Bußetun kann sich die Bereitschaft zum Umkehren anzeigen,
   und durch das Umkehren bekommen Glaube, Beten, Reue und
   Bußetun ihre Echtheit;

9. deswegen gehören auch Umkehr und Erneuerung des Lebens
   inhaltlich ganz eng zusammen. Durch die Umkehr erneuern
   sich die Beziehungen zwischen Gott und Mensch und der
   Menschen untereinander. Ohne Umkehr gibt es keine Erneuerung, und am Anfang der Erneuerung steht die Abkehr vom
   Bösen. Erneuerung ist eigentlich der Prozeß der Hinkehr.

2.2 Umkehr im Neuen Testament

Der alttestamentliche Umkehrgedanke geht auch ins Neue
Testament hinüber, erfährt dabei eine weitere Entfaltung
sowohl begrifflich als auch inhaltlich und wieder entsprechend der Zeit und den Umständen. Der Kerngedanke ist derselbe geblieben: radikale·Wandlung des Verhältnisses von
Gott zum Menschen und des Menschen zu Gott. Da er aber etwas
Lebendiges, im Glauben Unumgängliches betrifft, ist eine
Entwicklung ganz selbstverständlich. Nicht nur von der
menschlichen Entwicklung her ist das zu verstehen, sondern
auch von der weitergehenden Offenbarung Gottes, der sich
nach christlichem Glauben in intensivierter Weise in seinem
Sohn Jesus von Nazaret, der Christus ist, den Menschen
gezeigt hat.

Bei der Darstellung des neutestamentlichen Umkehrgedankens
gehen wir anders vor als bei der des Umkehrgedankens im AT.
Hier wird der chronologischen Reihenfolge nach der Umkehrgedanke dargestellt werden: vom Auftritt Johannes des Täufers,
der zum frühen Judentum gehört, den aber das Neue Testament als Vorläufer Christi beansprucht, bis zu den letzten
Schriften des Neuen Testamentes. Vorher soll die semantische
Erörterung stattfinden.

2.2.1 Die Begriffe und deren Bedeutung

Es wäre sicher interessant und hilfreich, die weitere Entwicklung der alttestamentlichen Begriffe im frühen Judentum,
bei den Rabbinen und in der gesamten jüdischen Theologie und
auch in verschiedenen Randgruppen z.B. Qumran, in der jüdisch-
hellenistischen Tradition usw. zu untersuchen, aber wir be-
grenzen uns auf die im NT geschehene und zu findende Entwicklung, deren Hintergrund die alttestamentlichen Ideen und die
des frühen Judentums sind.

Der alttestamentliche Ausdruck für die Umkehr "sub" wird im
NT mit "strefo" und verschiedenen Präfixen wie "epi" und
"apo" und "metanoeo" übersetzt und wiedergegeben. Der Begriff
"strefo" mit den Präfixen kommt in neutestamentlichen Schriften

ca. 40 mal[55]vor. Manchmal wird dieser Ausdruck in profanen
Bedeutungen gebraucht, und zwar im Sinne einer Bewegung des
Umwendens, des Sich-zurückkehrens, des Abkehrens. Meistens
aber steht er für "Sich-abkehren" im religiösen Sinne, wobei
vor allem an das Äußere der Umkehr und an das Sichtbare des
ganzen Prozesses der Umkehr gedacht ist. Zugleich wird hier
mehr das Einschlagen der neuen Richtung, die neue Hinwendung
zu etwas oder zu jemandem betont, als die Abwendung von
Altem, Falschem und Bösem. Oft wird durch diesen Ausdruck
ein Herrschaftswechsel ausgedrückt, was für den ganzen Prozeß
der Umkehr im NT eine wesentliche Rolle spielt, indem sich
der Mensch der Herrschaft des Bösen, der Finsternis und des
Satans entzieht und sich der neuen Herrschaft, dem neuen
Reich, das mit Jesus gekommen ist, mit Gehorsam unterwirft.
Die ganz neue Ausrichtung, die der menschlichen Existenz
zugedacht ist, setzt eine völlige innere Umwandlung in der
Kraft der Wirkung des Heiligen Geistes voraus (vgl. Apg 26,
18; Eph 2,1).

Das substantivum 'epistrofe' kommt nur einmal vor, und zwar
in der Apostelgeschichte 15,3 mit der Bedeutung von
"Bekehrung".[56]

Der Begriff 'metanoeo' steht in ganz enger Beziehung zu dem
Begriff 'epistrofe', meint jedoch zuerst den inneren Prozeß
der Umkehr, eine neue innere Haltung, eine Sinnesänderung.
Hier wird stärker als bei "sub" oder 'epistrofe' das eigene
Denken und Wollen mitgedacht. Damit ist nicht gesagt, daß
es um eine Verschiebung und um eine Entwicklung zum Intel-
lektualismus hin geht, da auch bei diesem Begriff der ganze
Mensch gemeint ist, dessen Äußeres und Inneres im Einklang
stehen und stehen sollen. Es ist die bewußte Abkehr von der
Sünde betont, die Änderung der Gesinnung ("nous") und der
gesamten inneren Lebenseinstellung, ohne die eine echte
Bekehrung nicht möglich ist. [57]

Während 'metanoia' sich von innen her auf den ganzen Menschen bezieht, bedeutet der Begriff 'metamelomai' in den
Schriften des NT mehr die Reue, die sich wegen einzelner
sündiger Taten im Herzen des Menschen ereignet (vgl. Mt 21,
30f.; 2Kor 7,8).

Am Beispiel des Judas ist der Unterschied zwischen 'metanoia' und 'metamelomai' leicht zu verdeutlichen. Judas
erkennt das ganze Böse seines Tuns und "bereut" es (metame-
läteis, Mt 27,3), er findet aber keinen Weg zur Änderung
der inneren Haltung. Der Begriff 'metamelomai' impliziert
nicht unbedingt die Hinwendung zu Gott. Wenn der Ruf
'metanoeite' im NT an die Menschen gerichtet wird, trägt er
mit sich ein ganzes Spektrum von Bedeutungen, das von dem
Empfinden der Reue über Aufrüttelung des ganzen Bewußtseins
bis hin zur Sinnesänderung und Aufforderung zu neuem Wandel
sich erstreckt. Alle Bedeutungen aber konzentrieren sich in
dem Aufruf "zu einer radikalen Wandlung des Verhältnisses
Gott-Mensch und Mensch-Gott: kehrt um, bekehrt euch".[58]

2.2.2 Umkehr bei Johannes dem Täufer

Johannes der Täufer versteht sich nach dem neutestamentlichen
Zeugnis als die "Stimme des Rufers in der Wüste", die dem
bald kommenden Messias und dem mit ihm aufbrechenden Reich
Gottes die Wege vorbereiten soll (vgl. Mt 3,12; Mk 1,2-8;
Lk 3,1ff.; Joh 1,6ff.). Er ist weder Elias noch Jeremias
noch einer der Propheten und auch nicht der Messias, der Gesandte, auf den Israel wartet; er ist nur die Stimme, die
zur Umkehr rufen soll (vgl. Joh 1,19ff.). Bei den Synoptikern ist Johannes' Wirken und Jesu Auftreten nacheinander
aufgezeigt, während der Täufer im Johannes-Evangelium als
Zeuge neben Jesus steht.

Er war schon von der Art und Weise seines Auftretens her
ein Zeichen alttestamentlicher prophetischer Wirkung für
die Zeitgenossen. Seine Kleidung erinnerte an den Propheten
Elias; seine aszetische Lebensweise war Protest gegen die
üppige Stadtkultur sowie Vergegenwärtigung der Wüstenzeit
des Volkes Israel. Die Wüste sollte die Hörer noch dazu an
die Taten Jahwes erinnern, die er in der Wüste, dem Ort der
Offenbarung und auch der Vergebung und Versöhnung, für sein
Volk vollbracht hatte.

Der Grund seiner Umkehrpredigt ist sein Glaube an die Nähe
und das baldige Erscheinen der endgültigen Gottesherrschaft.

Die Gottesherrschaft wird sich im Gericht vollziehen, durch
das alles Böse bestraft und getilgt werden soll. Umkehr ist
deswegen die Aufgabe schlechthin. "Wenngleich der Sache nach
nicht absolut neu, so wird doch so kategorisch zur 'metanoia'
in endgültig-totaler Entscheidung gerufen wie nie zuvor."[59]
Niemand kann sicher sein, daß er vor dem kommenden Gericht
bestehen wird, deswegen gilt der Umkehrruf für alle, und zwar
"ein-für-allemal", für die Sünder, für die Heiden (vgl.
Lk 3,12ff.) und ebenso sollen die Frommen umkehren, die am
leichtesten der Meinung sein könnten, keine Umkehr zu brauchen (vgl. Lk 3,7ff; Mt 3,7ff.). Für alle gilt dasselbe:
für alle ist eine radikale, allumfassende Umkehr notwendig,
die kein Zurück kennt; eine echte Umkehr, ohne sich selbst
oder Gott mit irgendeiner scheinbaren Umkehr betrügen zu
wollen, denn "wer hat euch gelehrt, ihr könntet dem kommenden Zorn entfliehen? Bringt also Frucht, die der Umkehr
entspricht" (Mt 3,7-8).

Nicht nur mit seiner radikalen Predigt, sondern auch im
Blick auf sein Leben hat Johannes sehr starke Beziehung zu
der prophetischen Umkehrverkündigung. "Aber der Aufruf ist
kategorischer, als je ein Prophet ihn hat ergehen lassen;
denn er steht unter der drängenden Wucht eschatologischer
Gottesoffenbarung."[60]

Eine solche an alle ergehende Umkehrbotschaft soll zur
Sündenvergebung durch die Buße führen. Sündenvergebung und
Umkehr schenkt Gott ohne Ansehen der Leistung des Menschen,
die trotzdem nicht ausbleiben darf. Die Leistung des Menschen
sind Sündenbekenntnis, Taten der Buße und besonders der Taufe.
Die von Johannes gepredigte Taufe mit Wasser ist verschieden
von den üblichen jüdischen Waschungen. Diese können wiederholt vorgenommen werden, während die Taufe zu der Johannes
seine Hörer bringen will, ein einmaliges Geschehen ist, das
jeden einzelnen persönlich, zur Sündenvergebung führt und
zugleich eine neue Grundausrichtung bedeutet, eine neue
gerechte und wachsame Lebenshaltung, mit der man ohne Angst
dem (Zorn-)gericht Gottes entgegengehen darf. Aus der neuen
Haltung sich selbst und dem verzeihenden Gott gegenüber soll

ein fruchtbares Leben kommen. Jeder einzelne muß für sich
persönlich diesen Weg gehen. Einen anderen Weg gibt es nicht.
Es gelten keine Ausreden oder Vorteile; nicht einmal Sohnschaft und Zugehörigkeit zu Abraham dem Leibe nach kann
eine Sicherheit gewähren (vgl. Lk 3,8f.). Es wäre also eine
falsche Hoffnung für jeden, sich von irgendwoher eine
Sicherheit verschaffen zu können und sich so die Mühe zu
ersparen, die im Verlassen des alten Weges und im Neuwerden
liegt.

In seiner Predigt spricht Johannes, wie die alten Propheten,
Drohungen aus, in denen er mit harten Worten die Hartnäckigkeit und die Unbußfertigkeit seiner Zuhörer zerbrechen und
bewegen will (vgl. Mt 3,10; Lk 3,9ff.).

Das Ziel seiner Umkehrpredigt ist letztlich also: den
Menschen, sei er Sünder oder Frommer, vom Weg des Bösen
abzuwenden und ihm durch die Vergebung einen neuen Anfang
zu ermöglichen, vor Gott verantwortlich zu handeln und so
dem Messias und mit ihm der anbrechenden Gottesherrschaft
den "geraden" Weg vorzubereiten. H. Leroy sieht das Ziel
der Umkehrpredigt bei Johannes dem Täufer in der Vorbereitung auf die Begegnung mit Jesus und darin, innerhalb dieser Vorbereitung Platz für die Früchte der Umkehr zu schaffen.[61] Oder anders gesagt zielen Umkehrpredigt und die aus
der Bußgesinnung empfangene Taufe bei Johannes "auf den,
der nicht mehr (nur) mit Wasser, sondern mit dem Heiligen
Geist Jahwes taufen wird".[62]

Da Johannes "das unmittelbar bevorstehende Gericht vor
Augen hatte"[63], hat seine Umkehrpredigt einen düsteren Ton,
in dem keine Freude über das unerhörte Gnadenangebot erwähnt werden wie bei dem, dessen Kommen er vorzubereiten
zur Aufgabe bekommen hat.

Wir können zusammenfassend in bezug auf das Umkehrverständnis bei Johannes dem Täufer festhalten:

- er setzt die prophetische radikale Linie in seiner Umkehrpredigt fort und ruft alle zur Änderung des eigenen Verhältnisses zu Gott und zu den Menschen auf;

- der Grund seiner Umkehrpredigt ist die Nähe des Reiches
  Gottes und die Notwendigkeit der durch das radikal Neue
  entstehenden inneren Haltung, durch die man Vergebung der
  Sünden und so auch das Bestehen vor Gottes Gericht erlangen kann;

- seine aszetische Lebensweise, die Wüste als der Ort seiner
  Predigt und Drohungen in seinen Reden waren die "Mittel",
  durch die er zur Umkehr bewegen wollte;

- die Umkehr ist bei Johannes eine Gnade Gottes, die vor dem
  Gericht retten kann, gleichzeitig betont er die Leistung
  des Menschen im Sündenbekenntnis, Bußetun und Sich-taufen-
  lassen stark;

- die Umkehr steht bei Johannes dem Täufer unter dem Zeichen
  der Taufe, durch die die Umkehrenden ihren Umkehrwillen
  äußerlich bestätigen sollen, d.h. eigentlich ihre Bereitschaft, den kommenden Messias zu erwarten und aufzunehmen,
  der allein mächtig ist, die "Sünden zu vergeben", und die
  verheißene Erneuerung im Heiligen Geist durchzuführen.[64]

2.2.3 Umkehrverkündigung bei Jesus aus der Sicht der synoptischen Evangelien

Das erste Wort, mit dem Jesu Botschaft zusammengefaßt wird,
heißt: Kehret um, tut Buße und glaubt an das Evangelium
(vgl. Mt 4,17; Mk 1,15).

"War dies zeitlich das erste Wort der Predigt Jesu, so ist
es auch sachlich das Erste, was er fordern muß."[65] Was Jesus,
nach den Evangelien unter "Umkehr" verstanden hat, welches
Ziel er vor sich hatte, wo er Hindernisse und Möglichkeiten
gesehen hat, ist für unser Thema von fundamentaler Bedeutung.
Deshalb bedarf es entsprechender Darstellung.

2.2.3.1 Das Reich Gottes

Johannes der Täufer verlangte von seinen Zuhörern, sich auf
das anbrechende Reich Gottes mit ganzer Sorgfalt vorzubereiten, sich durch die Taufe vor dem strafenden Gericht zu retten und neu auf die Gottesherrschaft auszurichten. Das sich

nahende Reich Gottes war der Grund und das Ziel der johanneischen Umkehrpredigt. Das Entscheidende ist dabei die Bereitschaft, das Reich, das unerwartet kommen wird, anzunehmen.
Diese Dimension des Daraufzugehens, des Sich-bereit-machens
hat sich durch Jesus geändert. Er selbst versteht sich als
derjenige, mit dem das Reich Gottes schon seinen Anfang
bestimmt. "Der entscheidende Fortschritt in der Predigt Jesu
ist die Verbindung von Buße und Bekehrung mit dem Gedanken
und der Wirklichkeit des Reiches Gottes, das in seiner Person
erschienen ist."[66] Zu dem Unterschied zwischen Umkehren-sollen
von dem Reich Gottes her bei Johannes dem Täufer und Jesus
sagt Schnackenburg: "Jesus verlangt Umkehr, weil die Herrschaft Gottes eine bereits spürbare Realität ist. Die Umkehr-
Haltung des Menschen ist bei Jesus nicht mehr ein Hinschrei-
ten, ein Sich-bereiten für die Herrschaft Gottes, sondern
schon Antwort auf die Heilstat Gottes"[67].

Das Reich Gottes ist eine Wirklichkeit für Jesus, die jedem
Menschen sehr nahesteht und für die es sich lohnt, alles zu
verlassen, alles andere herzugeben und sogar zu verlieren, um
sie zu erlangen. Wer sie gefunden und als "Besitz" bekommen
hat, dem wird alles andere dazugegeben (vgl. Mt 6,20ff; Mk 9,
47ff.; Apg 14,22).

Mit anderen Worten: Jesus verkündigt, daß sich Gott den Menschen mit seinem Reich in seinem Werk und in seiner Person
genaht hat und in ihm zur Verwirklichung kommt. "Jesus ist
diese Erfüllung in Person."[68] Jetzt ist die "erfüllte Zeit",
was erstens geschichtlich-konkret zu verstehen ist, als Ablauf einer Vorbereitungs- und Wartezeit, die Gott bestimmt
hatte, und zweitens als ganz neue radikale Ausgerichtetheit
auf die Zukunft, die sich im Reich Gottes vollenden wird.[69]
Beide Dimensionen der "erfüllten Zeit" in Jesus drängen zur
Entscheidung. "Gottes letzte Offenbarung fordert letzte, un-
bedingte Entscheidung vom Menschen: radikale Umkehr, Wandlung
im Wesen, endgültige Abkehr vom Bösen, entschlossene Hinkehr
zu Gott in ganzem Gehorsam."[70]

Durch die Gleichnisse zeigt Jesus, wie er selbst die mit ihm
aufgebrochene Heilszeit versteht und welche Reaktionen auf

diese Frohbotschaft er von den Menschen erwartet. Seine
Predigt ist primär Frohbotschaft im Gegenteil zur Predigt
bei Johannes dem Täufer. Für Angst, Trauer oder irgendein
Besorgt-sein gibt es keinen Platz und keinen Grund. Das Reich
ist wie ein Schatz, wie eine Perle, wie das Wiederfinden
von Verlorenem, wie ein Festmahl (vgl. Lk 15,4ff.,Mt 13,44ff.
usw.).

Seine Predigt vom Reich Gottes gilt allen, besonders aber
den Sündern, weil über ihre Umkehr - die Bereitschaft, das Heil
von Gott anzunehmen und sich seiner Herrschaft zu unterstellen - im Himmel größere Freude entsteht als bei der Umkehr
von neunundneunzig Gerechten (vgl. Lk. 18,10ff.). Gegenüber
den Mächten der Finsternis, dem Satan, der Sünde und dem Tode
steht dieses mit Jesus und in Jesus erschienene Reich Gottes
als eine Größe, die die endgültige Niederlage der menschen-
feindlichen Mächte ankündigt und über sie siegen wird (vgl.
Mt 12,28; Mk 1,13; 3,23ff.; Lk 10,18; Joh 5,24 usw.).

Um in dieses Reich eingehen zu können, muß der Mensch umkehren, d.h. er soll sich durch die gläubige Annahme des in Jesu
angebotenen Heiles der verzeihenden Liebe Gottes öffnen und
sich-wieder-finden-lassen, um am Festmahl teilzunehmen; und
zu gleicher Zeit soll er sich der Herrschaft der Sünde entziehen. Jesus steht mit diesen Gedanken über das Reich Gottes
mit allen jenen Propheten in eindeutigem Einklang, die von
dem ersten Gebot ausgingen und von den Menschen verlangten,
nur die Herrschaft Jahwes, des einzig wahren Gottes, anzuerkennen und jede andere Herrschaft von sich als Joch weg-
zuwerfen.

Obwohl, wie wir sehen werden, dieses Reich nur von Gottes
Liebe den Menschen geschenkt und nicht verdient werden kann,
gilt doch zu sagen: es gibt Bedingungen für den, der aufgenommen werden will, die jeder für sich erfüllen soll und
ebenso Hindernisse, die von jedem einzelnen persönlich überwunden werden müssen.

2.2.3.2 Kind vor Gott werden

Das mit Jesu Kommen erschienene Reich Gottes fordert von
den Menschen eine totale Änderung, die in einer totalen
Zuwendung zur Gottesherrschaft, ihre bedingungslose Annahme,
den völligen Gehorsam bedeutet.[71]

Die Grundhaltung des Menschen in dem erschienenen Reich
Gottes ist im Wort vom "Kindwerden" am besten ausgesagt.
"Nicht nur Reue über die Sünde, nicht nur Umkehr zu Gott,
wie das AT und noch Johannes der Täufer sie verstand, sind
gefordert, sondern dieses ganz Neue... Kind-Werden und Kind-
vor-Gott-Sein, als die Grundhaltung der neutestamentlichen
Umkehr."[72]

Hier stellt sich sofort die Frage, was Kind-sein bedeutet und
welchen Unterschied zu dem Erwachsen-sein hier besteht? Hier
geht es sicherlich nicht um ein Unmündig-sein und Unmündig-
bleiben, sondern um etwas anderes. "Der Erwachsene steht in
sich selbst. Das Kind ist von aller Hilfe abhängig, darum
empfängt es alle Hilfe. Es lebt in ungebrochenem Bezug zu
allem, es bespiegelt sich nicht selbst und reflektiert nicht
über sich. Diese reine Rezeptivität, diese Kindesart ist es,
die anzeigt, welche Haltung zum Empfang des Gottesreiches
befähigt."[73] Es geht also um die Art, wie man das Reich
Gottes aufnehmen soll. W. Trilling hat das "Unmündigsein"
zuerst hervorgehoben als Bedingung, das Reich Gottes aufnehmen zu können, aber später distanziert er sich von dieser
Stellung und stimmt mit E. Neuhäusler überein, daß es dabei
mehr um die Art des Aufnehmens geht,wie sie einem Kind eigen ist.[74]

Der Gedanke, "das Reich Gottes annehmen wie ein Kind" steht
bei Markus 10,15. Bei Matthäus kommt diese Forderung in etwas
veränderter Wendung, wo es heißt: "Wenn ihr nicht umkehrt
und werdet wie die Kinder, so werdet ihr nicht in das Himmel-
reich eingehen" (Mt 18,3). Diesen Akt erläutert er mit zwei
Verben, und zwar "sich umwenden" ("strèfein") und "sich niedrig
machen" ("tapeinoūn èautôn").[75]

Kind-sein-vor-Gott soll also heißen: den Weg des vollen Vertrauens, des Sich-beschenken-lassens, den Weg der Hingabe,
des eigenen Arm-seins einzuschlagen,und sich nicht auf eigene

Verdienste zu berufen. Das Reich Gottes ist nun das Geschenk
der Gnade; deswegen gehen die Kleinen, die Armen, die ihrer
eigenen Ohnmacht Bewußten, die Demütigen, die Sünder und alle,
die sich von der Vaterliebe finden lassen, in es ein. Die
"Großen" aber, die "Reichen" und alle die, die der Gefahr
der Selbstgefälligkeit und dem Sich-selbst-genügen und so
einer falschen Sicherheit nicht entkommen sind und auf eigene
Verdienste pochen, können nicht Erben des Reiches Gottes und
seiner Gaben werden.

Wenn man die Umkehr von dieser Aufforderung her definieren
will, dann kann man mit J. Jeremias sagen: "Umkehren heißt,
wieder Abba sagen lernen, sein volles Vertrauen auf den
himmlischen Vater werfen, in das Vaterhaus und in die Arme
des Vaters zurückkehren".[76] Es geht letztlich nicht um die
ebenfalls dem Kind gemäßen Haltungen der Demut und Reinheit,
sondern um die Kind-Vater- und Kind-Mutter-Haltung.[77]Aus dieser
Haltung entsteht ein Dreifaches: Heils-Vertrauen, Heils-Gebor-
genheit, Heils-Zuversicht:

a) Heilsvertrauen

Die Kinder des Vaters werden mit Gewißheit Anteil an dem
künftigen Heil erhalten, weil der Vater ihnen alles schenken wird. Sie werden in dieser Haltung alles Schwere durch-
stehen können, weil der Vater bereit ist, wenn es nötig
sein wird, sogar "jene Tage" zu verkürzen, um seine Kinder
zu retten. Da ist keine Angst am Platze: Gott schenkt Heil!

b) Heilsgeborgenheit

Es geht aber nicht nur um ein end-gültig-zukünftiges
Heil seiner Kinder, sondern auch um die Geborgenheit im
Alltag. Der Vater Gott weiß, was seine Kinder brauchen;
seine Fürsorge ist grenzenlos. Der hebräische Ausdruck
"Hä-ämin" bedeutet ein Festmachen und Tragen, z.B. des
Kindes im Bausch des Gewandes oder auf der Hüfte der Mutter,
wo es sicher und geborgen ist. Und so "erweist sich die
Bedeutung des alttestamentlichen Glaubensbegriffes, daß
er als Ausdruck der besonderen Daseins- und Lebensform
des in der Dimension lebendiger Gottesbeziehungen stehenden Gottesvolkes und seiner Glieder diese in ihrer ganzen

Spannungsweite umgreift und in ihren letzten Tiefen
erfaßt, die erst da deutlich werden, wo in der Bedrohung
der menschlichen Existenz die Gottesgewißheit neue Glau-
bens- und Lebensenergien entbindet".[78] Eine solche, durch
die Umkehr in Gott gefundene und erfahrene, Geborgenheit
läßt "das Heute als die von Gott gestellte Aufgabe und
das Morgen als die von seiner Fürsorge getragene Zukunft"
erfahren und leben.[79]

c) Heilszuversicht

Aus diesen beiden Gegebenheiten, aus dem Heilsvertrauen
und der Heilsgeborgenheit, entsteht der Mut, sich dem
Unberechenbaren des Gotteswillens anzuvertrauen.Der "Vater"
birgt alles in sich. Alles kommt in ein anderes, neues
und verwandeltes Licht, sogar das Leid und der Tod. Sie
sind nicht mehr Strafe für Sünden, sondern Ruf zur Umkehr,
des Vaters persönlicher Anruf und persönliche Zusage.
So wird alles zu einem Anlaß, sich in Gott zu freuen,
weil alles zur Herrlichkeit und Verherrlichung des Vaters
und zum Heil des Umkehrenden und Glaubenden dient.[80]

Der Mut gilt aber besonders der Lebenspraxis (die wir später
noch darstellen wollen) jedes einzelnen, der den Umkehrenden
bereitet und fähig macht, die Unbedingtheit und das Radikale
des Neuen zu leben. "Diese Unbedingtheit der Umkehrforderung
äußert sich praktisch vor allem darin, daß sie die sozialen
und geschichtlichen Bindungen zerreißt, in denen die Menschen stehen. Man muß sozusagen 'alles stehen- und liegen-
lassen', wenn der Umkehr-ruf erschallt."[81] Alle Bindungen
die einen daran hindern könnten (wie Mann, Frau und Kinder,
Haus und Heimat, Geld und Gut) sollen zerrissen werden und
gelten nicht als Entschuldigung vor dem Anruf zur Umkehr.

Somit ist die radikal ausgesprochene Bedingung, in das
Reich Gottes einzugehen, zum Ausdruck gekommen. Dabei darf
aber nicht der Eindruck entstehen, als ob Jesus mit seinen
Forderungen und radikal ausgesprochenen Bedingungen aus dem
Rahmen des Judentums gefallen wäre. Er wollte nichts von
dem aufheben, was den "Früheren" gesagt worden war, sondern
wollte es gerade erfüllen (vgl. Mt 5,17). F. Mußner beruft

sich auf jüdische und verschiedene christliche Forscher des
Lebens Jesu und stellt fest: "Man könnte Jesus von Nazareth,
gerade was sein Verständnis von der 'Erfüllung' des Gesetzes
angeht, als einen 'Reformjuden' bezeichnen, dann freilich
als den bedeutendsten und radikalsten Reformjuden, den das
Judentum je hervorgebracht hat".[82] Sicherlich kann man mit
Sch. Ben-Chorin prinzipiell sagen, daß sich die Tendenz in
der christlichen Theologie, die den jüdischen Wurzeln entfremdet ist, stark bemerkbar gemacht hat, einen Antagonis-
mus in Jesu Aussagen, besonders was die Bergpredigt anbelangt, hineinzuinterpretieren. Er sieht in Jesu Einstellung
eine Radikalität und Betonung der inneren Intention bei der
Erfüllung des Gesetzes vorliegen, wobei er durchaus nicht
allein steht, und daher sei es auch kein Sondergut Jesu.[83]
Jesus wollte wie viele andere Propheten, daß die Gläubigen
in der Erfüllung des Gesetzes Hilfe erfahren, durch das
sie sich das Heil schenken lassen, in der radikalen Offenheit für den Willen Gottes.

2.2.3.3 Freiwerden von Zwängen

Wir haben bereits gesehen, daß Umkehr und Kind-sein-vor-Gott
zusammen gehören. Kind-werden heißt aber, etwas von Neuem-
anfangen-zu-können, sich nicht krampfhaft an das Alte-halten-
zu-wollen, sich jedem möglichen Zwang-entziehen-zu-können
und sich so mit der von neuem erfahrenen Liebe Gottes auf sein
umfassendes und erneuerndes Wirken einzulassen. Deswegen
kann man mit E. Neuhäusler und W. Trilling übereinstimmend
sagen, daß die Umkehr ein "formaler Begriff" sei, der sich
jeweils nach der Situation mit konkreten Inhalten, Begriffen,
Bildern und Akten füllen soll, "die mit ihm in Verbindung
gebracht werden oder durch die die Umkehr erläutert werden
wird".[84] Deswegen ist Umkehr ein tief persönlicher und individueller Prozeß.

Das eine Formale, das von jedem Menschen gefordert wird, ist
das Sich-offen-halten für den Anruf Gottes. Das andere, der
Inhalt, hängt von der konkreten Situation ab. "Wenn Jesus
Forderungen an die Menschen stellt, dann geht es nie um die

Änderung einzelner Praktiken, sondern um die umfassende
Hinkehr zu Gott, um die bedingungslose Abkehr von allem
Gottwidrigen, nicht nur von dem, was in sich böse ist, son-
dern auch von dem, was im konkreten Fall die totale Hinwen-
dung zu Gott behindert, wie etwa der Reichtum des reichen
Jünglings." [85]

Bei der Umkehr geht es also grundsätzlich um ein Frei-werden
von verschiedenen Zwängen, die den Menschen fesseln. Hier
folgen wir den Gedanken von W. Trilling. In den Grundzügen
der Jesu-Botschaft geht es darum, den Menschen von "Mächten"
zu befreien, "die ihn gefangenhalten und die seine wahren
Möglichkeiten, als Mensch zu leben, einschränken oder gar
zerstören". [86]

Es geht zuerst um die Befreiung von dem Leistungszwang im religiösen Denken. Wenn man nämlich den Akzent zu stark auf die
eigene Leistung setzt, dann bleibt zu wenig oder überhaupt
kein Raum für die schenkende Liebe Gottes. Selbstgenugtuung
und Narzißmus verschließen den Menschen so, daß er nicht zu
dem "radikalen Gehorsam", der die Hingabe des ganzen Menschen
beansprucht, vorstoßen kann.

Ein weiterer Zwang kommt vom Reichtum, der das Herz des
Menschen verhärtet und vor Gott und dem Nächsten verschließt.
Reich-sein und Viel-haben-wollen verblenden den Menschen und
versperren ihm den Weg der Offenheit und des Vertrauens
gegenüber Gott, von dem alles kommt. Damit der Mensch nicht
in das Los des Von-Gott-verworfen-seins gelangt, will Jesus
ihn von der Gebundenheit an den Reichtum befreien (vgl.Mt 19,
23, 24; Mk 10,25; Lk 1,53 usw.).

Weiterhin geht es um die Befreiung vom Vergeltungsrecht
und Vergeltungszwang. "Liebt euere Feinde und tut gutes
denen, die euch hassen" (Lk 6,27, par. Mt 5,43) ist der Weg,
der von oben genannten Zwängen befreit. Gott selbst, dem man
durch die Umkehr begegnet, handelt so. Sich seiner Herrschaft
zu unterstellen,heißt gerade, wie er zu handeln und nach
seinen Maßstäben zu messen. Damit ist aber auch eine Verheißung verbunden: "... und ihr werdet Söhne des Höchsten werden,
weil auch er gütig ist ..." (Lk 6,35, par. Mt 5,44). "Jesu

Rede will den Menschen von dem Drang und auch von dem Zwang
zur Vergeltung, die er meint, sich zur Selbsterhaltung und
zur Selbstbehauptung schuldig sein zu müssen, befreien."[87]

Ebenso von dem Zwang, den das ängstliche Sorgen dem Menschen
bereitet, bietet Jesus denen, die an ihn glauben, Befreiung
an. Mit den Reden über die Raben und Lilien (vgl. Lk 12,24.
27ff.) greift er die "Kleingläubigkeit" an und mutet das volle
Vertrauen gegenüber dem Vater zu, der noch viel mehr für seine
Kinder sorgen wird. In Angst und Sorge zu leben, ist kein Glaube im Sinne Jesu. "Er kritisiert nicht die Sorge ums 'tägliche
Brot', sondern eine Sorge um die eigentliche Existenz: daß
man meinen möchte, aus der 'Sorge' Gottes, aus seiner tragen-
den gütigen Macht jemals herausfallen zu können."[88]

Die Befreiung von der eigenen Ohnmacht wird weiterhin dem
Menschen gelingen, "wenn er nicht sich selbst und seinesglei-
chen zum Maß seines Denkens und Verhaltens wählt, sondern
Gott, dem er sich und sein Leben übereignet".[89] Die "Leistung"
des Menschen dabei soll sein Glaube und sein Vertrauen sein,
wenn er auch nur so groß wie ein Senfkorn wäre (vgl. Lk 17,6).
Dabei geht es um den Glauben und das Vertrauen, durch die
"Gott auch das unmöglich Scheinende, das Neue, Nichtberechen-
bare und Nicht-zu-Erwartende"[90] vollziehen kann und so den
Glauben aus der Ohnmacht des Selbst-machen-müssens befreit.
"In dem Augenblick, da also der Mensch sich verläßt, da er
also, von sich selbst absehend und weggehend von sich, eine
bleibende Chance, eine lebendige, gnädige Zukunft sucht,
unternimmt er diesen Ausschritt, diesen Versuch bereits als
einer, der von sich selbst weiß, daß er aus sich keine Chance
hat, daß er die Zukunft verfehlen würde, daß er aktueller
oder zumindest immer möglicher Verfehler, also Sünder, ist."[91]
Von der Ohnmacht in der Gegenwart befreit, wird der Gläubige
für die Zukunft befähigt.

2.2.3.4 Frei werden für das Neue

Bei der Umkehr geht es nicht nur um einen "innerlich-geistli-
chen Vorgang", bei dem Reue oder Trauer, Freude oder Geborgenheit erfahren werden können. Es geht um die neue Entscheidung

für den Plan Gottes, den er mit jedem einzelnen Menschen
in dieser Welt für den Aufbau seines Reiches zum Wohl der
Menschen hat. Aus dieser Entscheidung für Gott können die
praktischen, aktuellen und sozialen Folgerungen nicht ausgeschlossen werden. Dabei geht es also "um eine tatsächliche
Entscheidung, um eine konstruktive Tat und eine Bewegung des
ganzen Menschen auf ein in seiner Geschichte gegebenes, aufge-
gebenes Ziel hin". [92]
Es geht darum, den Menschen sehend für die großen Pläne
Gottes zu machen, der sie durch den Umkehrruf einlädt, "sich
der Wirklichkeit des hereindrängenden Gottesreiches zu öffnen". [93]

Wer also die Botschaft vom Reiche Gottes verstanden hat und
sich nach ihr ausrichten will, sein eigenes Leben nach ihr
zu gestalten sich berufen fühlt, der ist zu einem neuen
Handeln verpflichtet, das "Frucht bringen" wird (vgl. Lk 6,
35; Mk 1,15; Mt 7,1 usw.). Diese Früchte, die als einziger
Beweis der echten Umkehr am Ende der Zeiten gelten werden,
bestehen in gelebter Liebe, in unbedingter Barmherzigkeit,
in der radikalen Bereitschaft zu verzeihen, in dem selbstlo-
sen Einsatz für die Armen und Verfolgten, daß man selbst
Armut und Verfolgung auf sich nehmen muß; weiterhin in einer
Friedfertigkeit, daß man um des Friedens willen das eigene
Leben hingeben muß (vgl. Mt 5,1ff.). Zu dem allen ist der
Umkehrende verpflichtet, weil Gott selbst so handelt. Er
hat seinen Sohn in die Welt gesandt und ihn sogar dem Tode
ausgeliefert, um die Welt zu retten. Der Sohn, der als
Mensch unter den Menschen gelebt hat und noch immer wirkt,
ist der Grund und der Weg der christlichen Umkehr.

"Dieser Gott-Mensch bleibt in der Menschheitsgeschichte
immer greifbar in dem Menschen, dem wir begegnen, dem wir
unrecht getan haben, dessen Frieden wir noch nicht hergestellt
haben, der in unserer Welt in Not ist." [94]

Wenn man diese weltimmanente, gesellschaftliche Dimension
der christlichen Umkehr im Blick behält, dann wird die Umkehr und Bekehrung nicht zu einer "geistlich-asketischen
Akrobatik degradiert" [95], sondern ein Weg zur Erneuerung

der Welt werden.

Hier ist es wieder am Platze zu betonen, daß Umkehr zunächst
ein formaler Begriff ist, der abhängig von der inneren und
äußeren Situation jedes einzelnen Menschen mit neuen Inhalten gefüllt werden muß. Deswegen wird für jeden Menschen
das "frei-werden für das Neue" etwas anderes heißen, das
er in der Hingabe an Gott und in dem Gehorsam gegenüber
seinem Willen als Auf-gabe aus der ihm geschenkten Gabe
der Versöhnung und Befreiung verspürt.

2.2.3.5 Motivation und Mittel zur Umkehr

Wie die Propheten bediente sich auch Jesus, wie uns die
Evangelien berichten, verschiedener Redegattungen wie Drohreden, Mahnungen und Verheißungsworte. Bei all dem geht es
nur einzig darum, die Zuhörer zu motivieren, sich der mit
Jesu Person anbrechenden Gottesherrschaft zu öffnen. Alle,
die umkehren, werden Leben und Heil erfahren; diejenigen
aber, die den Umkehrruf nicht hören wollen, werden vor einem
schonungslosen Gericht stehen und der Hölle und Finsternis
verfallen (vgl. Mt 5,22; 11,20ff; Lk 10,13f. usw.). Obwohl
Jesus hier in finsterer Weise Konsequenzen aufzeigt, ist
es aber dennoch nicht derselbe düstere Ton, mit dem Johannes
der Täufer in seiner Predigt die Menschen zur Umkehr rief.
Jesus wollte nicht das letzte Urteil über die Menschen,
Generationen oder Städte aussprechen; dem widerspricht der
Gesamtsinn seiner Botschaft. Er wollte mit ganzer Eindring-
lichkeit auf die Zeichen der Zeit aufmerksam machen. Das
Noch-nicht des Gerichts gibt gerade den Grund der Möglichkeit
dafür, daß die Zeit der Umkehr bleibt, daß Kirche zur Institution der Umkehr-Einladung zu Gott wird (s. unten). "Jesu
Wort ist in erster Linie Heilsbotschaft. Nicht das Gericht,
sondern die gnadenhafte Ankunft des Königtums Gottes steht
im Vordergrund. Trotzdem ruft Jesus seinen Zeitgenossen zu,
daß sie genauso wie jene, die der Turm am Teich Siloah er-
schlug, und jene, die Pilatus beim Opfer im Tempel nieder-
metzeln ließ, umkommen werden, wenn sie sich nicht bekehren
(Lk 13,1-5)."[96]

Jesus bediente sich auch verschiedener Zeichen und Wunder, um die Menschen auf das, was unter ihnen anwesend ist, aufmerksam zu machen. Diese Zeichen versteht er selbst nur als Bestätigung, daß Gott mit ihm am Werk ist. "Wenn aber ich durch den Finger Gottes die Dämonen austreibe, so ist ja das Reich Gottes zu euch gekommen!" (Lk 11,20). Viele wurden durch diese Zeichen vor die Frage gestellt, wer er sei, und fanden so auch den Weg zu ihm.

Er heilte Kranke, gab den Hungernden Brot, nahm sich der Schwachen an, trieb Dämonen aus, und so kehrten viele um und fanden das Heil. "Die frohe Botschaft vom Reiche Gottes, das Jesus verkündet und als in seiner Person gegenwärtig sich erweist, muß der Mensch durch die Bekehrung und durch den Glauben in sich aufnehmen. Die Wunder und die Teufelsaustreibungen Jesu zielen darauf ab, auch diese zu bewirken." [97] Damit ist die Relation von dem, was Jesus an Zeichen tat, zur Umkehr aufgezeigt. Es besteht eine Wechselbeziehung. Es geschah alles wegen der Menschen, die durch das Gehörte und Gesehene die Liebe Gottes erfahren und sich so auf das Neue durch Umkehr einlassen sollten.

Die Menschen sollen die Erfahrung gemacht haben von der geduldigen Barmherzigkeit, sorgenden Liebe, radikalen Bereitschaft; von Gott, der wie ein Vater das Verlorene sucht und mit Freude aufnimmt, der mit den Sündern und Zöllnern ein Mahl feiert. Freude und Feier geben all dem den Grundton; Buße und Bußwerke, Drohungen und Mahnreden sind nur Mittel zum Ziel: der Heimkehr zu Gott, des Ankommens Gottes bei den Menschen.

Wenn man Jesu Auftreten von diesen Gedanken aus beurteilt, dann kann man sagen, daß er aus der Erfahrung der unbegreiflichen Liebe und Güte Gottes handelt. [98] Darin kommt wieder klar zum Ausdruck, daß der Zentralbegriff der Botschaft Jesu und die Motivation seines Handelns die Gottes- und die Nächstenliebe sind, die das Zentrum der neutestamentlichen Botschaft darstellen. In dieser Botschaft kommt der Umkehr eine grundlegende Funktion zu.

"Weil Gottes Reich nahe ist, bedarf es der Entscheidung: sich zu lösen aus Selbstverhaftung und Weltverfallenheit und sich geläufig, gehorsam und liebend dem Willen Gottes zu unterwerfen, wie Jesus ihn verkündet."[99]

2.2.3.6 Wachsamkeit und Dringlichkeit angesichts der endzeitlichen Ausrichtung der Umkehr

Die Antwort, die der Gläubige im Moment seiner Abkehr vom Bösen und Hinkehr zu Gott gibt, hat Vorläufigkeitscharakter. Das heißt,sie kann nicht ein für allemal gegeben werden. Der Mensch muß deshalb jederzeit wachsam sein und sich um das (eigene) Heil mit Furcht und Zittern sorgen (vgl. Phil 2,12).

Daher ist es zu verstehen, daß man in den Evangelien vielen Texten begegnet, in denen es dringend um die Wachsamkeit geht, die helfen soll, "das anvertraute Heilsgut zu erhalten, die 'kurze Zeit' noch durchzustehen, und vor allem die zuversichtliche Hoffnung auf die Vollendung frisch zu halten".[100] Die Mahnungen zur Wachsamkeit und Treue finden sich besonders stark in Matthäus 24,37ff., bei Markus 13,1ff., bei Lukas 21, 34ff. ausgesprochen. Die Gründe für diese Mahnungen liegen zuerst einmal in der Möglichkeit eines unerwarteten Erscheinens des Herrn, des Menschensohnes, d.h. der Parusieerwartung der Gemeinden.[101] Dieser Tag des Herrn soll niemanden überraschen. Ein weiterer Grund für die Wachsamkeit ist die Tatsache, daß es einen "Feind", einen "Dieb" gibt, der das von Gott geschenkte Heil, das man in der Umkehr empfangen hat, zunichte zu machen gewillt ist. Er kann zu jeder Zeit kommen und das "geschmückte Haus" wieder besetzen (vgl. Mt 12,43ff.; Lk 11,24ff.). Mit anderen Worten: es geht hier um die ständige Hinkehr zu Gott, die sich im Beten ohne Unterlaß und in geduldigem Warten widerspiegelt (Lk 18,1), und ebenso in einem Sich-Prüfen- und Korrigieren-lassen und im Sich-brüderlich-Zurechtweisen (vgl.Lk 3,1 ff.;Mt 18,15ff.) Weiterhin zeigt sich die echte Wachsamkeit in unermüdlichem Einsatz für den Nächsten, dem man dienen soll, zu dem man gerecht sein muß usw. (vgl. Lk 22,26f; Mt 18,23ff.). Die Wachsamkeit, die im Beten, Sich-Korrigieren-lassen und in dienender und gerechter Lebensführung geschieht, bewirkt eine Bewährung, durch die

man vor dem Gericht bestehen kann. Sie ist eigentlich die
in der Treue ausgehaltene Spannung zwischen dem Ergriffen-
sein-von-Christus und dem ständigen Versuch, ihn zu ergreifen,
durch alle Prüfungen, die auf einen warten, der sich Gott
zugewandt hat (vgl. Phil 3,12f.). "Dies ist der erste Bereich,
in dem die biblische Umkehrforderung beheimatet ist: die
Gerichtspredigt und die Hinordnung aller Menschen, auch und
besonders der Christen, auf die endgültige Scheidung. Jeder
Gedanke an das Gericht soll das Eingeständnis des eigenen
Ungenügens, ja des sündhaften Zustandes und der einzelnen
Sünden wachrufen, soll zu Reue und Buße, zur 'Abkehr vom
Bösen' (Apg 3,26), von den 'toten Werken' (Hebr 6,1) und zur
Rückkehr zum lebendigen Gott und zu dem empfangenen neuen
Lebensgrund treiben."[102]

2.2.4 Umkehr in der urchristlichen Verkündigung

Mit diesen Gedanken meinen wir, die Umkehrbotschaft Jesu,
wie sie die Evangelien überliefert haben, dargestellt zu
haben. Wir wenden uns nun in der weiteren Darstellung den
anderen neutestamentlichen Schriften zu mit der Aufgabe, die
Weiterentwicklung des Umkehrgedankens in der urchristlichen
Verkündigung zu verfolgen.

2.2.4.1 Umkehr in der Sicht der Apostelgeschichte

Die Apostel verstanden Jesu Auftrag und seine Mission nach
seiner Auferstehung und nach dem Geistempfang in einer neuen
und tieferen Weise; eine Hinkehr zum Heilswillen Gottes hatte
sich an ihnen vollzogen. Sie hatten dadurch Kraft zum eigenen
Zeugnis bekommen und ihre Sendung und ihren Auftrag verstanden.

Die Grundforderung ihrer Verkündigung war ebenfalls Umkehr
zu Gott, doch zeigen sich Unterschiede zwischen ihrer und
Jesu Umkehrpredigt. Diese Unterschiede erklären sich zunächst
daraus, daß die Situation sowohl ihre eigene wie die der Hörer eine veränderte ist.[103]

Was die Begriffe für die Umkehr anbelangt, werden 'metanoia'
und 'epistrofe' nebeneinander gebraucht. 'Metanoia' soll
mehr das emotionale, negative Moment der reuevollen Abkehr
von der gottwidrigen Vergangenheit ausdrücken; 'epistrofe'
dagegen meint mehr das positiv-aktive Moment der Zukehr und
Hinwendung zum Neuen, zur Botschaft der Apostel, in einer
Umstellung und neuen Ausrichtung der ganzen Existenz.[104]

Schon bei dem ersten Auftritt des Apostels Petrus nach
Pfingsten wird die Taufe mit der Umkehr verbunden. "Petrus
sagte aber zu ihnen: 'Bekehrt euch, und ein jeder von euch
lasse sich taufen auf den Namen Jesu Christi zur Vergebung
der Sünden; dann werdet ihr die Gabe des Heiligen Geistes
empfangen'" (Apg 2,38). Hier werden schon detaillierte
Schritte des Umkehrprozesses sichtbar. Er beinhaltet eine
Buße, eine Taufe, Sündenvergebung, den Geistesempfang und
ein Leben in der Kirche. Dies alles geschieht jetzt im Namen
Jesu, des gekreuzigten und auferstandenen Herrn. Wenn es um
die missionarische Umkehrpredigt, die an die Heiden gerichtet
ist, geht, dann betont sie die einmalige Hinwendung zu dem
Neuen, weil das Alte in ihrem Fall ihre Götzen sind (vgl.Apg
14,15; 15,19; 26,18 usw.). Bei den Juden geht es um die neue
Hinwendung zu dem wahren und lebendigen Gott, den sie so als
den Urheber der Auferweckung des Christus noch nicht erfahren
haben, also um eine Umkehr zu dem schon bekannten, aber neu
handelnden Gott ihrer Väter. So schließt z.B. die Rede
über die Umkehr vor dem Hohen Rat die Annahme und den Glauben
an die Auferstehung Jesu mit ein, zudem die Vergebung der
Sünden, und deckt so die ganze Verkehrtheit der Einstellung
zu Jesus auf, den die Sadduzäer und Hohenpriester gekreuzigt
haben (vgl. Apg 4,1ff.). Die jüdischen Behörden hatten Jesus
von Nazaret kreuzigen lassen, von dem sich in der Auferstehung zeigte, daß er der Messias ist, und die Heiden kennen
nicht den wahren Gott (vgl. Apg 7,51).

Alle sollen umkehren: sowohl das Volk Gottes als auch die
Völker der Welt. "Diese für uns kaum vorstellbare Gleich-
setzung ist in der Tatsache begründet, daß das endgültige
Offenbarwerden des Heilshandelns Gottes geschehen ist, Wirklichkeit geworden ist."[105]

Bei allen Verkündern in der nachösterlichen Zeit wird
betont, daß das Umkehren nicht nur einmal seinem Leben
Richtung geben heißt, "sondern sich praktisch immer wieder
neu ausrichten auf das Ziel durch radikale Beseitigung des
Bösen".[106] Es geht um einen langen Prozeß des Hineinschreitens
und Hineinwachsens ins geheimnisvolle Leben, das in der Taufe
geschenkt wird, und das durch die 'metanoia' zur christlichen Aufgabe wird.

Etwas ganz Spezifisches für die nachösterliche Umkehrpredigt
kann man feststellen, wenn man diese mit dem Metanoiage-
danken der anderen Umkehrbewegungen derselben Zeit vergleicht.
Bei der Qumran-Gemeinde war eine radikale Absonderung von
den anderen Menschen gefordert; es wurde radikaler Tora-
Gehorsam, Liebe zu den Mitgenossen und Haß gegen andere Menschen gepredigt. Bei Jesus und in der Urkirche ist eine
völlig andere Einstellung zu sehen, die durch eine universale Ausrichtung der Botschaft auf alle Völker gekennzeichnet
ist. "Alle Menschen sind zur Umkehr gerufen, weil allen die
Liebe und Gnade Gottes des Vaters, ihrem Bekenntnis oder
Bewußtsein zuvorkommend, zugedacht ist. Nicht das Formale,
sondern das Personale der Hinwendung zu Gott entscheidet;
und diese hat sich gerade daran erwiesen, ob und wie man
sich allen Menschen, zumal den Feinden gegenüber, als solcher
erweist, der von Gott bzw. Jesus lernen will."[107]

2.2.4.2 Umkehr des Paulus

Bevor wir uns mit der Frage nach dem Umkehrgedanken im
paulinischen Werk beschäftigen, wenden wir uns der Bekehrungsgeschichte und Umkehr zu, die er selbst erlebt und gelebt hat.

Zum ersten Mal wird Saulus in der Apostelgeschichte im Zusammenhang mit der Stephanusgeschichte 7,58 erwähnt. Als junger
Mann hat er alles von Stephanus mitbekommen und das Urteil
über ihn gutgeheißen (vgl. Apg 8,1). Über seine Einstellung zu Jesus und seinen Jüngern zu dieser Zeit läßt ihn
Lukas vor dem König Agrippa bekennen: "Einst glaubte auch
ich, gegen den Namen Jesu von Nazaret viel Feindseliges

verüben zu müssen" (Apg 26,9). Das Geschehen vor Damaskus
stellt Lukas dar als einen Bruch im Leben und Engagement des
Paulus, der für die Geschichte der Kirche von großer Bedeutung geworden ist. Über dieses Ereignis gibt es drei Darstel-
lungen in der Apostelgeschichte, und zwar 9,1-19, wo Lukas
selbst das Ereignis schildert, und die beiden anderen Berichte
22,1ff. und 26,4ff. als Teile der Paulusreden. In den wesentlichen Zügen wird alles von Paulus in seinen Briefen bestätigt.
Er versteht sich selbst als Bekehrter, indem er sein Leben
in zwei Teile aufteilt. Der erste Teil ist durch großen Eifer
für die Überlieferungen der Väter gekennzeichnet (vgl.Gal 1,
14) und in dem gleichen Brief bekennt er, daß er die "Kirche
Gottes über die Maßen verfolgte und sie zu vertilgen suchte"
(Gal 1,13). In 1Kor 9,1 erklärt er, er habe den Herrn gesehen.

Ohne jetzt auf die verschiedenen Fragen, was die verschiedenen
Berichte in der Apostelgeschichte und kurze Andeutungen in
den Briefen anbelangt, einzugehen, stellen wir fest, daß
Lukas in seinen Berichten und Paulus in seinen Briefen in
wesentlichen Zügen übereinstimmen.

Wenn wir uns hier die Frage stellen, worin die Bekehrung des
Paulus, worin das "Alte" und worin das "Neue" seines Lebens
bestanden, dann sagen wir: Abkehr von der Gesetzesgerechtigkeit und Hinkehr zu Christus. Diese Wendung kam unerwartet.
Philipp Seidensticker sagt: "Schlagartig wurde ihm klar, daß
die 'Gesetzesgerechtigkeit', die er bisher in der Beobachtung
des mosaischen Gesetzes und Väterüberlieferung gesucht hatte,
nutzlos geworden war, und daß statt dessen die Erlösungstat
Gottes im Kreuze Christi die Grundlage jeglichen Heils sein
mußte (vgl. Phil 3,7-9)".[108] Der Standpunkt, von dem er bei
der Verfolgung ausging, war die Überzeugung, daß die Behauptung der Jünger Jesu, er sei der Gesandte Gottes zum Heil
der Welt, eine Beleidigung des Gottes Israels und die Zerstörung der Gesetzesreligion darstellt. Er konnte nicht annehmen, "daß Jesus von Nazaret jene erfüllende und zugleich
revolutionierende Mitteilung Gottes - so wie er ihn nach der
Überlieferung seines jüdischen Volkes verstand und verstehen
mußte - an die Juden, aber auch an die Heiden, also an alle

Menschen sei, welche zu hören und anzunehmen den eigentlichen
und einzigen Sinn des menschlichen Daseins ausmache".[109]

Bei einem solchen jungen Mann, der ein gesetzestreuer Eiferer
war, der aus diesem Eifer gegen die Christen auftrat und auftreten mußte, kam die Wendung. Diese Wendung kam in einem
blitzartigen Geschehen vor Damaskus.[110]

"Nun kam der Umbruch, den er als einen Einbruch von außen
her empfand. Er hat sich nicht in langsamem Ringen zu einem
anderen Standpunkt hindurchgearbeitet. Sondern mitten in der
Bestätigung des 'alten' Standpunkts fühlt er sich plötzlich
zum Innehalten gezwungen. Er weiß in jähem Umschlag der Überzeugung auf einmal, daß die Christen recht haben."[111] Paulus
selbst versteht dieses Ereignis als göttlichen Plan: "Doch
als es dem, der mich von meiner Mutter Schoß ausersehen und
durch seine Gnade berufen hat, gefiel, seinen Sohn in mir zu
offenbaren.." (Gal 1,15). Berufen ist er also "von Mutterschoß"
an und ebenso auserwählt. Das Ereignis vor Damaskus ist die
radikale Wende, sein Bekehrungserlebnis, das seinem Leben die
neue Ausrichtung gab, da er eine neue Beziehung zum Gott der
Väter und zu dessen Heilswillen erhalten hatte. Dies war aber
nur der neue Anfang, der sich in einem radikal neuen Lebenswandel bewähren sollte. Im Philipper-Brief sagt er das Wesentliche aus über seine Bekehrungsgeschichte und seine lebenslange Mühe um das Hineinschreiten in das Geheimnis Jesu Christi,
geführt von seinem Geist: Ich bin ergriffen worden, aber ich
muß mich bemühen und trachte danach, selbst zu ergreifen, wie
ich ergriffen bin. Dazu gehört für ihn auch ein Vergessen
dessen, was hinter ihm liegt, um sich dem neuen Ziel in Jesus
Christus zu öffnen (vgl. Phil 3,12ff.).

Wenn Paulus auf sein Leben zurückschaut, dann war die Zeit bis
zu der entscheidenden Wende einfach die Zeit "ohne Christus".[112]
Von hierher kann man verstehen, was wir noch besprechen wollen,
daß bei ihm das Wort Umkehr selten vorkommt, weil es inhaltlich
völlig mit "in Christus sein", "Christus anziehen" gedeckt ist.
Für seine radikale Wende und sein späteres Tun und Bemühen um
das "Reich Gottes" gibt es keine andere Erklärung, "als daß
der christliche Paulus alles, Vergangenheit und Gegenwart, die

ganze Heils- und Weltgeschichte, seine eigene Stellung zu
Gott und Welt im Lichte der Tatsache Jesu und seines Opfer-
todes sieht".[113]

Man kann festhalten, daß Umkehr und Bekehrung bei Paulus die
Wendung zu Christus bedeuten, den ihm derselbe Gott, dem er
immer schon gedient hatte, nach seinem Willen geoffenbart
hat. Er war berufen wie Mose, wie Jeremia, durch den eifrigen
Dienst erfüllte er die Aufgabe, die ihm aus den dazu verliehenen Gaben zustand, immer aber in der Kraft dessen, der ihn
dazu erwählt hat (vgl. Apg 22,14ff.).

2.2.4.3 Umkehr in den paulinischen Schriften

Nachdem der heilige Paulus durch den Eingriff "von oben"
seine Hinwendung zu Christus vollzogen hatte, verkündete er
unaufhaltsam Jesus den Gekreuzigten. Als selbst Bekehrter
und im Umkehrgeschehen stehender Verkünder des Wortes fehlt
bei ihm der Gedanke der Umkehr auch nicht. Obwohl er nicht
so oft die Begriffe wie 'metanoia' oder 'epistrofe' gebraucht,
ist doch sein ganzes Werk von diesen Gedanken geprägt (vgl.
Röm 2,4; 2Kor 7,9; 12,21; 2Tim 2,25), und bleibt auf derselben Linie, die er "vorgefunden" hat. "Was wir bisher unter
'metanoia' zu Gesicht bekamen, wird nunmehr im Ausdruck wie
in der Sache der 'pistis' vorgestellt."[114] Die Person Jesu,
das in ihr erschienene Heil, soll man gläubig annehmen. "In
allem erweist sich die 'pistis' als der Akt, kraft dessen
sich der Mensch in der Antwort auf Gottes eschatologische
Tat in Christus aus der Welt herausstellt und die radikale
Hinwendung zu Gott vollzieht."[115]

In dieser Hinwendung zu Christus geschieht die Abkehr von
allem Gottwidrigen (vgl. 2Kor 12) und "das Sich-Bemühen um
die rechte Haltung gegenüber Gott (vgl. Röm 2,4f.)".[116] In
dem paulinischen Glaubensbegriff geht es um eine Haltung, die
als Grundhaltung des Lebens bezeichnet werden kann, die jedes
einzelne Verhalten bestimmt. In dieser Haltung geschieht die
Ablehnung der menschlichen Selbstsicherheit. In ihr geschieht
weiterhin das Sterben des Alten, indem es mit Christus ge-

kreuzigt wird. In dieser Kreuzigung geschieht die Verwandlung,
die Neuwerdung zum Menschen der Auferstehung. Paulus entwickelt
eine ganze Theologie der neuen Schöpfung in Christus. "Und
dem Gedanken der Bekehrung als eines totalen Umbruchs in
Wesen und Haltung des Menschen durch Gottes Gnade gibt er
Ausdruck in den charakteristischen Termini seiner Theologie
des 'Mit-Christus-gekreuzigt und Auferweckt-werdens'".[117]

In dieser Spannung des Sterbens des Alten und des Werdens des
Neuen kommt das "Noch nicht" und "Schon jetzt" des Heiles in
Christus zum Ausdruck. Deswegen ist diese Zeit die Zwischen-
zeit, die "Umkehr-Zeit", in der durch die gläubige Annahme
Jesu alle ohne Unterschied Heil erfahren können (vgl. Gal 3,
27f.).

Weitere Ausdrücke, in denen der Umkehrgedanke zum Vorschein
kommt, gebraucht Paulus bei der Taufe, so z.B. "Christus
anziehen", "in Christus sein" (vgl. Gal 3,27; 2Kor 2,17).
"Getauft werden und Christus anziehen sind offensichtlich das
gleiche. Durch die Taufe wird eine Wirklichkeit (neu)gestaltet,
die alles Zuvorseiende ablegen läßt, umwandelt, und also für
das Eigentliche für belanglos erklärt."[118] Und wer "en Christō"
ist, ist ein neues Geschöpf. "Das Alte ist vergangen; siehe
Neues ist geworden." (2Kor 5,17). Diesen Gedanken "Ablegen
des Alten" wiederholt Paulus in Kol 3,10 und Eph 4,22; er enthält die Dimension der Abkehr und Abwendung, die Dimension
der Hinkehr ist in der Forderung formuliert: "Erneuert euch
vielmehr durch den Geist eures Denkens, und zieht den neuen
Menschen an, der nach Gott geschaffen ist in Gerechtigkeit
und Heiligkeit der Wahrheit" (Eph 4,23f.).

Hier kann man festhalten, daß Paulus mit den Gedanken von
'alter und neuer Schöpfung', von 'Ausziehen des Alten und
Anziehen des Neuen', durch das 'In-Christus-sein' und 'Christus
anziehen' dasselbe aussagt, was in den Begriffen von 'metanoia'
und 'epistrofé' gedacht und gefordert ist. Mit dem Begriff
des Glaubens sagt er wieder dasselbe aus. Die Wende-Möglich-
keit ist mit Christus gegeben und ist in der Taufe vollzogen.

Entscheidend ist in fast all seinen Briefen, daß dem indika-
tivischen Teil, wo Gottes Wirken am Menschen durch Jesus

Christus gezeigt wird und so das Eingetauchtsein in die
Gnade, ein zweiter imperativischer Teil folgt "Nicht anders,
als der Herr es ihm zugeteilt, und so, wie Gott ihn berufen
hat, soll jeder wandeln" (1Kor 7,17). Darin liegt der eigentliche, ständige Umkehr-Impuls des Paulus an seine Gemeinden.

2.2.4.4 Umkehr in den johanneischen Schriften

Im Johannes-Evangelium und in den Johannes-Briefen findet
sich kaum das Wort 'metanoia', aber es fehlt nicht der Gedanke der Umkehr, der mit anderen Begriffen wiedergegeben ist.
Um aber seinen Umkehrgedanken herausstellen zu können, ist
es notwendig, kurz die Situation, in der sich der Mensch befindet, und die Grundbedürfnisse nach dem johanneischen Bild
vom Menschen zu skizzieren.

Ein sehr geläufiger Begriff ist "diese Welt"("Kosmos ὀutos"),
der hier anthropologisch verstanden ist (vgl. Joh 3,16). Deswegen könnte man auch 'Menschheit' und 'Geschichte' statt 'Welt'
übersetzen. Diese johanneische 'Welt' hat alle Merkmale eines
Menschen. Sie 'sieht', 'empfängt', 'erkennt', tut 'böse Werke',
'haßt', 'verfolgt' usw. (vgl. Joh 14,17ff., 31; 17,23ff.).

Diese Welt der menschlichen Geschichte ist das Feld, auf dem
sich der entscheidende Kampf zwischen Licht und Finsternis,
zwischen Gut und Böse, zwischen Liebe und Haß, zwischen Glaube
und Unglaube, zwischen Oben und Unten abspielt (vgl. Joh 8,12;
12,35; 1Joh 2,6.9).

Jesus kommt in diese Welt als Licht, als Weg und als Wahrheit
und will den Menschen retten (vgl. Joh 14,6). Die Welt hat
aber Jesus nicht erkannt, war ihm sogar feindlich gesinnt,
und ist ihm mit Haß und Abneigung begegnet (vgl. Joh 7,7).

"Allen aber, die ihn aufnahmen..." (Joh 1,12) gibt er die
Möglichkeit zur Offenheit für das "Wort Gottes".

Jeder Mensch steht vor dieser Entscheidung über Leben oder
Tod, Liebe oder Haß. In dieser Entscheidung ereignet sich die
johanneische Umkehr. Es geht zuallererst um Glauben. Deswegen

lautet die Antwort des Johannes auf die Frage:'Was sollen
wir tun' nicht wie bei den Synoptikern 'Kehret um', sondern
'Glaubt an den, den der Vater in die Welt gesandt hat'! Bei
Johannes ist der Glaube die radikale Umkehr in der Entscheidung für das Gute, für das Licht und die Wahrheit. Im und
durch den Glauben geschieht die Abkehr von der Welt und die
Hinwendung zum Unsichtbaren und Unverfügbaren.[119]

Ein solcher Glaube kann aber nur als Geschenk 'von oben'
empfangen werden und niemand, der nicht von Neuem geboren
wird, kann einen solchen Glauben haben, sondern bleibt in
seinem Handeln ein Mensch 'von unten' (vgl. Joh 3,3).[120]

Der Prozeß des Glaubens, den Jesus schenkt, dauert auch nach
Johannes das ganze Leben. In den Befehlen und Mahnungen der
Johannes-Briefe, z.B. 'bleibt in mir', 'glaubet an mich',
'liebt einander', 'sündige nicht mehr'usw., wird das Prozeß-
hafte hervorgehoben. Jedenfalls kann man sagen, daß bei
Johannes Umkehr heißt, mit dem Glauben und durch den Glauben
als Grundforderung und Grundbedingung ins Reich Gottes einzugehen. Tod, Sünde, Lüge und Welt völlig abzusagen und sich
dem Angebot Gottes in Christus zu öffnen, bringt Heil und
Rettung.

2.2.4.5 Zweite Umkehr

Mit der zweiten Umkehr beschäftigt sich die Johannes-Offen-
barung. Es heißt dort: "Aber ich habe gegen dich, daß du
deine erste Liebe verlassen hast. Bedenke also, von wo aus
du gefallen bist, bekehre dich und tue die früheren Werke"
(2,4f.). Hier geht es um die Umkehr der schon einmal Bekehrten. Die erste Umkehr bedeutete für sie die Abkehr von dem
Götzendienst und Hinwendung zu Christus, dem sie dann eine
Zeit lang mit ganzer Hingabe gedient hatten. Hier geht es
also nicht mehr um einen Umkehr-Ruf an die Juden oder an die
Heiden, sondern an die Christen einer Gemeinde. "Diese 'zweite' Umkehr ist die Rückkehr von Christen zu Christus - das
ist ein neuer Sinn des Wortes im Vergleich zum Gebrauch von
'metanoia' (Umkehr) in der Verkündigung Jesu."[121] Hier werden

die Gemeinden der Christen zur neuen Hingabe an den schon
bekannten Christus aufgerufen. Er bietet die Möglichkeit
der Umkehr an, d.h. die Rückkehr von Abfall, Lauwerden und
Absterben.

Das Problem der zweiten Umkehr ist auch im Hebräer-Brief
angesprochen. Hier wird sie aber für unmöglich gehalten.
Es heißt: "Es ist nämlich unmöglich, solche, die einmal
erleuchtet worden sind und die himmliche Gabe verkostet haben,
des Heiligen Geistes teilhaftig sind und das herrliche Wort
Gottes sowie die Kräfte der zukünftigen Welt verkostet haben,
und dann dennoch abgefallen sind, wiederum zu neuer Umkehr zu
bringen, da sie den Sohn Gottes für ihre Person abermals
kreuzigen und zum öffentlichen Gespött machen" (6,4ff.). Es
stellt sich die Frage, wie diese Stelle zu verstehen ist. Ist
hier nicht die Radikalität der göttlichen Liebe, das Verlorene zu suchen und das Wiedergefundene aufzunehmen, in Frage
gestellt?

Der Text ist an die Christen gerichtet, die in der Taufe die
Umkehr erfahren haben und so des Heiles und der Erlösung
teilhaftig geworden sind, und ebenso wie in dem Text der
Offenbarung des Johannes (2,4) mit der Zeit abgefallen sind.
Hier heißt es, es sei "unmöglich" ("adynaton" 6,4), die neue
Umkehr zu suchen; in der Offenbarung dagegen lädt Jesus
selbst die Gemeinde zu einer zweiten Umkehr ein.

W. Trilling löst das Problem der Möglichkeit oder Unmöglichkeit der zweiten Umkehr, indem er eine theoretische und
praktische Möglichkeit unterscheidet. Theoretisch ist es möglich, umzukehren, aber daran sei nicht in Hebr 6,4-6 gedacht,
sondern die Unmöglichkeit beträfe die praktische Umkehr.[122]
Auf der gleichen Ebene löst dieses Problem auch O. Kuss, der
das pädagogische Moment hervorhebt. Er betont, daß man sich
bei der Beurteilung der Bußlehre im Hebräer-Brief "die seel-
sorgliche Absicht des ganzen Dokumentes vergegenwärtigen" und
vor Augen halten sollte, daß es also um keinen Bußstreit "in
der angesprochenen Gemeinde oder überhaupt in der damaligen
Kirche (geht); auf exakt geschliffene Formulierungen kommt es
also nicht in erster Linie an".[123] Es ging einfach darum, "das un-
geheure Gewicht der Entscheidung für Christus und den christ-

lichen Glauben einzuschärfen".[124] Es bedarf hier keiner
weiteren Diskussion des exegetischen Befundes, aber eines
kann man festhalten: die einmal erfahrene Wende in Christus
und durch Christus ist nur in der ständigen Hinkehr möglich,
und nur so ist der Zwischenstand zwischen Ostern und der
eschatologischen Vollendung zu ertragen. Diese Zwischenzeit
stellt jedenfalls die Umkehr- aber auch Abkehrmöglichkeit
dar. Im Hinblick auf das NT muß diese Frage wohl offenblei-
ben. Weiter führt in der Frage nur der Blick auf die weitere
geschichtliche Entwicklung, wo die kirchliche Praxis zu
einer positiven Beantwortung der Frage führte.

2.2.5 Zusammenfassung

Alles, was wir zusammenfassend in 2.1.7 über die alttestamentliche Umkehr gesagt haben, gilt auch für das neutestamentliche Umkehrverständnis. Darüber hinaus muß man sagen,
daß Umkehr im NT doch etwas Spezifisches besagt, was wir hier
herausstellen wollen:

1. im NT ist das Wirken Gottes in Jesu Kommen persönlich
   und personifiziert unter den Menschen anwesend. Deswegen
   geht die Umkehr als Wende des eigenen Lebens jetzt nicht
   mehr (allgemein) auf die Verheißungen Jahwes, des Gottes
   Israels, zurück, sondern spezifisch auf die Art und Weise
   wie der Glaube an den Jahwe Israels lebendig und personifiziert gegenwärtig gesetzt worden ist in Jesus. Er ist
   das Urbild der rechten Hinkehr und so das Maß der rechten
   Umkehr;

2. durch Jesu Kommen ist das Reich Gottes den Menschen erschienen. Der Ruf, ins Reich Gottes einzugehen, ergeht an
   alle Menschen und bedeutet: durch Jesus allein bekommt
   man Zutritt zur Gottesherrschaft. Umkehr ist Umkehr zu
   Gott durch Jesus Christus geworden.- Sein Ruf ist radikal
   und verlangt eine radikale Antwort. Die gegebene Antwort
   läßt Heil erfahren. Sie wirkt befreiend, indem man von
   den verschiedenen Zwängen und von der Macht der Sünde befreit, sich für das Neue entscheiden kann;

3. diese durch gläubige Annahme Jesu erfahrene Umkehr zeigt
   sich in der Erneuerung des Menschen, indem er ein neues
   Verhältnis zu Gott und neue Beziehungen zu den Menschen
   aufnehmen kann. Deswegen ist die Umkehr der innere Prozeß
   der Erneuerung der Beziehungen zu Gott, der sich
   heilend und erlösend für die Welt auswirkt;

4. obwohl die Umkehr begrifflich mit der Zeit in den neute-
   stamentlichen Schriften eine Reduzierung erfahren hatte,
   bekam sie an inhaltlichem eine Bereicherung. Der gleiche
   Inhalt wird mit dem zum-Glauben-Kommen gedeckt mit dem
   Weg zum "in-Christus-Sein." oder "Christus anziehen",
   "Sich-für-das Licht-entscheiden" usw.;

5. die Taufe ist das Umkehrsakrament, in dem der Mensch alles
   bekommt, was an ihm geschehen ist und geschehen wird. Das
   Sterben des Alten und Auferstehen des Neuen in Christus
   wird dem Menschen mitgegeben. Alles weitere Bemühen ist
   von diesem Grundvollzug bestimmt und führt zu seiner Realisierung. Es ist der Heils-Indikativ als Grund der Möglichkeit für den Heils-Imperativ der christlichen Existenz (Paulus);

6. durch dieses Umkehrsakrament ist die Gemeinde entstanden
   und sie trägt es weiter. Deswegen ist auch ihre erste
   bleibende Heils-Dimension die der Umkehr und Erneuerung;

7. die Frage der zweiten Umkehr aus Offenbarung und Hebräer-
   Brief ist insofern spezifisch als sie den Ruf an die Getauften bedeutet. In der Geschichte und Gegenwart der
   Kirche Jesu Christi, in der Situation der Kindertaufpraxis,
   verlagert sich das neutestamentliche Metanoia-Verständnis
   - von der Mission abgesehen - fast ganz auf die "zweite"
   bzw. wiederholte Umkehr. Sie wird in allen Heilsvermitt-
   lungen - so in allen Sakramenten - thematisch; denn immer
   aufs neue bedarf der Christ dieser Buße und Hinkehr.

2.2.6 "Kairos" als die Heilszeit der Umkehr. - Exkurs -.

   "Aiōn" und "Kairos"

Nach der Darstellung des alttestamentlichen und des neutestamentlichen Befundes über 'metanoia', wenden wir uns in diesem
Exkurs den Bedeutungen von 'aiōn' und 'kairos' zu. Der Grund
dafür ist, daß 'metanoia' als Grundstruktur der christlichen
Existenz im Werden des neuen Äon ihren "Sitz im Leben" hat,
und daß 'kairos' als die entscheidende Zeit dadurch qualifi-
ziert ist, daß in ihr das Damals und Einst der menschlichen
Existenz von dem Jetzt und Hier als der Entscheidung für das
Angebot Gottes in Jesus Christus abgelöst ist. So kann man
sagen, daß jedes Mal derjenige, der den Ruf zur Umkehr hört
und ihm folgt, seinen 'kairos', seine Gnadenzeit, lebt und
sein 'kairos' wächst lebend in den neuen Äon hinein und erhält so Anteil an den kommenden Gütern der in Jesus Christus
eröffneten absoluten Zukunft.

In diesem Exkurs wollen wir uns so mit 'kairos' beschäftigen,
daß wir eine kurze Begriffsklärung durchführen und die Problematik von 'Aiōn' und 'Kairos' darstellen.

2.2.6.1 "Aiōn"

Sowohl im AT als auch im NT finden sich verschiedene Ausdrücke
für 'die Zeit' bzw. für die 'Zeiterfahrung'. So begegnet
man in der LXX über 450mal dem Ausdruck 'aiōn' für die Zeit,
die mit Lebenszeit, Weltzeit, lange Zeit und Ewigkeit übersetzt werden kann. Das hebräische Wort ist 'ōlām'.[125] Dieser
Ausdruck wird zur Bezeichnung der unbegrenzten Zukunft gebraucht. Deswegen wird er auch mit 'Ewigkeit' übersetzt. Es
muß immer aus dem jeweiligen Kontext erschlossen werden, wann
er in dieser Bedeutung gebraucht ist. Mit demselben Ausdruck
wird auch die Gottesewigkeit bezeichnet.

So wird z.B. im Lukas-Evangelium 'aiōn' gebraucht: "... wie er
verkündet hat durch den Mund seiner heiligen Propheten, von
Urzeit her" (Lk 1,70). Wenn aber die Zukunftslinie der
Zeit gemeint wird, bedient man sich desselben Ausdrucks.

Z.B. wird im Brief an die Hebräer gesagt, daß denjenigen,
"die erleuchtet sind", viele Gaben zuteil geworden sind, und
daß sie dadurch schon "die Kräfte der zukünftigen Welt (aiōn)
verkostet haben" (6,5).

Dasselbe Wort wird gebraucht in der Bedeutung von "Weltzeit"
und "Weltlauf". So in Mt 13,39, wo man mit "Weltzeit" das
Ende der Zeiten bezeichnet. Wenn es aber den "Weltlauf" be=
zeichnet, dann nähert sich die Bedeutung von 'aiōn' der von
'Kosmos'.[126]

Weiterhin wird von einem gegenwärtigen und zukünftigen 'aiōn'
geredet. Dahinter steht der Gedanke, "daß der 'aiōn' nicht
etwas Einmaliges ist, sondern daß es eine Reihe von 'aiōnes'
gibt, in denen alles sich wiederholend ewig fließt".[127] Dabei
verhält sich der gegenwärtige 'aiōn' zu dem zukünftigen wie
Zeit zu Ewigkeit. Sie sind dann qualitativ verschieden. So
wird der gegenwärtige 'aiōn' als die böse Weltzeit verstanden.
Aber im gegenwärtigen Äon sind die Gläubigen schon vom Bösen
erlöst. So schreibt Paulus: "Gnade euch und Friede von Gott,
unserem Vater, und dem Herrn Jesus Christus, der sich selbst
um unserer Sünden willen hingegeben hat, um uns aus der
gegenwärtigen Weltzeit herauszureißen" (Gal 1,3.4). Neben der
Wendung "der ewige Gott" (vgl. Röm 16,26) oder "der ewige
König" (vgl. 1Tim 1,17), in der die Zeitlosigkeit Gottes angesprochen wird, findet sich der Ausdruck "das ewige Leben", das
den Gläubigen zuteil geworden ist. Damit ist zuerst eine bestimmte Qualität angedeutet. "Es ist ein anderes Leben als
die Existenz, die vom Haß, Mangel an Liebe, Sünde und Schmerz
und Tod gekennzeichnet ist. Ewiges Leben fängt darum nicht
erst in der Zukunft an, es ist jetzt bereits Besitz derer,
die in die Christusgemeinschaft eingetreten sind (so Joh 5,
15)."[128] Zweitens wird mit der gleichen Wendung auch eine
Quantität des Lebens zum Ausdruck gebracht. "Ewiges Leben"
bedeutet ein Leben, das kein Ende hat.

Ohne auf andere Stellen und ihre Bedeutungen einzugehen,
können wir hier festhalten, daß mit 'aiōn' eine heilsgeschichtliche Dimension der Zeiterfahrung zum Ausdruck gebracht wird.

Jesu Kommen bringt eine Zäsur in der Heilsgeschichte. Der alte
'aiōn' hat aufgehört und der neue läuft qualitativ anders.
Die Weltgeschichte, der Weltlauf hat ein neues Vorzeichen
bekommen, und zwar das des neuen Adams, Jesus Christus, der
auferstanden ist. Obwohl es heißt, da man von dem bösen
'aiōn' erlöst ist (vgl. Gal 1,3f.), bleibt man doch nur in dem
"Vor-kosten" der himmlischen Gaben und "unterwegs" zu dem
absoluten 'aiōn'. Anders gesagt, besagt der neue 'aiōn' eine
Zäsur in der christlichen Existenz, die sich in der Spannung
zwischen 'Damals' und 'Einst' und 'Hier' und 'Jetzt' ausdrük-
ken läßt.

2.2.6.2 "Kairos"

Die Zeiterfahrung wird oft mit dem Ausdruck 'Kairos' bezeichnet. 'Kairos' ist mit Zeit, Zeitpunkt, Augenblick zu übersetzen. Dabei geht es aber nicht nur um irgendwelche Zeit,
einen beliebigen Zeitpunkt oder Augenblick, sondern um eine
entscheidende Situation für das menschliche Leben. Der 'kairos'
bedeutet eine gefüllte Zeit, Zeitspanne oder einen gefüllten
Zeitpunkt. Dazu kommt ein weiteres Bedeutungsspektrum wie
das rechte Maß, das richtige Verhältnis, das Passende, Zweck-
mäßige. Ebenso kann er eine lokalisierende Bedeutung haben,
dann meint er einen rechten Ort oder eine geeignete Stellung.
Vor allem wird mit 'kairos' eine kritische Situation, die
positiv eine Chance und negativ eine Gefahr mit sich bringt,
bezeichnet.[129]

Alle diese Bedeutungsmöglichkeiten finden sich sowohl im
biblischen als auch im außerbiblischen Gebrauch. Im neutestamentlichen Gebrauch bekommt 'kairos' dadurch eine entscheidende neue Dimension, daß er mit Jesus aufs Engste verbunden
ist und mit seinem Angebot, das einen in die Entscheidung
stellt, auf das man Antwort geben muß. Die Begegnung mit
Jesus und seinem Wort des göttlichen Angebotes wird als
hochwillkommene Zeit begriffen, weil sie als Tag der Entscheidung der Tag des Heils für den Menschen ist (vgl. 2Kor 6,2).

2.2.6.3 "Kairos" als die von Gott geschenkte Zeit

Daß Gott über die Zeit und die Zeiten verfügt, ist starker
Glaube in Israel (vgl. Jes 8,23; Jer 14,8; Klgl 1,21; Ez 7,
16 usw.) Jahwe wird als der Raum- und Zeit-transzendente
begriffen. Aus diesem Glauben wuchs die Hoffnung, daß Gott
die Zeiten in einer Zukunft zu ihrer Fülle führen wird. In
dieser erhofften Zukunft wird das zerstreute Volk zusammen-
und heimgeführt und Jerusalem in Ewigkeit nicht mehr nieder-
gerissen und zerstört werden (vgl. Jer 31,23ff.)

Das NT baut auf diesem Gedanken auf. Es verkündet als das
ungeheuerliche Neue, daß die Fülle der Zeiten mit Jesus
schon angebrochen ist. Markus läßt Jesus verkünden: "Die
Zeit ist erfüllt, und das Reich Gottes ist nahegekommen" (1,
15a). Es ist die Zeit, die Gott durch die Propheten verheißen
ließ. Zugleich ist sie die letzte Phase der Heilsgeschichte.[130]
Daß der 'kairos' erfüllt ist, heißt nicht nur, daß "das Voll-
maß der Zeit erreicht ist (vgl. "to plērōma tou hronou"
Gal 4,4), sondern der von Gott bestimmte, prophetisch be-
zeugte Heilstermin als Heilssituation der Menschen eingetreten" ist.[131]

Epheser 1,10 ist die charakteristische Stelle, in der man
den gnadenhaften Charakter des 'kairos' sehen kann. Es hat
Gott gefallen, die Fülle der Zeiten zu verwirklichen, nämlich, "das All in Christus wieder unter ein Haupt zu fassen,
das Himmlische und das Irdische". In Jesus Christus reali-
sierte sich also "jener ewige Vor-satz Gottes", der zuvor
verborgen war; er war ein Geheimnis des Willens Gottes. Die
Mitteilung dieses Geheimnisses und die gegebene Möglichkeit,
es zu erkennen, sind die Taten der Gnade Gottes, die für die
Menschen eine Entscheidungssituation herbeigeführt haben.[132]

Zu demselben gnadenhaften Charakter des 'kairos' gehört, daß
Gott bereit ist, gerade in dieser Zeit dem Menschen zu helfen
und den, der sich an ihn wendet, zu erhören. "Zu willkomme-
ner Zeit erhörte ich dich, und am Tage des Heiles half ich
dir: Siehe, jetzt ist die hochwillkommene Zeit, siehe, jetzt
ist der Tag des Heiles" (2Kor 6,2).

Gott schenkt also nicht nur den 'kairos', sondern er gibt
außerdem dem Menschen Hilfe, diesen 'kairos' zur eigenen
Heilszeit zu bestehen.

Durch die Offenbarung dieses in Jesus gnadenhaft geschenkten
'kairos' als die Erfüllung der Zeiten, ergibt sich für die
Geschichte folgendes Schema: die damalige Zeit vor Christus
und die durch das Christusereignis verwandelte Zeit (vgl.
Röm 7,5; Gal 4,3ff.; Eph 5,8). Diese Zeit ist gekennzeichnet
durch das "schon jetzt", d.h. der Gegenwart des Heils, und
dem "noch nicht" als der noch ausstehenden endgültigen Durch-
setzung des Heils (vgl. 1Petr 1,5f.; Röm 8,18 usw.).[133]

2.2.6.4 "Kairos" als die für den Menschen entscheidende Zeit

Diese von Gott gegebene Gnadenzeit stellt den Menschen in
die Entscheidung, die er verantwortlich fällen muß. Die positive Antwort bringt ihm das Heil, die negative Antwort und
das Nicht-antworten-wollen das Gericht. Es heißt bei Markus
1,15 nachdem die Fülle der Zeiten, der 'kairos' verkündet
war, "kehret um und glaubt an die Heilsbotschaft". Umkehrbereitschaft bedeutet das Wahrnehmen des 'kairos'. Er ist nicht
mehr verborgen; er hat sich gezeigt und fordert nun zur Antwort auf. Die gnadenhafte Zeit ist erkennbar in den Zeichen,
die Jesus setzt. Die Zuhörer sollten an diesen Zeichen den
entscheidenden Charakter dieses Zeitpunkts ablesen. "Ihr
Heuchler: Das Aussehen von Erde und Himmel wißt ihr zu deuten,
diese Zeit aber, warum deutet ihr sie nicht?" (Lk 12,56).
Wenn man sich fragt, an welchen Zeichen der 'kairos' besonders
zu erkennen ist, dann ist auf die Macht über die Dämonen hinzu-
weisen (vgl. Mk 8,29), auf die Heilung der Kranken, Blinden
und Tauben und letztlich auf die Auferweckung von den Toten
(vgl. Lk 7,18ff.; Mt 16,1ff.). Wer diese Zeit nicht als
Heilszeit erkennt, versäumt seinen eigenen 'kairos' (vgl.Lk
19,44). Deswegen auch die Mahnung von Paulus: "Dies tut, weil
ihr wißt, in welcher Zeit wir leben. Denn die Stunde ist jetzt
da, vom Schlafe aufzuwachen. Denn nun ist unser Heil viel näher als damals, da wir gläubig wurden"(Röm 13,11). H. Schlier

sagt dazu: "Der Tag ist jetzt näher als damals, als wir - Paulus und die Christen überhaupt - 'zum Glauben gekommen waren', was abschließend in der Taufe geschah."[134]

Die römischen Christen wissen, daß es um eine Entscheidungszeit geht, um einen 'kairos', der die Welt in "damals" und "jetzt" teilt. "Aus dem traditionellen Bild des Schlafes selbst ist zu entnehmen, daß jeder Konformismus mit der Welt ein Weltenschlaf oder ein Weltenraum ist."[135]

Und wenn es im Kolosser-Brief heißt, "kauft die Zeit aus" (3,5b), dann handelt es sich um dieselbe Forderung, sich für das, was schon durch die Taufe im Grunde vollzogen ist, von neuem und in endgültiger Weise zu entscheiden.

Aus dem 'kairos' ergeben sich für die christliche Existenz zwei Imperative, die ebenso die Umkehrforderung betreffen. Der erste ist das "Ablegen der Werke der Finsternis", also eine Abkehr von der Praxis der früheren Lebensweise und "den Herrn Jesus Christus anziehen", also die Hinkehr zu einer der jetzigen, neuen Situation entsprechenden Lebensweise.

Diese Forderungen aus dem 'kairos' müssen die Apostel zu ihrer Zeit und die Kirche zu jeder Zeit, ob gelegen oder ungelegen, verkünden (vgl. 2Tim 4,2). Alles läßt sich auf eines zurückführen, "damit durch die Weitergabe von Jesu Kairosbotschaft das Jetzt des Heilsangebotes immer wieder neu Entscheidung fordernde Wirklichkeit wird".[136]

2.2.7 Zusammenfassung

Abschließend kann man sagen, daß der neue 'aiōn' mit Jesu Kommen radikal angefangen hat. Er ist im Blick auf den einzelnen Menschen der 'kairos', der herausfordernd wirkt, sich dem Heilsangebot anzuschließen, es zu leben, bis zum Beginn der absoluten Zukunft, des absolut neuen 'aiōn'. Mit der Entscheidung darf man nicht zögern. Das radikale Angebot Gottes fordert die radikale Antwort in der Zeit, die zur Bewährung durch die rechte Nutzung des jeweils gegenwärtigen 'kairos' gegeben ist.

Letzten Endes geht es um den Ruf, den eigenen 'kairos' wahrzunehmen und im neuen 'aiōn' das Hineinwachsen in Christus zu verwirklichen.

Die christliche Existenz steht schon im Indikativ des neuen 'aiōn', und zwar seit der Taufe, und unter dem Imperativ des 'kairos' als Ruf, das Taufgeschehen im ständigen Ablegen der 'Werke der Finsternis' und im 'Anziehen' Jesu Christi zu wandeln.

2.3 Theologisch-systematische Darstellung des Umkehrgedankens

2.3.1 Orientierungsfrage

In diesem Teil der Arbeit wollen wir uns mit der Frage nach
der Begründung der Metanoia und ihrer Ermöglichung befassen.
In der exegetischen Grundlegung haben wir gesehen, daß Metanoia
eine der Grundforderungen sowohl des alttestamentlichen als
auch des neutestamentlichen Teiles der Heiligen Schrift ist.
Die lehramtlichen Aussagen, die die Kirche insgesamt und die
einzelnen Christen zu diesem Metanoiageschehen auf ihre Weise
aufrufen und auffordern, sind in dieser Grundforderung der
Schrift begründet. Das Metanoiageschehen hat in sich ein be-
stimmtes Bild von Gott und vom Menschen und seiner Situation.
Einerseits ist es Gott, der sich in einem dynamischen Einsatz
den Menschen zuwendet, um sie zur Vollendung zu führen, indem
er die Menschen aus der Situation, in der sie sich befinden,
herausführt. Dieser Einsatz besteht in der Eröffnung der Möglichkeit zur Umkehr, die als Weg der Menschen aus der alten,
sündigen und unerlösten Situation, in der das gestörte Verhältnis zu Gott vorherrscht, verstanden wird. Von Gott her
gesehen ist dieser Einsatz die objektive Gegebenheit, die in
den Heilstaten des Alten Bundes und endgültig in Jesus Christus als der alles umfassenden Heilstat Gottes gegeben ist.
Subjektiv gesehen besteht die Aufgabe der Menschen in einem
ständigen Hören auf das Wort und im lebenslangen Prozeß der
Aneignung dieses Erlösungsangebotes in der eigenen Existenz.
Diesen Weg verstehen wir als Umkehr, in der der Mensch sich
aktiv beteiligen soll.

Da sich das ganze Geschehen Gottes im Christusereignis zusam-
menfaßt, bleibt uns hier die Aufgabe zu zeigen, wo und wie
Jesus, der Christus, es ist, der als die Wende der Zeiten und
ihre Fülle, der als der neue Adam und der Gottesknecht dargestellt ist, als die radikale Ermöglichung des Umkehrgeschehens
in der Welt. Von diesem Geschehen her ist weiterhin zu zeigen,
wie die christliche Existenz in diesem Geschehen gründet, und

wie die Kirche als Gemeinschaft, die aus dieser Wende der
Geschichte in der "Fülle der Zeit" entstanden ist, die
Trägerin und Vermittlerin der Metanoia geworden ist. Mit anderen Worten: unsere Aufgabe besteht darin, Christus als Urheber der Metanoia darzustellen und die Kirche als Instrument
und Sakrament der Umkehr; und als letztes die christliche
Existenz der einzelnen Christen in der Glaubensgemeinschaft,
die durch die Anteilnahme am Jesusgeschehen ihre Grundstruktur
von Metanoia erhalten solle.

2.3.2 Heilsfunktionen des Gesandten

2.3.2.1 Jesus Christus - Gehorsam in allem

Nachfolgend werden wir zeigen, daß Jesus Christus die Mitte
und die Fülle der Zeiten ist, daß er Stammvater der neuen
Menschheit genannt wird und daß in ihm die neue Wende vollzogen wurde, durch die eine Umkehr möglich geworden war. Wir
befassen uns daher zuerst mit der Frage, durch welche Taten
die Zeichen der Wende zum Ausdruck kamen. Dabei weisen wir auf
zwei für Jesu Leben entscheidende Haltungen hin: sein absoluter Gehorsam dem Vater gegenüber und sein bedingungsloser
Einsatz für die Menschen. "In seiner äußeren Erscheinung als
ein Mensch erfunden, erniedrigte er sich selbst und wurde gehorsam bis zum Tod, bis zum Tod am Kreuz" (Phil 2,7b).

Aus diesem Gehorsam heraus ist zuerst seine Inkarnation zu
deuten. Sie ist schon seine Bereitschaft, den Gehorsam anzu-
treten. Aus dieser Sicht ist Inkarnation "nicht nur ein naturhaftes Geschehen, nicht bloß die seinsmäßige Grundlegung
für die spätere Geschichte, sondern selber schon Geschichte".[137]
In diesem Gehorsam verließ er sein "Gottgleichsein", entäußer-
te sich und wurde Knecht, den "Menschen gleich" (vgl. Phil 2,
6f.).[138]

So soll z.B. die Taufe Jesu als "gehorsame Unterordnung Jesu
unter den Willen Gottes"[139]gedeutet werden oder als die öffent-
liche Bekundung des radikalen Gehorsams, weshalb sich auch der
Vater zu ihm bekennt in der Stimme, die bei der Taufe zu hören

war: "Dieser ist mein Sohn, an dem ich Wohlgefallen habe"
(Mt 3,17; vgl. Mk 1,11; Lk 3,22). Hier ist der Anklang an
Jes 42,1: "Seht, mein Knecht, den ich stütze, mein Erwählter,
an dem ich Wohlgefallen habe!", unverkennbar.

So ordnet sich Jesus dem Willen des Vaters unter und wird,
obgleich Sohn, als "Knecht." unter den Menschen bekannt.
In Mk 1,12f. folgt dem Taufgeschehen Jesu sein Sich-führen-
lassen vom Geist in die Wüste, wo er versucht wurde. R. Pesch
sagt zu dieser Stelle: "Daß Jesus hier als 'neuer Adam' dargestellt ist, ist die plausibelste Erklärung des kurzen, dunklen Textes, zu der alle Einzelzüge passen: Wie Adam versucht
wurde, so wird Jesus vom Satan versucht. Da er die Versuchung
besteht, stellt er die paradiesischen Zustände wieder her, in
denen die wilden Tiere den Menschen nicht anfallen und
Engel ihm himmlische Speise reichen". [140]
R. Pesch sieht auch, daß hinter der Getsemani-Geschichte (Mk 14,
32-42) eine Vorstellung einer Versuchung steht, wobei aber der
Vater selbst am Werk ist, indem er ihm den Kelch reicht. [141]
Durch das Bestehen der Versuchungen zeigt Jesus die Überlegen-
heit des Geistes Gottes, mit dem er ausgerüstet ist, über die
Dämonen, deren Herrschaft mit dem Anbruch der Gottesherrschaft
gebrochen ist (vgl. 1,22; 3,11; 5,7 u.a.).

Demselben Gehorsam des Sohnes gegenüber dem Vater begegnen wir
in seinem Tod, durch den er seinen radikalen Vollzug des Gehorsams erreicht hat. "Zum Tod Jesu kommt es nicht durch einen
spontanen Todesentschluß Jesu, sondern infolge des Gehorsams
Jesu zu seiner Sendung. Er zieht sich einen gewaltsamen Tod
zu, weil er nicht von der Sendung läßt, die ihm im Horizont
der Gottesherrschaft, in der Verwirklichung von Gottes gnädigem
Heilswillen aufgetragen ist." [142] Diesen gehorsamen Tod stirbt
Jesus, weil er das vorbehaltlose und vollkommene Ja zum Willen
des Vaters gesagt hat (vgl. Mk 14, 36).In Ihm zeigt sich ebenfalls seine vorbehaltlose Liebe, die das Heil der Menschen will,
und dafür selbst den Tod zu erleiden bereit ist. In seinem Tod
hat sich die Möglichkeit der Verweigerung bis ins äußerste zu-
gespitzt. Indem er in der Ganzhingabe stirbt, demonstriert er
in seiner Armut, Ohnmacht und Verlassenheit das Schicksal des

Menschen in der Sünde und macht so den Tod als die verhängnisvolle Folge der Sünde offenbar (vgl. Röm 5,12ff.). Der Tod
wird durch den Heilstod Jesu "zum Ort und Ereignis des Gehorsams und des Vertrauens".[143]

Auf den so radikal vollzogenen Gehorsam im ganzen Leben und
Sterben Jesu antwortet der Vater auf eine ebenso radikale Weise:
er läßt seinen Sohn von den Toten auferstehen. "Wenn der Tod
einerseits die Infragestellung des sohnschaftlichen Verhältnisses zu Gott bedeutet, so bringt die Auferweckung durch
Gott die Wahrheit dieser Gottgewißheit und die Rechtmäßigkeit
des Vertrauens Jesu an den Tag."[144] Tod und Auferstehung als
die radikale Auslieferung an den Willen des Vaters und die
radikale Bestätigung des Aufgenommenseins sind "die Mitte,
von der die übrige Geschichte Jesu und der Welt ihre Erfüllung
und Erhellung bekommt. Sie sind auch jenes Geschehen, in welchem die vorherige Geschichte des Gottesverhältnisses über-
boten und erfüllt wird".[145]

So wurde Jesu Heilshandeln verstanden in seiner Struktur
gegenüber dem Vater, der ihn gesandt hat und gegenüber den
Menschen, die seiner bedurften. Er ist Gott völlig gehorsam,
in allem bis zu dem Tod am Kreuz (vgl. Phil 2,6.7.8); deswegen wurde er aber auch von Gott erhöht und hat einen Namen
bekommen, der über alle Namen ist (vgl. Phil. 2,9). So begründet Jesus ein neues Verhältnis der Menschen zu Gott, das
Gehorsam und Vertrauen, Hingabe und Liebe beinhaltet. Gehorsam
als die fundamentale Grundhaltung Jesu Christi und als die
"Vorbildhaltung" für alle Geschöpfe gegenüber dem Schöpfer,
wurde hier am Markus-Evangelium repräsentativ für das Ganze
des NT herausgearbeitet. Zusammenfassend heißt es in einer
Spätschrift des NT: "So hat er, obwohl er Sohn war, an dem,
was er litt, den Gehorsam gelernt und ist, nachdem er zur
Vollendung gelangte, all denen, die ihm gehorchen, Urheber
ewigen Heils geworden" (Hebr 5,8f.).

2.3.2.2 Für alle Menschen

Jesu Leben und Tod als Gehorsam gegen den Willen des Vaters
ist auch Zuneigung als Liebe gegenüber den Menschen. Die
Liebe, aus der Jesus wirkte, zeigte sich in seinem bedingungs-
losen Dienst, den er den Menschen entgegenbrachte, . In Mk 10,
45 wird dies ausdrücklich formuliert: "Denn auch der Menschen-
sohn ist nicht gekommen, sich bedienen zu lassen, sondern zu
dienen und sein Leben hinzugeben als Lösegeld für viele".
Der Evangelist versteht Jesus als den "Ersten" (V. 44), der
sich als Diener hingibt, und zwar als Diener und Knecht aller,
"der sein Leben anstelle und zugunsten der Vielen einsetzte
und in seinem durch seinen Sühnetod qualifizierten Dienst
dem Dienst in der christlichen Gemeinde das Maß setzt".[146]
Sein Wirken wird also als Dienst ausgelegt, "und zwar als
radikaler und fundamentaler Dienst der stellvertretenden
Lebenshingabe für die Vielen (= für alle, vgl. zu 14,24)".[147]
Und so, wie er das neue Verhältnis im Gehorsam gegenüber
Gottes Willen radikal und fundamental lebt und verkündet, so
radikal und fundamental ist er in den Dienst für die Menschen
eingetreten. Und an diesem Einsatz erkennt der Verfasser des
1. Joh gerade seine Liebe, die als Beispiel und Vorbildcha-
rakter für die Gläubigen dienen soll: "Daran haben wir die
Liebe erkannt, daß er sein Leben für uns hingegeben hat. Und
auch wir sind verpflichtet, für die Brüder das Leben hinzugeben" (1Joh 3,16).

Sein radikaler Dienst an den Menschen wird in seiner Solidarität mit den Menschen sichtbar, die als Grundstruktur seines
Dienstes bezeichnet werden kann. Er bleibt nicht außerhalb
der Menschheitsgeschichte, um sie zu richten, "sondern sein
erlösendes Gegenüber vollzieht sich innerhalb einer stellvertretenden Solidarität".[148] Ebenso wie er nicht an seinem "Gottgleichsein" (vgl. Phil 2,6) festhielt, sondern sich entäußer-
te, wurde er in allem den "Menschen gleich" außer der Sünde.
Obwohl er von keiner Sünde wußte, hat Gott ihn zur Sünde gemacht, damit die Menschen in ihm Gottesgerechtigkeit werden
(vgl. 2Kor 5,21). In seinem Gleich-werden mit den Menschen

und durch die Solidarisierung mit ihnen konnte er seinen
stellvertretenden Dienst ausüben. Jesus stellte sich freiwillig mit den Menschen unter das Gesetz, um sie von dem Gesetz zu befreien. "Was nämlich das Gesetz nicht vermochte,
weil es wegen des Fleisches schwach war, das tat Gott. Er
sandte seinen eigenen Sohn in der Gestalt des sündigen Fleisches und um der Sünde willen und verurteilte dadurch die
Sünde im Fleisch" (Röm 8,3). So mußte er weiterhin auch die
Knechtschaft und alle Schwachheit kosten, um mit den Menschen
für die Menschen das Heil sein zu könnnen. (vgl. Gal 4,4;
Hebr 2,14). Jesus nimmt sich also zuerst der sündigen und
verurteilten Menschen an, in all ihren Nöten bis zur äußer-
sten Gottverlassenheit, um ihnen neue Wege des neuen Gottes-
und Weltverhältnisses zu zeigen. "Erst im Gegenüber zu dieser hamartiologischen Solidarität Jesu mit den Sündern und
ihrer bleibenden Todessituation erhält seine positive Solidarität ihr ganzes Gewicht."[149] In dem neuen, positiven Verhältnis dürfen die Menschen mit Jesus seine Sohnschaft teilen,
indem er ihnen den Weg zum Gottes-Kinder-werden zeigt. Mit
ihm, der Gott seinen Vater nannte (vgl. Mt 11,27; par. Lk 10,
22; Mk 14,36), dürfen alle Menschen sprechen: Vater unser
(vgl. Mt 6,9ff.; Lk 11,2ff.).Die Bedingung dafür heißt: ihn
aufzunehmen. "Allen aber, die ihn aufnahmen, gab er Macht,
Kinder Gottes zu werden" (Joh 1,12b). Es geht um ein freies
Verhältnis zu Gott, so daß die Menschen im neuen Geist sich
nicht mehr als Sklaven zu fühlen brauchen, sondern als Söhne.
Im Römerbrief betont es Paulus ausdrücklich: "Denn ihr habt
nicht einen Geist empfangen, der euch zu Sklaven macht, so
daß ihr euch immer noch fürchten müßtet, sondern ihr habt
den Geist empfangen, der euch zu Söhnen macht, den Geist, in
dem wir rufen: Abba, Vater" (8,15).

In diesem neuen Verhältnis ist eine neue Dialogfähigkeit begründet, vertikal und horizontal verstanden. "Weil nämlich
von Gott als Du angenommen und solchermaßen zum Sohn erklärt,
ist der Mensch nunmehr in der Lage, Gott seinerseits als Du,
das heißt konkret: als Vater, ansprechen zu können".[150]

Die Wahrnehmung Gottes als des Vaters in Jesus als dem Sohn

fordert die Menschen auf, den Menschen als Brüdern und Schwestern zu begegnen. B. Stoeckle sagt, daß die zu einem solchen
Dialog befreiten Menschen in einem offenen Widerstand gegen
die dreifache Entfremdung stehen. Sie sind aufgefordert, sich
gegen die Institutionalisierung des Willens Gottes und des
Gehorsams gegen ihn zu wehren und den Zugang zu Gott durch
den Herrn Jesus Christus und durch den Geist, den er geschenkt
hat, zu sichern; ebenso ist die Verweigerung einer Zustimmung
zu jener sakralen Ordnung, "welche das Gottverhältnis an bestimmte, genau umschriebene Verhaltensweisen sachhafter Natur
binden möchte" eine aus der freien Dialogfähigkeit selbstverständliche Pflicht; und schließlich geht es um den Umgang mit
den Menschen, die sich an keine "Spielregeln" binden können,
"die ein persönliches Aufeinanderzugehen und Zueinanderfinden
behindern oder gar unmöglich machen". [151]

In diesem Zusammenhang radikalisiert Jesus ebenso das Gebot
der Nächsten-Liebe, das sich nicht mehr nur auf diejenigen
bezieht, die uns das Gute tun, sondern auf alle, sogar auf die
Feinde (vgl. Mt 5,44.46; Lk 6, 27.35 u.a.). Die Kinder des himmlischen Vaters sollen vom Vater selbst lernen, wie sie sich
verhalten sollen. Er läßt seine Sonne über Böse und Gute aufgehen und gibt Regen den Gerechten und Ungerechten (vgl. Mt 5,
45). Er ist barmherzig und bereit zum Verzeihen, er vergibt
radikal (vgl. Mk 2,5; Mt 9,9ff. Lk 23,24 u.a.).

Auf diesem Hintergrund sind alle anderen Aufforderungen an
die Menschen, die aus dem Neuen Gott- und Menschenverhältnis
hervorkommen, verständlich. Jesus selbst hat alles vor-gelebt
und dadurch dieselben Verhaltensweisen den Menschen ermöglicht,
weil er sie ihnen gezeigt hat.

Es ist gerade diese Wende im menschlichen Gottesverhältnis
zu betonen, da es das Entscheidende ist, auf das es ankommt.
Die Menschen standen zu Gott in einem negativen Verhältnis,
das Jesus in seiner Geschichte vorgefunden hat und es solidarisch angenommen und stellvertretend übernommen hat und durch
die Verwirklichung seines Gottesverhältnisses kritisiert
und überwunden hat. Er geht aber auch einen Schritt weiter,

indem er eine völlig neue und unableitbare Weise dieses Verhältnisses in die Geschichte des menschlichen Gottesverhältnisses hineinstellt, "das zugleich seine eigene ursprüngliche
Stellung zu Gott offenbart, das aber auch von Anfang an für die
anderen Menschen geöffnet und partizierbar wird".[152]

Damit ist das Unüberbietbare, Einmalige in Jesus Christus für
die Menschen offenbar geworden. Er hebt in seiner Geschichte
des Gehorsams die Geschichte des Ungehorsams auf; die Geschichte der Knechtschaft und Unfreiheit durch seine Sohnschaft und
seine Freiheit; die Geschichte der Sünde und des Bösen durch
seine Bereitschaft für die Menschen, zur Sünde zu werden und
das Böse so in seiner Wurzel zu besiegen.[153] In ihm ist so
der radikale Aufruf zum Glauben und zur Rückkehr zu Gott hörbar und erfahrbar geworden.[154] Diese "Rückkehr" bedeutet nicht
einen Schritt in das Gewesene, Alte und unverbindlich Gewordene, "sondern um ein Vorholen und sich-vorholen-lassen in
die zur Gegenwart überführte Zukunft".[155] Durch eine so ver-
standene Rückkehr ist die Möglichkeit einer neuen Gemeinschaft
unter den Menschen gegeben.[156]

2.3.2.3 Jesus Christus - der neue Adam

Jesus kommt in eine Welt, die von Gott geschaffen ist und die
durch die sündhafte Verirrung des Menschen an der Vollendung
gehindert wird. Ihre Vollendung wird sie erreichen, wenn die
ganze Schöpfung, die himmlische und die irdische, in Jesus
Christus als Haupt neu zusammengefaßt wird (vgl. Eph 1,10).
Jedoch von Anfang der Menschheitsgeschichte an ist in der Welt
ein Bruch mit der ersten Ordnung Gottes bemerkbar. Trotz dieses
Bruches, der mit Sünde, d. h. mit dem Einfluß des Bösen, ausgedrückt werden kann, ist die Welt nicht radikal von ihrem Grund
her unfähig für ihr Ziel und für ihre Vollendung geworden.
"Sie tendiert zwar auf das Gute, aber sie vermag auch das Böse
als gut zu wollen."[157] So kann man sagen, daß die von Gott gewollte Ordnung nicht zerstört aber gestört worden ist. Die
Sünde ist die Störung der Gnadengemeinschaft mit Gott, die jedoch den Heilsplan Gottes in und mit seiner Schöpfung nicht

entscheidend beeinflussen kann.[158]

In dieser Welt, die in der Spannung steht zwischen ihrem durch die Schöpfung angelegten Ziel und ihrer durch die Sünde entstandenen Defizienz-Situation ist das Jesus-Ereignis zu deuten als der neue Anfang, durch den die endgültige Wende zum Gelingen der Menschheitsgeschichte vollzogen ist. Diese Totalwendung, zu der die Menschen "unfähig und meist auch unwillig geworden sind"[159], hat Jesus durch sein Kommen, durch sein Werk, durch Tod und Auferstehung ermöglicht. In seinem Geschehen ist die Verwandlung der alten in die neue Welt prinzipiell als grundsätzlich und irreversibel (K. Rahner) geschehen. F. Gogarten sagt dazu: "Diese Verwandlung der alten Welt in die neue, dies, daß die Welt von der Knechtschaft der Nichtigkeit und Vergänglichkeit befreit und wieder heile Schöpfung Gottes wurde, das ist geschehen in Jesus Christus; genauer gesagt, es ist geschehen in seinem Jesus-Verhältnis zu Gott"[160]. Er ist der neue von Gott der Welt geschenkte Adam im Gegensatz zu dem alten Adam.[161] Das Bild von Jesus Christus als dem letzten, neuen Adam, als das Gegenbild des ersten, alten Adam, ist in der paulinischen Christologie gebraucht worden. Paulus erfindet diese Gegenüberstellung in 1Kor 15 in Zusammenhang mit unserer leiblichen Auferstehung: "Denn da der Tod durch einen Menschen (gekommen ist), so auch durch einen Menschen die Auferstehung der Toten. Wie nämlich in Adam alle sterben, so werden in Christus alle lebendig gemacht werden" (1Kor 15,21f.). In Röm 5,12-21 zeigt er darüber hinaus wie Gott unsere Rettung in Jesus Chritus mächtig durchsetzt: Die sündige Tat des ersten Adam, durch die der Tod in die Welt gekommen ist, läßt Paulus die Parallele ziehen zu der überströmenden, übermächtigen Gnade im Heilswerk Jesu Christi. "Denn wenn durch den Fall des Einen die Vielen starben, so ist in weit höherem Maß die Gnade Gottes und das Gnadengeschenk des einen Jesus Christus auf die Vielen reichlich übergeströmt" (Röm 5,15). In diesem immer wieder im NT und in der Dogmengeschichte auftauchenden Heilskomparativ ist das Verhältnis von Menschengeschichte und Heilsgeschichte festgeschrieben und der Grund der Möglichkeit für die Veränderung der ersteren gegeben: somit der Grund zu ihrer Umkehrbarkeit!

Konkret gesehen verbindet Paulus zuerst mit dem alten Adam
Sünde und Tod, die über allem herrscht und alles knechtet.
"Dieser Bezug besteht, was Adam betrifft, darin, daß alle
Menschen als seine Nachkommen durch ihn, d.h. durch seine
Tat, mitbetroffen wurden, sofern durch ihn die Sündenmacht
und Todesmacht in die Welt kamen, und zwar so, daß alle Men-
schen zu Sündern wurden (Röm 5,19) und sündigten bzw. den Tod
erfuhren und starben."[162] Mit anderen Worten: "Die Sünde kommt
immer von der Sünde des Menschen her, der Tod immer aus dem
Tod, und dies bis in den Anfang der Menschheit zurück".[163]
Mit dem alten Adam ist also die irdische Beschaffenheit des
Menschen mitgedacht, die durch die Sünde und den Tod bestimmt
ist; mit ihm ist noch mehr die "bestimmende Herkunft"[164] des
Menschen angezeigt. Paulus versteht den alten Adam zusammenfassend als den ersten und als einen Menschen, der theologisch
gesehen allen Menschen gegenübersteht, dessen Sünde als Folge
alle Menschen angeht, in denen er repräsentiert ist.[165]

Auf diesem Hintergrund und mit dem so verstandenen alten Adam
wird das Christus-Ereignis verstanden und gedeutet.

"Adam ist der einzige Menschen, dem Er (sc. Jesus) gegenübergestellt werden kann, will man seine wahre Bedeutung für die
Menschheit aussagen. Adam ist Stammvater der Menschheit,
Christus in eben dieser Menschheit Anfänger einer neuen Menschheit. Beide, Christus wie Adam, sind nach Gottes Ordnung durch
ihr Sein und Tun für die ganze Menschheit. Durch beide werden
allbestimmende, über alle Einzelnen übergreifende Mächte in
der Menschheit wirksam, freilich ganz gegensätzliche, dort
Sünde und Tod, hier Gerechtigkeit und Leben."[166] Und so wie
der alte Adam die ganze Menschheit bestimmt hat, so will Jesus
Christus sie in eine "überwältigende Gegenbewegung"[167] bringen und bestimmen. Dabei geht es aber nicht nur um die Wiederherstellung dessen, was durch den alten Adam verlorengegangen
ist, sondern noch mehr um eine "Überhöhung" und Vollendung.[168]
So wird Jesus Christus als der neue Mensch, der letzte Adam,
der einen neuen Anfang gesetzt hat, die Mitte und die Fülle
der Zeiten, in dem die Welt eine so tiefe Verwandlung erfahren
hat, "daß man, wie Paulus es tut, sagen kann, die Welt sei eine

schlechthin neue geworden und der alten Welt sei ihr Ende
gesetzt: 'das Alte ist vergangen, siehe, Neues ist geworden'
(2Kor 5,17)".[169] Die Geschichte vor seinem Kommen war "mysterium iniquitatis", "jedoch durch Gottes vor-sehenden, übergrei-
fenden Ratschluß mehr noch zum mysterium Christi, das selbst,
durch Jahrhunderte vorbereitet, 'in der Fülle der Zeiten'
(Gal 4,4; Eph 1,10; vgl. auch 4,13) geschichtliches Ereignis
wurde".[170]

Er wirkt in der Geschichte als der Gesandte, Messias und Erlöser, alles im Gehorsam gegen seinen Vater, und wird so zum
Begründer der neuen Praxis und zum Paradigma des neuen Verhältnisses zu Gott.[171] Er ist die "Manifestation des Vaters in
der Zeitlichkeit und die endgültige Realisation seines Planes,
der in einem bestimmten Augenblick der Geschichte verwirklicht
wird, aber für die ganze Schöpfungszeit bis zur Parusie erlö-
sende Bedeutung hat".[172]

Ist Jesus Christus und somit das Christusereignis die Mitte
der Heilsgeschichte, dann hat das nicht nur temporale Folge-
Wirkung für die nachfolgende Zeit und Geschichte. Vielmehr
ist die ganze Heilsgeschichte vor ihm auf ihn hin zu verstehen und von ihm aus retrospektiv. Somit war die Umkehr in ihrem
ganzen Spektrum auch vor ihm grundsätzlich möglich, weil er der
ganzen Menschheits-Geschichte, die durch das mysterium iniquitatis beherrscht war, eine neue Richtung ermöglicht hat, die
"in mysterio Christi" sich ereignete und sich ständig ereignet.

2.3.2.4 Pneumatologische Dimension des Christusereignisses

Hier geht es um die Frage, wie die einmalige Bedeutung des
Christusereignisses vermittelt werden kann, damit es seine
universale Wirksamkeit und Vollendung erreicht. "Die Antwort
der Schrift lautet: Jesus ist der Christus als der mit dem
Heiligen Geist Gesalbte. Ohne vom Geist und 'im Geist' von
Jesus Christus zu reden, wäre nach der Schrift ein ohnmächti-
ger Versuch (vgl. 1Kor 12,3)...".[173]

Nach der theologischen Tradition ist es der Heilige Geist, "der das Werk Jesu Christi in der Kirche und in der Geschichte weiterführt und universalisiert".[174] Dies berechtigt uns, der Frage nachzugehen, in welcher Weise der Geist in Jesu Wirken anwesend war und in welcher Weise er in die Grundstruktur von Jesu Heilshandeln gehört, so daß die verschiedenen Dimensionen seines Wirkens ihre Heilsfunktion durch den Heiligen Geist erhalten haben und dieser in der ganzen Geschichte weiter wirksam wird.

Jesus war der Geistträger schlechthin. Dies wird ersichtlich, wenn man ihn mit den alttestamentlichen Propheten vergleicht, die "vorübergehend" vom Geiste Gottes erfüllt waren (vgl. Amos 3,3ff.), die nach der Erfüllung ihres Dienstes aufhörten zu predigen. Anders dagegen soll es sich bei dem verhalten, von dem es heißt, daß der Herr seinen Geist auf ihn legen wird und auf ihm der Geist ruhen soll (vgl. Jes. 42,1f.), und zwar "der Geist der Weisheit und des Verstandes, der Geist des Rates und der Stärke, der Geist der Erkenntnis und der Furcht Jahwes" (Jes 11,2). Jesus selbst bezieht diese Worte auf sich und erklärt seine Erfüllung bei seinem ersten Auftritt in der Synagoge (vgl. Lk 4,16ff.). Bei seiner Taufe versammeln sich "die Urmächte des Anfangs: das Wasser, der Geist und die Stimme bzw. das Wort (vgl. Gen 1,2). Indem sie scheiden und verbinden, stiften sie das Geheimnis des unberührten und unverbrauchten Ursprungs, des reinen und schöpferischen Beginns".[175] Und der Heilige Geist, "der aus der Vater- und Sohnesliebe als göttliche Person hervorgeht"[176], ist wirksam beim Inkarnationsgeschehen. R. Schulte definiert die pneumatische Dimension des Inkarnationsgeschehens folgendermaßen: "Dieser Geist des Vaters und des Sohnes, diese Liebe also ist es, die 'im Anfang' des Inkarnationsgeschehens wirkt, da Gott Vater und Gott Sohn sich anschicken, das göttlich Äußerste zu 'riskieren' und in die Waagschale zu werfen. Im Vertrauen auf diesen Geist göttlicher Liebe vermag der Vater dem Sohn seinen Heilsplan zuzumuten und vermag der Sohn den Vater zu verlassen in der Hoffnung des Wieder-zu-ihm-gerufen-Werdens 'im Ende'".[177] Jesus wird vom Vater gesandt, um im Heiligen Geist seinen Dienst zu vollenden. In ihm

wird der Geist, der in der Vor-geschichte den Propheten nur
zeitweise vorübergehend gegeben war, zu einem allgemeinen,
ständigen und universalen Ereignis.[178] Jesus, der in der Taufe
mit dem Heiligen Geist getauft und gesalbt wurde, ist es, "der
mit Heiligem Geist taufen wird, und der herabkommende Geist
bezeichnet ihn als den verheißenen Geisttäufer".[179] Die Taufe
war für Jesus Geistestaufe und alles was er sagte und tat,
was er unternahm und seinen Jüngern und Zeitgenossen zu sehen
und zu hören ermöglichte, tat er in der Kraft dieses Heiligen
Geistes. Wobei hierzu gesagt werden muß, daß die Geisttaufe
Jesu offenkundig macht, was in seinem Wesen a principio inkar-
nativisch geheimnisvoll enthalten ist.

Diesen selben Geist, von dem Jesus erfüllt war und in dessen
Kraft er handelte, "hat er uns am Kreuze 'verdient' und nach
seiner Auferstehung dann der Kirche überliefert".[180] Durch
seine Mitwirkung in Jesu erlösendem Werk, besonders bei seinem
Tod und seiner Auferstehung, ist die heilsgeschichtliche
Dimension dieses Handelns Jesu eröffnet worden und so 'für
viele' zugänglich geworden. Obwohl er nach dem Tod am Kreuz
und nach seiner Auferstehung als solcher nicht 'für immer'
in der gegenwärtig erfahrenen Zeit unter uns bleibt, sondern
in eine für uns nicht adäquat nachvollziehbare Zeitdimension
zurückkehrte, sein Geist bleibt bis in Ewigkeit und wirkt weiter bis zur Vollendung der Erlösung (vgl. Joh 14,16).[181]

Indem seine Wirksamkeit auf diese Weise fortdauert, ist der
Heilige Geist Jesu Christi die "Bedingung der Möglichkeit
jeglicher Überlieferung von Wort, Amt und Sakrament in der
Kirche"[182]; somit ist er ihr konstitutives Element. Er ist
deswegen auch das Prinzip jeglicher Erneuerung der Kirche in
der Kirche. In der Konstitution über die Kirche des II. Vatikanischen Konzils heißt es: "Damit wir aber in ihm unablässig
erneuert werden (vgl. Eph 4,23) , gab er (sc. Jesus Christus)
uns von seinem Geist, der als der eine und gleiche im Haupt
und in den Gliedern wohnt und den ganzen Leib so lebendig
macht, eint und bewegt, daß die heiligen Väter sein Wirken
vergleichen konnten mit der Aufgabe, die das Lebensprinzip
- die Seele - im menschlichen Leib erfüllt".[183]

Der Heilige Geist ist der Geist Gottes und der Geist Christi.
So heißt es in Röm 8,9: "Ihr aber seid nicht im Fleisch, sondern im Geist, wenn anders der Geist Gottes in euch wohnt. Wenn
aber jemand den Geist Christi nicht hat, so gehört dieser ihm
nicht an". Der Geist Gottes und der Geist Christi sind iden-
tisch.[184] Aus den anderen Stellen der Schrift kann man diese
Identität auch in bezug auf den Geist feststellen, der den
Gläubigen verliehen wird. Nach Gal 4,6 und in Röm 8,15 ist
in den Herzen der Gläubigen der Geist des Sohnes Gottes, der in
ihnen ruft Abba, Vater.

"Gott sendet nicht irgendeine unbekannte Kraft in unsere Herzen, sondern eben jenen Geist, mit dem Jesus selbst bei seiner
Taufe gesalbt worden ist. Dieser uns gesandte Geist ist als
der Spiritus Christi zugleich 'pneuma to ek tou theou' (1Kor
2,12; vgl. 1Kor 3,16; 6,11; 7,40; 12,3 etc.)"[185] Hier soll noch
mit H. Mühlen betont werden, daß Jesus Christus der eigentliche
"Mittler" ist und zwar nicht nur durch sein priesterliches
Selbstopfer (vgl. Hebr 8,6; 9,15; 12,4), "sondern auch dadurch,
daß der Vater durch ihn uns den Geist sendet und wir durch
ihn Zugang zum Vater haben".[186] Einschlägige Schriftstellen
dazu sind z. B. Tit 3,5f. wo es heißt: Gott hat uns zum Heile
geführt, "nicht auf Grund von gerechten Werken, die wir etwa
getan haben, sondern nach seiner Erbarmung durch das Bad der
Wiedergeburt und Erneuerung im Heiligen Geist, den er in reichem Maße über uns ausgegossen hat durch Jesus Christus, unseren Heiland". Und in Eph 2,18 wird uns der Zugang zum Vater betont, der gerade durch den Geist ermöglicht wird: "Durch ihn
nämlich (sc. Jesus Christus) haben wir beide in einem Geiste
den Zugang zum Vater".

2.3.2.5 Zusammenfassung

Unser Anliegen war es zu zeigen, wie Jesus Christus, der vom
Vater Gesandte und mit dem Heiligen Geist Gesalbte, durch sein
Kommen in dieser Sendung und durch sein Wirken in dieser Welt
die Mitte der Geschichte geworden ist und somit die ganze
Menschheitsgeschichte erneuert hat, nicht nur auf ihre Zukunft

hin, sondern auch von ihrer Herkunft her: er ist der neue
Adam. Damit ist er grundsätzlich die personifizierte Kehre der
Menschheitsgeschichte und der Umkehrimpuls geworden, der jegliche Umkehr ermöglicht. Durch seinen Gehorsam zum Vater hat
er grundsätzlich ein neues Verhältnis der Menschen zu Gott
eröffnet und die vertikale Dimension der Umkehr gezeigt, die
zuerst auf Gott, den Vater, hin tendiert. Aus diesem Gehorsam
entsteht erst und zugleich das neue Verhältnis des Menschen
zu den Menschen, das Jesus in seiner radikalen Solidarität
mit den Menschen gezeigt hat. Durch solches Verhalten im Heiligen Geist, der der Geist des Vaters und sein Geist ist, ermöglichte er die Weiterführung und Universalisierung des in
der Heilsgeschichte angefangenen Prozesses.

Es bleibt uns in diesem Zusammenhang noch zu zeigen, wie es
konkret weitergegangen ist und weitergehen soll. Diese Frage
befaßt sich mit der Kirche, jener Gemeinschaft, die durch
die Umkehr zu Jesus Christus sich ereignet hat, und so seine
Gemeinschaft im Heiligen Geist ist, in der sich die Umkehr-
möglichkeit intensiviert und sowohl dem einzelnen wie allen
Menschen aller Zeiten angeboten wird.

2.3.3 Aus dem Handeln Jesu Christi

2.3.3.1 Kirche - Gemeinschaft aus Metanoia

Ohne auf verschiedene Fragen der Ekklesiologie eingehen zu wollen[187], übernehmen wir aus der Konstitution des Zweiten Vatikanischen Konzils die Aussagen über die Kirche, die sich auf ihre Vorbereitungsgeschichte im Alten Testament beziehen sowie auf ihre Entstehungszeit und ihre Weiterführung in der Geschichte, die bis zur Vollendung im Geist geschieht. "Die aber an Christus glauben, beschloß er (sc. Gott), in der heiligen Kirche zusammenzurufen. Sie war schon seit dem Anfang der Welt vorausbedeutet; in der Geschichte des Volkes Israel und im Alten Bund wurde sie auf wunderbare Weise vorbereitet, in den letzten Zeiten gestiftet, durch die Ausgießung des Heiligen Geistes offenbart, und am Ende der Weltzeiten wird sie in Herrlichkeit vollendet werden" (LG 2).[188] Jesus hat sie gegründet und ihren Anfang gemacht, "indem er die frohe Botschaft verkündigte, die Ankunft nämlich des Reiches Gottes, das von alters her in den Schriften verheißen war".[189] Dort, wo er durch sein Auftreten und die Zeichen, die er wirkte, die Menschen zu einer Entscheidung aufforderte, und dort, wo die ersten Menschen seinem Wort geglaubt haben, wo sie bereit waren, ihn anzunehmen und umzukehren, ist die Kirche als Gemeinschaft der Metanoia entstanden. Für diejenigen, die er in seiner Verkündigung ansprach, war er in Person die Forderung zur Entscheidung der personifizierte Umkehrimpuls, deswegen hieß es für sie "glauben oder nicht glauben, umkehren oder nicht umkehren, gehorsam oder ungehorsam sein".[190] "Siehe, dieser ist gesetzt zum Falle und zum Aufstehen vieler in Israel und zu einem Zeichen, dem widersprochen wird" (Lk 2,34b). Dies gilt für alle, die ihm und seinem Wort gläubig zuhörten und ihm folgten, besonders aber für die Zwölf, die einerseits ein Zeichen sind, daß die Verheißungen, die den Vätern gegeben waren, in Erfüllung gehen, daß Israel wieder versammelt werden wird, und zwar in den eschatologischen Zeiten. Ihre Aufgabe sahen sie in dem Auftrag das zu tun, was Jesus getan hatte, nämlich in die Welt gesandt zu sein, um die Frohbotschaft zu verkünden, die allen Menschen gilt.[191]

Die Zwölf sind erst dann eigentlich zur Grundlage der neuen
Gemeinschaft geworden, als sie sich durch die Ostererfahrung
zu Jesus als dem Christus bekehren ließen.[192] Man muß sich
in bezug auf die Zwölf fragen was geschehen ist, damit sie,
die an Jesus Anstoß genommen haben und ihn später als den von
Gott Gesandten schlechthin, d. h. den Messias, verkündeten;
dann kann die Antwort nur lauten, daß sie einen Bekehrungs-
prozeß durchgemacht haben. Er besteht in der Annahme des gekreuzigten Jesus aus Nazareth, nach dessen Tod sie sich zerstreut haben, als den Christus, der sie als der erhöhte Herr
von neuem als seine Jünger versammelt.[193] Der von neuem versammelte Jüngerkreis wird durch den Geist getauft und tritt sofort
seinen Dienst der Verkündigung an, deren Inhalt Jesus der
Messias und Heilbringer ist, den Gott auferweckt und erhöht
hat und durch den er den Heiligen Geist auf alle ausgegossen
hat (vgl. Apg 2,1ff.). Damit hatte Kirche im eigentlichen, im
nachösterlichen Sinn begonnen. Diejenigen, die Petrus hörten,
waren bereit, etwas zu tun, um der neuen Gemeinschaft zugehö-
ren zu können. Die Rede des Petrus beinhaltet die Forderung
nach Bekehrung und Umkehr, die sich in der Taufe sichtbar bekundet. Die Taufe soll auf den Namen Jesu geschehen. Sie
schenkt die Vergebung der Sünden im Heiligen Geist (vgl. Apg 2,
37-41). Wenn man bedenkt, daß es die Grundintention der Apostelgeschichte ist zu zeigen, wie die junge Kirche gewachsen
ist, dann ist es verständlich, daß gerade hier öfter von Taufen berichtet wird (vgl. Apg 2,38. 41; 8,12. 36. 38.; 9,18 u.a.).
Mit anderen Worten, die Gemeinde wächst, weil viele sich auf
das Wort der Apostel hin bekehren und taufen lassen. Diese
Taufe hat ihren Sinn darin, daß Gott Jesus zum Herrn und
Messias gemacht hat (vgl. Apg 2,36). Daher bekommt das schon
in der Zeit Johannes des Täufers mit der Taufe verbundene
'Umkehren' eine neue Richtung, die zu ihm, dem erhöhten Herrn,
führt, der in der ihm verliehenen Vollmacht die Sünden vergibt
(vgl. Mk 1,4; Apg 2,38; 22,16 u.a.).[194] Die Taufe als Sichtbar-
machung der Umkehr, in der auch die Sünden vergeben werden,
ist das für die junge Kirche stiftende Element, in dem die
Grundstruktur der neuen Gemeinschaft gelegt wird. Daher hat sie

ihren Anfang und ihr Recht, Jesu Sendung durch das Spenden
derselben Taufe weiterzuführen. Die Aufgabe, Jesu Sendung und
Wirken fortzusetzen, gilt allen Menschen, die dieser Gemeinde
aus Metanoia begegnen. Durch ihr Wort und durch die Zeichen,
die sie setzt, soll sie zur Umkehr rufen und sie ermöglichen.
Dabei aber darf nicht vergessen werden, daß bis zur Vollendung im Eschaton die Spannung zwischen Gabe und Aufgabe bleiben wird. Daraus entsteht ebenso die Forderung an die Gemeinde,
sich selbst immer wieder an Umkehr und Erneuerung zu ermahnen.
Dies ist als dauernde Aufforderung zu verstehen, weil die
Kirche von Jesus her, der die Umkehr ermöglicht hat durch sein
Dasein in der Welt, durch seinen Tod und seine Auferstehung,
und von dem in ihr wirkendem Geist her verpflichtet ist, die
Möglichkeit und Dringlichkeit der Umkehr und Erneuerung an
ihre Glieder zu vermitteln.[195]

2.3.3.2 Kirche - Ursakrament der Metanioa

Die um Jesus Christus gesammelte Gemeinde versteht sich von
Anfang an aufgerufen, das ganze Israel und die ganze Heidenwelt
zum Glauben an Jesus, den Messias, und zur Umkehr zu rufen
(vgl. Apg 2,36).[196] So ist sie durch ihre Sendung und in ihrer
Sendung nicht nur die Trägerin der Sakramente, sondern auch
selbst Sakrament. In mehreren Aussagen in den Dokumenten des
II. Vatikanischen Konzils wird die Kirche "Sakrament" genannt.[197]
Die kirchliche Sakramentalstruktur folgt aus ihrem Verhältnis
zu Christus und ihrer Vermittlerrolle des Heiles. "Von hier
aus wird sogleich die Funktion der Kirche in zweifachem Hinblick beschrieben: als Sakrament, d. h. als wirksames Zeichen
der Gnade, das diese Gnade nicht selbst ist, sondern sie
nur anzeigt und bewirkt, dient sie zugleich der innigsten
Vereinigung der Menschen mit Gott und der Einheit der Menschheit".[198] Dies sollte vorausgesagt sein, um die Kirche als
Sakrament der Metanoia verstehen zu können und von daher dann
ebenso die sieben Sakramente in ihrer Funktion entweder als
Grundlegung des Metanoiageschehens in den Menschen oder als
eine Weiterführung des Metanoiaprozesses zu verstehen.

B. Häring sagt: "Die Kirche ist zusammengerufen aus dem Chaos
der Sünde, ist eine Neuschöpfung der Gnade, dazu berufen, eine
heilige Büßerin, eine Gemeinschaft von Bekehrten und sich Be-
kehrenden und so Sakrament der Bekehrung aller zu sein.Ferner
hat ihr Christus seine Sakramente anvertraut als Zeichen und
Quellgrund der Bekehrung und des gemeinsamen Bemühens um
Erneuerung von Kirche und Welt".[199] Deswegen ist sie auch
beauftragt worden, nicht nur die Sakramente zu predigen und
zu feiern, sondern noch mehr, immer mehr selbst zu einem
Sakrament der Bekehrung zu werden.[200]

Die Kirche kann als Ursakrament bezeichnet werden, weil sie
die Fortsetzung und das Gegenwärtigbleiben dessen ist, was
Jesus Christus gewirkt hat. "Die Kirche ist das Anwesendblei-
ben jenes sakramentalen Urwortes endgültiger Gnade, das Christus
in der Welt ist, das Gesagte bewirkend, indem es im Zeichen
gesagt wird. Als solches Bleiben Christi in der Welt ist die
Kirche wirklich das Ursakrament, das Ursprungssakrament im
eigentlichen Sinne."[201] Wenn die Kirche die Fortsetzung der
Gegenwart Christi in der Welt ist und er mit seinem Wort und
Werk den Menschen als personifizierter Umkehrimpuls begegnet,
so muß dasselbe über die Kirche in bezug auf Metanoia gesagt werden. Die Kirche soll in ihrem fortdauernden Wirken im
Heiligen Geist die Menschen zur Umkehr einladen. Dies wird
nur gelingen, wenn sie ihrer Grundstruktur, die eigentlich
die Grundstruktur der Sendung Jesu ist, treu bleibt.[202]

So ist die Kirche als Ursakrament Trägerin der verschiedenen
Heilszeichen, durch die sie den Menschen den Zugang und die
Begegnung mit Gott in Jesus Christus ermöglicht. "Deshalb
hat der Herr selbst dieser Ermöglichung eine sichtbare Gestalt gegeben in der Kirche, deren inneres Geheimnis die Wirklichkeit Gottes ist, dem der Mensch begegnen soll, die aber
dem unsichtbaren Gott eine neue Sichtbarkeit verleiht, auf
daß der leibhaftige Mensch in echter personaler Entscheidung
die Begegnung vollziehen kann."[203]

2.3.4 Sakramente - Grundlegung und Weiterführung der Metanoiaexistenz

Daß die Kirche Ursakrament genannt wird, ist eine Wesensaussage über die Kirche und auch eine Funktionsaussage. Um ihren Dienst am Metanoiageschehen in diesem Zusammenhang darstellen zu können, wollen wir hier die einzelnen Sakramente in bezug auf ihre jeweilige Funktion in diesem Geschehen aufzeigen, insbesondere Taufe und Firmung, Buße und Eucharistie. B. Häring versteht Sakramente als "eine bleibende gnadenvolle Ermunterung auf dem Weg ständiger Bekehrung".[204] Im Blick auf ihre Bedeutung im Umkehrgeschehen kann man über die Sakramente sagen, daß sie einerseits wie die Taufe, die Metanoia grundlegend dem Getauften als Indikativ mitteilen, und andererseits wie Firmung, Eucharistie und Bußsakrament als Korrektiv, Festigung und Weiterführung des christlichen Lebens dienen. Alles Bemühen, das von Menschen nach der radikalen Zuwendung Gottes gefordert wird, zielt dahin, das schon-Vollzogene zu seiner Vollendung zu führen, die mit dem Noch-Nicht der Heilserlangung im Eschaton zusammensteht.

2.3.4.1 Taufe - Grundsakrament der Metanoia

Die meisten Aussagen über die Taufe in der Schrift finden sich im Zusammenhang mit Verkündigung und Ermahnung.[205] Sie sagen die Taufe eindeutig als das grundlegende Metanoiageschehen aus. Wir wollen jetzt unter dem Aspekt des Indikativs einige Aussagen über die Taufe anführen, besonders aus dem paulinischen Werk, die uns einigermaßen vermitteln sollen, was in der Taufe geschieht, was dem Getauften geschenkt wird. Da es sich im Umkehrgeschehen zuerst um die Befähigung des Menschen, Gottes Willen zu hören und zu tun, handelt, besteht der christliche Indikativ darin, daß der Getaufte den feindlichen Mächten entrissen und eine neue Schöpfung mit neuen Aufgaben wird (vgl. 2Kor 5, 17). Er wird auf den Namen des Herrn Jesus Christus getauft (vgl. Apg 2,38; 8,16; 1Kor 6,11; Gal 3,20; Röm 6,3 usw.). Damit hat der Getaufte an das Heilswirken in Jesus Christus endgültig Anschluß gefunden. Das heißt, daß der Getaufte mit Jesus

Christus an der neuen, von ihm angefangenen Welt Anteil erhält. Jesus ist gekommen, um die Macht des Todes, der Finsternis und der Sünde zu brechen in seinem Wort und Werk, in seinem gehorsamen Tod und in seiner Auferweckung und um einen neuen
Anfang zu ermöglichen. Deswegen erfährt der, der sich einer
solchen auf den Namen Jesu vollzogenen Taufe unterzieht,
einen Herrschaftswechsel. "Taufe ist Übereignung an diesen
Herrn, den Gekreuzigten und Auferweckten, somit Herausnahme
aus dem Machtbereich der Sünde, des Todes und der Finsternis
und Hinüberführung in das Reich Jesu als des Messias Gottes
Jahwes".[206] Der ganze Prozeß des Lebens Jesu wird dem Getauften mitgeteilt. Mit Jesus lebt er und stirbt er, wird gekreuzigt
und begraben und ebenso wird er auferweckt (vgl. Röm 6,1ff.).
Paulus will die Römer und so auch alle Getauften nachdrücklich
erinnern, "daß mit ihnen eine grundsätzliche, das ganze Leben,
die ganze Person umgestaltende 'Umkehrung' geschehen ist, und
das gerade durch ihr Getauftwerden".[207] Diese 'Umkehrung' besteht darin, daß der Getaufte von seiner Taufe an als "alter
Mensch" (vgl. Röm 6,6) nicht mehr lebt, daß er mit Christus
mitgekreuzigt ist, mit ihm ebenso der Ungehorsam des "alten
Menschen", der durch einen Menschen in die Welt gekommen ist
(vgl. Röm 5,19). Die Sünden werden durch die Taufe vergeben
(vgl. Apg 3,19; 22,16), ja, man kann sogar sagen, daß der
Christ durch die Taufe der Sünde gestorben ist (vgl. Röm 6,1)
und von jeder Knechtschaft der Sünde befreit und ihr jegliche
Kraft über den Getauften genommen ist, so daß man ihr nicht
mehr dienen muß (vgl. Röm 6,12. 13. 17. usw.).

Dies ist nur die eine Seite des sakramentalen Umkehrgeschehens,
das in der Taufe grundgelegt wird. Die andere Seite ist die
Tatsache, daß uns in der Taufe der Geist gegeben wird sowie
Wiedergeburt zum neuen Leben und ein neues Verhältnis zu
Gott in der uns geschenkten Sohnschaft sich ereignet. Er ist
die Sünden vergebende, den alten Menschen umgestaltende, den
neuen Menschen schaffende Macht.

Den Heiligen Geist, der die Herzen der Getauften umwandelt und
mit dem neuen Leben beschenkt, kündete auch Johannes der Täufer an (vgl. Mk 1,4; Lk 3,16; Apg 13,24 usw.). Er wird jedem

einzelnen in der Taufe gegeben, und zwar "nicht auf Grund
von gerechten Werken, die wir etwa getan haben, sondern nach
seiner (sc. Gottes) Erbarmung durch das Bad der Wiedergeburt
und der Erneuerung im Heiligen Geist, den er in reichem Maße
über uns ausgegossen hat durch Jesus Christus, unseren Heiland"
(Tit 3, 5f.). Durch diesen Geist sind die Getauften zum Leben
erweckt und zum neuen Dienst befähigt; er macht lebendig durch
die Mitteilung des göttlichen Lebens (vgl. 1Kor 15, 45; 2Kor
3,6 use.). Durch denselben Geist gilt es für die Getauften,
daß sie "in-Christus sind" und zugleich "im Geist" (vgl.
Röm 8,4.9.14; 2Kor 3,17 usw.). In Gal 3,27 spricht Paulus
von "in Christus sein" und von "Christus anziehen" als den
neuen Wirklichkeiten der Getauften. "Denn ihr alle, die ihr
auf Christus getauft seid, habt Christus angezogen." Dieser
Geist macht uns zu Kindern Gottes und schenkt uns die Sohnschaft. Er ruft in uns "Abba" und entreißt uns so dem Sklave-
sein. "Weil ihr nun aber tatsächlich Kinder seid - hat Gott
den Geist seines Sohnes in unsere Herzen gesandt, der da ruft:
Abba, Vater! Also bist du nicht mehr Sklave, sondern Sohn,
dann auch Erbe durch Gott" (Gal 4,6; vgl. Röm 8,15).

Diese in der Taufe geschenkten Wirklichkeiten sind an verschiedenen Stellen auch durch andere Bilder ausgesprochen.
So spricht man besonders im johanneischen Werk von einer neuen
Geburt oder Wiedergeburt aus dem "Geist und Wasser" (vgl. Joh
3,3 usw.). "Das Wiedergezeugtwerden bringt, in Verbindung mit
der in ähnlichem Zusammenhang angeführten Sündenvergebung,
die Umkehr, das Neugestalten eines 'Alt'-Gewordenen in Erinnerung, wie sie als Tat Gottes verheißen war." [208] In allen
hier angeführten Texten geht es um die gleiche Wirklichkeit,
"Angleichung an Christus in seinem Tod und seiner Auferstehung,
Gestorbensein für Sünde und Sündenverstrickung und Befreitsein
für die Heilssolidarität." [209]

Zu diesen Aussagen über den Indikativ der christlichen Existenz kommt die Tatsache, daß der getaufte Mensch durch die
Taufe auch in die Kirche als Gemeinschaft der Glaubenden eingegliedert ist, die ebenso ihre Existenz dem Metanoiageschehen
verdankt und Träger und sichtbares Angebot unter den Menschen
ist.

"Mit Kreuz und Auferweckung ist in dieser Welt nicht schon
das Reich Gottes, auf das hin die Grund-Metanoia gefordert
und vollzogen wird, in der Fülle letzter Verwirklichung da;
vielmehr wird in der Menschheit und für diese eine Gemeinde,
d.i. 'Kirche', konstituiert, auf das 'jetzt' (vgl. Eph 3,5.10)
durch diese das Reich Gottes, grundlegend schon bereitet,
kommen (vgl. Eph 3, u.ö.)."[210]

Dadurch war Paulus veranlaßt, über den einen Leib in dem einen
Geist zu sprechen. "Denn in einem Geist sind auch wir alle zu
einem Leibe getauft worden, ob wir Juden sind oder Griechen,
ob Sklaven oder Freie; und wir sind alle mit einem Geist
getränkt worden" (1Kor 12,12f.; vgl. Kol 1,13ff.; Eph 1,3ff.
usw.).

So zeigt dieser Indikativ, daß die Getauften als einzelne und
als Gemeinschaft neue Schöpfung geworden sind, daß sich an
ihnen ein Umkehrgeschehen ereignete und daß es doch hier nur
um einen ontologischen Anfang gehen kann, der sich in einem
dauernden ethisch-existentiellen Metanoiageschehen bewähren
soll und zur Vollendung geführt werden muß.[211] Es soll in
der Dynamik des Heiligen Geistes weitergeführt werden. Dabei
geht es um die Entfaltung des Lebens von dem neuen Ursprung
her, der dem Getauften in der Taufe gegeben ist, für die
neue Zukunft in Jesus Christus. Diese Zukunft ist nicht mehr
die von Adam eröffnete Vergangenheit, sondern die Zukunft,
die in der Taufe dem Getauften in Jesus Christus übergeben
ist. Deswegen lebt der Getaufte nicht mehr "im Fleisch"
(Röm 7,5; Eph 2,3 u.a.) und "in der Welt" (Kol 2,20) mit
ihren Elementen und ihren dunklen Mächten, sondern lebt für
den Herrn, auf dessen Namen er getauft ist. Damit ist die
neue Freiheit gegeben, in der der Getaufte sein neues Leben
gestalten soll, nach der sich auch die Schöpfung, die unter
der Knechtschaft der Vergänglichkeit steht, sehnt (vgl. Röm
8,21). Es ist die Freiheit von der Sündenmacht samt ihrem Tod
und von allen "Zwingherrn", die in der Taufe "ohnmächtig"
geworden sind; bei denen zu bleiben "wäre ein Widerspruch
gegen unsere Wirklichkeit als Getaufte, gegen unser neues
Sein und unsere neue Existenz".[212]

Mit dieser neuen Wirklichkeit, die in der Taufe mitgeteilt
worden ist, partizipiert der einzelne und die Kirche als
"getaufte Metanoia-Gemeinde" am Sein des "Gesandten", der den
Menschen mit seinem Leben und Tod eine solche Möglichkeit
eröffnet hat.[213] Durch diese Partizipation ist schon der
Imperativ der Metanoia-Gemeinde und der christlichen Meta-
noia-Existenz gegeben. Damit beschäftigen wir uns in dem
folgenden Abschnitt.

2.3.4.2 Imperativ - aus dem Metanoiageschehen

Wenn durch den Indikativ des Taufgeschehens der christlichen
Existenz als ihre bleibende Struktur die Metanoia gegeben
ist,[214] dann entsteht daraus ebenso ein Imperativ. R. Schulte
faßt es so zusammen: "Aus dem Wieder-hingewendet-Sein auf
Gott durch dieses Mitauferweckt-worden-Sein entspringt auch
Auftrag und Kraft für das Gesendet-Sein hin auf die Welt und
die 'Fernen' (vgl. Eph 2,11-22 mit 3,8ff.; Mt 28,18ff. u.ä.),
um alles in die Metanoia einzubeziehen, ein Hin-auf-die-Welt
jetzt allerdings ganz im Geist Gottes und im Namen Christi,
als neubestelltes Priester- und Königtum des Neuen Bundes
(vgl. 1Petr 2,4-10), auf daß Gottes Heil 'bis an die Enden
der Erde' (Apg 1,8) gelange".[215] Bei diesem Imperativ geht es
um die personale Entfaltung des eigenen Indikativs, um das
Für-die-Welt-sein. Alle Anforderungen, die in den Texten des
NT an die Gläubigen gestellt werden, haben ihre Berechtigung
in der Taufe, weil durch sie sie zu ihrer Erfüllung befähigt
wurden.

Im Grunde geht es um ein neues Verhältnis zu Gott, um ein
Leben für ihn in Jesus Christus. "So müßt auch ihr euch als
solche betrachten, die für die Sünde tot sind, für Gott
aber in Jesus Christus leben" (Röm 6,11). Dieses Leben "in
Jesus Christus" bezieht sich auf den Gehorsam gegenüber dem
Willen des Vaters, der von den Getauften gefordert wird, weil
er ihnen in der Taufe schon zuteil geworden ist. "Ihr waret
Knechte der Sünde, nun aber seid ihr von Herzen der Gestalt
der Lehre gehorsam geworden, der ihr übergeben wurdet" (Röm 7,
17). In dem Gehorsam, den Jesus auch lernen mußte (vgl. Hebr 5,

1.8) sollen die Gläubigen Diener der Gerechtigkeit werden
(vgl. Röm 6,18). Alle Kräfte sollen die Gläubigen in den
neuen Dienst der Gerechtigkeit zur Heiligkeit einsetzen
(vgl. Röm 6,19), dann werden sie als Gottes Diener als
Frucht ihres neuen Dienstes das ewige Leben erben (vgl. Röm 6,
22f.). Sie sollen neu wandeln im Geist, der lebendig macht
(vgl. Röm 7,6).

In bezug auf das eigene Leben und seine Entfaltung ist die
Richtung durch die Wende in der Taufe gegeben. Die Getauften
sind in Christus geheiligt; deswegen sollen sie nach der
Heiligkeit trachten und immer mehr sich heiligen lassen (vgl.
1Kor 1,2; 2Kor 6,16). Weil die Getauften als neue Menschen in
Heiligkeit geschaffen sind (vgl. Eph 4,24), sollen sie aufpas-
sen, daß sie untadelig in Heiligkeit werden "vor unserem Gott
und Vater bei der Ankunft unseres Herrn Jesus Christus mit
allen seinen Heiligen" (1Thess 3,13b).

Und obwohl die Getauften wissen sollen, daß sie gerettet sind
(vgl. Eph 2,5.8.), sind sie daraus gerade verpflichtet "mit
Furcht und Zittern" ihr Heil zu wirken (vgl. Phil 2,12).

Eine weitere aus dem Metanoiageschehen folgende Forderung
ist die Liebe zueinander. An die Gemeinde in Thessaloniki
schreibt Paulus und bittet, sie möge wachsen und immer reicher
werden an Liebe zueinander und zu allen (vgl. 1Thess 3,12).
Dies ist für sie möglich geworden, weil die Liebe Gottes in
unsere Herzen ausgegossen ist durch den Heiligen Geist (vgl.
Röm 5,5), und weil der Sohn Gottes sein Leben aus Liebe für
die Seinen hingegeben hat (vgl. Joh 13,1) und als einziger
Maßstab der Liebe gilt, weil niemand größere Liebe zeigt
(vgl. Joh 15,13). Und so wie Jesus sich durch nichts abhalten
ließ von der Liebe zu den Menschen, so vermag die Getauften
nichts von der Liebe Christi zu scheiden (vgl. Röm 8,39f.).
Die Liebe ist jenes Kriterium, an dem alles neue Tun der
Getauften gemessen wird. Weder Opfer und Gebet, Gehorsam und
Glaube noch Almosen und Hingabe des eigenen Leibes gelten
etwas, wenn es keine Liebe gibt (vgl. 1Kor 13,1ff.). Sie ist
die bleibende und höchste Gnadengabe (vgl. 1Tim 1,5). Durch

sie wenden sich alle Dinge zum Guten (vgl. Röm 8,28).

Wenn wir Heiligkeit, Rettung und Liebe als Indikative und
Imperative zugleich hervorgehoben haben, so wollten wir die
christliche Existenz in den neuen Dimensionen aufzeigen. Die
Heiligkeit als neues Verhältnis zu Gott, die den Gehorsam
gegenüber seinem Willen beinhaltet und jede Sünde und Schuld
ausschließt; die Rettung als Möglichkeit der Entfaltung des
personalen Lebens, weil alle Hindernisse weggeräumt sind und
die Geretteten und zugleich die Rettenden im Reich des Sohnes
(vgl. Kol 1,13) leben und sich entfalten. Die Liebe ist diejenige Kraft, durch die alles Handeln gegenüber den Menschen
neue Qualität bekommt. "Denn wer seinen Bruder, den er vor
Augen hat, nicht liebt, der vermag Gott, den er nicht gesehen hat, (erst recht) nicht zu lieben" (1Joh 4,20b).

Ein besonderer Imperativ gilt außerdem der Auferbauung der
Kirche, weil die Getauften, da alle ein Leib in Christus sind,
untereinander Glieder sind. Jeder Getaufte ist Träger verschiedener Gaben, die ihm durch die Gnade Gottes verliehen
sind (vgl. Röm 12,5). "Die Kirche, die der Leib des Geistes,
der Leib Christi ist, realisiert, aktualisiert und manife-
stiert sich als solche in den Gliedern in eben derselben
Kraft des Geistes."[216] Die erste Antwort dieser Gemeinschaft
auf Gottes Handeln ist der "Gottesdienst", der gerade, weil
er Dienst für Gott ist, die Brüder und die Welt untrennbar
verbindet.[217] Alles Tun der einzelnen Glieder ist auf den Leib
hin getan. "Was immer die einzelnen Glieder tun können und
tatsächlich tun, ist ein von der Liebe geprägter Dienst zum
Besten des ganzen Leibes, ohne den dieser nicht lebensfähig
ist und nicht 'wachsen' kann."[218]

Der einzelne Getaufte und die ganze Kirche haben als erste
Gabe in der Taufe den Heiligen Geist empfangen, durch den
die Übereignung an Jesus Christus sich ereignet und der in den
Herzen der Gläubigen wohnt (vgl. Röm 8,1; 1Kor 2,12 u.a.:),
der sie zu jedem guten Werk treibt, zum weiteren Sich-schenken
(vgl. 1Kor 12,4ff.)[219] Daher kann der ganze Gegensatz zwischen

der Wirklichkeit des alten Menschen und seiner Neugestaltung
in der Taufe von Paulus in der Formel "im Geiste oder im
Fleische wandeln" ausgesagt werden (vgl. Röm 8,4; Gal 5,16f.
u.a.). Derjenige, der im Geiste wandelt, hat Leben und Frieden und kann so Gott gefallen, der dagegen im Fleische wandelt, verdient sich den Tod und die Feindseligkeit mit Gott
(vgl. Röm 8,5; Gal 5,21; 1Joh 2,15f. u.a.).

2.3.4.3 Firmung - Vollendung des Taufgeschehens

Hier geht es um die Frage, wie die Firmung sich zu dem Indikativ und Imperativ des Taufgeschehens verhält. Zuerst wollen
wir deshalb aufzeigen, welchen Stellenwert und welche "Rolle"
ihr in der Theologie aufgrund der Schriftenaussagen und der
Praxis der Tradition zugeschrieben wird. Dieses Sakrament
zählte bis in die neuste Zeit zu den teils vergessenen und
jedenfalls umstrittenen Sakramenten[220], ebenso in der Praxis
fehlte das notwendige Firmbewußtsein.[221]

Um dieses Sakrament von neuem für die Praxis zu erschließen
und fruchtbar zu machen, wurde vom II. Vatikanischen Konzil
ein Erneuerungsimpuls gegeben. In der Liturgiekonstitution
heißt es: "Der Firmritus soll überarbeitet werden, auch in dem
Sinne, daß der innere Zusammenhang dieses Sakraments mit der
gesamten christlichen Initiation besser aufleuchte.."[222]

Die Firmung gehört in der Praxis der Kirche zum Bereich des
Initiationsprozesses und ist ein Bestandteil davon, sie gehört
zu der initiierenden sakramentalen Trias Taufe, Firmung und
Eucharistie.[223]

Von der Schrift her läßt sich eigentlich das Firmsakrament
nach der Auffassung vieler Theologen zunächst kaum als ein
selbständiges begründen.[224] "Als Grundsakrament wie auch als
Sakrament des Heiligen Geistes gilt hier vor allem die Taufe.
Zwar gibt es einige Hinweise, welche die Geistverleihung durch
die Handauflegung der Apostel erwähnen (Apg 8,14-17; 19,
1-7), doch ist es gerade das Spezifikum der christlichen Taufe,
Sakrament des Heiligen Geistes zu sein im Unterschied zur

Johannestaufe (Mk 1,8; Lk 3,16)."[225] Wenn man dennoch sagt,
daß die Firmung die besondere Vermittlung des Heiligen Geistes
bedeutet, dann soll dies keinesfalls exklusiv verstanden werden, weil alles sakramentale Handeln der Kirche als Gottes-
Geistvermittlung zu verstehen ist.[226]

So kann man allgemein sagen: "Der Auferstandene - selbst im
Besitz des messianischen Geistes - hat den Aposteln und der
jungen Kirche die Gabe des Geistes mitgeteilt. Kraft ihres
Gebetes und ihrer Handauflegung teilen die Apostel den Gottes-
geist den Getauften mit. Die Gabe des Heiligen Geistes führt
zum Aufbau der christlichen Gemeinden, vollendet das in der
Taufe begonnene Heilswerk und befähigt in spezifischer Weise
zum christlichen Zeugnis".[227]

Die Firmung ist aus der Aufgabe der Apostel und der Kirche
entstanden, den Geist weiter zu vermitteln und die Getauften
zum christlichen Zeugnis zu ermutigen und zu befähigen. Sie
erst ergeben hier die Aufteilung eines ursprünglich ganzheit-
lichen katechetischen und sakramentalen Initiationsvorgan-
ges.[228] Ihre Funktion ist deswegen nicht als eine ergänzende
oder wiederholende der etwa unvollkommenen Taufe zu verstehen,
sondern mehr als entfaltende, bestätigende und ratifizierende,
die zu einer bewußten Annahme und Erneuerung des Geistesge-
schehens führen soll.[229]

Die Firmung kann aber von verschiedenen Standpunkten und
Ansätzen her betrachtet werden, und zwar christologisch, ekklesiologisch, heilsgeschichtlich, anthropologisch und anthropo-
logisch-sakramental.[230]

Unter jedem dieser Aspekte und Ansätze kommt zum Ausdruck, wie
die Wende, die der Heilige Geist in die Geschichte der Menschheit durch Jesus brachte, im Leben der Kirche und des einzelnen Getauften weitergeführt werden soll. G. Biemer wertet diese Ansätze integrierend in praktischer Absicht so: "Faßt man
in diesem Sinne die Leitgedanken aus den verschiedenen Theolo-
gien der Firmung zusammen, so erscheint sie als 'Teil'-Sakra-
ment der Taufe und als deren Vollendung (sakramental),als die
spezifische Eingliederung in die Sukzession des Geistes Jesu Christi

(christologisch), als Zeichen für die Glaubensentscheidung
(anthropologische Komponente für den Fall der Kindertaufe)
und als Zeichen und Auftrag für das Engagement außerhalb der
Kirche (ekklesiologisch)".[231]

Die geschenkte Heilsgabe in der Taufe wird in der Firmung
zur Heilsaufgabe, aufgrund derer der Getaufte seine Metanoia-
existenz als Mitglaubender, als Partizipierender am Glauben
der anderen, als Mitträger des Heiles in der Welt und als Mit-
erbauer der Kirche lebt und wirkt.[232] Mit anderen Worten gesagt, geht es um eine bewußte und vollkommenere Eingliederung
in die Kirche und damit um eine veranwortlichere Teilhabe an
der Sendung und am Auftrag der Kirche in der Welt.[233] Das
II. Vatikanische Konzil sagt dazu in der Kirchenkonstitution:
"Durch das Sakrament der Firmung werden sie (sc. die Gläubigen) vollkommener der Kirche verbunden und mit einer besonderen Kraft des Heiligen Geistes ausgestattet. So sind sie in
strengerer Weise verpflichtet, den Glauben als wahre Zeugen
Christi in Wort und Tat zugleich zu verbreiten und zu vertei-
digen".[234]

In diesem Zusammenhang ist besonders das Patenamt, das schon
von Anfang an im Initiationsvorgang eine wichtige Rolle spielt,
als geistliche Begleitung während der Vorbereitung für das
Firmsakrament zu betonen. Mit dem Abbau   der volkskirchlichen
Strukturen wird diese Begleitung in der Katechumenatszeit
immer notwendiger. G. Biemer sagt: "Der einzelne, auf welchem
Weg er auch immer Kontakt mit der Botschaft Jesu bekommen hat,
darf nicht allein, etwa durch Einzelunterricht, in das Leben
der kirchlichen Gemeinschaft eingeführt werden. Dies muß
vielmehr in einer Gruppe geschehen, in der der Katechumene
das Zeugnis des Glaubens erlebt".[235]

Aus dem hier über die Firmung Ausgesagten[236] sieht man, daß
ihre Funktion darin gesehen werden darf, das Metanoiageschehen, das im Taufgeschehen grundgelegt wurde, weiterzuführen,
zu festigen und zur Vollendung zu bringen.

2.3.4.4 Eucharistie - Vergegenwärtigung und Verdichtung des Metanoiageschehens

Die Kirche als Metanoia-Gemeinde ist die Gemeinde, die der
Welt als Gabe gegeben ist und die sich in Metanoia als Aufgabe
in ihrer Grundstruktur zeigt. So stellt sie sich gnadenhaft
in das von Jesus Christus· gestiftete Heil hinein, und dadurch
wird sie "sein Leib, die Fülle dessen, der alles in allem
vollendet" (Eph 1,23; vgl. Kol 1,18) für die Welt. Durch ihr
Wirken will Gott, daß das Heil von Jesus Christus weiterwirkt
und vollendet wird. Sie ist "die amtliche Präsenz der Gnade
Christi in der öffentlichen Geschichte der einen Menschheit".[237]
Ihre Aufgabe sieht sie in der Welt in drei Grundfunktionen,
und zwar in Liturgia, Martyria und Diakonia. In allem, was sie
tut, realisiert sie diese Aufgabe und zugleich sich selbst.
Dies gilt besonders für den Vollzug der Eucharistie. "Für
die Orientierung der Eucharistiekatechese ist es von Bedeutung,
den inneren Zusammenhang dieser drei Grundfunktionen und ihre
Verdichtung in der Feier der Eucharistie vor Augen zu haben."[238]
Das II. Vatikanische Konzil äußert sich dazu folgendermaßen:
"In der Teilnahme am Eucharistischen Opfer, der Quelle und dem
Höhepunkt des ganzen christlichen Lebens, bringen sie (scil.
die Gläubigen) das göttliche Opferlamm Gott dar und sich selbst
mit ihm; so übernehmen alle bei der liturgischen Handlung,
bald durch die Gabendarbringung, bald durch die heilige Kommu-
nion, ihre eigene Rolle, und zwar nicht unterschiedslos, sondern in je ihrer eigenen Weise".[239] Diese Aussage greift Papst
Johannes Paul II. in seinem Schreiben "Über das Geheimnis und
die Verehrung der heiligsten Eucharistie" auf und sagt: "Durch
das Konzil ist uns folgende Wahrheit mit neuer Kraft bewußt
geworden: wie die Kirche die Eucharistie vollzieht, so erbaut
die Eucharistie ihrerseits die Kirche... Die Kirche wurde als
die neue Gemeinschaft des Volkes Gottes in der Gemeinschaft
jener zwölf Apostel gegründet, die beim letzten Abendmahl den
Leib und das Blut des Herrn unter den Gestalten von Brot und
Wein empfingen".[240]

Den Auftrag, die Eucharistie zu feiern, bekam die Kirche durch

den historischen Jesus, der mit seinen Aposteln das letzte
Mahl vor seinem Tod feierte. [241] Darüber gibt es in den neutestamentlichen Schriften vier Einsetzungsberichte, und zwar
1Kor 11,23-26; Lk 22,15-20; Mk 14,22-25 und Mt 26,26-29. Ohne
hier in die Verschiedenheiten dieser Berichte eingehen zu
können, fassen wir mit A. Gerken die gemeinsamen Grundlinien
in den neutestamentlichen Eucharistieaussagen zusammen: "Zunächst ist die Verbindung zwischen der Lebenshingabe Jesu in
dem Tod und der Eucharistie immer ausgesagt. Die Eucharistiefeier ist die Vergegenwärtigung der Lebenshingabe Jesu, und
diese bedeutet Leben für die Welt (Johannes), Sühne für unsere Sünden (Synoptiker), die neue, unüberholbare Gemeinschaft
zwischen Gott und dem neuen Bundesvolk (Lukas und Paulus),
Vergebung der Schuld (Matthäus)". [242] Dieses Handeln der Kirche
in Jesu Auftrag ist die Vergegenwärtigung einerseits des
Werkes, der Geschichte und des Geschicks Jesu selbst. Andererseits wirkt so sein Da-sein die Eröffnung der neuen Geschichte,
der Zukunft für die feiernde Gemeinde bis zur Vollendung, bis
er in Herrlichkeit kommt. [243] Somit wiederholt sich in der
Eucharistie Jesu Hingabe an den Vater in Gehorsam und seine
Liebe zu den Menschen, für die er bereit ist, auch den Tod
auf sich zu nehmen. [244] Und es verwirklicht sich so alles, was
er für die Menschen und an den Menschen getan hat. "Da die
Eucharistie wirklich das Sakrament ist, das uns auf Erden
den Leib Christi schenkt, vollendet sie unsere Eingliederung
in den Herrn, die in Taufe und Firmung begonnen hat. Durch die
Taufe sind wir schon in das Mysterium des Todes und der Auferstehung Jesu hineingenommen, da wir den alten Menschen abge-
legt haben und mit dem neuen bekleidet sind. Aber unsere völlige Einfügung in das Paschamysterium wird erst durch den
Empfang der Eucharistie besiegelt, das dieses Mysterium selbst
enthält." [245]

Durch den in den Gestalten von Brot und Wein anwesenden
Christus [246] wird das ganze Tun der Kirche heilverwirklichend
in bezug auf sie und auf Gott. "Der Hingabewille der Gemeinde
würde ohne Christus nicht weiter reichen als früher bei allen
menschlichen Opfern; die Annahme durch den Vater und die Heils-

wirklichkeit ist uns erst sicher seit und durch Christus."[247]

Deswegen begegnet die Gemeinschaft in der Feier der Eucharistie zuerst dem vergebenden Herrn, der sie von ihrer Schuld und Sünde reinigt und für die Feier vorbereitet.[248] Dadurch wird sie bereit, das Wort Gottes zu hören, seinem Anruf zu folgen, ihn zu bitten und ihm Dank zu sagen. E. J. Cooper sagt: "Sündenvergebung, Buße, Versöhnung sind ein Grundthema der Eucharistiefeier in der Gemeinde. Buße als Bereitschaft zur Versöhnung mit Gott und dem Mitmenschen auf der einen Seite und Eucharistie als Feier der gläubigen Gemeinschaft in, mit und durch Christus auf der anderen Seite gehören zusammen. Ohne Buße, Bußbereitschaft, Umkehr und Versöhnung darf weder der einzelne noch die Gemeinde Eucharistie feiern".[249] Darin wird die Grunddimension der Umkehr ersichtlich, in der und durch die das neue Verhältnis zwischen Gott und Menschen verwirklicht wird. Dieses Verhältnis vertieft sich besonders in der Danksagung.

"In der Eucharistie wird die ganze Geschichte des Menschen - beginnend mit der Schöpfung bis hin zur Lebenshingabe des Sohnes, in der der Geist als neues Leben für neue Menschen mitgeteilt wird - als Heilsgeschichte, d. h. als seine Geschichte des Erbarmens und Rettens Gottes danksagend gepriesen."[250] Die neue, mit Gott und untereinander versöhnte und in Dank versammelte Gemeinde wird zu einer Mahl-Gemeinschaft, die an einem Tisch mit dem "Leib des Herrn" geistig genährt wird. In allen neutestamentlichen Berichten und in allen Liturgien kommt der Auftrag zum Ausdruck, Brot und Wein zu nehmen und sie untereinander zu teilen als den Leib und das Blut des Herrn. Aus der Begegnung mit demselben Herrn, der für sie gestorben und auferstanden ist, den sie in den Gestalten von Brot und Wein nimmt, soll die Kirche von neuem für den Imperativ der Sendung in die Welt und die Verwirklichung des Heiles gestärkt werden. "Aus dem Leben Jesu, aus seinem Wort und aus der Wirklichkeit der Eucharistie aber wissen wir in diesem Glauben: Keiner, der an diesem Brot teilhat, ist abgeschrieben oder der Sinnlosigkeit ausgeliefert, jeder

erhält seine Stelle, seine Aufgabe, seinen Dienst."[251] In
der Eucharistie erfährt die Kirche ihre Sammlung und ihre
Sendung. Ihre Sammlung um ihre Mitte, die Jesus Christus ist,
dient zu erneuerter Sendung in die Welt.[252] Durch den gesamten Vorgang in der Eucharistie werden die einzelnen und die
Gesamtkirche "mehr Gott geweiht, tiefer in den Tod Christi
hineingegeben, enger in sich eins, der Vollendung des Alls
im Kommen des Herrn näher".[253] Man kann sagen, daß: "... der
Sinn der Eucharistie sei, die Vereinigung von Haupt und Gliedern, die Koinonia in ihm, die Einheit Christi in den Christen
- und daß man diese Umwandlung, nämlich die Wandlung von ich-
süchtigen, sündigen Menschen in geistergriffene Kinder des
Vaters, die Verwandlung von vereinzelten Vielen in die Gemeinschaft liebender Brüder und Schwestern mit Fug und Recht
den Zielpunkt und Höhepunkt der Sendung Christi und seines
Kommens in der Eucharistie nennen müsse".[254]

Das hier Gesagte läßt deutlich werden, daß die Eucharistie
in ihrer Grundlegung in der Schrift, in ihrer theologischen
Deutung und in ihrem praktischen Vollzug als Verdichtung und
Vergegenwärtigung des in Jesus personifizierten Umkehrprozesses zu verstehen ist, weil sie Verdichtung und Vergegenwärtigung seines ganzen Werkes ist. Ebenso konnte man sehen,
daß Eucharistie in ihrer Struktur die christliche Existenz,
deren Grundstruktur, beginnend mit der Taufe, Metanoia ist,
in ihren Dimensionen intensiv weiterführt und vollendet. Sie
ermöglicht dem Getauften und der ganzen Kirche das in Christus-
sein und in ihm Bleiben (vgl. Joh 15,11f.; Gal 3,26f.). Sie ist
die konkrete Möglichkeit, der Sünde zu widerstehen (vgl. Röm
6,2) und der Macht der Finsternis sich zu entziehen (vgl. Röm
6,6ff.). Weiterhin ist die Eucharistie die Vertiefung und
Verdichtung des Eingegliedert-seins in die Gemeinschaft der Kirche und deren Aufbau als des einen Leibes, dessen Haupt Jesus
Christus selbst ist (vgl. Eph 1,23; 4,4.12; 1Kor 12,13).
Sie ist Sammlung der Gemeinschaft, die jeder Getaufte auf
seinem Weg braucht. "Der einzelne Christ kann aber auch in
seinem Glauben nur bestehen und wachsen, wenn er immer wieder
das Gedächtnis des Todes und der Auferstehung Jesu mitfeiert.

Zudem braucht der einzelne, um glauben zu können, das Zeugnis der anderen und der Gemeinde."[255]

Als solche hat die Eucharistiefeier vielfältige Bedeutung für das christliche Leben, weil sie sich mehr als die anderen Sakramente, die zum Teil nur einmal gespendet werden, mit jeglicher Situation des menschlichen Lebens verbinden läßt, und zwar so, daß sie immer den Menschen, in welcher Situation er sich befinden mag, in die engste Verbindung mit dem Urheber des menschlichen Heiles Jesus Christus und mit den Mitmenschen bringt.

2.3.4.5 Vergebung und Versöhnung als Korrektiv auf dem Weg

Bevor wir die Möglichkeiten, die dem Getauften gegeben sind, sein Leben immer von neuem auf Gott hin auszurichten, darstellen, wollen wir die Sünde und ihre Wirkung als zerstörerische Macht betrachten.

2.3.4.5.1 Versuchung und Sünde - bleibende Gefährdung für die christliche Existenz

Aufgrund der vorhergehenden Überlegungen über Taufe, Firmung und Eucharistie in bezug auf das Metanoiageschehen entsteht die berechtigte Frage, ob für einen Getauften, dem in der Taufe alle Sünden vergeben sind und der seitdem ganz in Christus ist und von Christus im Heiligen Geist ergriffen ist (vgl. Phil 3, 12; Gal 5,7), die Sünde noch möglich ist. Wir finden aber sowohl in der Schrift als auch in der ganzen Tradition der Kirche, daß die Möglichkeit und Gefahr der Sünde auch bei den Getauften sehr betont ist. Neben den Aussagen, daß es Gerechte, Gute, "kluge Jungfrauen" und "treue Knechte" gibt (vgl. Mt 13, 17.38.; 23,29; Lk 15,7) und daß die Getauften der Sünde tot sind und der Macht des alten Äon entzogen sind (vgl. Röm 6,2. 14; Kol 2,11 usw.), gibt es andere, in denen ganz deutlich gesagt ist, daß es auch weiter für die Getauften heißt, sich ganz ernsthaft mit der Sünde auseinanderzusetzen. Sie sind den

Versuchungen des Bösen weiter ausgeliefert. Es gibt solche,
die gegen den Bruder sündigen (vgl. Mt 18,15); die Lügner und
Betrüger sind (vgl. Apg 5,1); die an der Eucharistie betrunken
teilnehmen und so die Sünde begehen (vgl. 1Kor 11,17ff.).Das
Buch der Offenbarung wirft Getauften vor,in ihrer ersten Liebe zum
Herrn ganz kalt geworden zu sein und von ihren früheren guten
Werken abgefallen zu sein (vgl. Offb 2,4f.) Paulus weiß auch
um die Sünde, die im Menschen wohnt, die manchmal das vollzieht, was er selbst nicht will (vgl. Röm 7,17).[256]

Wenn wir weiter erfahren wollen, was die Sünde in ihrem tiefsten Wesen ist und welche Folgen sie mit sich bringt, so sollten wir der ganzen Entwicklung, die in der Schrift des AT in
bezug auf das Verständnis der Sünde stattgefunden hat und ihre
weitere Ausprägung im NT nachgehen. Da dies hier nicht möglich
ist, erläutern wir die Hauptbegriffe für die Sünde im AT und
NT, um daraus zu spüren, was damit gemeint ist.

Der häufigste Ausdruck im AT, den wir mit der "Sünde" wiedergeben, heißt 'hātā' mit vielen Ableitungen. Die Hauptbedeutung
ist 'ein Ziel verfehlen' und Verstoß gegen ein Verhältnis
(Ri 20,16; Ijob 5,24; Jes 65,20 usw.). 'Hātā' beinhaltet in
sich eine Bewegung, was für seine Bedeutungen wichtig ist.
"Das Verb ht' ist ein Verb der Bewegung, das objektiv die Verfehlung eines zielgerichteten Tuns bezeichnet. Dieses zielge-
richtete Tun läßt - besonders sofern Menschen Gegenstand dieses
Tuns sind - ein bestehendes Gemeinschaftsverhältnis sichtbar
werden, dem es gerecht zu werden gilt."[257] 'Hātā' wird sowohl
im profanen als auch im kultischen Sprachgebrauch verwendet,
deswegen umfaßt es rechtliche als auch ethisch-soziale und
kultische Verfehlungen.[258] Mit diesem Begriff wird doch
meistens das Bekenntnis eines Menschen bezeichnet,der sich seiner
'Verfehlung' gegenüber Jahwe bewußt geworden ist. So läßt der
heilige Schriftsteller den Pharao sein Bekenntnis ablegen mit
diesem Begriff: "Diesmal bekenne ich mich schuldig. Jahwe ist im
Recht, ich und mein Volk, wir sind im Unrecht" (Ex 9,27b).
Ähnlich sprechen z.B. Saul, der sich gegen Jahwe versündigt
hat, weil er den Befehl Jahwes und seine Weisungen übertreten

hatte (vgl. 1Sam 15,24). "Die Verben 'hātā' und 'hamartanoo' erhalten also in den Büchern des Alten Testamentes die Bedeutung eines Vergehens gegen Jahwe. Damit ist verbunden eine innere Ungerechtigkeit oder Schuldhaftigkeit."[259] Ein weiterer Ausdruck für die Sünde, mit dem auch neue Aspekte wiedergegeben sind, ist 'awon', mit dem Tat und Tatfolge ausgesagt werden. Es wird mit Schuld, Frevel und Sünde, Ungerechtigkeit, Vergehen und Strafe übersetzt (vgl. Ex 34,7; Ez 21,29 usw.) Bei 'awon' "haftet vorzugsweise die Bedeutung 'Schuld' an, die durch frevelnde Tat herbeigeführt wird und sich gegen den Täter kehrt".[260] So heißt es in Gen 4,13: "Da sprach Kain zu Jahwe: 'Zu groß ist meine Strafe, als daß ich sie tragen könnte'". Mit dem 'awon' wird ebenso "auf einen verworrenen Zustand, eine Ver-kehrt-heit"[261], hingewiesen.

Ein dritter Ausdruck ist 'pesa'. Seine Bedeutung zeigt mehr auf die Aufsässigkeit und Beleidigung Gottes, die in der Tat der Sünde geschieht, weniger aber die innere Verkehrtheit des Sünders. Es wird ebenso der Widerstand und die Beleidigung des Menschen ausgesagt (vgl. Gen 31,36; 50,17 usw.). Dabei geht es um Auflehnung, Rebellion, um die bewußte und gewollte Verletzung aller bestehenden Verhältnisse, sei es zu den Mitmenschen, zu der Welt und zu Gott. Mit diesem Ausdruck wird öfter die gesamte sündige Situation Israels von den Propheten zusammengefaßt wie seine Widerspenstigkeit, die Untreue, der Abfall des Volkes, das Jahwe sich zu eigen erkoren hat (vgl. Hos 7,13; 8,1; Jer 2,8.29; Jes 43,27; 46,8 usw.).[262]

Bei dieser Verschiedenheit der Begriffe und ihrer Bedeutung begegnet man einfach der Schwierigkeit, sie immer adäquat übersetzen zu können. Aber die Schwierigkeit ist ebenso "darin begründet, daß unsere Begriffe jeweils nur den einzelnen Schwerpunkt eines in sich kontinuierlichen Geschehens hergeben, während das hebräische Denken mit einem einzigen und demselben Begriff das gesamte Geschehen als solches umfaßt. Seine einzelnen Stadien sind nicht gegenseitig abgrenzbar, sondern sie sind ineinander enthalten. Ja streng genommen, gibt es gar keine Stadien, keine 'Tat' und keine 'Tatfolge', sondern nur

das Geschehen, das Ganze, die Einheit, den ht' und den 'āwan'".[263]
Und trotzdem kann man etwas Gemeinsames über die Sünde aussagen.
Und wenn wir das Wesen der Sünde, so wie sie im AT verstanden
wird, definieren wollen, dann kann man mit A.Deissler wohl sagen,
daß die Sünde die Herzmitte des menschlichen Versuchs ist, dem
Gott Jahwe seinen Bundes- und Heilswillen abzusprechen.[264]

Im NT wird ebenso mit dem Begriff der Sünde "das vielfältige
Phänomen menschlicher Verfehlungen, die von der geringfügigen
Übertretung eines Gebotes bis zur Verfallenheit der ganzen
Existenz reichen".[265] Die erste Wortgruppe schart sich um das
Verb 'adikeō'. Der Inhalt dieses Begriffs ist alles, was gegen
Sitte, Brauch, Anstand verstößt, alles Unziemliche, Unredliche
und Betrügerische. So finden wir diesen Ausdruck mit seinen
Ableitungen meistens bei Lukas und Paulus, was natürlich
nicht heißt, daß er bei den anderen neutestamentlichen Schrift-
stellern völlig abhanden ist (vgl. Lk 13,27; Apg 1,18; Röm 1,18.
29; 2,8; 3,5; Joh 7,18; Jak 3,61; 2Petr 2,13 usw.).

Eine zweite Gruppe von Begriffen bildet sich um 'amartema'
und wird meistens für die Situationen verwendet und gebraucht,
in denen sich hauptsächlich etwas Widergöttliches ereignet.
'Amartēma' ist gegen Gott gerichtete Tat und kommt meistens
in der Mehrzahl (vgl. Mk 3,28; 1Kor 6,18; Röm 3,25) vor. Wenn
sie in der Einzahl gebraucht wird, bedeutet sie "ewige Sünde",
die gegen den Heiligen Geist gerichtet ist. "Wer aber gegen den
Heiligen Geist lästert, findet in Ewigkeit keine Vergebung,
sondern ist ewiger Sünde schuldig" (Mk 3,29). In den festen Formeln wie "das Bekenntnis von Sünden", "Vergebung der Sünden",
wird 'amartēma' gebraucht (vgl. Mt 3,6; Mk 1,4; Joh 20,23;
Apg 2,38 usw.). Bei Paulus und bei Johannes bekommt 'amartēma'
mit der Zeit andere Bedeutung. "'Die Sünde' wird mehr innerlich
im Menschen gesehen als 'die Sünden' oder 'Übertretungen' und
zugleich wird sie zu einer Macht, die in der ganzen Menschheit
herrscht."[266] Diese Sünde verknechtet den Menschen und jeder,
der die Sünde tut, ist der Sünde Knecht (vgl.Joh 8,30.34). So
kann sie deswegen auch herrschen und die Menschen unter ihrer
Herrschaft halten (vgl. Röm 3,9). Sie kommt in die Welt durch

einen Menschen (vgl. Röm 5,12), und seitdem sind die Menschen "Sklaven der Sünde" (vgl. Röm 7,14) und sie kann in ihnen wohnen und die Taten, die man selbst nicht will, tun (vgl. Röm 7, 17f.). Bei Johannes ist sie als Macht dargestellt, gegen die das "Lamm Gottes" auftritt (vgl. Joh 1,29).[267]

Und wenn man sich nach der Sünde schlechthin bei Johannes fragt, dann kann man sagen, daß sie im Unglauben an den Sohn Gottes besteht und wird als bleibende Sünde verstanden.[268] "Wer an ihn glaubt, wird nicht gerichtet; wer nicht glaubt, ist schon gerichtet, weil er an den Namen des eingeborenen Sohnes Gottes nicht geglaubt hat" (Joh 3,18).

Zu diesem im NT über die Sünde Gesagten muß man noch den ekklesiologischen Aspekt der Sünde betonen. Wenn ein Getaufter eine Sünde begeht und sich der Macht der Sünde unterstellt, dann handelt er immer als ein Mitglied am Leibe Christi, als ein "Mitgenosse" im Neuen Bund, durch die der ganze Leib geschädigt und beschädigt wird, und so das Verhältnis des Ganzen in seinen Aufgaben Gott und den Mitmenschen gegenüber beeinträchtigt wird.[269] Dieser ekklesiologisch-soziale Aspekt der neutestamentlich verstandenen Sünde ist so betont, daß H. Vorgrimler schreibt: "Nach dem Zeugnis des Neuen Testaments hat die Sünde des Getauften so wesentlich einen ekklesialen Aspekt, daß man sagen muß, von diesem werde in der konkreten Praxis sogar bestimmt, was Sünde ist".[270]

Durch die Sünde, die letztlich in der Verletzung der Heilsordnung im AT und NT besteht[271], schafft sich der Mensch eine Unheilssituation, in der er durch sein zerbrochenes Verhältnis zu Gott unter dem Zorn Gottes steht (vgl. Eph 2,3).

Und so wiederholt und verdichtet sich ebenso jene "gnadenlose, unerlöste Situation, in der sich die Menschheit befindet, der Zustand, der es jedem Menschen schon vor jeder persönlichen Sünde unmöglich macht, an Gott zu glauben und ihn zu lieben".[272]

Zusammenfassend kann man jetzt sagen, daß die Sünde als Tat und als Macht auch nach Jesu Kommen und nach seinem Werk noch zu spüren ist. Sie ist aber in ihrer Übermacht besiegt, weil

die Gnade in reichem Maße geschenkt worden ist (vgl. Röm 5,20).
Durch die Sünde wird Jesu Erlösertat und sein Heilshandeln in
ihren Wirkungen beeinträchtigt. Ebenso und deswegen ist die
Sünde ständige Gefährdung der christlichen Existenz. Das Meta-
noia-Geschehen als Gabe kann aber durch die Sünde nicht zerstört werden, weil Gott treu ist und seine radikale Zuwendung
dem Getauften gilt (vgl. 1Thess 5,24). Aber die Aufgabe, die
daraus als Imperativ jedem Getauften zusteht, sein eigenes
Leben in allen Dimensionen nach der Gabe zu leben, kann wegen
der Sünde zu wenig bewältigt werden. Sie will die Früchte der
Umkehr zerstören und ist so als Herausforderung für den Getauften geworden, sich immer wieder von neuem Gott zuzuwenden.
Von diesem Standpunkt her ist ersichtlich, wie die Vergebung
der Sünden und Versöhnungsmöglichkeiten, die der Kirche zur
"Verfügung" stehen und die sie anbietet, zu verstehen sind. Es
sind eigentlich Möglichkeiten, sich der Sünde von neuem zu entziehen, ihre Herrschaft zu schwächen und mit der neuen Bereitschaft sich dem Wort Gottes zu öffnen, es zu hören und zu
befolgen.

2.3.4.5.2 Sakramentale und nichtsakramentale Versöhnung

Die Kirche handelt gegen die Sünden ihrer Glieder, indem sie
sie immer wieder durch die ihr geschenkte Vergebungs- und Ver-
söhnungsmacht neu anfangen läßt. Die Vollmacht, Sünden zu vergeben, übte die Kirche von Anfang an aus auf das Wort Jesu
hin, das er Petrus und dann allen Aposteln gegeben hat (vgl.
Mt 16,19; 18,18). Dabei geht es sicherlich nicht nur um das
Sakrament der Buße und der Versöhnung im engeren Sinne, sondern
um ein ganzes Spektrum von Vergebungsmöglichkeiten. "Das ganze
Sein und Tun der Kirche ist ein Nein gegen die Sünde."[273] Dies
soll der Kirche immer im Bewußtsein bleiben und in der Praxis
sichtbar und erkennbar sein, weil sie gerade Jesu Heilshandeln
fortsetzt, von dem gilt, daß uns "in seiner Verkündigung und
in seinem Verhalten, in seinem Leiden, Sterben und Auferstehen
und schließlich in der Sendung seines Geistes - das letztgül-

tige Zeichen (Ursakrament) der Vergebung Gottes" begegnete.[274]
Durch die Geschichte hat dieser Dienst der Kirche besonders
aber in der engeren Form des Bußsakraments[275] sehr viel Veränderungen erfahren. Nicht nur die Dogmen- und Liturgiegeschichte
des Versöhnungsdienstes, sondern auch die Geschichte der Frömmigkeit, der Askese und des Fastens zeigt einen großen Reichtum
an Formen. Diese Formen spiegeln die Merkmale der jeweiligen
Epoche wider; sie wollten die Bereitschaft Gottes zur Vergebung
in Jesus Christus durch das Handeln der Kirche in einer bestimmten Zeit sichtbar machen.

Deswegen gilt nicht nur für das Bußsakrament im engeren Sinne,
sondern für alle Sakramente und für andere Versöhnungsmöglichkeiten, was das II. Vatikanische Konzil in der Liturgiekonstitution anregte: "Ritus und Formeln des Bußsakramentes sollen
revidiert werden, daß sie Natur und Wirkung des Sakramentes
deutlicher ausdrücken".[276] Dies war ein starker Impuls, sich
in der Kirche auf verschiedenen Ebenen mit diesem Problem zu
befassen.[277] Es findet sich in dem Synodenbeschluß "Schwerpunkte heutiger Sakramentenpastoral" ein Hinweis darauf, daß es in
der Kirche eine Vielfalt persönlicher und gemeinschaftlicher
Formen von Buße und Sündenvergebung gibt. Als Möglichkeiten,
die Vergebung und Versöhnung zu erfahren, sind in dem Synoden-
text folgende Stichworte angegeben: Mitfeier der Eucharistie,
Werke der Nächstenliebe, Gebet, Lesen der Heiligen Schrift
und Hören des Wortes. Es heißt im Text weiter: "Wo immer wir
uns von unserer Schuld abwenden und uns um den Willen Gottes
mühen, treffen wir auf seine Vergebungsbereitschaft".[278] In
dem neuen "Ordo Paenitentiae" heißt es: "Aus menschlicher
Schwäche geschieht es jedoch, daß Christen Gott 'nicht mehr
lieben wie früher' (Offb 2,4), ja daß sie sogar durch die Sünde das Band der Freundschaft mit ihm zerreißen. Deshalb hat
der Herr ein eigenes Sakrament gestiftet (vgl. Joh 20,21-23),
um die nach der Taufe begangenen Sünden zu vergeben, und die
Kirche hat es auf verschiedene Weise, jedoch unter Wahrung
seines Wesens, durch alle Jahrhunderte treu gefeiert".[279]
Hierin ist ausgesagt, daß es bei dem Bußsakrament um das gleiche

Geschehen wie in der Taufe geht, um die Weiterführung und Vertiefung des darin Begonnenen, um sein Korrektiv.[280]

Dieses Spektrum der Versöhnungsmöglichkeiten soll in der Kirche in seiner ganzen Breite und Tiefe gelebt werden und sogar entwickelt und intensiviert werden. Deswegen ist die Botschaft von der Vergebung nicht ein Inhalt neben vielen anderen der Gottesbotschaft Jesu, sondern die Mitte der Botschaft.[281] "Im Gekreuzigten begegnet der Mensch aber auch der Tatsache, daß Gott nicht am Tod des Sünders liegt, sondern an dessen Umkehr und an dessen Leben. Und im auferweckten Gekreuzigten begegnet der Mensch dem lebendigen Sohn Gottes, der der Welt seinen in Gehorsam und Liebe angenommenen Tod als Ruf zur Umkehr, als Macht der Vergebung, als Möglichkeit neuen Anfangs schenkt!".[282]

Hier soll noch dazugesagt werden, daß in der Praxis der Kirche nichtsakramentale und sakramentale Formen der Versöhnung zu finden sind. Bei den nichtsakramentalen Formen ist an alles gedacht, was in der Kirche und durch die Kirche geschieht, weil ihr Handeln und Sein das Merkmal der Versönung trägt, die so z.B. in der Eucharistie, dem Mahl der Gemeinschaft und Versöhnung, geschenkt wird. "Wenn auch als das Spezifische der Eucharistie die liebende Gemeinschaft, die 'koinonia' zu gelten hat, so sollte das aber keineswegs den Blick verstellen für diesen Aspekt der Vergebung, der ja in der Eucharistiefeier selbst an verschiedenen Stellen deutlich gesprochen wird."[283] H. Vorgrimler zählt zu den nichtsakramentalen Versöhnungsformen: Hören des Wortes, Wiedergutmachung durch ein Gespräch (Laienbeichte!), durch produktive Liebe und durch das Mitsterben mit Jesus, wobei an das zerstörende Leid gedacht ist.[284]

Und Buße im engeren Sinne als sakramentales Zeichen ist das Bußsakrament. Ohne auf seine verschiedensten Vollzugsweisen, Bedingungen usw. hier einzugehen [285], wollen wir es als eine ganz spezifische Möglichkeit in der Kirche, Versöhnung zu erfahren, festhalten. Es ist ein Zeichen "der büßenden Kirche der Sünder und der heiligen Kirche; es ist getragen von der ständigen Erinnerung des Leidens und des sühnenden Todes Jesu und vom

ständigen Gebet der Kirche; es ist Zeichen des solidarischen
Mit-Leidens der Kirche".[286]

Buße in ihren verschiedenen Formen, Vergebung und Versöhnung
und Umkehr überhaupt als Grundstruktur der christlichen Existenz, haben so sehr mit dem lebendigen Glaubensvollzug zu tun
und sind "so sehr mit dem täglichen Christsein verbunden, daß
davon die ganze sakramentale Existenz der Kirche und des einzelnen Christen berührt sind".[287]

2.3.4.6 Zusammenfassung

Es läßt sich jetzt sagen, daß alle Aufforderungen zum Umkehren,
die die Schrift, und die Lehraussagen durchziehen, ihre Berechtigung und Begründung im Werk Christi haben. Da Gott in ihm
seine radikale Zuwendung in letztgültiger Weise gezeigt hat
und ihn zum neuen Anfang der Geschichte und letztlich zum
Ziel der ganzen Schöpfung gemacht hat, ist er für die Menschen
der personifizierte Ruf Gottes und so auch Impuls zur Umkehr
zu Gott geworden. Sein Werk ließ er der Kirche, die es unter
der Führung des Heiligen Geistes weiterführen soll. Sie hat
die Vollmacht und die Mittel, als das neue Volk aus Metanoia
zu entstehen und sie weiter anzubieten. Und jeder, der sich
taufen läßt, wird in sie eingegliedert und partizipiert an
Jesu Heilshandeln. Durch das Sich-Taufen-lassen kommt der
Getaufte in ein neues Verhältnis zu Gott, zu den Mitmenschen
und zu der Welt, und zwar so, daß er aus der ihm geschenkten
Zuwendung Gottes, die in ihm eine neue Grundstruktur ins Leben
ruft, die er als Gabe verstehen und annehmen soll, sein Leben
als Antwort auf Gottes Ruf und Angebot gestaltet. Diese Gestaltung beinhaltet ein ständiges Hineinwachsen in Gottes Angebot
in Jesus Christus, das den Getauften zu radikalem Gehorsam
hinführt. Aus diesem Gehorsam heraus lebt er in der Gemeinschaft der Kirche in der Welt und für die Welt. Mit ihr nimmt
er an der Heilssendung Jesu teil und ist mitverantwortlich
für ihre Effizienz. Durch diese Effizienz soll "der Welt" gezeigt werden, wie es Gott in Jesus Christus mit dieser Welt
meint.

"Der Wille Gottes kann, wenn man will, auf die einfache Formel
gebracht werden: ich will den Menschen und eine Welt für ihn;
ich will, daß nichts gegen diesen Menschen spricht: ich selbst
bin für ihn (vgl. Joh 8,31)".[288] In diesem Einsatz und Dastehen
für die Welt erfährt sich die Gemeinschaft der Kirche und der
einzelne Mensch als Sünder, der durch Ungehorsam und durch
die Unfähigkeit zu Liebe die unerlöste Situation herbeigeführt
und das Unheil wiederholt und sogar mehrt. D.h., daß durch die
Sünde der Erlösungswille Gottes nicht anerkannt und gegen ihn
gehandelt wird, daß der Glaube und das Vertrauen verweigert
werden. So entfremdet sich der Mensch Gott, der Gemeinschaft
der Kirche und der Welt und verfehlt sich in seiner Grundstruktur, die er durch seine Taufe bekommen hat. Er wird aber
dabei nicht in der Unmöglichkeit gelassen, sich von neuem auf
Gott auszurichten, sondern ihm wird die Vergebung und Versöhnung zugänglich gemacht. Und diese Botschaft von dem vergebenden Willen Gottes ist die Mitte der Botschaft und des Werkes
Jesu, die in der Kirche auf vielfältige Weise verkündigt werden und zu erfahren sind.

168

2.4 Ein pastoraltheologisches Umkehrmodell

2.4.1 Zulehners Umkehrmodell

In seinen Beiträgen zur praktischen Theologie im Bereich der
Erwachsenenbildung hat Paul-M. Zulehner 1979 sein Buch
"Umkehr: Prinzip und Verwirklichung" veröffentlicht.[289]
Sein Anliegen ist es, die Umkehrarbeit in der Pastoral zu
intensivieren, um den "zentrifugalen" Entwicklungen[290] entge-
genwirken zu können. "Die Antwort lautet: durch Umkehr, Kon-
version, Bekehrung, durch 'gedeihliche Verwandlung des Menschen'[291], die auf dem intensiven Austausch mit den in der
Kirche praktizierten Lebenstraditionen beruht". Da sich
diese Arbeit mit der Frage der Umkehr als der zentralen
Lehr- und Lernaufgabe der christlichen Erwachsenenbildung
auseinandersetzt, wollen wir diesen Beitrag darstellen, um
zu sehen, wie die intensivierte Umkehr- und Erneuerungsarbeit
aussehen sollte nach den Einsichten von Zulehner, und daraus
einige Elemente für die Erstellung des Metanoia-Profils zu
bekommen.[292]

2.4.2 Situation, Ziel und Adressaten

Die heutige Situation in der Kirche sieht Zulehner als eine
Zeit, die die Kirche zu einer intensiveren Arbeit in der
Pastoral auffordert, um den zentrifugalen Entwicklungen mit
neuen Angeboten besonders in der Umkehrarbeit entgegenzuwirken.
Er sieht drei Haupttendenzen bei den Kirchenmitgliedern in
ihrem Verhältnis zur Kirche:

- die einen haben das Gespräch mit der Kirche völlig unter-
  brochen; weder haben sie der Kirche etwas zu sagen, noch
  lassen sie sich von der Kirche etwas sagen;

- die anderen haben ihr Gespräch auf sehr wenige "Gelegenheiten und Themen" begrenzt (z.B. Ehe, Taufe...);

- die dritten versuchen, ihr Leben nach dem Evangelium in
  der Gemeinschaft der Kirche zu gestalten.[293] Die dritten

kommen dadurch in ein Spannungsfeld zwischen der "Lebenskultur ihrer Umwelt und jener, die sie den Lebenstraditionen
ihrer Kirche von Jesus Christus her entnehmen."[294]

In einer solchen Situation stellt sich die dringende Frage an
das Handeln der Kirche, ob es Wege und Mittel gibt oder geben
kann, durch die die bedrohlichen Tendenzen aufgefangen werden
könnten. Gibt es etwas, was dieser Entwicklung entgegenzuwirken imstande ist? Auf diese Frage antwortet Zulehner, daß es
jedenfalls möglich ist und daß der Kirche solche Situationen
und Auswegmöglichkeiten schon vertraut sind; die Kirche soll
ihre Umkehrarbeit intensivieren, die Urthema jeder Pastoral
von Anfang der Kirche und grundlegendes Thema der Schrift
ist.

Die Kirche erlebt heute eine ähnliche Situation, wie sie sie
an ihrem Anfang erlebt hatte. Heute wie damals ist "christliche Lebenskultur und christlicher Glaube" keine Selbstverständ-
lichkeit. Es gab Zeiten in der Geschichte der Kirche, in denen
sie mit Staat und Gesellschaft gemeinsam bemüht war, die
Menschen zu Christen zu formen. Heute bleibt diese Aufgabe der
Kirche selbst überlassen; sie kann nicht mehr die Gläubigen
von Staat und Gesellschaft "adoptieren", sondern sie soll zu
ihrer "ureigensten Aufgabe" zurückkehren und "mütterlich
Christen ... zeugen".[295]

Es stellt sich die Frage, wie dies praktisch aussehen soll,
daß den Menschen von heute der Glaube als befreiende Macht
und als Lebenshilfe erfahrbar gemacht werden kann. Der Weg,
den Zulehner vorschlägt, ist der Versuch der Neuentdeckung
der Beichte, die zu den praktizierten Lebenstraditionen der
Kirche gehört. Die Beichte wird "nicht einfach als sakramen-
taler Akt von Bekenntnis und Lossprechung, sondern als Anfang
eines Prozesses, der Veränderung heißt", verstanden.[296] Der
Prozeß der Umkehr an sich, den Zulehner am Beispiel "Beichte"
behandelt, ist der Punkt, dem wir uns in unserer Arbeit zuwenden, und nicht der Frage der Beichte oder einer anderen
"praktizierten Lebenstradition" der Kirche.

2.4.3 Umkehr und Umkehrtypen

Grundlegend für die Umkehrbedeutung ist das Verständnis der
Schrift des Alten und Neuen Testamentes. Sie ist eine Lebensänderung, die von Sünde und Tod zum Leben, vom Dunkel zum
Licht führt. Mit anderen Worten gesagt, schließt sich der
Mensch durch die Umkehr der Tradition des Guten an, die mit
Jesus angefangen hat, und entzieht sich der des Bösen. Es
geht um den Herrschaftswechsel. Der Anschluß an die gute Tradition geschieht in zweifacher Hinsicht. Von der Innenseite
gesehen ist es "ein Hineinwachsen in Jesus Christus" und von
der Außenseite "ein Hineinwachsen in die Gemeinschaft".[297]
Durch dieses zweifache Hineinwachsen entzieht sich der Mensch
der Macht des Bösen, der tödlichen Wirklichkeit der Sünde und
Schuld.
Diese Gedanken sind die biblische Grundlage, auf die Zulehner
seine weiteren Überlegungen aufbaut. Es ist das allgemeine
Ziel jeder Umkehrarbeit: sich dem Bösen zu entziehen und sich
dem Guten in der Gemeinschaft anzuschließen.

Das gemeinsame Ziel der Umkehrarbeit schließt aber nicht verschiedene Umkehrtypen aus, die verschiedene Ansatz- und Aus-
gangspunkte brauchen. So z.B. findet man auch in der
Schrift eine solche Differenzierung: wenn es um die Angehörigen
des jüdischen Volkes geht, dann geht es bei der Umkehr vor
allem "um eine neue Beziehung zu Gott"; bei der Heidenmission
wird Abwendung von den toten Götzen und Hinwendung zum lebendigen Gott gefordert; bei denen, die schon Christen waren und
die "erste Liebe" vergessen haben, ist die grundlegende Aufforderung ein Zurückkehren zu der verlassenen Liebe, zu dem
schon früher bekannten Gott.[298]

Diese Praxis der ersten Kirche verpflichtet die heutige Pastoral, sagt Zulehner, differenzierte Angebote zu machen, um die
Menschen dort zu finden, wo sie sind, und um sie dort abholen
zu können. Die heutige Situation läßt bei den Gläubigen eine
dreifache Kategorisierung zu:

- die erste Kategorie sind die Gläubigen, bei denen es um die Erneuerung des Lebens geht, damit sie für die lebendigeren Beziehungen zu Gott fähig werden. Es ist die Umkehr der Bekehrten, bei denen es um die bewußtere Annahme des christlichen Indikators geht;[299]

- die zweite Kategorie sind die Religiösen. Es sind diejenigen, die Gott in Dienst nehmen, um von der Schuld loszukommen, ohne ein lebendiges Bewußtsein dafür, etwas im eigenen Leben oder an der schuldhaften Lage ändern zu müssen. Sie brauchen Gott als "Schild und Baldachin"[300], sind aber nicht von sich aus bereit, das Notwendige zu vollziehen. Das Ziel der Umkehrarbeit in diesem Fall ist, über die "religiöse" Einstellung hinaus die christliche Einstellung zu erreichen;

- die dritte Kategorie stellen die "neuen Heiden" dar. Für sie ist Gott unwichtig, deswegen spüren sie kein Bedürfnis danach, Beziehungen zu ihm aufzubauen. Hier soll die Umkehrarbeit, um diese Menschen zur Hinwendung zu Gott zu führen, besonders auf die Taufvorbereitung Wert und Akzent legen, durch die die Adressaten zu "persönlicher Annahme"[301] des Angebotes Gottes in Jesus Christus in der Gemeinschaft der Kirche befähigt werden.

Schon aus dieser Kategorisierung sieht man, daß Zulehner nicht über die Grenzen der Kirche hinausgeht. Er bleibt im Rahmen der kirchlichen Gemeinschaft, und von diesem Standpunkt unterscheidet er die Umkehrtypen und ihre Kategorien. Von dem Verständnis der Umkehr "als ein Hineinwachsen in Jesus Christus in der Gemeinschaft der Kirche" wird auch der ständige Prozeß, der damit verbunden ist, verständlich. Eine Frage bleibt hier offen, ob man nicht ebensogut von anderen Standpunkten her die Kategorien und Umkehrtypen unterscheiden könnte, z.B. vom sozialen, beruflichen, alters- und bildungsmäßigen Standpunkt her. Da hier der Umkehrprozeß als Prinzip bearbeitet wird, wird er durch die weitere Differenzierung der Umkehrtypen nicht wesentlich beeinflußt, d.h. bei jedem eventuellen Umkehrtyp muß es um das Verlassen des Alten und Annehmen des Neuen gehen. Das ist immer Geschenk und Werk, unabhängig vom äußeren Stand.

2.4.4 Umkehr als Gnade und Werk

Der biblischen Tradition über die Umkehr treu, weist Zulehner
nach, daß Umkehr nicht einfach machbar ist. Sie ist letztlich
ein Geschenk des liebenden Gottes, der den Tod des Sünders
nicht will, sondern, daß er sich bekehrt und lebt. Dies bedeutet, daß die Umkehr durch die Liebe Gottes, der sich den
Menschen zugeneigt hat, möglich geworden ist und so "die
Initiative für die Bekehrung bei Gott liegt".[302] Das Ziel dieser Initiative ist dem Philipperbrief nach, den Zulehner bei
diesen Überlegungen zitiert (vgl. Phil 3,7ff.), daß der Mensch
von Gott ergriffen wird. Gott will den Menschen "ergreifen",
ihm Heil und Rettung geben, ihn in die Tradition des Guten
einführen. Die Initiative Gottes läßt den Menschen frei
(vgl. Offb 3,20). Sie bleibt als Angebot und wartet auf die
Antwort des Menschen. "Freilich liegt es am Menschen, sich
ergreifen zu lassen, ja selbst einzuholen, was Gottes Geist
an ihm tut".[303] Im Philipperbrief spricht Paulus von den
Auswirkungen des Eingreifens Gottes in sein Leben, aber ebenso von seiner Mühe, Sich-ergreifen-zu-lassen. Die Antwort
des Menschen erübrigt sich nicht. Im Gegenteil, diese Antwort
geschieht und ereignet sich im "Jagen und sich Ausstrecken
nach Gott", wie Paulus sich ausdrückt.

Wenn wir die Initiative Gottes im Auge behalten und nicht
vergessen, daß der Mensch die Antwort geben soll, kommen wir
zu der entscheidenden Frage: was kann die Pastoral zur Förderung dieser Antwort beitragen; welche Faktoren muß sie bei
der Umkehrarbeit berücksichtigen usw. Das erste, was Zulehner
in seiner Antwort betont, ist die Aufgabe, eine dafür geeignete Atmosphäre zu schaffen. "Die Pastoral als Handeln der Kirche
produziert nicht die Umkehr und Bekehrung. Sie kann immerhin
eine Atmosphäre herstellen, die für die Umkehr förderlich
ist".[304] Die die Umkehr fördernde Atmosphäre ist als ein
"existentielles Induktionsfeld" [305] zu verstehen, in dem man
zum Umkehren angespornt wird und die Umkehr lernen, leben und
feiern kann.

Von diesem Standpunkt her gesehen bekommt die Gemeinschaft
der Gläubigen, die dieses "Induktionsfeld" sein soll, die
Rolle des Umkehrsakramentes.[306] Sie ist deswegen schon die
Gnade, durch die Gott den Menschen ergreift, weil sich das
Herz des Menschen in der Gemeinschaft und durch die Gemein-
schaft leichter öffnet und ansprechen läßt.

Über die Rolle der Gemeinschaft wird unten noch mehr zu sagen
sein, wenn wir die Umkehrbegleitung darstellen, so wie sie im
Verständnis Zulehners geschehen muß um der intensivierten Umkehrarbeit willen..

2.4.5 Umkehr als innerer Prozeß

2.4.5.1 Umkehr als Trauerprozeß

Verschiedene Gründe haben Zulehner veranlaßt, den Umkehrprozeß
als Trauerprozeß darzustellen.[307] Es geht dabei immer um ein
"Sterben", ein "Abschiednehmen", ein "Vernichten" des alten,
sündigen Menschen und zugleich ein langsames und mühsames
Hineinwachsen in Christus und in ihm "Neuwerden". Mit all dem
ist eine "tiefgreifende Veränderung" des Lebens verbunden.
Das Ausmaß der Veränderung ist verschieden, je nachdem, wo
sich der Umkehrwillige befindet. Jedes Mal aber verdrängt die
Veränderung den "alten Menschen" mit seinen Gewohnheiten und
schafft somit Raum für den "neuen Menschen".

Ein weiterer Grund, den Umkehrprozeß von Innen her als Trauerprozeß zu bezeichnen, sind Ergebnisse der Humanwissenschaften,
die Zulehner in dieser Frage konsultiert. Das, was in der Theologie unter "Umkehr" verstanden wird, wird in den Humanwissenschaften "Identitätsumbau" genannt, mit dem die Identitätskrise
verbunden ist, die in Schmerz und Trauer geschieht. Um den
tieferen Einblick in das innere Geschehen der Umkehr zu bekommen, "greift" Zulehner die Ergebnisse der Humanwissenschaften auf, weil es bis jetzt keine Studien über "Konversions-
prozesse" gibt. Auf die Frage, ob es legitim ist, einen solchen
Transfer zu machen, antwortet Zulehner: "Doch gibt es mensch-

liche Erfahrungen, die mit dem Konversionsvorgang eng verwandt
sind".[308] Hier sind also alle Erfahrungen mitgedacht, die in
einer "Erschütterung" gemacht werden, die zur Identitätskrise
führen, so z.B. die Trennung der Menschen durch den Tod, Ab-
schied der Liebenden, Mißerfolge im Leben usw. Solche "Aufrüt-
telungen" führen zur Auflösung der bisherigen Identität und
zugleich eröffnen sie den Raum und lassen die Notwendigkeit
spüren, eine neue, tragfähige Identität aufzubauchen.

Nicht nur die Ergebnisse der Humanwissenschaften, sondern auch
verschiedene Texte aus der Schrift veranlassen Zulehner, den
Umkehrprozeß als Trauerprozeß zu betrachten, wie z.B. "Selig
die Trauernden, denn sie werden das Land besitzen" (Mt 5,4)
oder "Jetzt freue ich mich, nicht, weil ihr traurig waret,
vielmehr, weil ihr traurig waret zur Umkehr... Denn gottgemäße
Trauer wirkt Umkehr zu unwiderruflicher Rettung" (2Kor 7,9f.)
Dazu zieht er noch die Aussage des Tridentinischen Konzils als
Bekräftigung dieses Ansatzes in der Umkehr heran, wo es heißt,
daß "Trauer und Abscheu erweckt werden müssen".[309]

Die Aussage über die Umkehr als Trauerprozeß läßt einige Fragen zu. Sicherlich ist Umkehr mit Trauer verbunden, aber inwieweit jeder Umkehrprozeß durch die Trauer gekennzeichnet ist,
ist fraglich. Dies kann ein Extrem im Verständnis der Umkehr
darstellen, ebenso wie das andere, wenn "den Menschen der Prozeß einer gründlichen Bekehrung nur als eitle Freude und Befreiung vorgestellt" wird.[310] Unserer Überzeugung nach sollten
beide Extremhaltungen vermieden werden, indem mehr das Persönliche und Individuelle bei der Umkehr betont wird, das bei dem
einen durch Trauer, bei dem anderen durch Freude gekennzeichnet
ist. Weiterhin sollte beachtet werden, daß Trauer und Freude
oftmals gleichzeitig auftreten als Spannungszustand: noch am
"alten Menschen" zu hängen und gleichzeitig zum "neuen" hinge-
zogen zu sein.

2.4.5.2 Zusammenbruch und Adaptivphase

Der innere Prozeß bei der Identitätskrise verläuft in verschiedenen Phasen. Die erste wird "Zusammenbruchsphase" oder
"Regressivphase" genannt. Es geht dabei um ein "Am-Ende-Sein"
einer früheren Lebenshaltung und Einstellung zu verschiedenen
Lebensfragen. Das Sinnsystem bricht durch verschiedene Lebenssituationen zusammen.

An diesem Ende fängt eine neue "Aufbauphase" oder "Adaptiv-
phase" an. Sie ist ein mühsamer Prozeß, bei dem der Mensch
längere Zeit, einen bestimmten Raum, Bezugspersonen oder Begleiter und Umstehende braucht, die ihn durch alle Phasen begleiten. [311]

Der Prozeß dauert lange und ist mühsam, weil man erfahrungsgemäß, was die Humanwissenschaften bestätigen, auf Widerstände
stößt, weil das Loslassen des Alten meistens schwerfällt und
das Sich-Begeben ins Neue Unsicherheit verschafft. Das Ausmaß
der Widerstände hängt mit verschiedenen Umständen zusammen.
So ist z.B. mit dem Alter die Abwehr und der Widerstand gegen
Identitätsumbau oder Umkehr größer, weil die Gewohnheiten
tiefer "sitzen" und zugleich die geistigen Kräfte nachlassen. [312]
Diese Ergebnisse sollen, angewandt auf den Umkehrprozeß, uns
zeigen, wie er von Innen her zu verstehen ist. Er soll dort
anfangen, wo der Mensch am Ende ist, wo er merkt, daß sein
Lebensweg einer falschen Herrschaft unterstellt ist und so in
eine verkehrte Richtung geht, und so Denk- und Handlungsgewohn-
heiten in Frage stellt.

Aufgrund dieser Überlegungen stellt Zulehner rasche Bekehrungen
in Frage, weil sie nicht dauerhaft sein und in die Tiefe gehen
können. [313]

Bei der Frage, was genauer unter den "raschen Bekehrungen"
gemeint sei, läßt uns Zulehner ohne Antwort. Daher kann man
dieser Einstellung nur teilweise zustimmen. Sicherlich gibt es
keine "raschen Bekehrungen", die den lebenslangen Prozeß des
Hineinwachsens in das Geheimnis Christi und in die Tradition
des Guten erübrigen. Aber es gibt unerwartete und rasche

Wendungen (z.B. Paulus, Franz von Assisi, Ignatius von Loyola, Charles de Foucauld u.a.), die den Anfang des Umkehrprozesses bedeuten.

Was die Tiefe der "raschen Bekehrungen" anbelangt, die Zulehner in Frage stellt, soll ebenso unterschieden werden. Wenn mit der "Tiefe" der raschen Bekehrungen ihre "Wirkungsgeschichte" gemeint ist, dann ist nicht von vornherein zu sagen, daß sie nicht bei verschiedenen Heiligen genug "tief" gewesen wären. Dort ist aber die Tiefe anzuzweifeln, wo sie mit emotional gefärbten Aussagen über eigene Bekehrungsgeschichten verwechselt wird.

2.4.6 Äußere Bedingungen für Umkehrlernen

Zulehner bedient sich auch hier der humanwissenschaftlichen Ergebnisse, die er auf den Umkehrprozeß anwendet. Er stützt sich dabei besonders auf die Arbeiten von Berger und Luckmann und übernimmt die Elemente, die zu einer "gedeihlichen Verwandlung" des Menschen führen.[314] Mit der "gedeihlichen Verwandlung" ist der Wechsel des Alten durch das Neue gemeint oder der Wechsel einer Identität mit der anderen. In folgenden Punkten sind die äußeren Elemente, die die Verwandlung fördern, angeführt:

- um einen Menschen zu etwas Neuem zu bewegen, muß man ihn vor eine Alternative stellen. Hier geht es zuerst um ein alternatives Lebenswissen. Für die Umkehrarbeit ist die Alternative durch die Schrift gegeben. Die Gegensätze wie "alt" und "neu", "Unheil" und "Heil", "Versklavung" und "Befreiung", "Dunkelheit und Finsternis" und "Licht", "Böses" und "Gutes", "Tod" und "Leben" stellen diese Alternative dar.[315]

  Daraus ist für die Umkehrarbeit die Konsequenz zu ziehen, daß die Kirche in ihrer Pastoral keine billige Anpassung ihres Wissens um das Leben der Menschen an die gesellschaftlichen Lebensweisen unternehmen darf. So bewahrt sie das Spannungsfeld und ermöglicht ein Gespräch mit den Menschen, die ihr eigenes Lebenswissen an dem kirchlichen überprüfen und in Frage stellen können.

- Es muß weiterhin einen Ort geben, an dem dieses neue Wissen "anwesend und damit glaubwürdig"[316] geworden ist. Von diesem Element der "gedeihlichen Verwandlung" her gesehen kommt die Frage an die Kirche und ihre Substrukturen, ob sie um solche Orte genug Sorge trägt, um sie den Umkehrenden anzubieten. Zu diesen "Orten" sollen kleine Gruppen, Familien, Freundeskreise usw. im Rahmen der Gemeinde werden, wenn die Umkehrarbeit intensivert werden soll. Die Erfahrung, die an einem solchen "Ort" gemacht werden kann, drückt Zulehner folgendermaßen aus: "Wir haben es miteinander zu leben versucht und dabei (wenigstens im Fragment) die Erfahrungen gemacht, daß wir auf einem Weg zu sinnvollem und geglücktem Leben unterwegs sind"[317].

- Die "Orte" sollten die Möglichkeit anbieten, den Menschen zu begegnen, die ihr Leben aus dem Glauben heraus gestalten, und einladend für die Suchenden wirken ("signifikant anderer" oder "Personalangebot!").[318]

Bei der Umkehr ist zunächst Jesus Christus der "signifikant andere".[319] Er kann mit seinem Leben und seinem Werk jedes menschliche Leben in Frage stellen, das Sinnsystem "aufrütteln" und als Begleiter zum neuen Leben führen. In seinem Leben sind die Alternativen klar ausgesprochen.

Daneben kommen den Gläubigen wichtige Aufgaben in der Umkehrarbeit zu. Ihre Bedeutung liegt besonders darin, daß durch ihre Lebens- und Handelsweise Jesu Leben als Alternative erlebbar wird.

Die Umkehrbegleitung, angefangen von Seelsorgern bis zu jedem Christen, ist ihre primäre Aufgabe. "Hier soll einfach die Grundaussage festgehalten werden: Umkehr (in jeglicher Form) wird durch Menschen begünstigt, ausgelöst, mitgetragen, vorangetrieben und in diesem Sinne sogar ermöglicht".[320] Die Erfahrungen aus der Katechumenatpastoral in Frankreich zeigen deutlich, daß den Menschen nicht Bücher, sondern Menschen an die Seite gegeben werden sollen.[321]

- Zwischen dem sich in der Verwandlung befindenden Menschen und seinem jeweiligen "signifikant anderen" entsteht ein Kommunikationsbedürfnis, und zwar nicht nur nach einem Gespräch. Oft ist dabei mit einer längeren Zeit zu rechnen, und manchmal kann es sogar zu einer Lebensgemeinschaft werden.

Die intendierte Umkehrarbeit kann schlagwortartig so ausgesagt werden: "Mit neuen Menschen in neuer Form leben zu lernen".[322] Es geht um die Mit-teilung des Lebens zwischen Umkehrwilligen und dem "signifikant anderen". In diesem Element zeigt sich die Notwendigkeit der Patenschaft.

- Eine weitere Forderung an die Umkehrarbeit folgt aus den Dimensionen der "Nihilation und Legitimation" in einem Verwandlungsprozeß. Dies besagt, daß alte Freunde, Orte usw. vermieden werden sollen. "Die alte Wirklichkeit ist im Grunde eine ständige Gefahr und Anfrage an die neue Lebensweise".[323] Mit anderen Worten, es wird eine radikale Abwendung von der alten Welt besonders am Anfang verlangt. Das wirft die Frage nach der "Flucht vor der Welt" auf und den Verdacht, daß alles "Alte und Frühere" schlecht gewesen wäre. Diesen Verdacht weist Zulehner ab und betont sowohl den positiven als auch den negativen Einfluß der Umwelt. Der Umkehrwillige braucht eine "Legitimation", d.h., er muß seinen Versuch, anders als früher leben zu wollen, vor der "alten" Welt rechtfertigen können.

- Der lebenslange Prozeß der Verwandlung braucht eine aktive "Dauerkommunikation" mit den Begleitern.

Für die Umkehrpastoral bedeutet dies, denen, die umkehren, einen Platz in der gemeinsamen Arbeit anzubieten und sie so in die Mitarbeit einzubeziehen.

Den radikalen Umkehrprozeß teilt Zulehner unter Einbeziehung der Ergebnisse der Humanwissenschaften in vier Grundphasen ein:

1. Mobilisierung (stabiles Sinnsystem, Enttäuschung/Überraschung, Kontakt mit den Repräsentanten eines alternativen Systems);

2. Umorientierung (Diskussion der konkurrierenden Sinnsysteme, ihre Unvereinbarkeit, Entscheidung);

3. Konsolidierung (vertraut werden mit dem alternativen System, Zuwendung zur Gruppe des alternativen Systems und Erfahrung des Angenommenseins; Übernahme alternativer Handlungsmuster);

4. Stabilisierung (Distanzierung von den Mitgliedern des früheren Systems, Reinterpretation der Biographie).[324]

Hier geht es um ein radikales Schema des Umkehrprozesses. Bei jedem Umkehrtyp und jedem Umkehrwilligen ist mit Abweichungen zu rechnen.

Aus diesen äußeren Bedingungen, die ein Umkehrlernen fördern, wird eindeutig, daß eine Intensivierung der Umkehrpastoral viele radikale Fragen an die bisherige Praxis richtet, mit deren Antwort die Erneuerung der Kirche und des einzelnen in ihr zusammenhängt.

2.4.7 Umkehrbegleitung

Es ist mehrmals betont worden, daß der Umkehrprozeß die begleitende Gemeinschaft braucht. Dies fordert die Gemeinde heraus, sich ihrer Möglichkeiten bewußt zu werden und sie als Hilfen den Umkehrenden anzubieten. So kann sie "Umkehrsakrament" werden.[325] Von ihrer Struktur her ist sie imstande, Bedingungen zu einer "gedeihlichen Verwandlung" zu erfüllen:

- sie kann alternatives Lebenswissen anbieten sowie einzelne Personen, Gruppen und Kreise als Orte der Begegnung mit dem "signifikant anderen" und ermöglicht die Kommunikation in verschiedenen Stufen (Gesprächspartner, Gemeinschaften). Sie muß dazu nur erweckt werden! Die Gemeinde als Gemeinde Jesu Christi bietet weiterhin den Ort an, wo Schuld zur Sprache kommen und Befreiung von ihr durch die gemeinschaftliche Feier erfahren werden kann.[326]

Die Gemeinde soll deswegen den verschiedenen Substrukturen einen Ort anbieten und ihre "Heimat" werden, so daß durch sie die große Gemeinde getragen werden kann.

An alle Umkehrbegleiter, die Raum für die Begleitung im Rahmen ihrer Gemeindetätigkeit erhalten, werden einige allgemeine Anforderungen gestellt:
- die Begleitung soll im Geiste Gottes geschehen, d.h. als ein Charisma;
- ein besonderes Merkmal ist Geduld, weil der Prozeß meistens langwierig ist;
- das Leben der Umkehrbegleiter selbst soll eine Alternative darstellen;
- die Begleitung darf nicht durch Fanatismus oder übergroßen Eifer die Freiheit des Umkehrwilligen einengen.[327]

2.4.8 Zusammenfassung

1. Der Begriff der Umkehr bei diesem Zulehner'schen Beitrag entspricht dem biblischen Gehalt der Umkehr. In Jesus Christus hat Gott seine radikale Bereitschaft zur Vergebung geoffenbart. Die Umkehr ist sein Gnadenangebot an die Menschen und zu gleicher Zeit die Antwort des Menschen an das göttliche Angebot. Die Antwort wird in dem Herrschaftswechsel und der Entscheidung für die Tradition des Guten gegeben. Die Frage, die wir in bezug auf "rasche Bekehrungen" gestellt haben, bleibt offen.

2. Die Gemeinschaft der Kirche und ihre Substrukturen haben unersetzliche Bedeutung, indem gezeigt wird, daß sie die Elemente in sich trägt und integriert, die sie zum "Umkehrsakrament" und "Induktionsfeld" für Umkehr machen.

3. Die Analyse der kirchlichen Situation in der heutigen Gesellschaft und der Gläubigen rechtfertigt die Aufteilung in die verschiedenen Umkehrtypen und die Anforderung, differenzierte Angebote zu machen.
   Bei der Aufteilung der Umkehrtypen scheint uns die Frage berechtigt zu sein, ob nicht von den anderen Standpunkten, (z.B. dem sozialen, beruflichen usw.) andere Umkehrtypen zu differenzieren wären.

4. Die menschliche Seite ist in diesem theoretischen Ansatzpunkt durch die Übernahme der Ergebnisse aus den Human-

wissenschaften genügend berücksichtigt worden: Die
Gesetze des Lernens und Umlernens sollen auch bei der
Umkehrpastoral berücksichtigt werden. Dabei muß aber be-
wußt bleiben, daß die Umkehr Gnade und Werk zugleich ist.

Kritisch ist zu sagen, daß der Umkehrprozeß nicht so
stark als Trauerprozeß bezeichnet werden muß. Vielmehr
kann bei aller Berechtigung der Trauerarbeit auch über
die Freude im Umkehrprozeß gesprochen werden.

5. Die neubetonte Rolle der Begleitung bei dem Umkehrprozeß
   eröffnet neue Möglichkeiten in der Umkehrpastoral. Damit
   ist es möglich geworden, die verschiedenen Ebenen des
   menschlichen Erlebens anzusprechen. Die Umkehr soll vor-
   gelebt werden und "gemerkt" werden, damit sie gelebt und
   gefeiert werden kann. Das Lernen voneinander und miteinander kommt genügend zum Ausdruck.

Aus den angeführten Gründen meinen wir, daß sich dieser
theoretische Ansatz in der Praxis bewähren wird. Damit wäre
die Umkehr- und Erneuerungsarbeit intensiviert, was eben das
Anliegen dieses Ansatzes auch ist.

2.5 Christliches Metanoiaprofil

Wir brauchen das Begriffsprofil, um an ihm analytisch die
Aussagen der Katechismen über die Umkehr und die Praxis
verschiedener Erwachsenenbildungs-Modelle und besonders die
der Cursillo-Bewegung kritisch messen zu können.

Wenn wir hier vom Profil des christlichen Metanoia-Verständ-
nisses reden, dann gilt es als Abgrenzung und Einschränkung
von allen anderen Religionen und Ideologien, die ebenso eine
Kehre und Umkehr befürworten und dazu aufrufen, daß der
Mensch sich im Dialog mit seinem höheren und niederen Selbst
verwirklichen soll[328] oder im Dialog mit den Verhältnissen
in der heutigen Gesellschaft.[329] Die Aufforderungen, die
heutzutage z.B. aus Soziologie oder Philosophie kommen, mögen
in ihren Aussagen und Begriffen wie "der neue Mensch", "die
neue Gesellschaft"[330] ebenso wie biblische Aussagen klingen.
Dennoch sind sie in ihrer formalen und inhaltlichen Struktur
ganz verschieden in ihrer Begründung und Zielsetzung. Man
kann wohl sagen, daß die christliche Metanoia in ihrer Prozeßhaftigkeit sowohl im einzelnen Menschen als auch in der Gesellschaft Verwandlungen hervorbringen soll, durch die sie
ihre Effizienz beweisen kann, aber sie ist immer noch ein
Mehr, ein "transcendens", weil sie sich letztlich in der
dialogischen Konfrontation ereignet zwischen dem Menschen
in seiner inneren und äußeren Situation und Gott, der sich
geoffenbart hat. Daher soll hier die christliche Metanoia
in ihrer vielfältigen Struktur gezeigt werden.

2.5.1 Deszendenzstruktur (Vertikale)

Wer christliche Metanoia verkünden will, muß sich im klaren
sein über die Fülle des Inhaltes, den die Metanoia in sich
einschließt, und zwar auf ihre Ermöglichung von Gott her und
ihre Verwirklichung durch den Menschen. Zunächst soll die
Deszendenzstruktur beleuchtet werden, die zeigt, daß die Metanoia durch ihre Ausgerichtetheit von Gott her und auf Gott hin
bestimmt ist. Innerhalb dieser vertikalen Struktur lassen sich

drei Dimensionen unterscheiden: die christologische, pneumatologische und ekklesiologische.

1. christologisch: Gottes gnadenhafte Ausrichtung und Zuneigung zum Menschen. Jesus Christus als Gottes Sohn und als der
neue Adam der Menschen.

Gott zeigt sich von Anfang seiner Offenbarung an als derjenige, der nicht den Tod des Menschen will, sondern will, daß er
umkehrt und lebt; Gott will das Schicksal der Menschen wenden,
sich ihrer erbarmen und sie aus der Zerstreuung sammeln (vgl.
Dt 30,2-3a; Ez 33,11).

Indem Gott sich bundes- und heilswillig gegenüber den Menschen
gezeigt hat, eröffnete er den Menschen die Möglichkeit der
Metanoia als Antwort auf sein Heils-Angebot. In der Mitte der
Menschheitsgeschichte, verstanden als Heilsgeschichte, steht
als personifizierter Anruf Gottes an den Menschen und als ge-
lungene Antwort des Menschen an Gott: Jesus Christus. Aus seiner Liebe zu den Menschen hat Gott seinen Sohn Jesus Christus
gesandt, der im Gehorsam gegenüber dem Willen seines Vaters
wandelte und sich in radikaler Liebe der Menschen angenommen
hat. In ihm vernichtet Gott die Sünde und den Tod und eröffnete so die Möglichkeit neuen Lebens. Nach seinem Erscheinen
kann man sagen, daß jegliche Metanoia auf ihn hin gerichtet
ist, weil sich alles Menschheitsgeschichtliche auf ihn hin bewegt, ihm alles zugeordnet und unterworfen ist (vgl. Eph 1,
20f.).

2. pneumatologisch: Wirken des Geistes Jesu Christi von Gott
her.

Jesu Weg und Wirken geschah im Heiligen Geist. Er war der
Geistträger schlechthin. Umkehr zu Jesus und Glaube an ihn
sind immer Wirken des Heiligen Geistes. Daher gehört die
pneumatologische Dimension in das christliche Metanoia-Profil
und kann bei der Verkündigung nicht aus der Sicht gelassen
werden. Der Heilige Geist ist der Kirche gegeben und führt
sie durch die Geschichte bis zur Vollendung. Er steht an ihrem
Anfang und an ihrem Ende.

Die pneumatologische Dimension des Christusereignisses ist
die des kirchlichen Dienstes in der Welt geworden. So wie er
der Geistträger schlechthin geworden ist und in seinem ganzen
Wirken es geblieben ist (vgl. Mk 1,9; Lk 4,18f.), ist sie auch
in ihrem ganzen Wesen und Wirken das Werk des Geistes (vgl.
Mt 28,18; Apg 2,14ff).

3. ekklesiologisch: Kirche als Vermittlerin.

In diesem Sinn ist die ekklesiologische Dimension der Metanoia zu sehen. Die Kirche ist sein Leib in der ganzen Fülle,
die er selbst inne hatte (vgl. Eph 1,22; 1Kor 12,12ff.).
Daher ist sie als Bestandteil der Metanoia in ihrer Vertikalen
zu sehen. Ihr steht die vermittelnde Aufgabe in dem Metanoiageschehen zu. Daher soll sie in demselben Gehorsam gegenüber
dem Vater leben und sich in derselben radikalen Liebe für die
Menschen einsetzen. Diese radikale Liebe beinhaltet dieselbe
Vergebungsbereitschaft wie sie sich in Jesus gezeigt hat. Und
so wie diese Gemeinschaft durch Jesu Heilshandeln gegründet
ist und Metanoiastruktur erweist, hat sie Vollmacht durch die
Sakramente, in die Menschen die Metanoiastruktur hineinzule-
gen und sie zu leben zu ermöglichen.

2.5.2 Aszendenzstruktur

Im folgenden soll nun darauf eingegangen werden, was sich im
Metanoiageschehen vom Menschen her ereignet.

1. Abkehr

Der Mensch ist auf Gott hin geschaffen. In Freiheit und Verantwortung vor diesem Gott soll er sein Leben gestalten. Ihm
wird dies gelingen, wenn er sich mit dem Plan Gottes durch
das Hören seines Wortes vertraut macht. Jedoch ist der Mensch
aus vielerlei Gründen oft in Gefahr, Gott aus seiner Sicht
zu lassen und sich "der Welt" zuzuwenden. Wenn dies aus der
Vergessenheit Gottes heraus geschieht, dann macht sich der
Mensch schuldig. Daher ist der erste Schritt des Menschen
in der Metanoia die Abkehr von der Sünde, die ihn versklavt
und ihn so hindert an der Verwirklichung der ihm aufgetrage-

nen Aufgabe in der Welt. Die Abkehr beinhaltet alles was
den Menschen in der Welt hindert an dem neuen Verhältnis
zu Gott, zu sich selbst und zu den Mitmenschen. Mit ihr ist
zugleich die Versöhnungsbereitschaft des Menschen verbunden,
durch die er dem Bösen und allem Gottwidrigen absagt. Es
geht dabei um ein prinzipielles und grundsätzliches Frei-wer-
den-von.

2. Hinkehr

In der Abkehr, die im Lichte des geoffenbarten Wortes Gottes
und in der Kraft des Heiligen Geistes geschieht, erschließt
sich die andere, neue Ausgerichtetheit des Menschen. Es ist
die notwendige Hinkehr. Unter diesem Begriff verstehen wir
das ständige Hineinwachsen in die Führung Gottes, in der sich
das Frei-werden-für bewahrheitet. Damit ist die ständig radikaler werdende Aufnahme der neuen Verhältnisse gemeint. Sie
soll in sich eine Unbegrenztheit zeigen, d.h. sie kann nicht
auf eine begrenzte Veränderungsbereitschaft beschränkt bleiben. Das Ziel der Hinkehr besteht vielmehr darin, sich ohne
Vorbehalt bis in den letzten Grund seines Seins ändern zu
wollen. Die Hinkehr führt den Menschen zuerst aus der Zerstreuung im Äußeren in die gesammelte Innerlichkeit, aus der
nur ein radikales Ja als Antwort auf Gottes Wort kommen kann,
das an den Menschen von außen herantritt. Diese Hinkehr
schließt immer mehr jede Richtungslosigkeit, Unentschiedenheit
und Beeinflußbarkeit aus wie ebenso jede Beliebigkeit, indem
der Umkehrende sich am Schicksal Jesu Christi orientiert.

3. Der ganze Mensch. Vergangenheit, Gegenwart und Zukunft.

Die Metanoia ist ein das ganze menschliche Wesen und Handeln
umgreifendes Geschehen, in dem der Mensch unvertretbar ist,
weil es dabei um seine persönliche Antwort geht. Sie umfaßt
die Vergangenheit, Gegenwart und Zukunft des Menschen:

a. In bezug auf die Vergangenheit wirkt sich die Metanoia als
Einsicht in die Grenzhaftigkeit und Verschuldung des Menschen
aus. Und zugleich als Ruf, mit der schuldhaften Vergangenheit
durch Gottes Vergebungsbereitschaft Schluß zu machen, sich
von ihr abzuwenden, sie umzudenken, sich den versklavenden

Mächten zu entziehen und aus den Erfahrungen mit der eigenen Unzulänglichkeit sich auf Gottes Angebot einzulassen
und mit ihm eine neue Lebensgeschichte zu gestalten. Bei
der Abrechnung mit der Vergangenheit geht es um eine neue
Einsicht, um ein Aus-sich-heraustreten und um ein Erwachen
und Sensibel-werden einerseits für Gottes Angebot und andererseits für eine eigene Antwort. "Ohne dieses Heraustre-
ten aus der Versunkenheit und Anonymität in die Selbstprä-
senz, ohne ein Erwachen des geistig Schlafenden und ohne
Sammlung des Zerstreuten gibt es keine wahre Schulderfah-
rung und keinen Anfang von Umkehr."[331]

Dabei geht es besonders um die Annahme der eigenen Verschuldung, in der man die Möglichkeit zum Beginn der eigenen
Heilsgeschichte erkennen soll: "felix culpa". Wenn wir über
das Gestern der Lebensgestaltung sprechen, dann soll die
Verantwortung des Menschen gelten. So kann man jede Lebensgeschichte im Lichte des offenbarenden Gottes anschauen und
sie in dem Metanoiaprozeß als Heilsgeschichte erfahren.
"Natürliches Wachstum ist in persönliche Selbstbesinnung,
Gegebenheit in Freiheit, Erblichkeit in der Tradition auf-
genommen, mit einem Wort: es gibt Geschichte. Es gibt sogar
Heilsgeschichte, denn der Schöpfer selbst ist zum Mitspie-
ler mit dem Menschen und am Menschen geworden. Er tritt in
Bundesbeziehung zum Menschen. Er will für den Menschen nicht
nur Schöpfer sein, sondern Vater, nicht nur Grund sondern
Du."[332] Und dieses "Du" ermöglicht ein Weggehen "von der
Vergangenheit, von der zerstörerischen Verschließung der
Schuld ins Eigene hinein"[333], und so ein Zugehen auf das
Neue.

b. Das Heute, die Gegenwart in Metanoiastruktur, ist entscheidend. Mit der Einsicht und dem Erwachen, durch die
Annahme der eigenen Geschichte und durch Sich-sammeln kann
der Mensch seinen eigenen 'kairos' wahrnehmen und ihn leben.
Und dieser 'kairos' ist die Heilszeit und neue Möglichkeit,
dem eigenen Leben die neue Richtung zu geben. Es ist der
erneute Ruf, die in der Taufe grundgelegte Metanoiastuktur

der christlichen Existenz zum Ausdruck zu bringen.

In dem Heute verwirklicht sich das neue Verhältnis zu Gott, zu
sich selbst, zur Kirche und zu der Welt. "Die Umkehr und die
allen Gesetzesforderungen zuvorkommende Vergebung Gottes bilden nun die Grundlage menschlicher Existenz. Die in der Basi-
leia-Verkündigung Jesu sich vermittelnde Gegenwart Gottes in
der Welt ist die Grundlage für ein neues Verhältnis des
Menschen zu Gott. Sie betrifft aber nicht bloß die Ex-istenz
des in einem neuen Gottesverhältnis stehenden Individuums,
das dadurch zu sich selbst befreit ist, sie wirkt sich auch
im Verhältnis des Menschen zum Mitmenschen und damit zur Welt
aus, wie dies in Jesu Wirken exemplarisch zum Ausdruck
kommt ."[334] In diesem neuen Raum und in der Freiheit für neue
Verhältnisse im Heute ereignet sich die in Metanoia grundgelegte christliche Existenz, die ihr Wachstum in ihrem Neu-
sein erfährt. Mit anderen Worten gesagt, wenn die Metanoia
in ihrem Geschehen auf das Heute befragt wird, dann erscheint
sie als ein Vorgang, "der die ganze Existenz und die Existenz
ganz, das heißt endgültig, in der Ganzheit ihrer zeitlichen
Erstreckung betrifft, und weit mehr als bloß einen einzelnen
oder wiederholten Akt des Denkens, des Fühlens oder des Wol-
lens meint".[335]

In der so durch die Metanoia gelebten Gegenwart erschließt
sich ebenso die neue Zukunft. In allem, was dem Menschen
auch begegnen mag, soll er aus Metanoia zu gestalten versuchen. J. Ratzinger sagt: "Die wach in der Welt von heute Lebenden, die ihre Widersprüche und ihre zerstörerischen Tendenzen erkennen - von der Selbstaufhebung der Technik in der
Umweltzerstörung bis zur Selbstaufhebung der Gesellschaft
in Rassen- und Klassenproblemen -, die erwarten nicht die
christliche Bestätigung, sondern das prophetische Salz, das
brennt, verbrennt, anklagt und ändert. Damit ist immerhin
ein Grundaspekt von Metanoia in das Gesichtsfeld gerückt -
denn sie verlangt Änderung des ganzen Menschen, damit Heil
werde".[336] Der gegenwärtige Anspruch der Metanoia läßt den
Menschen nicht in seiner Vergangenheit stets herumkreisen
und gravitieren, sondern versetzt ihn in ein Gegenwärtiges,

in dem sich ein Kampf und so ein ständiges "Gegeneinander
zweier Gravitationskräfte ereignet, die Gravitation des
Interesses, des Egoismus und die Gravitation der Wahrheit und
der Liebe.".[337]

c. Aus einem so wahrgenommenen und radikal gelebten 'kairos'
entsteht bzw. eröffnet sich eine neue Zukunft. Und sie ist
nicht irgendwelche, sondern eine von Gott verheißene für den einzelnen Menschen und für die ganze Welt. Dieser Zukunft soll
das immerwährende Ziel vor Augen stehen, die Verheißung der
Vollendung, die Gott denen schenken wird, die sich in Meta-
noiahaltung von ihm haben führen lassen. Sie wird also nicht
an einem beliebigen Ort stattfinden, sondern der Ort dieser
Zukunft ist der Mensch, der durch die Metanoia sein Ziel erreicht. Es wird ein neuer Mensch sein, durch den zuerst eine
neue Kirche als Ort der neuen Zukunft sich erweisen wird,
die wiederum für die Herbeiführung der neuen Welt im Eschaton dienen soll. Die Vollendung im Eschaton heißt der endgültige Entzug der Macht des Bösen und der Sünde, Befreiung
aus der Verfallenheit und Unterwerfung aller dem Christus,
der alles in allem sein wird (vgl. 1Kor 15,24-28).

4. Eschatologische Spannung: "Noch nicht - doch schon"

Diese Dimension der Hinkehr zeigt die eschatologische Spannung im "Doch-schon" an Ergriffenheit durch Jesus Christus
und "Noch-nicht" an dem Ergreifen-wollen (vgl. Phil 3,12f.).
Oder anders gesagt: ein Indikativ der Gabe und ein Imperativ
der Aufgabe. Diese Spannung bleibt bis zur Vollendung des
göttlichen Planes, den er mit jedem einzelnen Menschen und
mit der ganzen Schöpfung hat.

2.5.3 Geschichtlich-gesellschaftliche Struktur (Vermittlung
     der Horizontalen zur Vertikalen)
Zu der Aszendenzstruktur der Metanoia gehört ihre geschichtlich-gesellschaftliche Struktur, wobei man unterscheiden kann:

1. Metanoia einzelner

Hier sind zunächst diejenigen gemeint, die nach ihrer Bekehrungsgeschichte mit ihrem Wort und durch ihr Leben Umkehr-

impulse an die anderen vermittelten (z.B. Propheten). Ihre
Aufgabe galt wiederum entweder verschiedenen einzelnen Personen wie z.B. den Königen oder den Großen aus dem Volk oder
dem ganzen Volk.

2. Gemeinschaftliche Metanoia

Es wurde die Metanoia dem ganzen Volk gepredigt, die als
kollektive Umkehrforderung verstanden wird. Dabei wird die
gemeinschaftliche Verantwortung aller betont, wobei alle von
den Verheißungen wegen der Umkehrbereitschaft belohnt oder
wegen Umkehrunwilligkeit bestraft wurden.

3. Stellvertretende Metanoia der kleinen Gruppen ("Heiliger Rest")

Als eine besondere Dimension des Metanoiageschehens ist der
"Heilige Rest" zu verstehen. Dabei geht es um kleine Gruppen
im Volk, die durch ihre Treue befähigt waren, Erbe aller Verheißungen zu sein. Ihre Rolle war unter anderem stellvertretend, im Namen des ganzen Volkes umzukehren und den umkehrwilligen Einzelnen aus dem Volk Hilfe auf dem Weg zu Jahwe
zu leisten.

4. Universale Umkehr

Es gibt dazu die universale Sicht der Metanoia, in der die
Zukunft, die von Gott verheißen ist und von den Umkehrenden
unter Gottes Führung herbeigeführt wird.

3.0 Analyse der Darstellung des Themas "Umkehr" in der kirchlichen Erwachsenenbildungsliteratur

3.0.1 Katechismen

In diesem Teil der Arbeit wenden wir uns der kirchlichen Erwachsenenbildungsliteratur zu, um zu fragen, wie in ihr das Thema der Umkehr behandelt und dargestellt wird. Wir haben uns dabei für die drei Katechismen entschieden, die in der Zeit nach dem Zweiten Vatikanischen Konzil erschienen sind, und zwar "Glaubensverkündigung für Erwachsene", der sogenannten "Holländische Katechismus" (1966); "Neues Glaubensbuch" (1973) und "Evangelischer Erwachsenenkatechismus" (1975).

Nachdem wir im ersten Teil dieser Arbeit gezeigt haben, daß das Thema "Umkehr" in den lehramtlichen Aussagen des Zweiten Vatikanischen Konzils, "Paenitemini" und in der "Gemeinsamen Synode" genügend Raum erhalten hat und damit die Überzeugung, daß die Umkehrbereitschaft der Kirche die Voraussetzung für ihre Erneuerung ist, gehen wir davon aus, daß in der kirchlichen Erwachsenenbildungsliteratur, die die Erneuerung der Erwachsenen im Glauben als Ziel hat, "Umkehr" ebenfalls und gründlich thematisiert wird. Diese Erwartung erweist sich auf dem Hintergrund des zweiten Teiles dieser Arbeit als vollends berechtigt als darin gezeigt wurde, daß "Umkehr" zur Grundstruktur der christlichen Existenz zählt und conditio sine qua non im christlichen Leben ist.

Nach dem Durchgehen der Inhaltsverzeichnisse mußte sie jedoch relativiert werden. In keinem dieser drei Katechismen wird Metanoia als selbständiges Thema behandelt. Das heißt jedoch nicht, daß das Thema ganz ausfällt. Es findet sich einiges an Umkehrimpulsen bei der Darstellung bestimmter Grundakte des Glaubenslebens wie der Taufe, des Bußsakraments usw. Aufgrund dieses Tatbestandes stellt sich eine wichtige methodische Frage: nach welchem Raster sollen diese Katechismen auf dieses Thema hin überprüft werden? Zur Beantwortung dieser Frage sind die Ergebnisse der zwei vorhergehenden

Teile heranzuziehen. Aus ihnen wissen wir, daß "Umkehr"
in sich die Struktur von "Abkehr": vom Bösen, von der Sünde
und Schuld, von Götzendienst und Selbstherrlichkeit und von
Hinkehr zu Gott, der sich in Jesus Christus den Menschen
genaht hat, aufweist. Das bedeutet für unser methodisches
Vorgehen: Wir wollen diejenigen Stellen aus den Katechismen
aussuchen, in denen eine von den Dimensionen der christlichen
Umkehr zum Ausdruck gebracht wird.

3.1 Der Holländische Katechismus (HK)

3.1.1 Ziel und Adressaten

Die Menschen, an die sich der HK wendet, sind zuerst diejenigen, die eine gläubige Gesinnung wollen.[1] Damit sind Katholiken und nicht-katholische Christen gemeint, die die christliche Verkündigung vernommen haben, in deren Mittelpunkt die Osterbotschaft steht.[2] Deswegen ist das Ziel dieses Katechismus, so wie es die Bischöfe im Einleitungswort geschrieben haben, "die Botschaft, die Jesus von Nazaret in die Welt gebracht hat, widerhallen lassen".[3] Den Anstoß zu diesem Buch gaben 1956 die Bischöfe Hollands, indem sie das "Höhere katechetische Institut" in Nimwegen beauftragten, den Katechismus von 1949 zu überprüfen und neu zu formulieren. Die Vorbereitungsarbeiten eines breiten Teams fallen in die Zeit des Zweiten Vatikanischen Konzils (1962-65). Damit hängt eine weitere Absicht dieses Buches zusammen, nämlich, "die Erneuerung darzustellen, die im Konzil eine Stimme gefunden hat".[4] Die Erneuerung wird dort auftreten, wenn in den Menschen über die Grenzen der Rasse, Kultur und Art des Denkens hinaus das Bewußtsein der Einheit gefördert wird. Den Weg zur Vertiefung der Einheit möchten zuerst die Christen untereinander gehen, und dann mit allen Menschen, "die mit uns die gleiche Welt bewohnen und die gleichen Sorgen und die gleichen Wünsche mit uns teilen".[5] Auf diesem Weg will dieser Katechismus ein Begleiter sein.

3.1.2 Von der Ohnmacht, zu lieben

Die ganze Wirklichkeit der Welt und des Menschen, wie
sie der HK versteht, ist von der Ohnmacht zu lieben gekennzeichnet. Obwohl vieles in der Welt "aus der Unvollkommenheit
unserer Entwicklung: nicht als Sünde, sondern als Noch-nicht-
Ausgewachsensein"[6] zu erklären ist, bleibt die gemeinsame Erfahrung der Menschen, daß "das große gemeinsame, unentrinnbare,
aber doch schuldhafte Unvermögen zur Liebe"[7] das Kennzeichen
der menschlichen Situation in der Welt ist. Der HK spricht
über das Böse, das gegen Gottes Willen existiert, dem gegenüber der Mensch ohnmächtig ist.[8] Das Böse ist da und wirkt in
der Welt ansteckend, so daß man von einer Gemeinschaft im
Bösen sprechen kann.[9] Ein Mensch wird in die Schuldhaftigkeit
der Welt hineingeboren, und aus diesem Schuldzusammenhang kann
er nicht heraus. "Er ist wirklich in ihm; denn Zugehörigkeit
zum Menschengeschlecht ist für jedermann als Mensch wesentlich.
Jeder Mensch ist behaftet mit einer tiefen, vor seinen persönlichen Taten liegenden und in all seinen Taten mitwirken-
den Widersetzlichkeit gegen Gott, einem Unwillen gegenüber
der wirklichen Liebe."[10]

Der HK räumt die Beschränktheit der menschlichen Freiheit
ein und rechnet mit ihr. Trotzdem muß er sagen, daß es für
den Menschen auch Schuld gibt, für die er verantwortlich ist
und von der sich keiner lossprechen kann. "Die Sünde, die
andere ansteckt, ist nicht durch einen Adam am Anfang der
Menschheit begangen worden, sondern durch Adam, den Menschen,
jeden Menschen. Das ist 'die Sünde der Welt'. Meine Sünden
sind auch dabei. Ich bin kein Unschuldslamm, das durch andere verdorben wurde. Ich tue selbst mit."[11] Zu dieser Einsicht über die allgemeine Schuldhaftigkeit der Welt kommt
der HK durch die Analyse der Botschaft von Gen 1-11, die
vier wesentliche Elemente enthält: Schöpfung, Erwählung, Sünde und Erlösung.[12] Dies alles findet der HK in der Botschaft
von Röm 5 bestätigt, die mit Nachdruck sagt, daß die Sünde
durch einen Menschen in die Welt gekommen ist.[13]

Die Macht dieses allgemeinen Bösen, der allgemeinen Schuld,
ist besonders in dem zu erkennen, daß die Menschen und die

Völker untereinander Kriege führen, daß Ungerechtigkeit
herrscht, daß überall die Vergiftung durch Klassen- und Rassen-
haß zu spüren ist.[14] Die Macht der Sünde im einzelnen Menschen zeigt sich in seinem egoistischen Unvermögen zu lieben,
in seiner Gefährdung, einander Böses zu tun, in der Beharr-
lichkeit, in der alten Lebens- und Denkweise, die keine Änderung zuläßt.[15] Das Elend des Menschen sieht der HK in der
verhängnisvollen Möglichkeit des Menschen, Liebe in Leiden-
schaft, Treue in Betrug, Freiheit in Unfreiheit und Knechtschaft zu verkehren[16], und in der Tatsache, daß "wir mit
Wissen und Willen tun, was das tiefste Wissen, der tiefste
Wille in uns verbietet: Schlaffheit, Bosheit, Selbstsucht,
Schuld".[17] Deswegen sagt der HK: "Wir sind nicht auf das bedacht, was Gott will, sondern auf das, was die Menschen wollen. Wir wollen nicht die äußerste Liebe zu Gott und zueinander.
Wir sperren uns gegen Gottes Intimität, Gottes Paradies, und
aus uns selbst sind wir ohnmächtig, anders zu handeln".[18]
Auf diese Weise bekommt die Ursprungssünde ihre konkrete Ge-
stalt in unseren Sünden.[19]

Eine letzte Macht der Sünde, die in der Welt herrscht, sieht
der HK in ihrer geheimnisvollen Verbindung und ihrem Zusammenhang mit dem Tod, die auch in der Heiligen Schrift betont
sind.[20] Bei der Beschreibung der Schuldhaftigkeit des Menschen,
die der HK mehr in einer dynamischen als statischen Weise
sieht, ist wichtig zu sagen, daß es nicht mehr hauptsächlich
darum geht, "daß der Mensch gesündigt hat und nun verdorben
ist; er sündigt und wird verdorben".[21] Deswegen ist zu sagen,
daß die Sünde von Adam und Eva uns näher ist als wir denken:
sie ist in uns selbst; die Trennungslinie zwischen Gut und
Böse verläuft im Herzen des Menschen selbst.[22] Von daher hat
die Sünde Teil am menschlichen Reifungsprozeß, den der Mensch
aber nicht allein gestalten kann.[23]

Aus der Dynamik des Reifungsprozesses heraus macht der HK den
Vorschlag, keine Sünde als "Todsünde" zu bezeichnen. "'Tod'
das klingt zu endgültig, zu unwiderruflich. Deswegen sagen
wir 'ernste Sünde', wie eine Krankheit, wenn sie ernst ist,
noch nicht Tod ist, aber dazu führen kann."[24]

Hier ist die Frage zu stellen, wie der HK "Sünde" definiert.
Davon werden dann auch seine Ausführungen über Abkehr bzw.
Errettung und Erlösung von der Sünde abhängen. Der HK sagt:
"Sünde ist freigewollte, von Menschen nicht wiedergutzuma-
chende Verletzung der menschlichen und göttlichen Liebe".[25]
Das Element der menschlichen Freiheit ist als erstes in der
Definition betont, was wir festhalten wollen. Ein anderes
Element ist, daß diese Tat vom Menschen selbst nicht wieder-
gutzumachen ist. Das ist ein wichtiger Punkt für den Prozeß
der Umkehr. Auf dem Weg zur Fähigkeit zum Lieben soll der
Mensch mitmachen mit dem, was ihm von Gott in Jesus Christus
geschenkt worden ist. Da der Mensch unter dem Ruf der Gnade
Gottes steht, ist er nicht allein gelassen. Die Gnade Gottes
ist ihm Hilfe gegen die Angriffe des Bösen. In seiner Umkehrbereitschaft soll also mit der Macht der Sünde und noch mehr
mit der Übermacht der Gnade gerechnet werden.[26]

Angesichts des Bösen in der Welt ist für den Menschen eine
große Hoffnung berechtigt, die durch Jesus Christus in endgültiger Weise offenbar geworden ist, indem Gott gegen das
brutalste "Nein" sein unbegreifliches "Ja" gesagt hat, daß
in der Welt das Gute stärker als das Böse sein wird.[27] Damit
wird der entscheidende Grund für die christliche Hoffnung
angesprochen, weil die radikale Wende vom Bösen zum Guten in
Jesus Christus schon geschehen ist. In diesem Rahmen der
Hoffnung wird dann die Rede von der Umkehr jedes einzelnen
Menschen von seinen eigenen Sünden entwickelt.

3.1.3 Frei zum Dienen

Die radikale Ohnmacht zur Liebe in der Menschheit und in dem
einzelnen ist in Jesu Tod besiegt. "Die Sünde der Welt hat
ihren Tiefpunkt in der Kreuzigung Christi. Das ist der radikale Sündenfall: der eine Gute wird getötet, Gott wird ver-
jagt."[28] Dieses Schicksal hat Jesus auf sich genommen, weil
er gehorsam geworden ist und in dem Gehorsam dienstbereit war.
In Jesus Christus hat Gott gezeigt, daß er schon immer Sorge
für das Leben und das Heil der Menschen getragen hat. Diese

Bemühungen zeigen sich schon im Bund mit Abraham, Isaak und Jakob. In Jesus Christus ist dies noch klarer und end-gültig geworden. Er ist selbst der "Weg Gottes zu uns".[29] Das leitende Motiv bei Gott war seine Liebe zu den Menschen. Gottfried Bitter sagt dazu: "Diese Liebe Gottes ist eine zähe, treue Liebe, sie läßt sich auch nicht durch das sündhafte Sträuben der Menschen verbittern. Darum spricht der HK so oft von der Treue Gottes...".[30] Nach G. Bitter sind gerade Gehorsam und Dienstbereitschaft die Schlüsselbegriffe zum Verständnis des Geheimnisses Jesu Christi im HK.[31]

Man kann sagen, daß die katabatische Linie in der Christologie des HK gegenüber der anabatischen überwiegt, d.h. daß Jesus mehr als der Weg Gottes zu den Menschen, als Gesandter Gottes[32], als der Mitmensch aller Menschen, als Bruder der Menschen, in dem "Gott für uns berührbar und hörbar"[33] geworden ist, dargestellt wird.

Jesu kenotische Linie hat sich besonders in seiner Taufe kundgetan. "Seine 'Berufung' am Jordan ist eine Berufung zum Dienst. Seine Verkündigung lautet: die Herrschaft Gottes, sein tiefstes Gebet: Dein Wille geschehe. Dies alles bedeutet ein und dasselbe: vollkommener Gehorsam"[34] Jesu Taufe versteht der HK so: "Seine Taufe bedeutete: sich unterordnen, ein kleiner Mann, ein Knecht sein, auf den Tod hin leben. Mit zwei Worten gesagt: kein Erfolg, sondern Dienst. Denn treu zu bleiben war seine ganze Freude. Eine neue Freude auf der Welt".[35]

Hier wollten wir diese Stellen hervorheben, um sehen zu können, wie Jesu Leben und Werk mit der Definition der Sünde in dem HK in Beziehung gesetzt wird. Wenn die Sünde als ein "Nein" gegen die Bereitschaft zum Dienst zu verstehen ist, und noch mehr als eine Ohnmacht und ein Unvermögen in der Liebe, dann war er als der "Ebed Jahwe" dagegen bereit, einen radikalen Dienst an der Welt aufzunehmen und radikale Liebe zu bekunden, die in der Welt sonst nicht möglich ist.[36] Durch seinen Gehorsam und seine Bereitschaft zum Dienst wagte er, "in einer verkehrten Welt recht zu leben, in einer ungehorsamen Menschheit gehorsam zu bleiben und in einer egoisti-

schen Menschheit Liebe zu sein. Das war so unmöglich, daß
man ihn tötete".[37]

Sein Weg, obwohl er von außen her gesehen zum Scheitern geführt hat, weil er zu lieben versuchte, endete in der Auferstehung, in dem Sieg des Lebens über den Tod.[38] So hat Jesus
das Böse in seiner Wurzel besiegt und bietet sich den zur
Liebe ohnmächtigen Menschen als Weg zum Sieg, zum Dienst, an
und will, daß in den Menschen sein Geist fortgesetzt wirkt,
der in ihnen eine Neugeburt bewirkt.

3.1.4 Der Mensch - befreit für Liebe und Dienst

Gleichzeitig damit, daß der Mensch in die Schuldhaftigkeit
der Welt hineingeboren wird und diese noch mit seiner eigenen Ohnmacht zu Liebe vergrößert, wird ihm auch die Möglichkeit gegeben, in der alten und sündhaften Wirklichkeit ein
neuer Mensch zu werden, weil durch Jesu Schicksal in dieser
Welt das Schicksalhafte aus der Welt weggeräumt ist. Das
ist die objektiv gegebene Möglichkeit, für die sich ein
Mensch trotz seiner beschränkten Freiheit entscheiden kann.
Es ist dabei vorausgesetzt, daß wir schon 'auf Christus hin'
erschaffen sind und die ganze Wirklichkeit mit ihm in Verbindung steht. Die Realisierung dieser Möglichkeit geschieht
in der gläubigen Annahme der Botschaft des Evangeliums, "durch
die wir immer wieder anders denken lernen müssen. Das Evangelium macht uns neu. Das bedeutet: Bekehrung".[39]

"Das erste Hindernis ist wohl die Einstellung, die sich
alles unterwerfen, die alles beherrschen will, auch die Menschen."[40] Das Moment der Abkehr besteht darin, daß man bereit
ist, eine eigennützige Haltung gegenüber der Welt und den
Menschen aufzugeben und sie zu verlassen. Das bedeutet zugleich eine Abkehr von der Frage: "Was habe ich davon?"[41],
in der keine Ehrfurcht und kein Staunen in Geltung sind, sondern nur Berechnung und Egoismus, die sich alles unterordnen und nicht einmal auf die Freiheit des Menschen Rücksicht
nehmen.[42]

Die Abkehr beinhaltet nach dem HK weiterhin eine Absage an ein
selbstherrliches Suchen nach dem "Gott der Philosophen", das
uns hindert, den Gott, der sich in Jesus Christus uns genaht
hat, anzuerkennen und den Weg Jesu zu gehen. "Eine Schwelle
hindert uns, die Schwelle eines niedrigen Eingangs, nur wer
sich bückt, kann eintreten. Dieses Sichbücken ist: nicht zu-
rückschrecken vor der Tatsache, daß Gottes Sprechen so gewöhnlich ist. Gott selbst hat menschlich gesprochen in Christus.
Das anzuerkennen ist eine Demütigung. Eine Bekehrung."[43]

Bei dem Wort "Bekehrung" macht der HK auf zwei mögliche falsche Deutungen aufmerksam. Die eine Gefahr besteht darin,
daß man meint, "es handle sich hier nur um rein äußere Bußwerke", und die andere darin, daß "man annimmt, es gehe um
eine rein innere Gesinnungsänderung". Das rechte Verständnis
von "Bekehrung" unter diesem Begriff ist folgendes: "Die Bekehrung meint eine Veränderung, die so innerlich ist, daß sie
das ganze äußere Leben verändert."[44] An einer weiteren Stelle
wird konkreter entfaltet, was der innere Vorgang bei der Bekehrung und Umkehr ist. In dem oben angeführten Text vermissen
wir eine Erklärung, worin das "Innerliche" der Bekehrung besteht. Die Erklärung der Fastenzeit kann hierzu ein Hinweis
sein: "Zugleich ist diese Zeit auch eine Zeit, erneut zu versuchen, es gutzumachen, eine Zeit der Umkehr, der Buße, der
Verteidigung unserer inneren Freiheit gegen alles, was uns vom
Dienen und von der Liebe wegzieht".[45] Hier ist als das Wesentliche die innere Hinkehr zu einem neuen, erneuerten Tun aus
der Liebe ausgesagt. Es geht um die innere Freiheit, die er-
kämpft werden muß gegen die Gefahr der unfrei machenden Sünde,
die dadurch genommmen wird, daß man alles verläßt, was dem
Dienen und der Liebe im Wege steht.

Unsere Situation der Verstricktheit in den Egoismus und die
Selbstherrlichkeit, unsere Gefesseltheit an die Welt wird an
Jesu Selbstlosigkeit, an seiner Liebe und Heiligkeit gezeigt
und zugleich auch unsere Möglichkeit zur Liebe und zum Dienst.
Und dies ist das Ziel der Hinkehr: die Menschen zu werden, "deren Leben vergleichbar ist mit der Knechtschaft und dem liebevollen Dienst, den Jesus bei seiner Taufe auf sich nahm".[46] Bei

der Erklärung der Seligpreisungen betont der HK besonders
die Dimension des Sich-befreiens von der Welt, von ihr nichts
zu erwarten und sich von Gott alles schenken zu lassen.[47]
Das zeigt der HK weiter am Beispiel der kleinen Kinder auf,
wo die Kleinheit, das Sich-beschenken-lassen und ein neuer
Anfang anzutreffen sind.[48] Die 'Knechtschaft', die 'Kleinheit', das 'Sich-beschenken-lassen' und das 'Demütig-anfan-
gen' sind "keine Sklaverei, die traurig macht. Sie bedeutet
wohl die Umwertung unserer Werte: wo früher Macht und Ansehen oben standen, ist jetzt eine neue Haltung möglich, die
auf das tiefste Verlangen eines Menschen antwortet",[49] das
in der Sehnsucht nach dem Fähigsein zum Lieben und Geliebt-
werden besteht.

Daß das Ziel der Hinkehr stärker eine katabatische Linie
aufzeigt als eine anabatische, kann nicht verwundern, weil
auch Jesu Weg im HK so dargestellt wird. Auch wenn die Befähigung zur Liebe und zum Dienst als Hauptrichtung der Bewegung der Hinkehr erscheint, ist damit keineswegs ausgeschlossen, daß Gott das Hauptziel dieses Tuns ist. Nur wenn
beide Richtungen deutlich zum Ausdruck kommen, handelt es
sich um das ganze Geschehen der Umkehr. Die Befreiung zur Liebe und zum Dienst eröffnen "neue Möglichkeiten zur Entfaltung allen menschlichen Tuns, insbesondere der Liebe".[50] So
ist das Ziel der Hinkehr, frei zu werden in der Gestaltung
der von Gott geschaffenen und immer zu schaffenden Welt,
durch die Gott zu uns spricht.[51]

Nachdem wir die Abkehr und Hinkehr anhand der angeführten
Texte aufgezeigt haben, sind jetzt diejenigen Texte zu überprüfen, die Aussagen darüber machen, wo für einen Menschen
konkret diese geschehen bzw. welche Hilfestellungen auf dem
Weg der Befreiung zum Dienst aus Liebe vorhanden sind. Dies
ist die Aufgabe des folgenden Abschnitts.

3.1.5 Grundakte des Glaubens und der Umkehr

Wenn wir gesehen haben, daß das Böse in der Welt ansteckend ist, und daß es eine "Solidarität in der Sünde" gibt,[52] dann kann man ebenso über eine "Solidarität im Guten" sprechen. Sie soll sich in der Gemeinschaft, in der Jesus selbst sein Wirken fortsetzen wollte, verwirklichen; sie ist Geschenk Christi, nicht unser Werk allein.

Diese Gemeinschaft ist die Kirche, die im HK "Sakrament des Himmelreiches" genannt wird. Sie hat den Dienst der Liebe von Jesus als Auftrag bekommen, und deswegen ist sie die Gemeinschaft, "in der das Reich Gottes hörbar und sichtbar wird",... "das Zeichen, das die Herrschaft Gottes, die die Menschen untereinander eint, zugleich symbolisiert und schenkt".[53] Sie ist das neue Volk, das Jesus wollte, zu dem alle Menschen gerufen sind. In ihr soll "das Bewußtsein eigener Unvollkommenheit und die Bereitschaft, das Reich Gottes zu empfangen"[54], ständig spürbar bleiben.

Hier entsteht die Frage nach der Eingliederung in diese Gemeinschaft. Die Antwort ist eindeutig: Sie geschieht durch die Taufe[55], durch die die Kirche aufgebaut wird. "Die Taufe ist kein bloß individueller Kontakt mit dem Herrn. Der Kontakt entsteht dadurch, daß wir in die Kirche aufgenommen werden".[56]

Da das Taufgeschehen leichter in seinen verschiedenen Bedeutungen an der Taufe der Erwachsenen darzustellen und so die Bedeutung der Taufe im Umkehrgeschehen deutlicher wird, so nehmen wir auch das Beispiel der Erwachsenentaufe.[57]

Die Erwachsenen werden für die Taufe im Katechumenat vorbereitet. In dieser Zeit gibt es verschiedene Zeremonien, in denen zeichenhaft und in Worten sichtbar gemacht wird, was

in der Taufe geschehen wird. Der Taufpriester "bläst über
den Täufling und gebietet dem bösen Geist, dem Heiligen Geist
Platz zu machen".[58] Dabei wird das Böse beschworen, wegzuge-
hen, und zwar das Böse, das den Menschen von außen und innen
bedroht. Hier fängt der Lebenskampf mit dem Bösen an, das
Abkehren und Absagen dem bösen Geist, und zugleich das Sich-
öffnen dem heiligen, guten Geist. Verschiedene Handlungen
wie Abwaschung, Untertauchen, Salbung usw. symbolisieren das
innere Geschehen.[59] In der Taufe wird "der alte Mensch, das
ist der Mensch als Gefangener des Egoismus, der Sittenlosig-
keit, der Schlaffheit, der Finsternis, des Hochmuts und der
Widersetzlichkeit, zum Tod bestimmt"[60] Dieser Tod der Sünde
ist durch den Tod Christi ermöglicht. Sünden werden vergeben,
das neue Leben geschenkt. Und so, wie die Taufe Jesus
selbst als den 'Ebed Jahwe' gezeigt hat, so ist sie auch für
den Christen ein Zeichen der Solidarisierung mit Jesus gerade
in seinem 'Ebed-Jahwe-sein". "Wir erklären uns solidarisch
mit seinem Weg: Dienstbarkeit, Kleinheit, Gehorsam bis zum
Tode. Wir übernehmen unsere Lebenstaufe: die Dienstbarkeit,
das Leiden und endlich den Tod".[61] Im "Ebed-Jahwe-werden" besteht der Wendepunkt, die Umkehr jedes einzelnen und ebenso
der neue Weg in Jesu Kraft. "Durch seine Kraft, nach seinem
Beispiel und ganz in seinem Geist überwinden wir so, dienst-
bar und klein, friedenstiftend, arm im Geist, unsere Sünden,
bis einmal der Tod die letzte Tat der Dienstbarkeit sein wird,
die uns ganz befreit."[62]

Damit, daß der Täufling in der Taufe dem Bösen und der Sünde
absagt, wird er in die Gemeinschaft der Kirche aufgenommen,
und die Kirche wird "auferbaut" durch das Geschehen der Taufe. "Die Taufe fügt die neuen Steine der Kirche aneinander;
sie baut den Leib Christi".[63] So wird die ganze Gemeinschaft
bereit, mit Jesus Knecht zu sein.

Jetzt ergibt sich für uns die Frage, wie der HK den weiteren
Kampf mit der Sünde versteht und welche Hilfen auf dem Weg
zur vollen Hingabe im Dienst angeboten werden. Er macht darauf
aufmerksam, die Taufe nicht isoliert zu sehen; sie ist ein
Anstoß zu Wachstum und hilft zur radikalen Änderung durch die

in ihr geschenkte Gnade.

Diese Richtung von Wachstum wird durch andere Sakramente gestärkt. So wird die Firmung, Confirmatio, Stärkung als Sakrament, "das die Taufe vollendet"[64], definiert. Durch die
Handauflegung und die Salbung wird die in der Taufe vollzogene Eingliederung in die Kirche zu einer königlichen Priester-
schaft, zu dem Volk, das sich Gott selbst erworben hat, bewußter angenommen und vervollkommnet. Die Firmung wird vom
HK "pfingstliche Krönung der Taufe"[65] genannt, weil durch sie
"jedem Christen eine Sendung zum Zeugnis und zum Dienst am
Wort"[66] gegeben wird. Damit erfährt der Christ noch einmal
neu, daß es Jesus ist, der uns über unsere Ohnmacht emporhebt
"durch die Gabe seines Geistes, die eine neue Geburt enthält:
Überwindung des Sünde, Leben mit Gott, Rettung aus dem Tod".[67]
Dies versteht der HK zugleich als Aufgabe. Es wird ersichtlich
aus dem, was über den Glauben gesagt wird und wie er es sagt,
daß er nicht bestehen kann ohne unser Zutun, und daß er einen
weiten Weg für den Menschen bedeutet, eine Hingabe und ein
Vertrauen.[68]

Es geht im Leben eines Getauften um ein Ringen, um den Auftrag
zu erfüllen. Dabei schreibt jeder Christ seine eigene Geschichte: "eine Geschichte vom Leben zum Licht hin, eine Geschichte
auch des Versagens".[69] Dieses Versagen ist schuldhaft, ist
Sünde. Dies gilt, obwohl es auch stimmt, daß es dabei viel
Unfreiheit und Ohnmacht gibt. Zu dieser Wirklichkeit des Versagens ist durch Jesus der Kirche die Macht zur Vergebung gegeben, die spürbar und erfahrbar wird als der Ort, "an dem
Gottes Vergebung zu Hause ist".[70] Sie ist Trägerin des Bußsakramentes, das ein Angebot für den schuldig gewordenen Menschen ist, von neuem abzukehren von dem Bösen und sich hinzu-
kehren zu Gott, indem man die gestörten Beziehungen zu Gott
bzw. zu den Mitmenschen gutmacht.

Weitere Orte der Vergebung in der Gemeinschaft der Kirche und
Förderung der Umkehr sind das Gebet. Die Eucharistie ist
Reue, die der HK im Umkehrprozeß besonders betont. Er erklärt
den ganzen Ritus als sinnlos für den, "der keine Reue hat,
sich innerlich nicht umkehren will".[71] Sie setzt den Glauben

voraus, denn ohne ihn ist sie unmöglich. "Bedauern kann ich
etwas auch ohne Glauben; bereuen nicht. In der Reue liegt das
Vertrauen auf die Vergebung, das Wissen um Gottes Barmherzig-
keit, das Verlangen nach Versöhnung durch die Zeichen in der
Kirche Gottes."[72] Für den HK ist die Reue ein Kriterium, ob
unser Kampf gegen die Sünde ernst gemeint ist oder nicht.
Der HK läßt uns nicht vergessen, daß die innere Vergebung
unbedingt auch Wiedergutmachung beinhaltet, wenn es um einen
Schaden geht, den wir in unserem "Unvermögen zu lieben"
jemandem zugefügt haben. "Vergebung - eingeschlossen unsere
Versuche zur Wiedergutmachung - bedeutet wirkliche Erlösung,
Erneuerung, Neuschöpfung, und zwar in einem jahrelangen Wachstum, oft ganz anders, als wir es uns vorgestellt hatten".[73] So
wird erfahrbar, "daß durch Jesus das Gute stärker geworden
ist als das Böse".[74]

3.1.6 Ergebnisse und Zusammenfassung

Im Laufe der Darstellung der Texte, die wir angeführt haben,
um so das Verständnis der Umkehr im HK aufzuzeigen, haben sich
einige Hauptpunkte herauskristallisiert:

1. Der HK spricht über das Böse, dessen Wurzel unbegreiflich
ist, was sich im Elend des Menschen und der ganzen Menschheit
widerspiegelt.[75] Wenn dieses Böse "praktisch unvermeidlich"
ist, dann ist es auch den Menschen persönlich nicht von
vornherein anzurechnen, und weil die Menschen in den Zustand
der Sündhaftigkeit der Welt hineingeboren werden, ist dem
einzelnen in bezug auf das Böse keine Überwindung oder Abkehr
aus sich selbst möglich. Diesem Bösen hat Jesus durch seinen
Tod und seine Auferstehung ein radikales Ende gesetzt. "Gott
zerbricht den alten Teufelskreis, der Böses hervorbringt:
der Tiefpunkt der Sünde wird zum Höhepunkt der Gnade".[76]

2. Der HK stellt aber auch klar die Möglichkeit und Realität
der persönlichen Schuld heraus. Keiner von den Menschen kann
sich als "Unschuldslamm" betrachten; die Sünde ist "Bruch
mit Gott", und gegenüber den Menschen "Verweigerung dessen,

was wesentlich zur Treue und Liebe dazugehört". Sie geschieht in Freiheit. Von diesem persönlichen Bösen muß es
eine Möglichkeit der Abkehr geben. Gott will es und hat es
in Jesus Christus ermöglicht. "Dieser Mensch hat sich von
der Güte und Zuneigung Gottes abgewandt, aber Gott verlangt
weiterhin nach Umkehr, Reue, Heimkehr."[77]

3. Auf dem Weg der Umkehr sieht der HK konkrete Hilfen. Die
erste ist der Weg, den Jesus in dieser Welt gegangen ist
als radikale Ermöglichung der Umkehr. Er war gehorsam und
dienstbereit. Die Orientierung an seinem Weg ermöglicht
eine neue Lebenshaltung. Aus seinem Erlösungswerk ist die
Kirche als "Sakrament des Himmelreiches", als Ort der Vergebung und der Wiedergutmachung entstanden. Sie wird durch
die Taufe aufgebaut und hilft so dem einzelnen Menschen,
den Weg der Umkehr zu gehen: von der Taufe an durch Firmung,
Eucharistie und Buße.[78]

4. Die Umkehr kann man daher definieren als den Weg von der
Ohnmacht zur Liebe und zum Dienst, zur Freisetzung des Menschen für den Dienst in der Welt in der Orientierung am Beispiel Jesu in der Gemeinschaft der Kirche.

5. Abschließend sind einige kritische Bemerkungen anzubrin-
gen. Es ist festzustellen, daß öfter der Eindruck entsteht,
daß durch den Entwicklungsoptimismus das Persönliche in dem
Kollektiven verschwindet. So z.B. bei der Frage, was zu machen ist, wenn durch die Taufe keine Veränderung zu spüren
ist. Der HK antwortet: "Das macht nichts. Man muß sich
davor hüten, die Taufe isoliert, für sich zu sehen. Sie ist
ein Anfang. ... Dann entdeckt man eine Lawine stiller Güte
und Dienstbarkeit durch alle Zeiten". Oder eine andere Stelle,
daß dieser Anfang in der Taufe "nicht nur für sich betrachtet
werden darf als etwas, das individuell und augenblicklich
sich zwischen Gott und Seele zuträgt".[79] Danach folgt wieder ein Hinweis auf die Ganzheit des Geschehens in der Kirche
und in der ganzen Menschheit.

6. Wir finden weiterhin im HK zu wenig über die innere
Prozeßhaftigkeit des Umkehrgeschehens. Ebenso wird zu wenig

die Begleitung des einzelnen auf diesem Weg durch die kirchliche Gemeinschaft beleuchtet. Außerdem fehlen die Dimensionen der Umkehr, wie sie im Metanoiaprofil herausgearbeitet
sind.[80] Es kann der Eindruck entstehen, daß die Umkehr nur
indirekt zu Gott führt und nur als Freisetzung des Menschen
für den Dienst an den Menschen und an der Vollendung der Welt
verstanden wird. Die Dimension der Umkehr, die ein Hineinwachsen in das Christus-Geheimnis, in seine Liebe, darstellt,
dürfte nicht vergessen werden. Hier überwiegt die katabatische gegenüber der anabatischen Linie. Dadurch entsteht die
Gefahr des Horizontalismus.

3.2 Das Neue Glaubensbuch (NG)

3.2.1 Ziel und Adressaten

Das Ziel des Neuen Glaubensbuches (NG) ist, "gemeinsam den
christlichen Glauben zusammenhängend darzustellen"[81], damit
die Gemeinschaft, "die die Christen verschiedener Kirchen
verbindet, noch deutlicher und lebendiger bewußt werde".[82]
Daraus erhoffen sich die Autoren dieses Buches, "daß die
Christen innerhalb ihrer eigenen kirchlichen Gemeinschaften
zu einer Mitwirkung am Zusammenwachsen der Kirchen zu der
Einheit in der Vielfalt bewußt und verantwortlich mitwir-
ken".[83] Der Weg zur "Einheit in der Vielfalt" ist schwer;
aber er ist nur dann möglich, wenn alle bereit sind, sich
von neuem auf das zu besinnen, was die Kirchen gemeinsam
haben, und wenn alle wagen, ohne Angst die bestehenden
Unterschiede zu zeigen. Nur so wird die Kirche in ihrer Vielfalt "katholisch" werden.

Da unsere Analyse die Darstellung des Themas "Umkehr" im
NG untersucht, soll schon das Ziel des NG auf einen möglichen
Zusammenhang mit "Umkehr" hin befragt werden. Man kann diese
Frage positiv beantworten. Wenn das NG auf die Tatsache der
Vielfalt der christlichen Gemeinschaften hinweist, unter de-
nen keine Einheit besteht, und die verantwortete Mitwirkung
aller an einem "Zusammenwachsen" anzielt, dann ist darin

das Element der 'Abkehr' als ein bewußtes Absagen an alles,
was die kirchlichen Gemeinschaften an ihrem Zusammenwachsen
hindert, und eine Offenheit in der Hinkehr zu einer immer
tieferen "Einheit in der Vielfalt".[84] Wird der Weg der Hinkehr konsquent gegangen, dann wird die Zukunft der Kirche
anders aussehen. Das kann schon jetzt festgestellt werden.

3.2.2 Die Welt als versklavtes Kollektiv

Die Situation der Menschen in der Welt ähnelt einem Getrie-
bensein der sündigen Menschheit "wie zu einem einzigen ver-
sklavten Kollektiv zusammen, dessen Repräsentant Adam ist".
Die Menschheit ist von Kriegen, Verfolgungen, Ausbeutung und
Verbrechen getrieben und geplagt; zu dem kommen die neuen
Möglichkeiten des Zerstörens durch die Technik, die der
Menschheit zur Zeit zur Verfügung stehen. Das Böse ist so
stark in der Welt, daß in den Menschen "ein Gefühl des Unheim-
lichen" entsteht.[86] Zu diesem Unheil, das in gesellschaftlichen Formen, Institutionen, Wirtschaftssystemen usw. auf dem
Menschen und der ganzen Menschheit lastet, wird auch die
Hilflosigkeit gegenüber Naturkatastrophen gezählt.[87] Man
ist vor die Frage gestellt, von wo das Böse kommt, worin
seine Wurzeln liegen, und ob und wie es zu überwältigen ist.
Das NG diskutiert mit der marxistischen Theorie, indem es
diese Theorie bestreitet, die die Wurzeln des Bösen nur in
den Mißverhältnissen in der Welt sieht und so hofft, "durch
die Änderung der gesellschaftlichen Verhältnisse ... das Böse
bereits aus der Welt"[88] zu schaffen. Ebenso bestreitet das
NG ein rein individualistisches Schuldverständnis, wonach
das Böse in der Welt allein durch den guten Willen des einzelnen beseitigt werden kann. Die Welt ist viel tiefer
von der Wirkmacht des Bösen beeinflußt und seine Wurzeln sind
so tief, daß die Welt bis zum Ende der Zeiten dem Bösen ausgesetzt sein wird.

In dieser Auseinandersetzung kommt das NG auf die biblische
Botschaft zurück. Die Knechtung durch das Böse, die die
Menschheit ertragen muß, und so alle Folgen dieser Knecht-

schaft, haben dort angefangen, wo der erste Mensch Adam
durch seinen Ungehorsam gegen Gottes Gebot gehandelt hat.
Seitdem ist die Sündigkeit "tatsächlich eine Art Erbschaft,
die von Geschlecht zu Geschlecht auf den Menschen übergeht".[89]
Da die Wurzeln des Bösen in der Welt also nicht die einzelnen
bösen Taten der Menschen sind, sind sie auch nicht durch die
guten Taten der Menschen aufzuheben, sagt das NG, so daß es
zur Befreiung aus der Macht des Bösen eines Erlösers bedarf.[90]
Mit anderen Worten: die Welt, die Menschheit, können weder von
sich allein die Frage nach dem Bösen beantworten noch sind
sie zu seiner Bewältigung in der Lage. Der Mensch selbst muß
in seiner Endlichkeit und Begrenztheit angesichts der Wirklichkeit des Bösen und der Ungerechtigkeit in der Welt einsehen, daß er weder die eigene Vollendung noch die gerechte
Ordnung der Gesellschaft erreichen kann, und deswegen muß er
offen bleiben für das Heil und die Vollendung, die ihm nur
von außen geschenkt werden kann.[91]

Wenn es so mit dem Bösen in der Welt ist, stellt sich die
Frage, was angesichts dieser Wirklichkeit Umkehr oder Metanoia
bedeutet. Besonders ist die Frage im Hinblick auf die Abkehr
von dem Bösen wichtig, wenn es in der Welt so beherrschend
ist. In der Beantwortung dieser Frage wird erstens die Hilflosigkeit des Menschen betont werden müssen, weil er sich
nicht selbst retten kann, und zweitens das Handeln Jesu, das
dem Bösen doch "schon" ein Ende gesetzt hat, während der Sieg doch
"noch nicht" in vollem Umfang da ist. "Das heißt: sein Leben
macht weder seinen noch unseren Tod ungeschehen, sondern
gibt 'nur' die Hoffnung, daß Tod und Scheitern in dieser Welt
nicht das letzte Wort und den letzten Sieg haben".[92] Es geht
also angesichts des Bösen in der Welt um ein geduldiges Warten bis zur endgültigen und universalen Vollendung, die durch
Gott geschehen wird. "Aber dieser zukünftigen Tat Gottes kann
der Mensch nur entgegenwarten. Die Zukunft fordert von Menschen nicht Gestaltung und Bewältigung, sondern Geduld und
Buße."[93]

Der von diesem Bösen bedrängte und verfolgte Mensch kann also
nur auf diese Weise vor dem Bösen bestehen, indem er seine

Zuversicht stärkt, "daß sich Gottes Sache allen Widerstän-
den zum Trotz am Ende siegreich durchsetzen will".[94]

Eng mit dieser Frage nach der Umkehr hängt die Frage nach
dem Heil zusammen. Das NG warnt vor einem billigen Hinweis
auf die Hoffnung und Zukunft, mit denen man sich zu
trösten versuchen könnte, um das gegenwärtige Unheil leichter zu ertragen. Es wäre eine unverantwortliche Haltung,
wenn wegen einer solchen Hoffnung die Gegenwart "nicht ernst
genommen und ausgeklammert wird".[95] An dieser Stelle und
bei diesen Fragen weist das NG auf den Heiligen Geist hin und
spricht über die "Erinnerungen" an seine Taten, die die Menschen
erkennen lassen, "in welchen Zusammenhängen der Geschichte
wir leben, welche Eindrücke uns prägen, und daraus lösen
sich wiederum bestimmte Hoffnungen und Erwartungen in die
Zukunft, regt sich der Wille zur Veränderung, wächst die
Kraft, die Gegenwart zu bewältigen".[96] Dafür sind die Propheten ein Beispiel, die die Gegenwart kritisiert und zur
Entscheidung "jetzt und hier" gerufen haben, die sich
für die Zukunft auswirken wird. Durch die Hoffnung auf
den endgültigen Sieg über das Böse und durch die Entscheidung
"jetzt und hier" wird der Mensch seiner "Pflicht und Aufgabe
für die Gegenwart, Aufforderung zur Tat der Hoffnung"[97] ge-
wahr.

3.2.3 Der alte Mensch

Die schicksalhafte Unheilsmacht der Umwelt wirkt sich in
der Lebensgeschichte jedes einzelnen Menschen aus. Daher ist
es oft schwer, das Böse in der Welt, in das alle ohne Schuld
hineingeboren werden, von dem Bösen, dem die Dimension der
persönlichen Schuld eines Menschen zukommt, zu unterscheiden.
"Böses begegnet uns bald als Tat des einzelnen, der persönlich schuldig wird und auch zur Verantwortung gezogen werden
kann, bald in einer Weise, daß Menschen mitsammen in Ver-
strickung und Konflikte, in Mittäterschaft bei Ungerechtigkeit, Verfolgung, Krieg und Tötung geraten und hineingezo-
gen werden".[98] Diese Aussage will neben der allgemeinen

Schuldverstrickung die persönlich zu verantwortende Schuld
bekräftigen, die der Mensch nicht von sich abwälzen kann.
"Kein Mensch kann die Verantwortung für die Sünde auf andere abschieben, seien es Menschen oder übermenschliche Mächte".[99] Deswegen kann das NG sagen: "In der Welt begegnet
uns nicht nur naturhaftes Leid und Unheil, für das wir
nichts tun können, es begegnet uns auch das Böse im strengen Sinne: als bewußt gewollte und persönlich verantwortende Tat einzelner Menschen".[100] Dieses Böse im strengen
Sinne ist ein Mißbrauch der dem Menschen geschenkten Freiheit im vollen Wissen und deshalb mit voller Verantwortung,
der sich gegen Gott und den Menschen richtet. Der "alte"
Mensch befindet sich durch die eigene böse Tat, durch die
Sünde, in einem zweifach gestörten Verhältnis, nämlich zu
Gott und zu den Mitmenschen. Deswegen nennt das NG die
Sünde nicht nur eine böse Tat. Sie ist noch mehr eine sündige Haltung, die die ganze Situation des Menschen kenn-
zeichnet. Diese sündige Haltung gegenüber Gott zeigt sich
in Unglauben, Ungehorsam und in Undankbarkeit. Deswegen
wehrt sich das NG gegen diejenige Auffassung, die die Sünde
nur als einen äußeren Verstoß gegen ein Gebot auffaßt, denn
sie ist eine innere Abkehr von Gott, die als Grund die Freiheit des Menschen hat.

Die Abkehr von Gott läßt sich nicht trennen von der Abkehr
von den Menschen. Durch das Vergessen der Taten Gottes bedroht der einzelne nicht nur seine eigene Existenz, sondern
auch die des ganzen Volkes.[101] Gegenüber den Mitmenschen
ist der sündige Mensch eigenmächtig, rücksichtslos auf sein
Geschäft bedacht, bereit, auf Kosten anderer sich zu be-
reichern, über den anderen zu verfügen und ihn auszunützen.
Er verschließt sich den Aufgaben der Zukunft. Er "stellt
sich nicht in den Dienst des Lebens und seiner Entfaltung,
sondern zerstört Leben und dient damit dem Tode".[102]

Diese verschlossene Haltung ist jedoch nicht nur den anderen Menschen gegenüber zerstörerisch, sondern auch seinem
eigenen Leben gegenüber. Das NG sagt dazu: "Der Widersinn,
die Torheit der Abkehr von Gott und der Hinkehr zu den

Göttern besteht nur darin, daß der Mensch durch diesen
Götzendienst nur vorläufig etwas, am Ende aber nichts erreicht (Jer 10,3)".[103]

Es wird immer ein Geheimnis der menschlichen Freiheit bleiben, daß der Mensch in seinem Geschöpfsein dennoch immer
wieder versucht ist, aus sich selbst leben zu wollen, und so
gerade durch seine "Ichverhaftung" sich selbst in seiner
eigenen Existenz bedroht.[104] Denn er wird durch die Sünde
versklavt und seiner Freiheit beraubt und trägt so zur Versklavung der ganzen Menschheit bei.[105]

Nach der Darstellung dieser Situation, in der sich der "alte"
Mensch nach dem NG befindet, stellt sich die Frage, wie hier
die Umkehrforderung lautet. Im Blick auf die Dimension der
Abkehr heißt das: worauf soll der Mensch verzichten, was soll
er verlassen und wovon soll er sich abkehren?

Die Forderung der Abkehr ist jederzeit aktuell und bedeutet
eine lebenslange Aufgabe. Für den Menschen ist sie aktuell, weil der Mensch immer die Sünde an sich erfährt, die
aus seiner Freiheit kommt, so "daß niemand den Menschen
hindern kann, das Böse zu tun, wenn er das unbedingt will"[106];
ebenso ist der Ruf Gottes zur Abkehr immer aktuell, weil Gott
an der Sünde die Größe seiner Gnade offenbaren will und jede
menschliche Schuld in Christus zur "felix culpa" machen
will. Es kommt darauf an, sich zu entscheiden, daß man
aus der Versklavung durch die Sünde von jeglichem Egoismus
in die Freiheit der Kinder Gottes aufbrechen will.[107]

Hier wollen wir festhalten, daß der Mensch in seinem "alten"
Wesen, das durch Sünde und Schuld versklavt ist, von der
übergroßen Gnade Gottes zur Abkehr von ihr und auf einen
neuen Weg gerufen ist, auf dem ihn die Gnade begleitet. Wir
wollen damit zum nächsten Abschnitt übergehen mit der Frage:
wie sieht der "neue" Mensch in der schuldhaften Situation
der Welt aus.

3.2.4 Der neue Mensch

Die "neue Schöpfung" und der "neue Mensch" sind das Endziel des Umkehrgeschehens. Es beginnt mit der "Einkehr" in die Nähe Gottes[108], denn Gott selbst bewegt sich auf den Menschen zu und macht ihn neu, "so daß er von seinem alten Wesen frei wird, umkehren und sich seinerseits für Gott entscheiden"[109] kann. Die veränderte Situation ist durch den Geist der Kindschaft, "durch den wir zu Gott 'Vater' sagen können (Gal 4,6), der Geist der Liebe, den Gott in unsere Herzen gegossen hat, um mit uns Frieden zu machen und uns Zutritt in seine Nähe zu geben (Röm 5,1-5)"[110] gekennzeichnet. Die neue Schöpfung ist kein Besitz, den man vorzeigen könnte. "Das Neue ist unsere Zuversicht, die auf dem Glauben an Gottes Nähe beruht, einem Glauben, der vorerst den ganzen Ansturm eines gegenteiligen Augenscheins der Welt zu bestehen hat".[111]

Die neue Situation wird durch den "neuen Menschen" fortschreitend geschaffen. Er wird zuerst in die Freiheit der Kinder Gottes eingeführt, die den Glaubenden vom Zwang der Sorge befreit. "Sie ist, als erstes, Freiheit von dem Druck, den Sinn des eigenen Lebens selber gewährleisten zu müssen".[112] Denn dieser Sinn ist ihm im Glauben von Gott geschenkt. Derart befreit vom Druck der Sinnsuche, von der Sorge um sich selbst, ist der Mensch auch von der "Menschensatzung" befreit. Dabei geht es um das Recht und die Pflicht, sich für die Menschen einzusetzen wie Jesus selbst, wenn die Versklavung des Menschen durch die Gesetze droht. Hier sind auch die kirchlichen Satzungen nicht ausgenommen, da auch sie die Grundfreiheit aufheben können.

In der von neuem gewonnenen Grundfreiheit und Gelassenheit, die ihn aus der Sorge um sich selbst herausholt, wird der Mensch frei zur Liebe.[113]

"Weil der Christ von der radikalen Sorge um sich selbst und von menschlicher Bevormundung grundsätzlich frei ist, kann er sich um so vorbehaltloser hingeben in der Liebe zum Mitmenschen und in der Arbeit für Gerechtigkeit im menschlichen Zusammenleben."[114] Umkehr bedeutet so Hinkehr dazu, "daß die

Menschen bereit sind, sich umzuorientieren (Mk 1,15) und das Notwendige (Lk 10,42), die Herrschaft Gottes und ihre Gerechtigkeit (Mt 6,33; Lk 12,31; Mt 5,6) zu suchen".[115] Wenn die Sünde ein Sich-Entziehen aus der Herrschaft Gottes ist, eine Abkehr von Gott dem Schöpfer, dann besteht die Hinkehr in einem freiwilligen "Zurückkehren" zu Gott dem Schöpfer und dem Erlöser. Der Hinkehrende wird auf seinem neuen Weg zur Tischgemeinschaft mit Jesus und den Mitmenschen geführt.

Auch wenn sich ein Mensch einmal für Gott entschieden hat, sich von seiner Liebe hat bewegen lassen und in der Freiheit der Kinder Gottes lebt, darf dennoch nicht vergessen werden, daß ihm neue Erfahrungen der Abkehr von Gott und von den Menschen möglich sind, weil die Neigung, Gott zu widerstehen, im Herzen des Menschen tief verwurzelt ist. Da die Abkehr von dem Bösen und die Hinkehr in die Freiheit Gottes einen lebenslangen, nie endenden Umkehrprozeß darstellen, in dem eine "ständige Entscheidung"[116] nötig ist, bleibt uns jetzt noch die Frage, wie das NG die Förderung dieses Umkehrprozesses in verschiedenen Grundakten des Glaubensgeschehens darstellt.

3.2.5 Grundakte des Glaubens und der Umkehr

Es ist dem Menschen unmöglich, sich selbst aus den "unheilvollen Grundbedingungen" und der daraus resultierenden Unheilssituation zu befreien. Es bedarf der Befreiung von außen. Jesus Christus bedeutet für den Menschen die konkrete Möglichkeit, diese Situation zu ändern, weil er "den Teufelskreis des Bösen in seiner Person und in seinem Handeln und Leiden durchbricht"[117], was die menschlichen Bedingungen grundsätzlich verändert hat. Mit einer solchen Möglichkeit konnte zuvor niemand rechnen, aber sie ist gegeben. "Sie kommt zwar nicht automatisch den Menschen zugute. Es ist eine eröffnete Möglichkeit - jeder muß selbst entscheiden, ob er sich von ihr ergreifen läßt, oder ob er sie skeptisch beiseite läßt."[118]

Sich für diese in Jesus Christus gegebene Möglichkeit zu entscheiden und sich von ihr ergreifen zu lassen, nennt das NG
"Glaube", der bei dem Menschen den Anfang der Umkehr setzt:
als Abkehr vom Bösen und Aufbruch in eine neue Richtung: "Wer
diesen Glauben wagt, durchbricht mit Christus und wie Christus
den Teufelskreis des Bösen und tritt in den solidarischen Zusammenhang einer neuen Menschheit".[119] So zeigt sich der Glaube "als ein wirklicher 'Aufbruch' aus und in einer bestimmten
Situation, aus Denk- und Lebensgewohnheiten, die selbstverständlich schienen".[120]

Zum Grundakt des Glaubens gehört die Taufe als jenes "Sakrament des Glaubens"[121], durch das der Mensch mit Christus verbunden ist und nicht mehr der Sünde und dem Tode zugehört,
sondern der Gerechtigkeit und dem Leben.[122] Sie ist ein Geschehen, durch das der Mensch Vergebung der Sünden erfährt und
Zuversicht bekommt, "daß er unwiderruflich auf der Seite des
Heils steht, das ihm keine Macht der Welt nehmen kann".[123]

In der Taufe wird der Mensch weiterhin vom Geist Gottes erfaßt, wird "neue Schöpfung", wiedergeboren, und bleibt "auf
die Dauer im Wirkbereich des Heils".[124] Die Taufe hat auch
eine soziale Dimension, "denn die Taufe gliedert den Menschen
in die Gemeinde derer ein, die mit dem Kommen Jesu rechnen".[125]
Von diesem Gesichtspunkt her ist die Taufe ein Akt, der die
innere Entscheidung auch nach außen offenkundig werden läßt,
indem man öffentlich den Beitritt zur Gemeinschaft bekennt.
Dieses Bekenntnis zu Jesus als dem Messias und der Anschluß
an seine Gemeinde lassen den Menschen an der angebrochenen
neuen Welt teilhaben.[126] Die Taufe ist somit der Anfang der
unbedingten Zugehörigkeit des Täuflings zu Christus sowie die
"unverbrüchliche Zuwendung Christi zum Täufling"[127]; und zugleich geschieht in ihr die Eingliederung in die Gemeinschaft
der Kirche.

Nach dem NG haben Taufe und Glaube ihren Zusammenhang mit Umkehr darin, daß Glaube als "Aufbruch und Entscheidung" und
Taufe als Bestätigung dieses "Aufbruchs und Entscheidung" verstanden werden. Mit dem Umkehren beginnt ein Leben in der

ständigen Zuwendung Christi; dennoch verkennt das NG nicht
die Notwendigkeit der ständigen Entscheidung und des lebenslangen Kampfes gegen die Sünde. Deswegen gehört in diesen
Zusammenhang ein Wort über die Vergebung und die Buße. Hierzu
führt das NG verschiedene Stellungen zur Buße und Vergebung
in den verschiedenen Kirchen an und sagt: "Es gibt zwischen
Konfessionen keinen Streit über die Voraussetzungen der Buße:
daß der Christ nach Taufe und 'Rechtfertigung' neu in Sünde,
auch in schwere Sünde fallen kann; daß die Buße lebenslang zum
christlichen Leben gehört".[128]   Buße und Vergebung führen von
neuem zu Gott und in seine Nähe. Durch die Vergebung und in
ihr ist die Möglichkeit des neuen Anfangs gegeben. Sie besteht
grundsätzlich in der Annahme des Menschen mit seiner verschuldeten Vergangenheit. "Vergeben heißt: die Vergangenheit eines
anderen keinen Einwand dagegen sein lassen, daß ich ihn an-
nehme."[129] In diesem Sinne versteht das NG Gottes Vergebung,
die "ein unerläßlicher Bestandteil seiner befreienden Nähe
(ist) und unser Vertrauen auf seine Vergebung ein unerläßlicher Bestandteil unserer Freiheit".[130] Somit wird die Vergebung zu einem Grundwort des christlichen Glaubens.

Auf dem lebenslangen Weg seiner Umkehr wird ein Christ noch
von verschiedenen anderen Glaubensakten begleitet wie
Firmung, Herrenmahl[131], in denen die Heilsgnade Christi
geschenkt wird.

Eine besondere Rolle im Umkehrgeschehen schreibt das NG der
Askese zu. "In der Askese will der Christ die Hindernisse für
die Liebe und damit die Wurzeln der Selbstvergottung so weit
wie möglich ausroden."[132] Sie ist der eigentliche Protest des
Glaubens gegen die Sklaverei der Selbstgenügsamkeit, gegen
Verabsolutierung des Menschen und der Welt. Ähnliches ist
auch über das Gebet gesagt. Es sei "gerade jener Vollzug, in
dem der Christ die verpflichtende Distanz zur Welt gewinnt
und bewahrt, notfalls gegen die Welt und ihren Anspruch um
Gottes willen protestiert".[133]

3.2.6 Ergebnisse und Zusammenfassung

Aus der obigen Darstellung der Texte konnte man sehen, daß
das Thema Umkehr, obwohl nicht in einem eigenen Punkt behandelt, in anderen Zusammenhängen auftaucht und seine Bedeutungen hat sowie ihre grundsätzliche Ermöglichung:

1. Wenn man die Umkehrforderung im NG angesichts des Bösen
in der Welt betrachtet, dann wird Umkehr als eine Haltung der
Hoffnung und Zuversicht, Geduld und gläubiger Erwartung bezeichnet. Diese Haltung ist in Jesu Kommen und seinem Werk
begründet, weil er das radikale Ende des Bösen gesetzt und
diesen Teufelskreis zerbrochen hat.[134] Das Böse ist zwar in
seinen Auswirkungen noch nicht ganz abgeschafft, aber verur-
teilt und grundsätzlich besiegt. - Die Antwort auf die Frage,
ob die Möglichkeit der Abkehr von diesem Bösen besteht, ist
ein Wahrnehmen des Wortes "von der unerschütterlichen Treue
Gottes zu allem Leben und des Appells zur notwendigen Tat der
Hoffnung in allen Bereichen des Lebens".[135]

2. Es ist etwas anderes, vor dem "frei und bewußt gewollten
Bösen" zu stehen. Von ihm ist eine Abkehr gefordert als eine
Absage an den Egoismus, den Ungehorsam, den Unglauben und
die Undankbarkeit, das Versagen des Dienstes in Liebe. Diese
Abkehr ist die freie Entscheidung jedes einzelnen Menschen
und bedarf während des ganzen Lebens immer wieder der Erneuerung.[136]

3. Die Hinkehr führt den Menschen in ein neues, gutes Verhältnis zu Gott, in Gottes Nähe, in den Wirkbereich Christi. Sie
befreit ihn zugleich zur radikalen Nächstenliebe. Sie öffnet ihn für den liebevollen Dienst in und an der Welt, da er
von dem Druck der Sinnsuche, von der Sorge um sich selbst
und von der "Menschensatzung" befreit ist.[137]

4. Der Anfang zur Umkehr ist von außen gegeben in Christus,
der diese Möglichkeit eröffnet hat. Bei dem einzelnen fängt
die Umkehr dort an, wo er sich entscheidet, sich ergreifen
zu lassen, wo er anfängt zu glauben. In der Taufe wird
diese Entscheidung durch das Bekenntnis und den Beitritt

zur Gemeinschaft öffentlich. Herrenmahl, Buße, Gebet und
Askese sind die konkreten Hilfen auf dem Weg des lebenslangen Umkehrens.[138]

5. Kritisch ist zu bemerken, daß die Rolle der Gemeinschaft
im Umkehrgeschehen zu wenig betont ist, besonders in bezug auf
die Begleitung beim Umkehrprozeß. Es fehlt ebenso eine Darstellung des inneren Prozesses der Freisetzung zum Dienst in
Liebe, der u.E. äußerer Hilfestellungen bedarf wie z.B. einer
"fachlichen" Begleitung. Da wir Umkehr als ein Echtheits-
kriterium aller religiösen Handlungen aufgewiesen haben, sollte dieses Thema nicht nur gelegentlich auftauchen, sondern es
wäre - seiner Bedeutung entsprechend - ein breiteres Profil
vonnöten und angebracht.

3.3 Der Evangelische Erwachsenen-Katechismus (EEK)

3.3.1 Ziel und Adressaten

Dieser Katechismus versteht sich selbst als Zeugnis einer
Kirche, die unterwegs ist[139], und will eine Brücke zwischen
der Situation der Adressaten und der an sie ergangenen Botschaft schlagen und vermitteln. Die Adressaten dieses Katechismus sind die Erwachsenen: sowohl solche, die der Kirche
und der Botschaft, die sie verkündet, nahestehen als auch
solche, die eine erste Information wollen.[140] Er will für jeden einzelnen ein Angebot sein, sich auf den Weg zu begeben,
mit ihm ohne Angst die Wirklichkeit zu befragen, das Alte
neu zu durchdenken, und ihn so der Ratlosigkeit und Hilflosigkeit entreißen.[141]

Das alles hat zum Ziel, daß die Menschen offen werden für die
Begegnung mit Gott, der sich ihnen in Jesus Christus, dem
Heil der Heillosen, zugewandt hat, und sich von dieser Zuwen-
dung Gottes ergreifen lassen.[142]

Um den Umkehrgedanken in diesem Katechismus erfassen zu können, müssen zuerst die Texte dargestellt und analysiert werden, in denen über die Wirklichkeit des Bösen und der Sünde

gesprochen wird, und die die Wege und Mittel, Schwierigkeiten und Chancen eines neuen Weges für eine Wende zum Heil behandelt.

3.3.2 Die Welt als Ort des Egoismus

Von dem EEK wird die Wirklichkeit der Welt und der Menschheit als "Ort des Egoismus" bezeichnet. "Es handelt sich hierbei um ein dichtes Netz gegenseitiger Schuldverflechtung. Jeder hat teil an der Schuld des anderen, weil er versagt hat, lieblos, hochmütig gewesen ist usw."[143] Aber dieses Böse ist doch "viel mehr als die Summe aller einzelnen bösen Taten und übler Erfahrungen, es ist wie eine Macht, die über das Menschenmögliche hinausgeht".[144] Dieses Böse zeigt sich in der Zerstörungsmöglichkeit, in der Möglichkeit des Krieges und der Unterdrückung sowie der Entrechtung der Schwachen, im Mißbrauch der Macht durch die Herrschenden.[145] Es scheint wie ein Zwang über einem Menschen und über der ganzen Menschheit zu lasten. "Kriege entstehen, obwohl sie eigentlich keiner will. Bürger, die friedlich ihrer Arbeit nachgehen und im Bekanntenkreis als freundlich gelten, sind auf einmal von Haß gegen andere Völker, Rassen oder Klassen erfüllt und oft zu den schlimmsten Greueln fähig"[146] Es hängt drohend wie eine "verhängnisvolle Möglichkeit" über der ganzen Menschheit, die als Schicksal empfunden werden kann. Alles, was der Mensch an Positivem, Gutem, Fortschrittlichem machen kann, kann zum Unheil für den Menschen und für die Menschheit werden.[147] Alles Menschenwerk hat einen grundlegend ambivalenten Charakter. Der EEK geht dem Bösen radikal nach und lehnt alle einfachen oder optimistischen Lösungsversuche ab. Er will das Böse nicht als einen "Konstruktionsfehler unserer Gesellschaft" oder als "Sand im Getriebe der Technokratie" oder sogar nur als eine bis jetzt "nicht vermeidbare Störung" in der Welt sehen, sondern als eine "Tief eingewurzelte Macht".[148]

"Weder Wahn und Aggressionstrieb auf der subjektiven Seite noch sämtliche Unterdrückungen und sozialen Inhumanitäten auf der objektiven Seite reichen aus, um ein Phänomen wie

Auschwitz kausal zu erklären, ja auch nur in nacherfahrende Sprache zu bringen".[149] Es ist ein radikales Böses, das sein eigenes System und seine eigene Methode entwickelt hat, das vor den Menschen als "namenlose Macht" (Bloch) steht, der er machtlos gegenübersteht.[150] So kann man die Situation des Menschen in dieser Welt als die Situation eines Gefangenen verstehen, als eine "Ursituation, aus der der Mensch nicht ausbrechen kann."[151]

Bevor der EEK die Frage stellt, von wo dieses Böse kommt, faßt er die Erfahrungen des Bösen und des Guten zusammen und versucht eine Klärung auf drei Ebenen. Auf der ersten Ebene steht das Handeln, das gut und böse sein kann. Es ist abhängig von verschiedenen Grundeinstellungen, die von der jeweiligen Zeit und Kultur abhängig sind. Der EEK stellt die Frage, ob es nicht hinter all diesen Verschiedenheiten in einer tieferen Schicht eine Übereinstimmung geben könnte. Er kommt zu dem Ergebnis, daß in den allgemein gültigen Forderungen, z.B. dem Mitmenschen zu helfen, das Leid dem anderen tragen zu helfen usw., "eine gewisse Grundübereinstimmung über Gut und Böse doch sichtbar"[152] wird.

Auf der zweiten Ebene erhebt sich die Frage, ob der Mensch im Grunde seines Wesens gut oder böse ist. Die Erfahrungen zeigen, daß er gut und böse sein kann.Daher stellt der EEK fest, daß beides im Ursprung seines Wesens begründet liegt, und daß darin die radikale Bedrohtheit ihre Wurzeln hat. "Mit der in seinem Ursprung liegenden Bosheit oder mit seiner Zwiespältigkeit bedroht er sich selbst und mit sich seine Welt."[153] Der EEK wendet sich in diesem Punkt gegen optimistische Meinungen, die er als oberflächlich erklärt und denen zufolge die Menschen in ihrem Wesen durch Erziehung usw. geprägt werden können. Die Zwiespältigkeit des menschlichen Wesens aber muß vielmehr ernst genommen werden.

Die dritte Ebene wird mit der Frage nach dem Guten "an sich" angesprochen. Es ist die Suche nach einem absoluten Maßstab, aus dem die erste und die zweite Ebene ihre Klarheit bekommen kann. Darin stimmen alle Religionen überein, daß es ein Gutes "an sich" gibt, das außerhalb des Menschen ist und ein objektiver Maßstab für Gut und Böse ist.

Auf die Frage nach dem Ursprung des Bösen führt der EEK verschiedene Lösungsversuche an, diskutiert ihre Schwierigkeiten[154] und faßt die Antwort zuletzt folgendermaßen zusammen: "Gott hat alles erschaffen; es gibt kein zweites, böses Prinzip neben ihm; - Gott ist nicht der Urheber des Bösen".[155] Es besteht und wurzelt in der Auflehnung gegen Gott, die wiederum in der von Gott geschenkten Freiheit gründet.

Da wir hier die Frage nach der Umkehr erschließen wollen, müssen wir uns an diesem Punkt fragen, ob von einem solchen "überpersönlichen Bösen"[156] eine Abkehr möglich ist.

"Krieg und Frieden, Fortschritt und Zerstörung, Rausch und Sucht bestimmen das Leben der Menschheit bis in unsere Tage. Dieses Auf und Ab wiederholt sich Tag für Tag. Gibt es kein Entrinnen?"[157] Auf der Ebene des Denkens gibt es keine befriedigende und eindeutige Antwort. Und auf der Ebene der Erfahrung findet man keinen genügenden Grund, an den Sieg des Guten über das Böse zu glauben, und zwar weder im einzelnen Menschen noch in der Gesellschaft. Deswegen führt der EEK die Meinung von Solschenizyn an, wo es heißt, daß das Böse nicht besiegt werden kann, sondern durchgestanden werden muß. Es ist wie das Schicksal. Was den einzelnen Menschen und die ganze Menschheit betrifft, kann man sagen, daß ihnen nur übrig bleibt, sich einen freien Spielraum innerhalb dieser Situation zu schaffen und sich darin zu verwirklichen.[158] Die Lösung dieser Frage bietet der EEK an, indem er auf die Erfahrung mit Gott verweist. "Die Lösung des Widerspruchs ist nicht im Denken, sondern nur in der Erfahrung möglich, daß Gott die Bosheit des Menschen durch seine Liebe überwindet."[159] Die Liebe Gottes ist der Grund der Hoffnung, die der Mensch weder in sich noch in der Welt finden kann, "um in den Kampf gegen das Böse in sich und in der Welt eintreten und ihn bestehen zu können".[160]

"Die unerlöste Welt ist nicht neutraler Boden. Es gibt einen 'Fürsten dieser Welt', unter dessen Gewalt die Menschen sind."[161] In dieser Gewalt sind die Menschen in ihrer Hilflo-

sigkeit vor dem 'Verkläger' und 'Erpresser' jedoch nicht
allein gelassen. Die Liebe Gottes kommt in Jesus Christus
ihnen entgegen, indem eine neue Einstellung erschlossen worden ist.   Mit anderen Worten: Jesu Kommen bedeutet eine
Wende in der Welt, deren Geschichte nicht vom Bösen zur Vernichtung, sondern im Heiligen Geist zur Vollendung geführt
wird.

3.3.3 Das Böse wird zur Sünde

Der Mensch als soziales Wesen ist von seiner Geburt an in
die Gesellschaft hineingestellt, in diese in die Schuld und
das Böse verstrickte und gefangen gehaltene Welt.[162] Die Sünde ist für die Welt unausweichlich, und dasselbe gilt für
jeden einzelnen Menschen. Das unausweichlich Böse wird
dann und dort zur Sünde, wo der einzelne Mensch dieses Böse
in seinem konkreten Verhalten aktualisiert. Wenn das Böse
als Schicksal gesehen werden kann, dann gibt es einen Unterschied zwischen Schicksal und Schuld: "das Schicksal wird
erlitten, die Schuld wird getan". Diese Möglichkeit ist
deshalb gegeben, weil jeder Mensch Freiheit und Entscheidungsmöglichkeit bekommen hat. "Diese Entscheidung ist mit-
bestimmt durch meine körperliche und geistige Eigenart, durch
die Menschen, die mich umgeben, durch meine bewußten und un-
bewußten Strebungen, durch meine Vergangenheit, durch die
äußeren Umstände, in denen ich lebe. Aber dennoch läßt sich
aus alledem meine Entscheidung nicht einfach ableiten oder
vorhersagen."[163] Dieser freie Raum läßt den Menschen zum
Sünder werden, läßt aus dem allgemeinen Bösen Sünde werden.
"Wenn ich auch Sünder sein muß, so bin ich es doch nicht
widerwillig, sondern von innen heraus. Aus dem Herzen kommt
ja das Böse, das ich tue."[164] Der Mensch befindet sich so in
seiner Freiheit und Entscheidungsmöglichkeit "am Scheideweg
zwischen Gut und Böse"[165] und geht entweder einen breiten
oder schmalen Weg. Das Böse wird also zur Sünde, wo ein
Mensch sein "Nein" zu Gott aus seinem tiefsten Herzensgrund
in voller Freiheit spricht und es in jeder einzelnen schuldhaften Tat bestätigt und wiederholt.

Die Sünde des Menschen besteht in der Auflehnung gegen Gott,
in dem Nein-sagen zur Liebe Gottes in Freiheit, indem er sich
zum Maßstab aller Dinge machen und sein Leben nicht im Glauben aus Gottes Hand annehmen will. Es ist zu betonen,
daß hier nicht die einzelnen Taten oder Übertretungen von
göttlichen oder menschlichen Geboten gemeint sind [166], sondern die Haltung, aus der die einzelnen Taten kommen.

"Die Sünde, die den einzelnen schuldhaften Handlungen
vorausliegt, besteht nicht darin, daß ich etwas Verkehrtes
tue, sondern daß mein ganzes Wesen eine verkehrte Richtung
hat, daß ich von Gott abgekehrt bin."[167] Dies ist die Richtung, die von Gott wegführt, die den Menschen von ihm trennt,
was für ihn "Tod" bedeutet. "Tot sein bedeutet darum im tiefsten Sinne: Getrennt sein von Gott."[168] Deswegen sagt der EEK
über den Tod, er sei nicht nur Verhängnis, "sondern auch Tat
des Menschen selbst".[169] Auf diesem Weg der Sünde zerstört
der Mensch sich selbst, verliert seine Freiheit und wird
von den anderen Menschen und von der Gesellschaft verein-
nahmt.[170] Der in Schuld und Sünde verstrickte Mensch lebt in
der Verweigerung und dem Mißtrauen gegenüber Gott, den er
nicht als Grund seines Lebens annehmen will. Daraus entsteht ein gestörtes Verhältnis des Menschen zu Gott, zu sich
selbst und zu den Mitmenschen gleichermaßen, und sein Dasein
gewinnt die Form der 'Begierde'[171], und so bleibt er in einem Teufelskreis von neuen Zwängen gefangen.

Hier fragen wir uns weiter, wie der EEK angesichts des Bösen,
das durch die menschliche Freiheit und Entscheidungsmöglichkeit zur Sünde wird, Umkehr versteht.

Umkehr ist möglich und nötig. Dabei erwähnt der EEK verschiedene Wege der Bekehrung, die mit dem Glaubenlernen in
einem engen Zusammenhang stehen. "Neben dem plötzlichen Um-
schwung gibt es andere Wege: langsames Hineinwachsen in den
Glauben, Kämpfen, Hartnäckigkeit, Geduld".[172] Meistens geht
man den Weg des "langsamen Hineinwachsens", von Sünde zum
lebendigen Glauben, von der Finsternis zum Licht. Bei dem
Umkehrprozeß ist Gottes Bereitschaft zur Vergebung das Entscheidende, und jeder Mensch ist auf sie ständig angewiesen.[173]

Im Zusammenhang von Sünde und Umkehrprozeß spielt der Luther'
sche Begriff von der herrschenden und beherrschten Sünde,
den der EEK referiert, eine wichtige Rolle. Der Mensch
wird gemäß der reformatorischen Lehre als "simul justus et
peccator" betrachtet. D.h., daß die Sünde in dem Sünder immer
bleibt aber durch Gottes Gnade verdeckt wird.

Im Umkehrprozeß geht es dann praktisch darum, daß die Sünde
als herrschendes Prinzip im einzelnen besiegt werden soll.
Wenn sie besiegt ist, bleibt sie doch im Menschen, aber nicht
mehr als herrschende, sondern als beherrschte Macht. Von
diesem Standpunkt aus kann man dann sagen, daß die Umkehr im
Sinne der Wende einmal radikal in der Taufe geschieht und
eine zweite erst dann notwendig ist, wenn die Sünde wiederum
die "Oberhand" gewinnt.[174]

3.3.4 Neues Ansehen

Der neue Weg des Menschen führt den Menschen, obwohl die
Sünde weiterhin in ihm vorhanden ist, zu seiner Ursprüng-
lichkeit, zu dem, wozu er bestimmt ist. Seine Bestimmung
kann der Mensch in einem neu geregelten Verhältnis· zu Gott,
zu sich selbst und zu den Mitmenschen erfahren. Es geht um
die Ergriffenheit von Gott[175], in der ein Mensch die Nähe
Gottes erfahren kann, die ihn seinen eigenen unendlichen
Wert und den seiner Mitmenschen entdecken läßt.[176] Er wird
frei für die Gottes- und Nächstenliebe, die unauflöslich
zusammengehören.[177] So wird er zum "Leben" in seinem wahren
Sinn erweckt und der Tod kann ihm nichts mehr antun. "Das
Leben geht zwar hin, und der Tod kommt, aber das zwischen
Gott und dem Beter ausgetauschte Du bleibt: 'Ich bleibe immer
bei dir'!"[178] In diesem von Gott zum Leben Erweckt-sein und
bedingungslos Angenommen-sein wird der Mensch frei "von
der ständigen Sorge um sich selbst, vom Zwang, immer der Mittelpunkt sein zu müssen, und der Angst, ob er wichtig und
wertvoll ist".[179] In dieser Freiheit kann sich das Schöpfe-
rische im Menschen entfalten, und er ist fähig für die·

neuen Aufgaben in der Welt. Er kann den Weg Jesu gehen und sich auf diesem Weg ein neues Ansehen von Jesus geben lassen. Auf demselben Weg lernt der Mensch die Solidarisierung mit den Menschen und erwirbt sich so "ein neues Lebensrecht".[180] Die Ergriffenheit von Gott erweckt im Menschen selbst die Bereitschaft, wie Jesus stellvertretend für die anderen sogar zu sterben.[181]

Es muß für den Menschen bei diesen neu eröffneten Möglichkeiten ständig das Bewußtsein wach bleiben, daß er es noch nicht endgültig ergriffen hat; er muß ihnen ständig "nachjagen", wobei er es in der Gewißheit tun darf, daß er von Jesus Christus längst ergriffen ist.[182]

Der EEK nennt "Buße" und "Glaube" als zwei Seiten derselben Sache. "Denn jede Hingabe (Glauben) schließt zugleich eine Absage (Buße) an etwas anderes ein, hier Absage an den Wunsch, stets der Mittelpunkt zu sein".[183] Damit ist der "Vorgang im Leben", in dem der gläubige Mensch steht, als Prozeß und Weg, der in Buße und Glauben, in Hingabe und Absage gegangen wird, gekennzeichnet.

3.3.5 Grundakte des Glaubens und der Umkehr

Der neue Anfang und Weg zu einem neuen Ansehen, Lebensrecht und Zugang zu Gott und den Menschen[184] sowie der Übergang vom Tod zum Leben geschieht nach dem EEK radikal in der Taufe. Im Zeichen des Wassers finden diese Dimensionen ihren Ausdruck: "Das Wasser ist also vieldeutig; es kann Reinigung und Verwandlung, Leben und Tod bedeuten. Das Wasser weist dabei über sich hinaus auf die Reinigung von Schuld, auf Tod und Wiedergeburt des Menschen".[185] Ebenso sind die Handlungen, z.B. das Eintauchen, Zeichen für "das Ende eines vergangenen Lebensabschnittes, das Auftauchen die Wiedergeburt, den Beginn eines neuen Lebens."[186] Diese Sicht der Taufe bezieht der EEK aus dem Zeugnis des NT. Er versteht die Johannes-Taufe als einen Vorgang an den Menschen, der radikale Umkehr bedeutete - also nicht nur eine Beseitigung einzelner Makel oder Verfehlungen - und zugleich eine Verheißung auf Rettung vor dem kommenden Gericht.[187]

Der Befund über die Taufe im NT zeigt die grundlegende Bedeutung des Taufgeschehens für das Selbstverständnis des
Christen. Es beinhaltet immer Vergebung und Umkehr. Die
Voraussetzung hat es im Tod und in der Auferstehung Jesu,
in der Sendung des Geistes und der Gründung der Kirche.[188]
Die Taufe wurzelt im Auftrag des Auferstandenen; durch sie
wird demjenigen, der sie empfängt, neues Leben, neuer Geist
und neue Gemeinschaft geschenkt. Das alte gottwidrige
Wesen des Menschen, die Sünde, wird vergeben, damit er nun
frei für Gott ist und die Sünde in seinem Leben nie mehr
die "Oberhand" und Herrschaft gewinnt, indem er sich in Gehorsam Gott gegenüber als treu erweist.[189] Mit dem Gehorsam
Gott gegenüber, der in der Taufe bezeugt wird, findet ein
Herrschaftswechsel statt: der Täufling wird der Herrschaft
der Sünde entrinnen und anerkennt nun Gott als seinen Herrn
und bekommt somit eine radikal neue Ausrichtung. Für den EEK
ist dieser Punkt der entscheidende und springende für die
Umkehr. Hier geschieht die später im Umkehrprozeß wachsende
Ergriffenheit von Jesus Christus. "Menschen sollen an der
Herrschaft Gottes teilhaben. Dies geschieht, indem sie die
Botschaft vom Reich Gottes hören, annehmen, sich von der
vergehenden Welt trennen, um an der Barmherzigkeit Gottes,
an der Vergebung der Sünde und am ewigen Leben Anteil zu bekommen."[190] Mit Jesus Christus, in dem die Herrschaft Gottes
nahegekommen ist, hat für die alte Herrschaft der Sünde der
Abbruch und das Ende ihrer Macht angefangen.

Obwohl die Taufe so entscheidend ist und in ihr der radikale
Anfang geschieht, so bedeutet dies doch nicht, daß man
danach keine Sorgen um das eigene Heil zu haben brauchte.
Die Taufe ist nicht schlechthin eine Garantie für das Heil.
Sie ist vielmehr ein Anfang, die Gabe der Zuwendung Gottes
mit der für den Menschen eine Aufgabe verbunden ist.

Zur Bewältigung dieser Aufgabe braucht der Gläubige andere
Hilfen, durch die er die Gabe weiterentwickeln und verwirk-
lichen kann. Diese Hilfen bekommt er nach dem EEK in der
Gemeinschaft der Glaubenden, im Gebet, in der Beichte, in

Meditation, Bibellesen. Dabei geht es um "Glaubenlernen",
das sich in dem lebenslangen Prozeß der Hingabe und Absage
ereignet.[191] Der EEK bedenkt auch die Rolle der Gemeinschaft
im Glaubenlernen bzw. im Umkehrgeschehen: "Dabei ist jeder
Mensch einfach darauf angewiesen, daß er immer wieder 'mit-
genommen' wird von denen, die auch unterwegs sind zum Glaubenlernen".[192]

Durch die verschiedenen Formen des gelebten Glaubens festigt
sich der Weg der Umkehr und die Ergriffenheit von Gott wird
intensiver erfahren. In den Formen des gelebten Glaubens
wie Fest und Feier, Gefühl und Gemeinschaft, gemeinsames
Lachen und Weinen usw. wird der ganze Mensch angesprochen,
und so kann er auf seinem Weg die in der Taufe geschenkte
neue Richtung "beibehalten". Der EEK betont im Sinne der
Gemeinschaft die Rolle der Paten in der Erziehung der Paten-
kinder, die sie in ihrem Hineinwachsen in die Gemeinschaft
begleiten sollen und in Krisenzeiten sich ihnen als Ver-
trauensperson zur Verfügung stellen sollen.

Der EEK betont die Bedeutung der Schriftlesung für das Um-
kehrgeschehen. Man soll sich von der Kraft der biblischen
Worte mitreißen lassen, sich ihrer Dynamik hingeben und vom
Geheimnis ihrer Symbole berührt werden. In diesem Prozeß
nimmt auch das Gebet einen sehr wichtigen Platz ein. Im
Gebet spricht der Betende Gott an, dankt ihm, gedenkt seiner
Taten, preist ihn und geht so aus der verschuldeten Vergessenheit. Die Bedeutung der Meditation beim Umkehrgeschehen liegt nach der Meinung des EEK darin, daß sie zur
Selbstfindung verhelfen kann, das Verborgene entdecken und
das Unausgesprochene aussprechen läßt.[193]

Die Beichte dient diesem Prozeß nach dem EEK in der Weise,
daß sie die Gemeinschaft durch die erfahrene Vergebung
aufbaut und Freude an der Versöhnung schenkt, und daraus
entsteht der Mut, miteinander die Gemeinschaft zu wagen
trotz der Sünden der Mitglieder. "In der Beichte geschieht
der Durchbruch zur Gemeinschaft. Die Sünde will mit dem
Menschen allein sein, sie entzieht ihn der Gemeinschaft.

Je einsamer ein Mensch wird, desto zerstörender wird die
Macht der Sünde über ihn, und je tiefer wieder die Ver-
strickung, desto heilloser die Einsamkeit".[194] Deshalb wird
die Gemeinschaft als wirksames Mittel gegen die Sünde und
ihre Bedeutung für das Umkehrgeschehen betont.

3.3.6 Ergebnisse und Zusammenfassung

Wir konnten bei dieser Darstellung feststellen, daß der
Aufbau des NG und des EEK ähnlich ist. Deswegen verweisen
wir auf die fünf Punkte in 3.2.6 und fügen noch folgende
hinzu:

1. Im EEK ist die Rolle der Gemeinschaft in bezug auf das
Umkehrgeschehen betont worden. In den Ausführungen über
Gebet und Beichte kommt dies besonders zum Ausdruck.
Eine weitere Dimension taucht bei der Meditation auf[195],
die unserer Meinung nach im Umkehrgeschehen mehr beachtet
werden sollte. Es ist die Dimension der Verarbeitung der
Vergangenheit, wobei wiederum die Gemeinschaft entscheidend
helfen kann.

2. Man kann sagen, daß die Umkehr der Weg von der beherr-
schenden zu der beherrschten Sünde ist, auf dem der Gläubige die Nähe Gottes erfährt und ergriffen von Christus sich
selbst, den Mitmenschen und die Welt in anderem Licht sieht
und dadurch befreit für neues Verhalten wird.

3.4 Allgemeine Zusammenfassung

1. In den Katechismen HK, NG und EEK, die wir auf das
Thema Umkehr hin überprüft haben, findet sich der Versuch,
"den gläubigen Menschen immer wieder zum ewig jungen Quell
des Wortes Gottes zu führen".[196] Wie in der Zielsetzung, so
ist auch im Aufbau und in der Bearbeitung der Themen eine
große Ähnlichkeit festzustellen. Sie nehmen ihren Ausgang
beim fragenden Menschen, der in allen und aus allen Situationen heraus fragt und Antwort erwartet. Die Antwort, die
die Katechismen anbieten, ist die Botschaft von Gott, der

sich uns in Jesus Christus gegeben hat, mit all ihren Konsequenzen für das Leben des einzelnen Menschen, der ganzen Gemeinschaft der Gläubigen und der Welt.

2. Obwohl das Thema der Umkehr in diesen Katechismen nicht speziell bearbeitet und dargestellt wird, konnten wir die Gedanken der Umkehr überall dort finden, wo entweder über das Böse im allgemeinen oder im engeren Sinn gesprochen wird, oder in den Zusammenhängen, die von Erlösung, Rechtfertigung und Erneuerung sprechen.

3. Wenn man Erlösung, Rechtfertigung oder Erneuerungsmöglichkeiten als von Gott gegebene Chance zum Heil versteht, dann muß man ebenso über den Prozeß sprechen, in dem der Mensch diese Chance wahrnimmt, und der ihn auf den Weg des Heiles führt. Das ist das Umkehrgeschehen, in dem sich der Mensch bemüht, seine Antwort auf das große Angebot des Heiles zu geben.

Daher sollte in jedem Katechismus auch die Umkehr in allen ihren Dimensionen behandelt werden, und zwar nicht nur auf einem indirekten Weg, wie es der Fall in den behandelten Katechismen ist, sondern als ein zentrales Thema. Es geht ja dabei um die zentrale Forderung der Schrift und um die Grundstruktur der christlichen Existenz, deren Verwirklichung in einer konkreten Antwort von den anthropologischen, psychologischen und soziokulturellen Bedingungen abhängt.

4. Es ist festzustellen, daß der theologische Aspekt von Metanoia in diesen Katechismen besser zum Tragen kommt als der pastorale. Am ehesten wird noch der EEK der Dynamik der Umkehrpastoral gerecht, indem er die Rolle der Gemeinschaft der Gläubigen gerade im Glaubenlernen betont. In ihm wird, obwohl nicht explizit ausgesprochen, die von der Umkehrpastoral erkannte Notwendigkeit der Begleitung im Umkehrgeschehen erkannt und die Verarbeitung der Lebensgeschichte durch die Meditation besonders erwähnt.

5. Jede Umkehrpastoral muß dort anfangen, wo die Umkehr den Menschen als Gabe gegeben worden ist. Das geschieht in der Taufe. Sie wird in ihrer Bedeutung von allen drei Katechismen

umfassend dargestellt: Für die pastorale Praxis und besonders in bezug auf die Weiterbildung der Erwachsenen im Glauben ist zu fordern, daß verstärkt solche Modelle angeboten werden, die an der Intensivierung und Erneuerung des Taufgeschehens arbeiten.

3.5 Erwachsenenbildungsmodelle

Nach den Erwachsenenkatechismen sollen nun Modelle, die für
die Erwachsenenbildung entworfen wurden, auf das Thema der
Umkehr hin überprüft werden.

Die Modelle, die wir dafür heranziehen wollen, sind von Bruno
Dreher, Erich Feifel, Dieter Emeis und Hans Jellouscheck. Wir
haben uns für diese vier Modelle deswegen entschieden, weil
sie uns einen Einblick und einen Überblick in die Praxis
der theologischen Erwachsenenbildung vermitteln können und
weil sie teilweise den "Holländischen Katechismus" als Medium
empfehlen und mit ihm arbeiten (z.B. B. Dreher und D. Emeis).
Als erstes können wir die gleiche Feststellung treffen wie
bei den Katechismen: das Thema der Umkehr ist in keinem von
diesen Modellen speziell in ihren verschiedenen Dimensionen
thematisiert. Da es sich bei jedem von diesen Modellen um
die Veränderungen des Menschen im Sinne der Neuorientierung
oder Befreiung handelt, haben sie mit dem Thema "Umkehr" zu
tun. Um das Thema "Umkehr" dieser Modelle darstellen zu können,
überprüfen wir ihre Ziele, Inhalte, Methoden und Medien.

3.5.1 Das Modell von B. Dreher - K. Lang

3.5.2 Situation und Ziel

Bruno Dreher hat nach dem Vaticanum II. auf dem Gebiet der
theologischen Erwachsenenbildung neue theoretische und praktische Impulse gegeben. Hier befragen wir seinen Ansatzpunkt,
das Ziel seiner Bildungsmaßnahme und die Situation der Adressaten.

Er formuliert das Anliegen der theologischen Erwachsenenbildung (EB), das er in der Herstellung der Einheit zwischen
Lebenspraxis und Glaubensanforderungen sieht. Er sagt, daß
es bei katholischer und theologischer Erwachsenenbildung um
die Einheit von Glauben und Leben, um die Verbindung von
Kirche (Evangelium) und Lebenswirklichkeit geht.[197] Um dieses
Ziel erreichen zu können und eine so veränderte Praxis herbei-

zuführen, soll die theologische EB einerseits um die Vermittlung des Glaubensverständnisses der Erwachsenen und andererseits um ihre Glaubenshaltung oder ihren Glaubensentscheid bemüht sein.[198] Deswegen versteht Dreher die theologische EB als "Weg zu einer ständig sich erneuernden Glaubens-
reife".[199] Nur so kann sie sich als Lebenshilfe erweisen, die
doch weniger in einer wissenschaftlichen Information besteht
und mehr in der Vermittlung eines existentiellen Erfassens
des Credo[200], das allein zu einer neuen Lebenspraxis befähigt.

Um die Zielsetzung der theologischen EB treffender zu formulieren, analysiert er zuerst den Glauben als   Phänomen
und stellt vom Glaubensinhalt her einige Glaubenskategorien
auf.[201]

Zuerst betont er, daß bei keiner Analyse des Glaubens außer
Sicht gelassen werden darf, daß der Glaube aufgrund seines
eschatologischen Charakters eines lebenslangen Prozesses
bedarf und so wegen seiner Geschichtlichkeit immer in "je
neuer Form und Höhe" verwirklicht wird.[202] Am Begriff des
Glaubens hebt er seine dynamische Seite hervor. "Das Wesen
des Glaubens als eines Wagnisses bedeutet, daß er in wechselnden Situationen ständig mit personalem Einsatz verwirklicht
werden muß. Den Glaubensentscheid hat man nie hinter sich
ein für allemal geleistet, sondern immer vor sich."[203]

Von diesem Glaubensbegriff her analysiert Dreher die Situation
der Gläubigen und unterscheidet die Gläubigen nach der Wesensform des Glaubens. Unter Wesensform versteht er den persönlichen Entscheid und die persönliche Übergabe an Gott, weil der
Glaube eine persönliche Hingabe an eine sich dem Glaubenden
offenbarende Person darstellt.

Nach dieser Aufstellung sind folgende Stufen aufgezählt: die
Gleichgültigen und die Indifferenten, die ewig Unentschiedenen,
die traditionell-soziologisch Millieubestimmten, die diaspora-
bewußten Christen und die mündigen, selbstentscheidenden
Christen, die ihre Verantwortung für Kirche und Welt wahrnehmen.[204]

In bezug auf das Gemeindeleben stellt B. Dreher ebenso verschiedene Kategorien auf, die eine stufenförmige Intensität
des Gemeinschaftslebens zum Ausdruck bringen. In der Mitte
des Gemeindelebens sind als Kern diejenigen, die bewußt ihren
Glauben in bezug auf die Kirche und konsequent in bezug auf
die Welt zu leben versuchen. Weitere Gruppierungen sind die
Randchristen, Taufscheinkatholiken und Fernstehenden.[205] Für
die Erwachsenenbildung ist dies wichtig zu berücksichtigen,
damit sie möglichst vielen Bedürfnissen der verschiedenen
Gruppierungen gerecht werden kann.

Es ist von der theologischen EB gefordert, ein differenziertes
Angebot zu machen. Deswegen liegt für Dreher entsprechend der
stufenförmigen Identifikation mit der Kirche ein stufenorien-
tierter Ansatz nahe, wonach die theologische Bildungsarbeit
ihre Aufgabe darin hat, "die verschiedenen Generationen und
Stufen der Gemeinde, die wechselnden pluralen Gruppen und Kreise zu einem gemeinsamen theologischen Bemühen in Bewegung (zu)
setzen".[206]

Von unserer Fragestellung her können wir sagen, daß diese
Zielsetzung eine Veränderungs- und Erneuerungsbereitschaft
notwendig voraussetzt. Nur so kann der Glaube, der als persönlich immer zu vollziehende Hingabe verstanden wird, für
das Leben bedeutsam werden. Man kann feststellen, daß die
Analyse der Adressatensituation auch einen differenzierten
Umkehrbegriff fordert, weil die Adressaten in ihrer jeweiligen
Situation abzuholen sind und der Ansatz und das Vorgehen sich
danach richten müssen, weil nur "die nächste Glaubensstufe
folgen"[207] kann. Die theologische EB muß also auf der jeweiligen Stufe ansetzen und aufbauen, damit sie den Hörer erreichen, ansprechen und so zur Neubesinnung und zur neuen Lebensgestaltung anregen kann.

Die gesellschaftliche Situation fordert heute von den Gläubigen, sich immer wieder von neuem auf den Glauben zu besinnen,
umzudenken und umzulernen. Daraus entsteht auch ein Postulat
für die theologische EB. Ebenso, wie die Menschen in der heutigen Gesellschaft durch die rasche Entwicklung auf allen Ebenen und Gebieten auf eine ständige Weiterbildung angewiesen

sind, sind sie es auch auf dem Gebiet des Glaubens. Die theologische Weiterbildung muß auf diese Herausforderung auf ihre
Weise antworten. "Die Spannung zwischen der forgeschrittenen
Bildungsgesellschaft und der ungenügenden theologischen Information (Infantilismus) ist eines der tiefsten Motive, das
den Wunsch nach theologischer Erwachsenenbildung auslöst",
schreibt Dreher. [208]

Von dem hier skizzierten Postulat her werden das Ziel und die
Aufgabe der theologischen EB und aus ihnen die zu formulieren-
de Umkehrforderung sichtbar. Umkehr erscheint hier als das
Bemühen um die Herstellung der Einheit zwischen dem, was man
glaubt und dem, was man lebt. So kommt ihr gleichsam eine
Brückenfunktion zu, um die Spannungen zwischen Glauben und
Leben zu überwinden, und zugleich eine Hinkehr von einer
oberflächlichen zu einer tieferen Glaubenshaltung zu bewirken, die sich in immer reiferer Hingabe an Gott ausdrückt. [209]
Es geht um eine Hinwendung zu Gott, die sich im Glauben vollzieht und eine Hinwendung zum Bruder, die in der Liebe Gestalt gewinnt. [210]

Hier entsteht für uns die Frage, wie der Weg in der Praxis
nach dem Dreher-Lang-Modell konkret aussieht, auf dem man
eine veränderte Glaubenspraxis erreichen will.

3.5.3 Methode

Um den Erwachsenen zu Gott zu führen und ihm zu helfen, sich
in Liebe dem Nächsten zuzuwenden, bedient sich Dreher für die
Praxis des induktiven Weges. Durch diese induktive Methode
können sich die verschiedenen Stufen und Gruppierungen am
besten einbringen. [211] "Nicht die deduktive Entfaltung gegebener Begriffe, sondern die Einleitung vom Leben her, von
seinen Phänomenen ist wichtig, um so vom äußerlich sichtbaren zum unsichtbaren Wesen und Geheimnis einer Sache zu kommen." [212] Den induktiven Weg geht der Autor in seinen Ausführungen, indem er die Offenbarung als Antwort auf die Fragen
des Menschen darstellt, so daß der Mensch im Zentrum der
Heilsbotschaft mit allen seinen Bedürfnissen steht.

Bei dieser induktiven Methode geschieht es nicht so leicht,
daß das Geschehen an den Menschen vorbeigeht. Sie gewährleistet am besten, daß der Mensch mit seinen Fragen im Zentrum
bleibt, wodurch die theologische EB ihre Lebensnähe, Aktua-
lität, Verständlichkeit und Partnerschaftlichkeit entwickeln
kann. [213]

Um das Evangelium mitten im Leben den Menschen verwirklichen
zu helfen, soll die theologische EB den abstrakten Weg der
Verkündigung verlassen und sich ständig auf ihre Lebensbezo-
genheit überprüfen. "Es geht nicht mehr um die Verkündigung
eines abstrakten Evangeliums, sondern um die Erhellung der
gegenwärtigen Wirklichkeit aus dem Licht und der Kraft des
Evangeliums. Es ist wichtig zu sehen, daß die Verkündigung
des Evangeliums in die Mitte heutigen menschlichen Lebens
treffen muß." [214]

Diese Methode des induktiven Weges ist bei den Kursen 1, 2
und 3, die Dreher entwickelt hat, zu finden. In allen drei
Bänden sind zu einzelnen Themen, bevor man sie biblisch und
theologisch erschließt, zahlreiche Situationen aus dem konkreten Leben herausgegriffen und viele literarische Texte,
Gedichte und konkrete Beispiele als Denkanstöße angeführt. [215]

3.5.4 Zusammenfassung

In der Zielsetzung dieses Modells für die theologische EB
sind die deszendentalen und aszendentalen Strukturelemente
der christlichen Umkehr ansatzweise zu finden. Es geht bei
dem Global-Ziel um die Hinführung der Gläubigen zur totalen
Hinwendung zu Gott im Glauben und zur unbedingten Liebe zu den
Mitmenschen. [216] Man muß aber sagen, daß das Profil der christlichen Umkehr weder in der Theorie noch in der Praxis in seinem ganzen Spektrum zu erkennen ist. Es ist sicherlich möglich, durch die induktive Methode die Situation der Adressaten
zu erschließen, um sie in ihrer jeweiligen Situation ansprechen zu können. Dabei darf man jedoch nicht stehenbleiben.
Es muß darüber hinaus eine Intensität des Erlebens, das den
Glaubenden durch die Vermittlung des Glaubenswissens zu einer

entschiedeneren Lebenshaltung führen kann, vermittelt werden.
Das wird aber zu wenig gesehen und betont und von der Planung
des Seminars nicht möglich. Verschiedene Vortragsserien und
Diskussionen dienen sicherlich zur Vermittlung des Glaubenswissens. Eine intensivierte Umkehrpastoral geht über das
"Sachangebot" hinaus und macht auch das "personale Angebot"
besonders erforderlich. Und im Rahmen des "personalen Angebots" erfordert sie auch die fachliche Begleitung des einzelnen.[217] Bruno Dreher spricht zwar über die Rolle der Gemeinschaft, die zur Reife und Festigkeit im Glauben beiträgt[218],
aber im Rahmen des Seminars läßt er dem gemeinsamen Erleben
und dem Feiern - die in einem Prozeß der Neubesinnung und
Neuorientierung nicht vergessen werden dürfen - nicht genug
Raum. Zudem kann noch gesagt werden, daß dadurch Umkehr als
innerer Prozeß nicht genug beachtet werden kann.

3.6 Die theologische Erwachsenenbildung nach E. Feifel

3.6.1 Situation und Ziel

E. Feifel hat versucht, eine Theorie der theologischen EB
zu erarbeiten. Er hat selbst kein praktisches Modell entwik-
kelt, seine theoretische Arbeit kann aber als grundlegend
für andere Modelle gelten. Wir wollen hier seinen theoretischen Ansatz, ausgehend von unserer erarbeiteten Bedeutung
des Themas "Umkehr" für die theologische EB untersuchen.

Erich Feifel formuliert die Aufgabe der theologischen EB
folgendermaßen: "Theologische Erwachsenenbildung hat die Aufgabe, die Kirche in eine Lerngemeinschaft zu verwandeln, in
der Meinungs- und Willensbildung im Glauben geschieht".[219]
Dieses Global-Ziel, die Kirche in eine Lerngemeinschaft zu
verwandeln, gliedert sich in Teil-Ziele, z.B. Wecken eines
vertieften Problembewußtseins, Anregung der Fragekraft, Ermöglichung der begründeten Stellungnahme, Förderung des
christlichen Engagements in Gemeinde und Welt. Damit ist
die Befähigung zu Mitwirkung und Mitverantwortung angezielt.

Beim Lernenden ist dadurch eine Befreiung von geistiger Abhängigkeit und normativer Bindung verbunden, die durch Glaubenlernen erreicht werden kann. Der unsichere Glaube verursacht verschiedene Unfreiheiten, die dadurch bewältigt werden können, daß der Mensch sich stärker mit seinem Leben und seinem Glauben auseinandersetzt und so zu einem festen, kritikfähigen und auf die Lebensgestaltung sich auswirkenden Glauben kommt.

Die Erreichung des gesetzten Ziels setzt Umkehrbereitschaft voraus. Das Umkehrgeschehen könnten wir so formulieren: Freiwerden von jeder unmündigen Bindung, durch die die Meinungs- und Willenskraft geschwächt werden, und Befähigung für die Mitwirkung und Mitverantwortung.

Bei der Analyse der Situation der Adressaten weist Feifel zuerst auf die Situation in der Welt hin. Sie ist ständig in einem Prozeß der Wandlung, der in den letzten Jahrzehnten ein besonderes, bisher nicht gekanntes Ausmaß erreicht hat. Durch Technik und Wissenschaft beschleunigt sich die Wandlung der Gesellschaft, die immer neue Situationen mit sich bringt, die von den Menschen ständiges Um- und Neulernen-müssen erfordern.[220] Dadurch hat sich die Lernzeit bisher vorwiegend auf das Kindes- und Jugendalter beschränkt und auf das ganze Leben ausgedehnt. Diese Wandlungen und Veränderungen bringen für jeden Menschen auf allen Gebieten Gegebenheiten mit sich, die auf ihn verunsichernd wirken. Davon ist auch und besonders der Glaube betroffen. Er muß immer von neuem in den veränderten Situationen überprüft und aktualisiert werden, um so trotz aller Wandlungen durchgetragen werden zu können und für die Menschen eine echte Lebenshilfe zu sein. Dabei geht es aber nicht um eine Anpassung an die Situation, sondern um eine Auseinandersetzung mit ihr im Licht des Glaubens.

In der gleichen Situation befinden sich auch die Kirche und die Theologie, nicht nur der einzelne Gläubige oder die einzelnen Gemeinden. Für alle ist ein Glaubensvollzug problematisch und mühsamer geworden.[221]

Die Aktualisierung des Glaubens wird dort erfolgen, wo es durch die theologische EB gelingt, "die Akzentverschiebung im Glaubensbewußtsein zu vollziehen, daß die Grundentscheidung nicht im intellektuellen Wahrheitserkennen fällt, sondern dort, wo das wahr Erkannte in die Bewährung des Tuns übergeht".[222] Oder mit anderen Worten, wo es gelingt, daß der Glaube und die Wirklichkeit nicht mehr als zwei verschiedene Dinge auseinandergerissen werden, und eine Vermittlung zwischen Glauben und täglichem Leben geschieht und ihre gegenseitige Bezogenheit wahrgenommen wird.

Dies wird sich dort verwirklichen, wo die Kirche und ihre Mitglieder sich der Tatsache bewußt werden, daß sie alle in einem Lernprozeß stehen, und daß dieser des ständigen Miteinandersprechens, Voneinanderlernens und Aufeinanderhörens bedarf. Durch ein solches gemeinsames und integrierendes Geschehen wird die Gemeinschaft der Gläubigen auch zu einer "Gemeinschaft des Tuns" werden und nicht nur die Gemeinschaft der Theorie bleiben.

Feifel betont besonders das Miteinandersprechen und weist auf das Problem und die Krise der religiösen Sprache hin, das er näherhin als "ein Problem der Interpretation der Aussagen des Glaubens aus veränderten Erlebnisqualitäten heraus" charakterisiert, was die existentielle Bedeutung der christlichen Botschaft schwer zugänglich macht.

In der so verstandenen Situiertheit der Adressaten fordert "Umkehr" ein Freiwerden von jeglichen unmündigen Bindungen und ein Freiwerden für Mitwirkung und Mitverantwortung in der Kirche und in der Welt. Damit ist eine ständige Offenheit für neue Erfahrungen verbunden, die man mit Hilfe von alten aufarbeiten soll. Durch die Auseinandersetzung von neuen und alten Erfahrungen kann man sich selbst und die gegebenen Umstände begründet verändern und eigenes Christsein in einer nachchristlich säkularisierten Umwelt leben.

3.6.2 Methode

Diejenige Methode soll gewählt werden, die zu gezielten Veränderungen im Verhalten und der Glaubenshaltung der Adressaten verhelfen kann. Von der Situation der Adressaten wird
dann die Auswahl von Teil-Zielen, Inhalten und Medien abhängig gemacht. Wenn Feifel ausdrücklich betont, daß die theologische EB an den vorgegebenen Erfahrungen ansetzen soll,
dann hat er sich für die induktive Methode entschieden. Sie
kann die Bedingungen schaffen, daß man mit den Adressaten
Wege zu neuen vertieften Erfahrungen gehen kann.[223] Dieses
Postulat hat Folgen für die Theologie. Sie darf nicht einfach
als vorgegebene Größe vermittelt und rezipiert werden, sondern "sie bedarf vielmehr jenes den Lernprozeß kennzeichnen-
den wechselseitigen Gebens und Nehmens".[224]

Deswegen muß sie, um dem Glaubenlernen helfen zu können,
auch pädagogische und anthropologische Erkenntnisse beachten
und mit den Humanwissenschaften im Gespräch bleiben. So kann
sie die Menschen mit ihren Erfahrungen besser verstehen und
die Bedingungen zum Glaubenlernen schaffen und so neue
Glaubenserfahrungen ermöglichen.

3.6.3 Zusammenfassung

In diesem theoretischen Ansatz, wie wir schon gesehen haben,
kann Umkehr als ein Freiwerden von den unmündigen Bindungen
und eine Freisetzung für die Verantwortung und Mitwirkung
in der Welt und in der Gemeinde verstanden werden.

Die Entscheidung für die induktive Methode führt zu den Adressaten und gibt Gesprächsmöglichkeiten mit ihnen. Daher ist
verständlich und gut, daß die Partnerschaft zwischen dem Bild-
ner und seinen Adressaten wahrgenommen und betont wird.

Die Forderung, im Gespräch mit den Humanwissenschaften zu
bleiben, ist besonders zu betonen, weil man von ihnen über
die inneren Prozesse lernen kann.

Man wünscht, in diesem theoretischen Ansatz konkretere Aussa-

gen über diese Prozesse zu hören, z.B. wie sie zu gestalten
sind. Diese Erwartung wird enttäuscht. Feifel unterscheidet
drei Ebenen des menschlichen Erlebens, und zwar die kognitive,
die affektive und die pragmatische. Sie dürfen auch im Glaubenlernen nicht getrennt werden. Die affektive Ebene wird in
diesem Prozeß besonders hervorgehoben durch die Forderung, dem
Personalen vor dem Sachlichen einen Vorrang einzuräumen, wodurch die personale Begegnung zur entscheidenden Kategorie
des Glaubenlernens erklärt wird.[225]

Dieser Vorrang des Personalen erfüllt aber u.E. nicht völlig
die geforderte Begleitung im Lernprozeß, der sich als Umkehrprozeß versteht.

Der letzte Schritt im Prozeß ist die pragmatische Ebene.
"Am Anfang muß die persönliche religiöse Situation der Glaubenserfahrung motivierend wirken, und am Ende des Lernprozesses soll das der neu gewonnenen Glaubenserfahrung entspre-
chende Engagement stehen."[226] Es muß wiederum betont werden,
daß das erwartete Engagement aus den neuen Glaubenserfahrungen
von der Gemeinschaft abhängig ist, die dem einzelnen für das
Engagement Raum gibt.

3.7 Die Modelle von D. Emeis

3.7.1 Situation und Ziel

In seinem Arbeitsbuch für die Erwachsenenbildung "Lernprozesse im Glauben" (LG1) entwickelt D. Emeis ein Modell für
die theologische Erwachsenenbildung und gibt Beispiele für
die konkrete Anwendung des Holländischen Katechismus in Veranstaltungen. Wir wollen uns hier, wie auch in den anderen
Modellen, mit der Frage beschäftigen, ob, wie und auf welche
Weise dieses Modell etwas über die Umkehr in der Erwachsenenbildung aussagt.

Die Situation, in der sich die heutige Gesellschaft und
auch die Kirche befinden, ist durch rasche Wandlungen gekennzeichnet, die uns heute deutlicher machen als früher, "daß

Erwachsensein nicht gleichbedeutend ist mit Fertigsein. Es
gehört zum Menschen, daß er immer weiter wachsen kann und
muß, wenn er lebendig bleiben will".[227] Für die Kirche ist
es eine Herausforderung, indem sie ihr vor Jahrhunderten
formuliertes und von den Menschen angenommenes Glaubensbe-
kenntnis, das wahr ist und bleibt, in den neuen Zusammenhängen sehen und weitergeben soll. Dieses Nicht-fertig-sein
anzunehmen, das ständige Neu-lernen-müssen kann als Zwang
und Belastung verstanden werden, aber auch positiv als Chance.

Da der Mensch in diesen schnellen und oft undurchsichtigen
Wandlungen in der Welt und in der Kirche einer zweifachen
Entfremdung Gefahr läuft, und zwar Entfremdung von der Kirche
und von der Welt, will D. Emeis mit seinem Modell zeigen, wie
die gläubigen Menschen zu einem neuen Glaubensverständnis
und Glaubensvollzug gelangen können. Er möchte keine kleine
Gruppe von "Informierten" heranbilden im Gegensatz zur Großgemeinde, die "uninformiert" bleibt.[228] Sein Anliegen formuliert D. Emeis folgendermaßen: " Die erwachsenen Glieder der
Kirche sollen Hilfen bekommen, um die Wandlungen im Glaubensverständnis zu verstehen, und sie sollen dazu angeregt werden,
sich am gemeinsamen Hinhören der Kirche auf das Wort Gottes
angesichts der Welt von heute aktiv zu beteiligen und sich
nicht nur als Endpunkt, sondern auch als möglichen Ausgangspunkt von Wandlungen zu verstehen".[229] Die letzte Aufforderung,
daß die Gläubigen nicht nur mit den Wandlungen fertig werden
sollen, sondern auch Anstöße geben und Initiativen für die
Wandlungen ergreifen können, setzt ein neues Verständnis von
Kirche, von Mitwirkung und Mitverantwortung in ihr sowie
Engagement in Kirche und Welt voraus. Es ist eine hohe Zielsetzung, deren Verwirklichung nicht leicht zu erreichen ist.
Es ist zu fragen, wie dieses verwirklicht werden kann, inwiefern dieses Modell dazu eine Hilfe sein kann, wo es eingesetzt werden kann.

Die Adressaten, die D. Emeis bei diesem Modell im Blick hat,
sind die Erwachsenen, die Mitglieder der Gemeinde, bei denen
Glaube vorausgesetzt wird. Sie sollen "in den Prozeß des

lebendig nach Erneuerung und besserem, vertieftem Verständnis suchenden Glaubens der Kirche eingeführt und zur Teilnahme an dieser Erneuerung und Suche eingeladen werden.[230]

Diese Darstellung der gegebenen Situation und der Zielsetzung ließ den Zusammenhang mit unserem Thema "Umkehr" deutlich werden. Obwohl die Umkehr nicht expressis verbis vorkommt, ist sie in ihrem Inhalt angesprochen, und zwar als Einladung und Weg zur Überwindung der Entfremdung und Befähigung, Ausgangspunkt und Träger der Wandlungen in Welt und Kirche zu werden.

3.7.2 Befreiung von "Science und Technik"[231]

In seinem Buch "Wegzeichen des Glaubens" (WG) stellt D. Emeis die Situation der Adressaten in der heutigen Welt und dementsprechend ihre Befreiung dar. Die heutige Welt ist durch "Science und Technik" geprägt, und diese Prägung nimmt weiter zu.[232] Hierin sieht Emeis eine große Gefahr für die Menschen. "Die Gefahr, die dem Menschen im Anwachsen der Theorie und Praxis von Science und Technik droht, ist nicht darin zu sehen, daß das Denken und Leben ganz davon verschlungen wird. Es hält sich eine Sicht- und Lebensweise, die sich gegen Science und Technik abschirmt. Die tatsächlich bestehende Gefahr ist vielmehr zu suchen in einer Spaltung des Lebens in Bereiche, die unverstanden nebeneinander gelebt werden".[233] Das Leben wird in drei Ebenen gespalten, "auf denen sich das Leben des modernen Menschen vollzieht und die zueinander in einem höchst spannungsreichen Verhältnis stehen".[234] Diese drei Ebenen sind der private Bereich, die Arbeits- und Berufswelt und die Öffentlichkeit; durch die Spaltung ist im modernen Lebensrhythmus keine Harmonie mehr möglich. "Science und Technik" lassen den Menschen ohne Geheimnisse. Sie können ihm durch ihre Exaktheit, Zähl- und Meßbarkeit nicht den Sinn oder Unsinn, Liebe oder Schuld, Fülle oder Leere seines Daseins erschließen. Deswegen spricht D. Emeis von einer "Gottlosigkeit" von "Science und Technik". Der Mensch wird durch die "Objekti-

vität", die von der "Science" verlangt wird, unfähig, dem
Geheimnis Gottes in der Welt und dem des Menschen zu begegnen. Daraus ergibt sich das erste Ziel der Katechese bzw.
der Erwachsenenbildung, daß sie die Bedeutung der "Science
und Technik" zuerst erklärt, ihre Vorteile aber auch Nachteile.[235]

Die Entmythologisierung von "Science und Technik" soll zur
"Entgötterung" der Welt führen, Die positive Aufgabe der
theologischen EB, die Einführung der Gläubigen in das Geheimnis Gottes in der Welt, besonders in das Geheimnis Jesu
Christi, mit der Konzentrierung auf die Heilsfrage überhaupt,
soll dazu befähigen, den Widerspruch gegen das von "Science
und Technik" vereinnahmte Denken anzumelden und die Welt so
vor der Vergötterung zu bewahren. Ein wichtiges Teilziel
besteht also darin, den Menschen zu zeigen, daß Gott anders
als die Welt ist und daß die Welt nicht Gott ist. Letzten
Endes kann die Aufgabe der theologischen EB darin gesehen
werden, der Befreiung des Menschen zu dienen, indem er vom
Zwang der "Science und Technik" und von der Neigung zum
Fatalismus durch den neuen Zugang zum Glauben befreit wird.
Hier wiederholt sich jene Dimension der Umkehr, die eine Abkehr von "fremden Göttern" verlangt und eine Hinkehr zum
lebendigen Gott, "zum Gott der Menschen", ermöglicht und be-
fürwortet[236] und den Menschen zum Gott der "unerschütterlichen Hoffnung", "die von keinem innergeschichtlichen Scheitern enttäuscht wird"[237], führt.

Jetzt bleibt uns die Frage, wie Emeis sich den Weg konkret
vorstellt, auf dem der Mensch erneut Zugang zu Gott und
Abkehr von den Zwängen erlangen kann.

3.7.3 Methode, Medien, Ort

D. Emeis stand vor der Frage nach den praktischen Hilfen
in der Erwachsenenbildung und stellte einen großen Mangel
auf diesem Gebiet fest, trotz einiger feststellbarer Verbesserungen.[238] Für das Modell in LG1 entscheidet er sich
für den HK als Medium. Zur Zeit der Erstellung des LG1-

Modells war der HK durch das Aufsehen, das er erregte, eine
Hilfe zur Motivation.

Die Methode besteht aus drei Schritten: Werbung, das Seminar
selbst und Umwandlung der Gesprächsgruppen in Aktionsgruppen.

Durch Werbung soll hauptsächlich durch Plakate schon Monate
vorher das Interesse für das Seminar geweckt werden. Einige
Wochen soll darüber die Lokalpresse berichten, indem die
Ziele und Inhalte des Seminars erläutert werden. Andere
Werbeträger sind noch das Mitteilungsblatt der Gemeinde und
ein Informationsabend.

Die Interessierten werden an einem Abend in die Arbeit
selbst eingeführt. Sie bekommen Anweisungen über den Verlauf
des Seminars. Es wird ein Thema angegeben, das in den Gruppen, die sich in Wohnhäusern zusammenfinden, bearbeitet werden soll. Die Verbindung mit dem Veranstalter soll von den
Gruppen gepflegt werden, weil er von denen die Anregungen
und Fragen für das Plenum erwartet. Im Plenum soll ein Refe-
rat zur Klärung der Fragen dienen und Anregung zur Diskussion
gegeben werden. [239] Die Nacharbeit als Ergebnis des neugewon-
nenen Glaubensverständnisses könnte die Gesprächsgruppe in
eine Aktionsgruppe umwandeln.

Zu diesem Modell paßt gut jedes Thema, das den Teilnehmern
den Glauben von neuem erschließen soll.

3.7.4 Zusammenfassung

1. Emeis hat gut auf die Notwendigkeit der Weiterbildung der
Erwachsenen im Glauben hingewiesen, die in der analysierten
Situation der Gläubigen begründet ist.

Im LG1-Modell geht es um die Befähigung der Menschen durch
das Verständnis der Wandlungen in der Kirche und in der Welt,
sich nicht nur als Endpunkt, sondern auch als Ausgangspunkt
dieser Wandlungen zu verstehen. Deshalb geht es um die aktive
Mitgestaltung des Lebens in der Kirche und in der Welt. Dies
ist der Weg der Erneuerung des Glaubensverständnisses und
Glaubensvollzugs. Bei der Befähigung der Menschen für diese

Aufgabe geschieht die Überwindung der allgemeinen Entfremdung
von der Kirche und von der Welt.

Im WG-Modell geht es dann konkret um die Befreiung des Men-
schen von dem Zwang der "Science und Technik" und um die
Wiederentdeckung und Einführung des Menschen in das Geheimnis
Christi.

2. Es ist in der Methode bei den Modellen von Emeis das miteinander Reden, Lesen und Lernen gut zum Ausdruck gekommen.

3. Emeis erwähnt auch in einem Sinne die Begleitung, die beim
Umkehrgeschehen bzw. beim befreienden Glaubenlernen wichtig
ist, weil es um einen langwierigen und schweren Prozeß geht.
"Soll Gott am theologisch zentralen und zugleich psychologisch
wichtigsten Ort vermutet werden, muß das Wachstum des Kindes
ähnlich wie das sich wandelnde Welterleben der Erwachsenen
von katechetischen Bemühungen begleitet sein, die den Akzent
eindeutig auf den 'Gott des Menschen' legen und auch den
'Gott der Natur' immer deutlich machen."[240]

4. Von unseren Überlegungen her muß hier gesagt werden, daß
vom Umkehrgeschehen bzw. Glaubenlernen her gesehen dieses
Modell eine lebendige Gemeinde voraussetzt, die lernwillig
ist, die imstande ist, Gruppen zu bilden, die miteinander reden, lesen und lernen. Gerade hier stellt sich die Frage, ob
es nicht eine Überforderung der Gläubigen und der heutigen
Gemeinde ist.

Von der Motivierung der Gläubigen her ist ebenso zu fragen,
ob eine solche Werbung die Gläubigen genug motivieren kann,
die "Lücken" in ihrem bisherigen und hergebrachten Glaubensverständnis und die Notwendigkeit der Wandlungen einzusehen
und zu gestehen, und so sich den Wandlungen zu öffnen.

Wenn man von dem exemplarischen Lehren und Lernen her schaut,
dann sieht man, wie notwendig die Begleitung ist. D. Emeis
sieht treffend ein, daß die persönliche Begegnung der "bevor-
zugte Ort" für Glaubenlernen ist.[241] Aber über konkrete
Schritte für die "Beschaffung dieser Orte", wo der Glaube miteinander gelebt und gelernt werden kann, ist zu wenig gesagt.

3.8 Das Modell von H. Jellouscheck und A. Imhasly

3.8.1 Situation und Ziel

H. Jellouscheck und A. Imhasly übernehmen von E. Feifel den
theoretischen Ansatz und bauen darauf ihr Modell auf. Die
theoretischen Gesichtspunkte bestehen darin, daß soziale
Kommunikationsabläufe beobachtet werden sollen, daß die sach-
liche Information genug betont wird, daß die Konkretisierung
der Mitverantwortung in der aktiven Mitwirkung ermöglicht
wird und all dies die Begründung in der Ortskirche findet.[242]
Durch die Beachtung dieser Gesichtspunkte wollen H. Jellouscheck und A. Imhasly erreichen, daß ihr Modell theoriebezo-
gene Praxis und praxisorientierte Theoriebildung bleibt und
so die Mitte zwischen zwei Extremen bewahrt. Die Extreme, die
sie vermeiden wollen, sind einerseits eine bloß theoretische
Bewußtseinsänderung und andererseits rein pragmatischer Akti-
vismus.[243] Anders gesagt, daß die Bewußtseinsänderung nach
außen in einer neuen Denk- und Handlungsweise bemerkbar wird
und daß das neue Verhalten die Veränderung des Bewußtseins
fördert.

Die Adressaten dieses Modells sind die Pfarrgemeindemitglieder
in industriellen Gebieten, und zwar die Berufsgruppen wie
Arbeiter, Angestellte,"also Unselbständige, einem Dienstgeber
Veranwortliche, die ihre Arbeit in einer vorgegebenen Arbeits-
zeit zu tun haben".[244]

Es sind weiterhin altersgemäße Grenzen nach oben und unten gesetzt zwischen 20 und 40, also die Arbeiter, von denen man annehmen kann, daß sie noch auf der Suche sind nach ihrem eigenen Lebensstil. H. Jellouscheck und A. Imhasly setzen beim
Problem der Freizeitgestaltung an. Die Freizeit wird immer
größer und wird zu einem Problem, da viele Menschen in dem
oben genannten Alter ihre Freizeit nicht zugunsten des eigenen Wachstums in ihrem Mensch- und Christsein auszunützen
wissen. Das Ziel ist also, den Adressaten beizubringen, und
dies vom Glauben her, wie sie sich von Zwängen der Arbeitswelt
befreien können und in der Freizeit, von der sie immer mehr

"Glück und Lebenserfüllung" erwarten[245], sich nicht als ent-
täuschte Arbeitsmenschen verlieren, sondern als "Freizeit-
menschen" sich für neue Möglichkeiten, die ihnen Sinn und Erfüllung bringen können, öffnen.

Das inhaltliche Angebot in diesem Modell besteht aus der Analyse der gesellschaftlichen Situation, die H. Jellouscheck
und A. Imhasly von J. Habermas besonders im Verhältnis von
Arbeit und Freizeit übernehmen und aus theologischer Sicht
die Erwägungen über Arbeit und Freizeit von J. Moltmann und
E. Lange.

Hier wollen wir kurz die Ergebnisse dieser Analyse anführen,
damit wir dieses Modell von unserer Fragestellung her erschließen
können. Die Situation, in der sich der Mensch mit und in seiner Freizeit befindet, ist durch verschiedene Möglichkeiten
und Merkmale charakterisiert. Von der Entfremdung, die in der
Arbeitswelt vielfach herrscht, ist auch die Freizeit nicht
ausgenommen. Selbst in seiner Freizeit unterliegt der Mensch
einer Entfremdung, aus der er sich nicht lösen kann. Die
Freizeitindustrie nutzt diese Situation und versucht, durch ein
"gigantisches Konsumangebot" der tiefen Sehnsucht, die in
und durch die Freizeit den Menschen noch bewußter wird, ent-
gegenzukommen. Aber die tiefe Befriedigung des Menschen bleibt
aus. "Diese Situation muß im Interesse der Menschlichkeit des
Menschen verändert werden."[246] Dies kann geschehen, wenn die
gewohnten Denk- und Handlungsweisen geändert werden, so daß
die Menschen fähig werden, die "wachsende Freizeit zu nutzen
zur Einübung kreativer und kommunikativer Verhaltensweisen,
die sich schließlich schrittweise auch auf eine Umgestaltung
der Arbeitssituation auswirken könnten".[247] Dies ist die
Situation, in der der christliche Glaube entscheidende Impulse geben kann, indem er die Menschen auf eine größere Freiheit und Solidarität hin einlädt. Dabei geht es weiterhin darum, daß dem Menschen bewußt wird, daß er sich in seiner
Freizeit weder der Privatisierung des eigenen Lebens noch
Familisierung in der Kleinfamilie noch dem Konsum hinwenden
und damit zufrieden geben soll. Dies würde für jeden einzelnen nur den Tausch des durch die Arbeit geschaffenen Gefäng-

nisses gegen das der Freizeit bedeuten. Dies würde zu
einer Resignation führen und zum Rückzug aus der Öffentlichkeit, Gesellschaft und Arbeitswelt. Deswegen versucht dieses
Modell, zu einem Umdenken und zu einem neuen Verhalten anzu-
regen, indem es die Hoffnung über die Resignation wecken will,
daß es doch anders sein kann. Mit dieser Umorientierung soll
besonders der Abbau jeder Angst und die Befähigung zur Freizeit gelernt werden, damit die Repolitisierung des Lebens
erreicht wird.

Bei der Darstellung der Situation und des Zieles sind wir
dem Begriff der Umkehr nirgendwo begegnet. Deswegen fragen
wir uns, inwiefern dieses Modell mit unserer Fragestellung
zu tun hat. Wenn wir also nach den Begriffen suchen, dann ist
die Antwort negativ. Und dennoch finden wir auch hier wie bei
den anderen Modellen der Sache nach einen Umkehrprozeß gefordert und initiiert. Wir wissen, daß dieses Modell die Menschen von dem Diktat der Arbeits- und Freizeitwelt, die beide
entfremdend wirken, befreien will und den Menschen den Weg
zur "größeren Freiheit" eröffnen will. Ebenso strebt es an,
daß der Gläubige seinen Glauben als emotionale Kraft erfährt,
neues Verhalten lernt und eine "Repolitisierung" des Lebens
erfolgreich herbeiführt. Hiermit kommt also die Umkehr in
ihrer befreienden Dimension vor, obwohl sie nicht erwähnt wird.
Die Befreiung von den Zwängen, denen der Mensch ausgesetzt
ist, soll für den Menschen Heil schaffen. Die Zwänge äußern
sich besonders im rationalen Sachzwang, Konsumzwang und
Meinungszwang, die desto gefährlicher sind, je mehr sie von
der ganzen Gesellschaft und nicht vom einzelnen Menschen
kommen.

Die Umkehr heißt also hier, sich den äußeren Zwängen nicht
zu überlassen, sich von ihnen abzukehren und so fähig zu werden für eine freie menschliche Entwicklung, durch die die Suchenden ihren eigenen Lebensstil finden; und sich so zur
Hoffnung, nicht aber der Resignation berufen wissen.

3.8.2 Methode

Beim Modell Jellouscheck-Imhasly sieht die Methode folgendermaßen aus: zuerst wird eine Initiativgruppe gebildet. Ihre
Aufgabe besteht darin, den Lernprozeß in einer Gemeinde in
Gang zu setzen. Sie soll auf verschiedene Weisen der Werbung
die Adressaten auf das Angebot aufmerksam machen. Der letzte
Impuls soll bei einem Gemeindegottesdienst gegeben werden,
indem die Teilnehmer des Gottesdienstes zu einem Gemeindefest
eingeladen werden. Bei diesem Fest sollen Anregungen gegeben
werden, daß sich die Anwesenden für die Teilnahme an dem Seminar entschließen können. Und damit wäre die erste Phase "A"
abgeschlossen.

Der Verlauf des Seminars, die sogenannte Phase "B", besteht
aus fünf Abenden, in denen durch verschiedene Anregungen
(Spiele, Filme, Kurzreferate usw.) die Probleme besprochen
werden, mit denen der Mensch in seiner Freizeit konfrontiert
ist, und es soll besprochen werden, welche Möglichkeiten bestehen, aus Problemen herauszukommen.[248] Die dritte Phase "C"
versucht, das Gesagte und Besprochene aus der Phase "B" in die
Praxis umzusetzen und auszuwerten. Dazu werden z.B. Gemeinde-
ausflüge organisiert, damit die Gemeinde in den Lernprozeß
einbezogen werden kann. In den spontan entstandenen Gruppen
wird je ein Teilnehmer engagiert, der die Kontakte mit den
anderen Gemeindemitgliedern aufnehmen und mit ihnen konkrete
Themen, die das Leben der Gemeinde betreffen, besprechen soll.
In der Phase "C" ist in der Initiativgruppe eine weitere Arbeit vorgesehen, nämlich neue Seminare vorzubereiten, und die
Ergebniskontrolle zusammenzustellen und zu veröffentlichen.

3.8.3 Zusammenfassung

Vom Ziel her gesehen und von den Methoden, einen Lernprozeß
zu gestalten, kann zuerst gesagt werden, daß in diesem Modell
die kognitive, affektive und pragmatische Ebene des menschlichen Lernens in Anspruch genommen worden sind.

Der Erfahrung nach, die uns die Humanwissenschaften vermitteln, braucht der erwachsene Lernende einen "signifikant anderen". Diese Rolle übernimmt in dem Modell die Initiativgruppe, die durch Werbung und persönliche Kontakte auf sich aufmerksam macht und einladend wirkt. Sie versucht, durch ihr Auftreten für das Problem,das Ziel und das Angebot des Seminars zu sensibilisieren, soweit es möglich ist.

Hier stellt sich aber die Frage, ob und wie diese Initiativgruppe diese Rolle in einer Großgemeinde übernehmen kann. Ein weiteres Moment besteht in der Forderung, den Lernenden die verantwortete Mitwirkung anzubieten und zu ermöglichen. Von der Methode her ist eine aktive Mitgestaltung schon im Verlauf des Seminars möglich und gewünscht; dies gilt verstärkt für die Phase "C". Die Frage stellt sich auch hier, ob die Teilnehmer durch einige Abende dazu bereit und fähig werden.

Es fehlt bei diesem Modell eine Begleitung derer, die durch ein solches Modell einen Aufbruch erlebt haben. Es wird zwar gesagt, daß die Initiativgruppe doch eine Nacharbeit leisten soll, indem sie das neue Seminar vorbereitet, aber es wird nicht geredet über die Teilnehmer des vergangenen Seminars.

Man kann sagen, daß die Initiativgruppe nur teilweise, und zwar am Anfang und im Verlauf des Seminars, als "Begleitung" verstanden werden kann. Ebenso erlaubt eine kritische Anfrage die altersgemäße Abgrenzung der Adressaten. Es werden die Menschen zwischen 20 und 40 Jahren angesprochen, von denen angenommen werden kann, daß sie Probleme mit ihrer Freizeitgestaltung haben könnten. Ebenso darf angenommen werden, daß auch andere Altersgruppen mit demselben Problem zu tun haben. Und wenn unter den Adressaten Arbeiter und Angestellte sein sollten, kann die Frage gestellt werden, ob die Hausfrauen im Alter zwischen 20 und 40 Jahren auch gemeint sind oder nicht.

3.9 Allgemeine Zusammenfassung

Hier zeigen wir noch einmal die Modelle in einer verglei-
chenden Tabelle, durch die erkennbar werden soll, wie die
einzelnen Modelle die Ausgangsposition, d.h. die Situation
in Gesellschaft und Kirche und des einzelnen verstehen,
welche Ziele sie setzen, welche Inhalte, welche Methoden
und welche Medien sie wählen und wie die Umkehr danach
definiert werden kann.

Modell	Situationen			Ziele	Inhalte	Methode	Medien	Verständnis von Umkehr
	individuelle	gesellschaftliche	kirchliche					
1. B. Dreher	reife Christen, erstarrte Christen, anonyme atheistische	rasche Wandlungen in jeder Hinsicht	Kerngruppen, Taufscheinchristen, Fernstehende, Traditionelle	die Teilnehmer sollen lernen, die Einheit zwischen Glauben und Leben herzustellen; personale Bereitschaft zur Umkehr zu entwickeln	soziale Analysen; Glaubenswahrheiten	Vortragsserien, Diskussionen	HK Arbeitsbuch 1. 2. 3	der Weg zur reifen Hinwendung zu Gott und zum Bruder
2. E. Feifel	Tendenz zur unmündigen Abhängigkeit	schneller Prozeß der Wandlungen, verlängerte Lernzeit	allgemeine Verunsicherung	die Teilnehmer sollen lernen, sich aus unmündiger Abhängigkeit zu befreien und sich zur Mitarbeit in der Gemeinde zu entscheiden 249	-	-	-	der Weg der Freisetzung des Menschen von jeglicher Abhängigkeit und Freisetzung für die verantwortete Mitarbeit in der Gesellschaft und Kirche

Modell	Situationen			Ziele	Inhalte	Methode	Medien	Verständnis von Umkehr
	individuelle	gesellschaftliche	kirchliche					
3. D. Emeis Modell "LG1"	Entfremdung von der Kirche und der Gesellschaft durch Zwang der Wandlungen und dadurch Belastungen	rasche Wandlungen auf allen Gebieten, verlängerter Prozeß der Reifwerdung der Menschen	herausgefordert zu neuen Formulierungen der alten Wahrheiten	die Teilnehmer sollen lernen, sich am Wandel in Gesellschaft und Kirche aktiv zu beteiligen	Glaubenswahrheiten neu formuliert	Werbung, Arbeit in Gruppen, Plenum, Diskussion, Aktionsgruppen	Plakate, Flugblätter, HK/LC1/WG Diskussionen	der Weg der Befreiung aus der Entfremdung und aus den Zwängen und Befähigung zur aktiven Mitgestaltung
4. D. Emeis Modell "WG"	Tendenz zur Gespaltenheit und Unsicherheit	Vorherrschaft der "Science und Technik", Spaltung des Lebens in drei Ebenen: Arbeits-, Privat- und Öffentlichkeitsebene	herausgefordert, sich auf die Heilsfragen zu konzentrieren	die Teilnehmer sollen lernen, sich mit der Wirklichkeit auseinanderzusetzen, sich vor der Vergötterung der Welt zu bewahren und sich dem Geheimnis Christi zu stellen	neues Verständnis für das Geheimnis Gottes aufgrund der Analyse der Gesellschaft	siehe "LG1"	siehe "LG1"	der Weg der Befreiung von den Zwängen der "Science und Technik". Befreiung für die Hinkehr zum Gott der Menschen

Modell	Situationen			Ziele	Inhalte	Methode	Medien	Verständnis von Umkehr
	individuelle	gesellschaftliche	kirchliche					
5. H. Jellou- scheck, A. Imhas- ly	Tendenz zu Entfremdung durch Pri- vatisie- rung und Famili- sierung (kleine Familie)	größere Freizeit: Belastung und Chance; Zwänge: Arbeits-, Sach-, Konsum- und Meinungs- zwang	herausge- fordert und kon- frontiert mit den Fragen der Frei- zeit	die Teil- nehmer sollen lernen, die Impulse aus dem Glauben wahrzuneh- men und größere Freiheit und Solidari- tät zu rea- lisieren	Angebote des Glau- bens in die jewei- lige Situation geben	Initiativ- gruppe 3 Phasen: "A"-Werbung "B"-Vorträge "C"-Engage- ment neue Kontak- te	Plakate, Infor- mationsabende Filme, Spiele, Kurzreferate gemeinsames Unternehmen (Ausflüge usw.)	Der Weg des Freiwer- dens von dem Diktat und Zwang sowohl der Freizeit und Freiwer- den,den für größere Frei- heit und Solidarität

4.0 Die Cursillobewegung als Modell der Gemeindeerneuerung

4.0.1 Orientierungsfrage

Hier soll die Cursillobewegung[1] dargestellt werden, die sich
als ein Modell für die Erneuerung der Gemeinde und der Kirche
versteht. Diese Erneuerung will die Cursillobewegung durch
die Erneuerung der Erwachsenen im Glaubensleben erzielen. Es
stellt sich in dieser Arbeit die Frage, wie das Selbstverständnis der Cursillobewegung aussieht, welche Ziele, Inhalte, Methoden und Medien sie anbietet, um die Erwachsenen auf
die Erneuerung hinzubewegen. Damit ist man bei der Frage
nach der Umkehr, weil ohne sie keine Erneuerung möglich ist.

Der empirische Teil, der diesem theoretischen folgt, soll die
Praxis der Cursillobewegung in Deutschland darstellen. Die
Darstellung der Ziele, Inhalte, Methoden und Medien erfolgt
nach der Cursilloliteratur, die aus dem Spanischen ins Deutsche
übersetzt wurde. Bei der Sammlung dieser Literatur stößt man
auf die grundlegende Schwierigkeit, daß diese Literatur über
die Cursillobewegung meistens in Selbstverlagen erscheint und
dadurch der Zugang zu ihr erschwert ist.[2]

Weiterhin geht es hier um die Darstellung der theoretischen
Ansätze, die bei der Entstehung dieser Bewegung für die Zielgruppen Männer und Frauen getrennt gegeben sind. Dies bedeutet
eine Abgrenzung von den Jugendcursillos,die in Deutschland
langsam eingeführt werden.[3] Sie werden für gemischte Jugendgruppen gehalten. Ebenso soll eine Abgrenzung von Cursillo
stattfinden, die Ehepaare als Zielgruppe haben.[4]

4.1 Gesellschaftliche und kirchliche Situation im Entstehungs-
kontext der Cursillobewegung

Um die Entstehung und Gestaltung der Cursillobewegung verstehen zu können, soll zuerst einiges über den geschichtlichen
und kirchlichen Rahmen dieser Bewegung referiert werden.[5]

Kurz vor den ersten Versuchen und ersten Schritten in der Ent-

stehung dieses Modells war in Spanien der Bürgerkrieg
(1936-1939). Er brachte bittere Folgen für das Leben der
Menschen mit sich. Alle gesellschaftlichen und politischen
Erschütterungen hatten sich auch auf das religiöse Leben ausgewirkt. Es war zu spüren, daß sich viele Menschen nicht mehr
zurechtfanden. Viele konnten mit dem Glauben in ihrem Leben
kaum etwas anfangen. "Den meisten Menschen war der Sinnzusam-
menhang der damaligen Ereignisse weitgehend verborgen, sie
erfuhren sich als Opfer einer Geschichte, die sie mit in den
Strudel entwurzelnder Strömungen gerissen hatte. Zu sehr waren sie mit sich selbst und auch damit beschäftigt, einen
Standort zu suchen, der einen Neuanfang ermöglichte. Für
viele begann sich ihre Abhängigkeit von kirchlichen und religiösen Strukturen als hinderlich, ja als verhängnisvoll zu
erweisen", so beschreibt E. Bonnin die Situation.[6] In einer
solchen Situation spürte man, daß fast alles, was die Kirche
angeboten hatte, immer mehr und mehr "blutleer und sinnlos"
erschien, und, wie sich J. G. Cascales über die Gründer äußert, sahen sie, "daß das religiöse Leben sehr lau war".[7]
Die christliche Verkündigung erreichte nicht mehr den Hörer
trotz aller Bemühungen, und so entstand ein "abstraktes Klima". Dies war für den Hauptgründer und seine Gruppe von Gläubigen um ihn eine Herausforderung "ungeheuren Ausmaßes",
den Leuten etwas anzubieten, das ihnen in ihrem Leben in der
Kirche und mit der Kirche in dieser Welt von neuem den notwendigen Schwung durch ein neuentdecktes Leben in und aus
dem Glauben vermitteln sollte. Nach dem zweiten Weltkrieg
war in Spanien wie andernorts die "Katholische Aktion" und
in den 50er Jahren die "Laienbewegung" stark vertreten.[8] Das
war die geistige Atmosphäre, in der sich die Cursillobewegung
entwickelte und mit der sie sich auseinandersetzen mußte.
Junge Männer, mit denen E. Bonnin zusammenarbeitete, schien
die "Katholische Aktion" nicht genug Schwung und Vermittlungs-
und Verkündigungskraft zu besitzen. Sie wollten deswegen
einen eigenen Standort finden. Sie studierten die Situationen
und versuchten, danach ein Modell zu entwickeln. E. Bonnin
berichtet: "Wir änderten diesen Vorschlag (sc. der 'Katholischen Aktion', daß alle Erneuerung nach dem Motto 'Gnaden-

leben, Vertiefung und Apostolat' vor sich gehen soll) leicht
ab, weil er uns zu fromm klang. Wir hatten ja von vornherein
nicht nur religiöse Menschen im Blick, sondern sahen unseren
Auftrag universal. Uns war klar, daß es darum gehen mußte,
alle Menschen für Christus zu gewinnen... wir vermieden jeden Konfessionalismus und versuchten, in Menschen Hunger nach
einem Ideal zu wecken, ohne zunächst die Religion anzusprechen. So hofften wir, jedem die Möglichkeit zu geben, an der
Zeitlichkeit seiner Ideale seine Bedürftigkeit nach dem absoluten Ideal zu entdecken, dieses Ideal (Christus) zu erfassen
und - getrieben von diesem Ideal - ans Werk zu gehen".[9]

Der "Sitz im Leben" der Entstehung des Cursillo ist also von
der gesellschaftlich-kirchlichen Situation her gesehen ein
Versuch, ein neues Angebot zu machen, damit die christliche
Botschaft unter Christen bis hin zu Fernstehenden neue Lebensrelevanz und Lebendigkeit gewinnt. Um dies zu erreichen, ließen sich die Gründer von der damaligen Situation ansprechen
und bewegen, studierten die menschlichen Fragen und wollten
eine angemessene Antwort vermitteln. Es geht ihnen dabei um
neue Wege und Mittel, die Botschaft des Evangeliums, zentriert
und personifiziert in Jesus Christus, an die Menschen heranzu-
tragen.

4.2 Die Entstehung des "kleinen Kurses"

"Cursillo" bedeutet der "kleine, intensive Glaubenskurs".
Der volle Titel ist: "Cursillo de cristianidad" (Kleiner Kurs)
des Christentums). Der erste Cursillo, so wie er heute methodisch und inhaltlich aussieht, wurde Anfang Januar 1949 auf
Mallorca gehalten. Bis zu dieser endgültigen Fassung vergingen
fast zehn Jahre des Ringens und des Suchens nach den Wegen
und Mitteln, durch die man den Christen verhelfen könnte, zu
dem Wesentlichen ihres Christseins vorzudringen. Der Cursillo
entstand im Rahmen der Vorbereitungen auf die Wallfahrten
nach Santiago de Compostella, und dies im engeren Kreis der
Diözesanjugend.[10] In dem obengenannten Milieu der Katholischen Aktion sind die "Kurse für forgeschrittene Pilger"

(Cursillo de Adlantados de Peregrinos) und die "Kurse für die Pilgerführer" (Cursillo de Jefes de Peregrinos). Die Erfahrungen dieser Kurse waren unerwartet positiv. Bonnin schreibt, "daß der lichtvolle Gehalt des Christentums in seiner ganzen Weite und Kraft von denen aufgenommen wurde, die am Rande lebten. Nicht am Rande der katholischen Aktion, sondern auch der Religion: sie wurden binnen weniger Tage von Christus gepackt und erfüllt".[11] Nach diesen guten Erfahrungen stellte sich das Führungsteam die Aufgabe, in einem Führungsseminar dieses entstehende Modell weiter zu reflektieren und zu entwickeln. Dies war eine weitere Phase des Suchens und Ringens. "Im Laufe der Jahre zwischen 1940 und 1948 bildete sich auf Mallorca eine Gruppe junger Männer, die miteinander nach den Wegen suchen wollten, wie man der Kirche eine neue Anziehungs- und Ausstrahlungskraft vermitteln könnte. Sie begaben sich in diesem Suchen in einen Reifungsprozeß, der schließlich einen 'kleinen Kurs' hervorbrachte..."[12] Im Vergleich zu den schon erwähnten Kursen für Pilger und Pilgerführer wie auch im Vergleich zu der verwandten charismatischen Bewegung in der Kirche hat Cursillo ein eigenständiges Ziel[13], das durch seine Geschichte immer neu herausgearbeitet werden mußte. Zu diesen Bemühungen, die Identität der Cursillobewegung zu behaupten, schreibt N. Schnorbach: "Vor diesem Hintergrund des starken Bemühens um eine eigene Identität werden einige Tendenzen der Cursillo-Bewegung deutlich: Die Vorliebe für einprägsame Schlagworte und Definitionen des Cursillo, die Tendenz, mit übertrieben anmutendem Nachdruck zu betonen, daß der Cursillo methodisch bis ins Kleinste durchdacht ist und von Anfang an gleich geblieben ist...".[14] Von daher ist auch zu verstehen, daß man freie Initiative und Änderungsversuche in der Methodik ablehnt.[15] Die Diskussion um die Identität des Cursillo dauert an. Was uns hier interessiert, ist der sozial-kulturelle Hintergrund für die Entwicklung des Cursillo: die Unzufriedenheit mit der vorhandenen Situation von Glaube und Kirche und sein Hauptanliegen, die Christenheit zu erneuern, indem die Lebensrelevanz von Jesus Christus als tragendem, stimulierendem "absolutem Ideal" des Lebens vermittelt wird.[16]

4.3 Die Ziele

Hier soll eingehender dargestellt werden, wie sich die Cursillobewegung von Anfang an verstanden hat, und was sie innerhalb
des allgemeinen Planes der kirchlichen Erneuerung sein wollte.

4.3.1 Die Grundlinien

In neun Punkten bringt E. Bonnin in seinem Buch "Entstehung
und Methodik des Cursillo" die grundlegenden Gedanken, in
denen die Ziele und Richtlinien für die Bewegung beschrieben
sind und die Analyse der damaligen Situation der Kirche, des
weiteren den Versuch, eine Antwort anzubieten.
Die Gedanken formuliert er wie folgt[17]:

1. "Der Begriff des zuversichtlichen und hoffnungsvollen
Christentums, der der einzig richtige und wahre ist, als
grundlegende Lösung aller menschlichen Probleme, als Gegensatz
zu jener bürgerlichen, statischen, konformistischen und untäti-
gen Weltanschauung, die vom Christentum nur den Namen zu Unrecht für sich in Anspruch nimmt.

2. Eine dynamische Sicht des ringenden Katholizismus, die im
Apostolat nicht eine Mehrleistung, sondern eine Lebensnotwen-
digkeit sieht, die nicht innerhalb einer bürokratischen Organisation verwirklicht wird, sondern den entschlossenen Einsatz
für das Reich Gottes, den lebendigen, tätigen Sauerteig der
Kirche darstellt.

3. Eine ehrliche, geradlinige und dynamische Unruhe als einzig möglicher Ausgangspunkt für jede wirksame Tätigkeit mit
immer vielfältigeren und besseren Wirkungsmöglichkeiten.

4. Eine tiefe und genaue Kenntnis des Menschen von heute,
seiner Probleme und seiner Ängste; aber eine Kenntnis aus der
lebendigen Erfahrung - nicht aus der Statistik oder aus 'einfachen und praktischen Handbüchern' -, sondern vom Leben
selbst gelehrt, aus dem engen Zusammenleben mit der Masse,
die vom Sauerteig des Evangeliums zum Leben erweckt werden
soll.

5. Die tiefe Erkenntnis, daß gewisse Methoden ungenügend
oder unpassend sind, um das wesentliche Ziel jeder apostolischen Tätigkeit zu erreichen - eine Erkenntnis jedoch, die
sich nicht mit Wehklagen begnügt, die nicht vor dem Schicksal
resigniert, sondern die mit wachsendem Interesse alles aus-
nützt, was der Verlebendigung dient und sich dauernd auf der
Suche nach neuen fruchtbaren Horizonten befindet.

6. Die feste Überzeugung, daß es wirklich möglich ist, daß
die vielen, die am Rande des Glaubens leben, den Stoß der
Gnade erhalten können, und daß sie, wenn sie auch noch so weit
von Christus entfernt sind, doch fähig wären, sich ihm ganz
hinzugeben - wenn man ihnen nämlich Christus und die Kirche
so darstellt, wie sie sind.

7. Die feste Hoffnung, daß dieser Versuch, wenn er konsequent
durchgeführt wird, denselben Erfolg bringen würde wie zur
Zeit Christi: die 'Samariterinnen' und die Männer wie Zachäus
würden zu den dynamischsten Aposteln des Herrn werden.

8. Das kräftige Bemühen, eine konkrete Methode zu finden, die
in Nachahmung der Apostel die persönlichen Probleme und die
konkreten Anforderungen des einzelnen einer entsprechenden
und radikalen Lösung zuführt, einer Lösung, die in Christus
liegt, in seiner Gnade, so daß das ganze Leben jedes einzelnen
grundlegend von Christus und seiner Gnade als Kraft und Maß
geleitet würde.

9. Die Überzeugung, daß die Lösung einfach ist und in ihrer
Einfachheit allgemein gültig; deshalb müßte man im Cursillo
die katholische (allumfassende) Wirksamkeit des Glaubens erleben, die zu einer gemeinsamen und einem gemeinsamen Milieu
zusammenfindet, wenn sie auch dann in verschiedene Länder,
Gesellschaftsschichten und Kulturen ausstrahlt."

E. Bonnin sieht als die Quellen dieser Grundlinien das Evangelium und die "Katholische Aktion" "als von Christus gegebene endgültige Lösung für die Probleme aller Zeiten".[18]

E. Bonnin fehlte nur noch "eine konkrete, lebendige, psycholo-
gische Methode"[19], durch die "die erneuernde Kraft des ganzen

christlichen Ideals"[20] all diesen Grundlinien gegeben werden
könnte. Und er stellt fest, daß die gesuchte Methode und
das geeignete Werkzeug in der Cursillobewegung gegeben sind.[21]

In diesen Grundlinien erkennt man die Grundpositionen, die
am Anfang der Cursillobewegung in der kirchlichen Situation als
Alternative bestanden. Die eine Position ist die, zu der
die Cursillobewegung die Gläubigen hin motivieren will. Die
angeführten Punkte machen ihr Programm der Erneuerung deutlich: zuversichtliches und hoffnungsvolles Christentum als
Lösung aller menschlichen Probleme; entschlossener Einsatz
für das Reich Gottes durch die Kirche als Notwendigkeit;
wirksame Unruhe, die nach besseren Wirkungsmöglichkeiten
sucht; tiefe, in der Erfahrung gründende Kenntnis des Menschen in all seinen Positionen; Kenntnis der Methoden und
Suche nach ihnen; Überzeugung, daß die Menschen Christus und
die Kirche annehmen wollen, wenn sie dargestellt werden, wie
sie sein sollen; Hoffnung, daß auch heute viele Menschen bereit sind, nach der Begegnung mit Jesus dynamische Apostel
zu werden; Überzeugung, daß die Wirksamkeit des Glaubens in
allen Milieus spürbar werden kann.

Die andere Position ist: bürgerliches, statisches, konformi-
stisches und untätiges Christentum; die Betonung des Bürokratischen und Organisatorischen; Resignation und Wehklagerei
über die Situation in der Kirche und in der Gesellschaft;
Sich-an-den-Statistiken-orientieren und Nur-aus-den-Handbü-
chern-lernen, was ohne Lebendigkeit bleibt.

Hier drängt sich die Frage auf, ob eine solche Grundposition
nicht doch eine extreme Haltung ist und so der Wirklichkeit
der Kirche und der einzelnen Gläubigen Unrecht tut, da man
durch die Vereinfachung in der Diagnose Gefahr läuft, viele
andere Zwischenstufen zu vernachlässigen.[22] Die Wirklichkeit
der Kirche und der Gesellschaft ist real viel komplizierter
sowohl im Blick auf ihre Beziehungen zueinander als auch auf
ihre Aufgaben und die Möglichkeiten zu ihrer Erfüllung.[23]

Gerade in dieser Spannung zwischen zwei Grundpositionen wird
auch das Umkehrprofil zu finden sein.

4.3.2 "Geistige Taufe"[24]

Die Cursillobewegung versteht sich auch als "geistige Taufe".
Die Erneuerung der Taufe soll der erste Impuls auf dem Wege
der Erneuerung und der Überwindung der Spannung zwischen
Glaubenstheorie und Praxis sein. Es geht dabei um die "geistige Taufe der getauften Christen".[25] Ein neues "Ja" zu den in
der Taufe geschenkten Gaben soll zu einem gelebten Christentum führen. Diese "geistige Taufe" ist der entscheidende
Punkt der Umkehr innerhalb des Erneuerungsprozesses.

Die drei Tage des Kurses sind, von diesem Aspekt aus gesehen,
der Rahmen, in dem der neue Anfang gesät wird; dieser Anfang
muß aber in der Zeit nach dem Kurs sich erst bewähren und
reifen. J. Cascales schreibt zum Verständnis der geistigen
Taufe: "Die eigentliche Taufe dauert nicht mehr als einige
Sekunden. Und sie bleibt Impuls, Auftrag, Ziel für das ganze
christliche Leben... Diese geistige Taufe bei Cursillo dauert
schon etwas länger. Aber hier kommt es nicht so sehr auf die
drei Tage an. Der Cursillo ist Sprungbrett, Trampolin! Der
Cursillo ist Sprung! Deshalb sind die drei Tage des Cursillo
ganz auf 'Nachcursillo' ausgerichtet. Die drei Tage des Cursillo sind ein Samen, der im Nachcursillo zu einem Lebensbaum
wachsen soll, von dem Kirche und Welt reiche Frucht und Erlösung pflücken können".[26] Mit den Worten "Sprungbrett", "Trampolin", "Sprung" usw. will man aussagen, daß man die geistige
Taufe als Wende versteht. Dies alles soll den Christen bewußt
machen, "daß sich ihr Christsein weiterhin nur verantworten
kann in der konkreten Annahme der Sendung Christi, im Zeugnis,
in Wort und Beispiel, im Dienst am Bruder".[27] Geistige Taufe
soll zur Entdeckung und Verwirklichung der persönlichen Berufung führen, die in der Taufe schon als Indikativ mitgegeben
ist.[28]

4.3.3 Das Charismatisch-prophetische

Durch dieses erste Ziel, "Erneuerung der Taufe der getauften
Christen"[29], und andere Kennzeichnungen in der Cursilloliteratur in bezug auf das Charismatische wie "das neue Pfingsten

in unserer Zeit"[30], "das Pfingsten in unseren Tagen"[31] und
das, was man bei J. Capmany über das Prophetische und Charismatische findet[32], bekommt Cursillo die Merkmale einer charismatischen Erneuerung, und hat so eine große Nähe zu den
pfingstlerischen und charismatischen Erneuerungsbestrebungen.[33]
Damit ist das zweite Lernziel angesprochen, das R. Schwan so
formuliert: "Gemeinschaften von Christen bilden."[34] Diese in
der Cursillobewegung sich bildenden Gemeinschaften sind doch
letzten Endes charismatische Gemeinschaften, die von innen
her bei ihren Mitgliedern die Charismen wecken sollen, die in
der Taufe keimhaft gegeben sind, und nach außen hin die ganze
Kirche in Bewegung bringen.

Wie schon erwähnt, setzt sich mit dem Prophetischen und Charismatischen J. Capmany besonders auseinander.[35] Aus seinem
Verständnis Jesu als Prophet und Charismatiker, kommt er zu
seinen Forderungen an die Christen im einzelnen und in ihren
Gemeinschaften. Jesus ist ein Prophet, der nicht nur von Gott
"wie von einem entfernten Wesen, sondern wie von einem Vater,
der sich um die Menschen kümmert"[36] spricht. In seinem Auftritt ist er "klar und kraftvoll, fordernd und revolutio-
när".[37] Dadurch kommt er auch in Konflikte und wird zum Zeichen des Widerspruchs.[38]

Von einem solchen Verständnis Jesu her ist das Bild der Kirche
zu entwerfen, die deswegen auch eine "prophetische Bewegung"[39]
sein muß, und zwar nicht nur in dem Sinn, daß sie Endziel der
prophetischen Tätigkeit Jesu ist, "sondern sie ist ein Volk
der Propheten".[40] Jesus wurde vom Heiligen Geist erfüllt, den
er auch seiner Kirche im Ganzen und jedem auf seinen Namen
Getauften versprochen hat. Die Kirche darf deswegen das charismatische "Amt" des Propheten ausüben.[41]

Bei diesen Überlegungen ist besonders die Rolle des Heiligen
Geistes betont. "Der Geist ist nun ein Hauptelement und ganz
unentbehrlich, damit die Kirche ist, damit sie ist in der
Welt, wo sie lebt und sich in der Geschichte entwickelt, die
sie durchläuft."[42] Er verbindet die Gläubigen durch die von
ihm geschenkte Liebe und Hoffnung. Durch ihn bekommt jeder

Gläubige Gaben zum Dienst am ganzen Volk Gottes und an der
ganzen Menschheit. Der Geist weckt einzelne Menschen und auch
Gruppen, die durch ihre Charismen Impulse für das Gottesvolk
geben.

Aus diesen theologischen Erwägungen über das Charismatische
in Jesus und die durch ihn der Kirche und ihren einzelnen
Gläubigen mitgeteilten Charismen, folgen Konsequenzen für die
Cursillobewegung und für die Teilnehmer (Cursillistas) des
Cursillo. Sie haben Anteil an all dem, was die Kirche bekommen hat, an allen Gaben und auch an den Aufgaben. Der Cursillobewegung stellt sich nicht die Aufgabe, einzelne Christen
zu gewinnen, sondern sie will Christen helfen, mit bewußter Verantwortung, mit aktiver und großmütiger Treue in ihrer Berufung zum Glauben zu wachsen. Dabei ist für die Bewegung die
bedingungslose Offenheit für die charismatischen Gaben des
Heiligen Geistes die Bedingung, da sie ohne diese seine Aufgabe nicht erfüllen kann.[43] In diesem Punkt beruft sich Campany
auf das Schreiben "Evangelii nuntiandi" von Paul VI. und
findet die Bestätigung für die Einstellung zum Heiligen Geist,
die er bei Cursillo erarbeitet. "Die Methoden der Evangeli-
sierung sind sicher nützlich, doch können auch die vollkom-
mensten unter ihnen das verborgene Wirken des Heiligen Geistes nicht ersetzen. Ohne ihn richtet auch die geschickteste
Vorbereitung des Verkünders nichts aus. Die bezwingendste
Didaktik bleibt auf den Menschen wirkungslos ohne ihn. Ohne
ihn enthüllen sich die noch so entwickelten soziologischen
und psychologischen Methoden schnell als völlig wertlos."[44]

Durch diese Dimension des charismatisch-prophetischen im
Verständnis der Cursillobewegung bekommt sie eine Dynamik und
rechtfertigt damit die Betonung des Prozeßhaften im Wachsen
auf das Eigentliche des Christentums hin.[45]

4.3.4 "Rückgrat" vermitteln[46]

Das allgemeinste Anliegen der Cursillobewegung läßt sich mit
dem Begriff "Rückgrat des Christentums" definieren. Dies
läßt die besprochenen Grundlinien und das Verständnis des

charismatischen in der Cursilloliteratur als Hintergrund
spüren. W. Schneller bemerkt, es sei nichts Neues, dem
Christentum das Rückgrat vermitteln zu wollen. "Es ist das
Ziel des Glaubens schlechthin, kräftig aufzutreten im Bewußtsein der Sendung Christi, um den Menschen die Botschaft von
der Liebe des Vaters zu bringen."[47] Es geht wiederum um das
Erlebnis und die Erfahrung der Sendung, aus der Lebensgestaltung in einer vollen und mutigen Verantwortung erwächst. In
diesem Ziel, "den Christen und der Christenheit Rückgrat zu
geben", sieht E. Bonnin eine doppelte grundlegende Tätigkeit,
und zwar so, daß man zuerst die nötigen und unentbehrlichen
Bestandteile suchen und vorbereiten soll und in einem zweiten
Schritt diese Bestandteile "an ihren richtigen Platz setzen
und sie miteinander organisch verbinden (soll), damit sie wirksam
sein können".[48]

Den Christen "Rückgrat" zu geben, heißt für Cascales, "Christen mit so viel Charakter und Hingabefähigkeit, mit so viel
Reife heranwachsen lassen, daß sie eine Gemeinschaft bilden,
zusammenhalten und in Bewegung setzen können".[49]

Um dieses Ziel erreichen zu können, stellt sich für den Christen die Aufgabe, den Weg des veräußerlichten Glaubensprofils
zu verlassen und "eine Lebenshaltung an diese Stelle treten (zu)
lassen, die durch Zeugnis und Vorleben und durch die persönliche Erfahrung des einzelnen gestützt wird".[50]

Diese Zielvorstellung, "Rückgrat geben", meint den ganzen
Menschen. Der Weg der Cursillobewegung umfaßt den ganzen Men-
schen. Als solcher soll er angesprochen werden und zur Ent-
scheidung für Christus geweckt werden. Letzten Endes will die
Cursillobewegung, so wie es P. Meinhold formuliert, "die
Erneuerung des kirchlichen Lebens und der Basis bewirken, in-
dem er den einzelnen Christen zu einer mit Freude erfüllenden
Glaubens- und Lebenshaltung bringt".[51]

4.3.5 Charisma der Hierarchie und der Laien

Zu dem bisher über die Cursillobewegung Gesagten soll nun
ihre Betonung und Einstellung zu den Charismen und Aufgaben
der Laien zur Sprache kommen. Ihr geht es darum, daß alle,
besonders die Laien, die Mitverantwortung in der Kirche übernehmen. Nach der Überzeugung von J. Capmany gelingt es der
Cursillobewegung nicht nur, das Charisma der Laien zu wecken,
sondern auch, ihm einen gebührenden Platz in der Kirche einzuräumen und es mit dem Charisma der Hierarchie in Einklang
zu bringen. "Während sich die Theologen und Pastoralisten
(sic!) bemühen, die Zusammenarbeit zwischen Priestern und
Laien aus theoretischer Perspektive zu erklären, gibt es
beim Cursillo schon seit Jahren eine gute Zusammenarbeit,
indem jeder sein Charisma in den drei Tagen des Cursillo
einsetzt."[52] Eine besondere Betonung findet unter den Charismen der Laien das der Verkündigung, d.h. das kerygmatische
Charisma. J. Capmany schreibt, daß es bei der Cursillobewegung um die kerygmatische Verkündigung geht, die sich innerhalb der prophetischen befindet. Sie will "die Bekehrung
ermöglichen und fördern, in ihrem Inhalt, - Verkündigung der
Erlösung in Jesus Christus, - und in seinem Stil - das freudige Weiterschenken des christlichen Seins und apostolischen
Einsatzes".[53] Daher kommt es auch zur Betonung des Zeugnis-
gebens durch Wort und Tat. J. G. Cascales sagt dazu "Zeugnis geben bedeutet, nicht nur den anderen etwas mitteilen,
sondern ihnen die Garantie, die Sicherheit geben, daß das
Mitgeteilte wahr ist, wertvoll ist, entschieden ist. Der
Empfänger kennt die Tatsache nicht direkt, nicht aus eigener
Erfahrung. Der Zeuge muß überzeugen mit seiner eigenen Person,
durch das eigene Charisma, durch das eigene Leben... Und da
Gott Leben ist, der Lebendige ist, der Quell des Lebens ist,
hat das lebendige Zeugnis des Glaubens eine entscheidende Bedeutung, um Glauben mitzuteilen".[54]

Die Förderung der Charismen der Laien und der ihnen von
der Hierarchie einzuräumende Platz entspricht den Schwerpunk-
ten der durch das Zweite Vatikanische Konzil und durch die

Gemeinsame Synode gewünschten Erneuerung, die auch von den
Laien mitverantwortlich getragen werden muß.[55] Durch die
Betonung des Zeugnis-gebens[56] und der Erfahrung kommen die
charismatische Gemeindeerneuerung[57] und die Cursillobewegung
ganz nahe zueinander, was wiederum einige Diskussionen über
die Identität der Cursillobewegung erregte. Dabei ist man im
allgemeinen der Überzeugung, daß beide Bewegungen ihre eigene
Identität beibehalten und auf je eigene Weise der Erneuerung
der Kirche dienen sollen.[58]

4.3.6 Apostolat

Die Tatsache, daß das Apostolat zum christlichen Leben gehört, wird von der Cursillobewegung besonders betont. Darun-
ter wird verstanden "etwas für Gott, für Christus und seine
Kirche, für die Menschen zu tun".[59] Das Apostolat ist die
selbstverständliche Folgerung aus der Entdeckung der eigenen
Gaben, die in der Taufe verliehen werden. Das christliche
Leben verträgt daher keineswegs eine Tatenlosigkeit, Passivi-
tät oder dergleichen.[60] In dem apostolischen Engagement hat
die Freundschaftsgruppe[61] eine spezielle Rolle. J. G. Cascales sagt: "In der Tat, der Grund, warum man sich zusammenfindet, ist die gegenseitige Freundschaft mit Christus und die
gemeinsame Sendung, für die Kirche und für die Menschen zu
arbeiten. Da der Einsatz im Apostolat aber gewöhnlich unsere
geistigen und seelischen Kräfte am meisten in Bewegung setzt,
wird das gemeinsame Apostolat die große dynamische Rolle
spielen, die die Gruppe enger schließen wird".[62] Auf den
Blättern "Mein Programm"[63] und "Programm für das Gruppentreffen"[64] sollen sich die Gruppenmitglieder bei jedem Treffen
und einzelne jeden Tag für sich über ihr Apostolat befragen.
Unter dem Schriftwort "Die Liebe Christi drängt uns" (2Kor 5,
14) sind die Gebiete des apostolischen Einsatzes angegeben
wie Familie, Beruf, Pfarrei, andere Milieus, Menschen in Not.
Das Losungswort dazu ist: "Christus und ich - absolute Mehrheit".[65]

Es gibt also Gebiete des Apostolates innerhalb der Gemeinschaft einerseits und andererseits gegenüber der Welt.
"Christus und die Kirche aber wollen auch, daß wir uns als
Gemeinschaft für das Evangelium einsetzen."[66] J. G. Cascales
sagt emphatisch: "Der heutige Mensch fühlt sich einsam und
verlassen, er leidet unter der Leere eines erschreckenden
Materialismus; er hat Heimweh nach dem Vaterhaus, nach dem
Haus, das er eines Tages verließ, um mit stolzer Selbstzu-
friedenheit und Macht ohne Daheim und in der Ferne zu leben;
und das alles, weil wir Christen wenig oder nichts getan haben, daß es anders wäre. Ein Christ ist ein Mensch, dem
Christus alle Menschen anvertraut hat".[67] Beim apostolischen
Einsatz ist einerseits die Angewiesenheit auf die Gnade Gottes
und der Werkzeugcharakter des menschlichen Tuns betont, weshalb die Haltung der Demut angemessen ist, und andererseits
die Verantwortung, bei jeder Gelegenheit sich entschieden
für die Verbreitung des Reiches der Liebe einzusetzen.[68]

Außer der Demut soll das ganze Apostolat durch Begeisterung,
Hingabe und Liebe getragen werden und jede Lethargie, Kraft-
losigkeit, Traurigkeit, Pessimismus, Angst usw. sollen fern-
bleiben.[69]

Zu diesen Gedanken über das Apostolat aus der Sicht der
Cursilloliteratur kann man sagen, daß der Weg von der Entdeckung des eigenen Charismas über das Engagement in Familie,
Arbeitsplatz, Kirche bzw. Pfarrei stark betont ist. Es entsteht aber der Eindruck, als ob das Apostolat und so auch
der Dienst an der Welt nur in der Verkündigung und der Bekehrung der Welt zu Christus bestünde. Dies wäre jedoch eine
Einengung des Dienstes, den die Kirche der heutigen Gesellschaft schuldet.[70]

In der Analyse, die N. Schnorbach über das Apostolat der
Cursillobewegung bringt, wird besonders auf die Gefahr einer
"ausschließlichen Heilskompetenz" hingewiesen, durch die der
Eindruck entsteht, "die Welt müsse um eine christliche Dimension aufgestockt werden, weil dem nicht-christlichen Bereich
der Schöpfung zu seiner Vollendung das Bekenntnis zur christlichen Weltanschauung fehlt".[71] Es wird in der Cursillobewe-

gung mehr die Sorge und der Einsatz in der Verkündigung betont als die Verbesserung sozialer Situationen in der Welt.
Gegen diese Kritik ist zu sagen, daß nicht vergessen werden
darf, daß sich die Cursillobewegung von Anfang an als geistiger Impuls zur Erneuerung des religiösen Lebens definiert
und versteht. Daher soll sie zunächst von diesem ihrem Anliegen her beurteilt und bewertet werden. Man kann jedoch feststellen, daß die sozialen Aufgaben nicht ausgeschlossen sind,
und darüber hinaus, daß Umkehr und Erneuerung im religiösen
Leben auch zu sozialen Verbesserungen führen.[72]

4.4 Zu Methode und Medien der Cursillobewegung

Um ihr angestrebtes Ziel, die Erneuerung des Glaubenslebens
der Erwachsenen, zu erreichen, hat die Cursillobewegung eine
eigene Methode entwickelt. Sie teilt ihre Arbeit in drei
Zeitabschnitte ein: Vorcursillo, Cursillo und Nachcursillo.
Jeder von diesen Teilen hat einen eigenen Stellenwert und
eine eigene Aufgabe, die hier dargestellt werden sollen.

4.4.1 Vorcursillo

Der Vorcursillo will die Teilnehmer auf den Cursillo vorbereiten. Die beste Vorbereitung ist, "daß eine ganze Gruppe
der Cursillistas einen Kandidaten im Vorcursillo schon in
ihre Gemeinschaft aufgenommen hat und daß dann durch den
Cursillo dieser Kandidat den Weg zurück in die Gruppe findet,
daß er mit und durch die Gruppe in die Gemeinde, in die
konkrete pilgernde Kirche integriert"[73] wird. Dies stellt
den Idealfall der Arbeit in dem Vorcursillo dar. Die normale
Arbeit aber ist, daß die Teilnehmer der früheren Kurse durch
das Zeugnis ihres Lebens, durch den Einsatz füreinander in
der Gemeinschaft und ihr Engagement in der Gemeinde auf
potentielle Kandidaten einladend wirken, die sie für einen
neuen Kurs vorbereiten.[74]

Diese Art der Vorarbeit und Vorbereitung auf den dreitätigen
Kurs wird als Patenschaft bezeichnet, d.h. der jeweilige

Kandidat wird für einen Kurs von einem Gläubigen oder von
einer Gruppe persönlich betreut, von ihm zum Kurs angemeldet
und nach dem Kurs wiederum von dem "Paten" in der Nacharbeit
begleitet.[75]

Auf die Frage, wer als Kandidat oder Teilnehmer am dreitägigen Kurs in Frage kommt, lautet die grundsätzliche Antwort:
jeder getaufte Christ. J. G. Cascales präzisiert diese Antwort aber folgendermaßen: "Aber die Wurzel der sakramentalen
Taufe, die wir als notwendigen Boden bezeichnen könnten, in
dem die Wurzel noch leben kann, ist eine unerläßliche Voraussetzung für den Cursillo".[76] Obwohl also grundsätzlich
jeder Getaufte in der Vorcursillozeit angesprochen und auf
den dreitägigen Kurs vorbereitet werden soll, werden doch
schon motivierte Gläubige gesucht.[77] Zuerst waren die Adressaten die Aspiranten und Anwerber der katholischen Aktion
und besonders diejenigen, die später einmal leitende Funktionen übernehmen sollten.[78] In dieser Frage läßt sich eine Entwicklung bei der Cursillobewegung feststellen. Er wird heutzutage für erwachsene Christen angeboten und versucht, auf
diese Weise der Erneuerung des Lebens im Glauben zu dienen.

4.4.2 Cursillo

Der "Cursillo", der dreitägige Kurs, ist der intensivste
Teil der Cursillobewegung. Er baut auf dem Vorcursillo auf
und befähigt die Teilnehmer zur Weiterarbeit im Nachcursillo.
Ziele, Inhalte, Methoden und Medien dieser drei Tage werden
später noch im einzelnen dargestellt. Es wird erwartet, daß
die Teilnehmer zu diesen drei Tagen durch die Vorbereitung
im Vorcursillo mit einer grundsätzlichen Offenheit für die
Aufnahme der christlichen Botschaft kommen. "Wer sich innerlich dem Geschehen versperrt, kann nichts bekommen. Daß man-
che Kandidaten zum Cursillo kommen, ohne zu wissen, wo sie
hingehen, oder vielleicht halb belogen, geschweige denn gezwungen, ist abzulehnen."[79] Ebenso sind "Nikodemusgestalten"
unerwünscht, d.h. "Menschen, die den Kopf so voll haben von
eigenen Gedanken, Prinzipien, Ideologien, Selbstzufrieden-

heit, daß sie höchstens das Wehen des Geistes spüren, jedoch nicht feststellen können, woher und wohin er weht, sind noch nicht vorbereitet, um einen Cursillo mitzumachen".[80]

Dazu soll jeder Kandidat für den Cursillo ein Minimum an christlicher Lehre und ein Minimum an religiöser Erfahrung mitbringen.[81]

In diesem Zusammenhang erwähnt J. G. Cascales den Wunsch mancher deutschen Bischöfe, "Andersgläubige und Nichtgläubige, die Interesse für das Religiöse haben, zum Cursillo zuzulassen".[82] Die Erfahrung, die er bei den Kursen mit solchen Leuten gemacht hat, ist positiv, und zwar, "daß einige wenige sich bekehren, aber daß alle ein Erlebnis der Annäherung an Gott gehabt haben".[83]

Als weitere Voraussetzung, die die Teilnehmer zum Kurs mitbringen sollen, läßt sich mit den Begriffen "erfassen" und "mitmachen wollen" aussagen. Unter "Erfassen" versteht J. G. Cascales einen weiteren Schritt von Verstehen. "Erfassen heißt, die Tiefen ergründen, die Bedeutung richtig einschätzen, die Folgen ermessen, das Angestrebte entdecken, die Beziehungen sehen, das Notwendige und Dringende spüren, sich der Verantwortung bewußt werden."[84]

Das "Erfassen" umschließt die ganze Person, die den Gehorsam gegenüber Gott übt und zu voller Hingabe an ihn bereit ist, während das Verstehen nur einen Teil der gläubigen Haltung bezeichnet.[85]

Unter "Mitmachen" versteht J. G. Cascales die aktive Antwort des Menschen auf das Kerygma. Indem die Sehnsucht nach Erlösung in dem Teilnehmer geweckt wird und er "seinen" Zustand als unerlösten erkennen, erleben, fühlen"[86] kann, soll er bereit werden, "ein 'Ja' zu sagen (mitzumachen) zu dem, den er erwartet (vgl. LK 7,19-20), wenn er ihn als den Erlöser erkennt".[87]

Beim Cursillo soll die Hellhörigkeit für die Zeichen der Zeit geweckt werden. Dies beinhaltet die Wahrnehmung der verändernden Beziehung jedes einzelnen zu Christus, die sich immer vertiefen soll und daraus die Wahrnehmung der

Veränderungen in der Kirche und in der Gesellschaft. Dies
alles soll im Bewußtsein des unveränderlichen Auftrages
Jesu Christi geschehen. "Zu dieser 'Fähigkeit' muß der
Cursillista beim Cursillo gebracht werden, oder zumindest
dahin orientiert werden, daß er 'fähig' dazu wird."[88]

Aus diesen Forderungen an den dreitägigen Kurs, der in der
Mitte der Cursillobewegung steht, sieht man, daß die Cursillobewegung für diejenigen gedacht ist, die schon irgendwie
zur Kerngemeinde gehören oder wenigstens nicht weit davon
entfernt sind. Diese sollen zu einer bewußteren Annahme
dessen befähigt werden, was bei den Teilnehmern schon als grundgelegt vorauszusetzen ist.

4.4.3 Nachcursillo

Mit "Nachcursillo" wird die Zeit nach dem dreitägigen
Cursillo bezeichnet. Es ist die Zeit der Gemeinschaft und
Freundschaft unter den Teilnehmern des Cursillo, in der sich
die Früchte des christlichen Lebens zeigen sollen. "Dem
Suchen (Vorcursillo) und der Begegnung (Cursillo) folgt die
Freundschaft mit Christus und mit den Brüdern und Schwestern
(Nachcursillo). Der Nachcursillo ist mehr als ein sich müh-
sam-hingebendes Abenteuer eines Lebens im Bewußtsein, von
Gott geliebt zu werden."[89] Es ist in der Cursilloarbeit der
wichtigste Teil, weil sowohl Vorcursillo als auch der Cur-
sillo auf die Zeit des Nachcursillo zielen.

In diesem Zeitraum soll der Weg zu Gott und zum Nächsten in
der Gemeinschaft der Gläubigen immer tiefer gegangen werden.
"Der Nachcursillo wird immer als eine große Versuchung für
Cursillo-Bewegung bleiben: betont man ihn zu sehr, so wird
er zur Organisation! Betont man ihn zu wenig, so ist sein
Impuls für eine Kirche in Bewegung verlorengegangen. Die
Mitte liegt darin, daß der Nachcursillo die Stimme eines
Rufenden ist, um alle zu erinnern und zu ermutigen, das
christliche Leben und das wirksame Apostolat ernst zu nehmen. Will dieser Ruf nicht ins Leere gehen, so wird er konkret werden müssen und auf die konkreten Hilfen hinweisen -
gegebenenfalls subsidiär unter die Arme greifen!"[90]

Es ist die Zeit, in der die Früchte des Glaubens, der Liebe und der Hoffnung sichtbar werden sollen.

4.4.3.1 Freundschaftsgruppe

Die Gruppe spielt die wichtigste Rolle in der Verwirklichung des Nachcursillo. Sie ist die erste Zelle, in der die christlichen Werte gelebt werden sollen, und in der sich der Mensch mit den Mitmenschen ganz bewußt unterwegs befindet, durch die er eigene Not lindern und Hilfe bekommen kann, aber auch Hilfe leisten kann. Es ist der erste Ort, wo das je eigene Charisma zur Sprache kommen kann und wo man an ihm weiterarbeiten kann. Die Gruppe soll einen Raum für die Mitglieder darstellen, in dem sie sich weiterentwickeln können.

"Der Mensch braucht einen Freundeskreis. Erst wenn man einen richtigen Freund hat, entwickelt sich schnell und freudig das Leben des Geistes."[91]

Der theologische Grund für die Betonung der Gruppe ist für die Cursillobewegung die Verwirklichung der Kirche im kleinen, in der Gott besonders spürbar ist, nach dem Wort: "Wo zwei oder drei in meinem Namen versammelt sind, da bin ich mitten unter ihnen" (Mt 18,20).

Die Cursillobewegung sieht für jede Woche ein Gruppentreffen vor. Durch diese Treffen soll das Miteinander des Glaubens im Gebet erfahren und in dem Erfahrungsaustausch das Füreinander erlebt werden.[92] Dabei wird besonders die Freundschaft untereinander betont. J. G. Cascales sagt: "Wir treffen uns also: 1. um Freunde zu sein; 2. weil wir Freunde sind; 3. um Freunde zu bleiben; 4. um immer mehr Freunde zu werden".[93] "Freundschaft" definiert Cascales so: "Freundschaft ist die Liebe, die das Geistige - und damit alles - zweier Menschen in einem ständig fließenden Kreislauf voneinander ineinander ganz schenken und aufnehmen läßt".[94]

Die Arbeit in den Gruppen und ihre Bedeutung, wie sie von der Cursillobewegung erkannt wurde, wurde in der letzten Zeit innerhalb der Kirche vielseitig aufgegriffen. In analoger

Weise kann man dafür beanspruchen, was im Arbeitspapier:
"Katechetisches Wirken" der Gemeinsamen Synode steht: "Neue
Christen, die sich als Erwachsene dem Glauben an Jesus
Christus zugewandt haben, sind ein Zeichen für die Lebens-
kraft des Wortes Gottes und eine Chance für die Zukunft der
Kirche. Sie können als kleine Gruppen, ähnlich wie andere
aktive Minderheiten, dazu beitragen, den Glauben zu aktualisieren, eine neue Sprache des Glaubens sowie neue liturgische Ausdrucksweisen zu entwickeln."[95]

4.4.3.2 Ultreya[96]

Außer dem wöchentlichen Treffen der Gruppe gibt es im Nachcursillo auch ein Monatstreffen der kleinen Gruppen eines Ge-
bietes. Es hat den Sinn, die kleinen Gruppen wiederaufzufri-
schen und auf einer breiteren Basis das Erlebnis der Gemeinschaft und Freundschaft zu vertiefen. Darüber steht im "Cursillo-Handbuch" folgendes: "Die Ultreya will die Früchte des
Cursillo sicherstellen, die Teilnehmer im christlichen Leben
mehr vertiefen und die Begeisterung und den apostolischen
Eifer wachhalten und vermehren".[97]

Was den Ablauf der Ultreya selbst betrifft, sind verschiedene
Möglichkeiten gegeben, und sie werden auch verschiedentlich
praktiziert. Sie kann an einem Abend stattfinden. Dieser
Abend beginnt mit der Eucharistie, die jeweils von einer
Gruppe vorbereitet wird. An die Eucharistiefeier schließt
sich gewöhnlich ein Zusammensein in kleineren Gruppen an.

Es werden Ultreyas für einen ganzen Tag organisiert. Dazu
kommen die ganzen Familien der Cursillistas zusammen und ver-
bringen einen Tag im Sinne der Einfachheit und Brüderlichkeit
im Gebet und Lobpreis. Die Ultreyas werden auch auf Diözesan-
und Weltebene organisiert.

Diese ganze Organisationsform der Cursillobewegung muß, so
betont J. G. Cascales, sowohl den Pilgercharakter der Kirche
- und dies bedeutet ihre Erneuerungsbedürftigkeit, um ihren
Auftrag, den sie von Jesus Christus erhalten hat, beizube-

halten - als auch die Beschaffenheit der Menschen, die ebenso immer erneuerungsbedürftig sind, ständig bedenken. Dabei
soll die Gnade Gottes in allem genug Raum bekommen. Durch sie
wird den Gläubigen die Hoffnung auf die Hilfe Gottes und
daraus auch das Vertrauen, daß die Macht des Guten über das
Böse siegen wird, in reichem Maße geschenkt.[98]

4.5 Inhalte

Obwohl man grundsätzlich sagen kann, daß es bei den Inhalten
in der Cursillobewegung um die grundlegenden Schwerpunkte
aus dem Katechismus geht, sollen sie doch kurz dargestellt
werden. Es sind die Lehren über die Kirche als Leib Christi
bzw. über das Volk Gottes, die Gnade, die Sakramente, die
Sünde und die Umkehr.

4.5.1 "Das Wesentliche"

J. G. Cascales betont, daß sich die Cursillobewegung an keine
philosophische oder theologische Schule binden will, daß sie
nur das Evangelium sucht und den Glauben der Kirche verkündet.
Von Anfang an vermieden es die Gründer, ein "Lehrgebäude" zu
errichten, weil ein solches die eigentliche Dynamik bremsen
würde.[99]

Wenn man aber die Beschreibung des Wesens der Cursillobewegung
liest, entsteht die Frage, ob sich dabei nicht doch eine
theologische Schule ganz stark bemerkbar macht.

Mit der Frage nach dem Wesen der Bewegung wird nach dem lebendigen Inhalt, dem Grundlegenden, dem Eigenen und Bleibenden der Bewegung, dem wesentlichen Kern, der gleichzeitig
ihre Daseinsberechtigung, der Grund ihrer Wirksamkeit und
die Quelle ihrer Eigenschaften ist[100], gefragt. In diesem
Zusammenhang werden Karl Adam, Romano Guardini und Michael
Schmaus zitiert.

In seinem Buch "Christus unser Bruder" sagt Adam, daß die
christliche Botschaft "von Christus in einem wahren, tiefen

beglückenden Sinne ein Evangelium ist, eine frohe Botschaft
von der neuen Freiheit des Erlösten. 'Freuet euch allezeit
im Herrn! Abermals sage ich: Freuet euch! (Phil 4,4)',
Christentum ist Freude im Herrn! Christentum ist bergever-
setzender Glaube. Christentum ist stete Danksagung. 'Laßt
uns Dank sagen allezeit unserem Vater im Namen unseres Herrn
Jesus Christus! (Eph 5,20)'. Denn so ist es Wahrheit und
keine Lüge: wir sind Erlöste".[101] Von Guardini übernimmt
Bonnin folgende Antwort auf die Frage nach dem Wesen des
Christentums, um zu erklären, was das Wesen des Cursillo ist.
"Das Christentum ist letztlich weder eine Lehre über die Wahrheit, noch eine Auslegung des Lebens. Das ist es auch, aber
das alles macht den Kern seines Wesens nicht aus. Sein Wesen
ist Jesus von Nazareth, seine Existenz, sein Werk und seine
konkrete Bestimmung, d.h. eine geschichtliche Persönlichkeit.
In irgendeiner Weise kann man vergleichen, was mit diesen Worten ausgedrückt werden will mit dem, was es für jemanden
bedeutet, daß eine andere Person etwas Wesentliches ist."[102]

Die Antwort auf die Frage nach dem Wesen des Christentums
konzentriert sich auf die persönlichen Beziehungen des Menschen zu Gott, der sich in Jesus Christus gezeigt hat.
"Christsein bedeutet ein Ich-Du-Verhältnis zwischen Mensch
und Gott. Es ist ein personalistischer Vorgang."[103]

Bei der Beantwortung der Frage nach dem Wesen des Christentums wird also auf M. Schmaus, K. Adam und R. Guardini zu-
rückgegriffen. Es machen sich zwei verschiedene Auffassungen
vom Christsein bemerkbar: ein statisches und ein dynamisches.
Nach dieser Aufteilung werden auch zwei grundlegende Gruppen
von Christen genannt: "Solche die vegetieren und solche die
sich bewegen; die dahinleben und die erleben und das Leben
entfalten und mitteilen".[104] Aus der Praxis dieser zwei Gruppen schließt Bonnin auch auf das Gottesbild und das Kirchen-
verständnis, das solchen Gruppen vor Augen schwebt.

Bei der ersten Gruppe ist Gott ein "friedlicher Fürst", der
mit verschiedenen Formen, Zeremonien und Phrasen geehrt werden soll. Die Kirche ist bei dieser Gruppe eine "gütige Gesellschaft", die sich sorgen muß, daß die Sitten erhalten
werden und ihr Ansehen erhalten bleibt.

Die zweite Gruppe hat ein anderes Bild von Gott und der
Kirche. Die Kirche stellt für sie eine lebendige Gemeinschaft
dar, die eine verantwortungsvolle Sendung erhalten hat, die
sich ständig von der Welt zum Dienst herausgefordert fühlt
und die von ihren Mitgliedern diesen bleibenden Dienst an
den Menschen erwartet. Dies ist möglich, weil Gott in Christus
"keine erhabene Erinnerung und keine süße Hoffnung" ist, sondern einer, der als erster diesen Dienst aus Liebe zu den Menschen mit dem Einsatz des eigenen Lebens durchgemacht hat.[105]

Zusammenfassend kann man sagen, daß sich E. Bonnin bemüht,
das Wesen der Bewegung vom Wesen des Christentums her zu definieren. Von den genannten Autoren übernimmt er deren perso-
nalistisch-dynamische Auffassung des Christentums und entwirft
daraus das Bild des Christen, wie er sein soll und wie er
nicht sein darf. Er bemüht sich darum, daß Jesu Person in
der Mitte der Verkündigung bleibt und Maßstab allen Handelns
wird. Alle anderen theologischen Schwerpunkte sind soweit
betont, wieviel sie nach Bonnins Auffassung zur Verlebendigung der Beziehungen zu Gott beitragen.

4.5.2 Mystischer Leib und Volk Gottes

Der eigentliche theologische Schwerpunkt im Cursillo ist,
wie gezeigt wurde, die Person Jesu. Ein anderer Schwerpunkt
ist die Lehre vom "mystischen Leib Christi". Paulus hat
dieses Bild von der Kirche entworfen. Von der Enzyklika Pius'
des XII. "Mystici corporis", die dieses Kirchenbild aufgegriffen hat, wurde das Verständnis der Kirche in der Cursillobewegung stark beeinflußt, wenn nicht inspiriert. Durch das
Zweite Vatikanische Konzil ist das Verständnis der Kirche als
"mystischer Leib" mit dem Gedanken von der Kirche als "Volk
Gottes" weitergeführt und ergänzt worden. "Auch dieser zentrale Begriff findet sich bereits in der Entstehungszeit des
Cursillo, und zwar nicht nur theoretisch, sondern realistisch:
die Pilgerschaft nach Santiago de Compostella, die die Geschichte des Cursillo geprägt hat, war gleichsam ein Garant
dafür, daß sich die 'Volk-Gottes-Theologie' durch lebendige

Erfahrungen gesichert ins geistige Rüstzeug der Initiatoren eingliederte!"[106] Der zweite Schwerpunkt wird in der Theologie der Bewegung also auf das Werk Jesu, seine Kirche, die er sich geschaffen hat, gelegt.

4.5.3 Gnade

Als dritter Schwerpunkt ist die "Gnade" zu nennen. "Gnade" wird in ihrer ursprünglichen Bedeutung verstanden, nämlich der Beziehungen, durch die sich Gott seinem Volk "nahe" gebracht hat. Es wird nicht über geschichtliche Entfaltung der Gnadentheologie gesprochen, sondern darüber, was für eine Rolle sie im Leben eines Christen ausmachen soll und welche Bedeutung sie haben kann. Sie ist ein "Nahekommen Gottes" und will den Menschen "vergöttlichen".

4.5.4 Sakramente

Der vierte Schwerpunkt sind die Sakramente. Sie sind Zeichen der göttlichen Nähe und Zuneigung. In ihnen verwirklicht sich die Wahrheit des menschenfreundlichen Gottes, der in jeder Situation mit den Menschen geht und treu bleibt. Durch die Sakramente wird versucht, den Menschen den Zugang zur befreienden Botschaft des Evangeliums zu ermöglichen, und dies wird für viele "durch eine gnadenhaft, aufrüttelnde Begegnung und Erfahrung mit Christus, dem 'Ursakrament', erstmalig deutlich, daß die Sakramente als Zeichen der erfahrbaren Liebe Gottes unserer menschlichen Natur als Körper-Geist-Wesen sehr entsprechen und eine konsequente und 'attraktive' Betonung der Menschwerdung Gottes sind".[107] Bei dieser Lehre über die Sakramente wird weiterhin versucht, bei den Menschen alles Magische im Sakramentenverständnis auszuräumen und die persönliche Begegnung mit Gott durch sie zu betonen. "So wird, wer ins Wesen der 'heiligen Zeichen' einzudringen vermag, inneren Zwang, Druck und Heuchelei abschütteln und die Sakramente als Angebot und Einladung zur Gottesbegegnung begreifen lernen."[108]

4.5.5 Sünde

Ein weiterer Schwerpunkt ist die Betrachtung der Sünde. Durch
die Betonung der menschlichen Freiheit gegenüber dem göttlichen Angebot wird die Möglichkeit des Verweigerns gegenüber
Gott bedacht. Dieses Verweigern geht auf "Kosten" des Menschen, weil die Sünde immer auch eine horizontale Dimension
hat, da sie sich auf das Verhältnis zu den Mitmenschen auswirkt. Weil Cursillo den Menschen Zugang zur Gemeinschaft
mit Gott und untereinander verschaffen will, wird noch die
Dimension der Absonderung, der Verschließung, des Gemein-
schaftsbrechens als Folge der Sünde dargestellt.[109]

Vor allem aber wird die einladende Liebe Gottes betont, von
der sich Gott durch nichts abbringen und ablenken läßt. "Die
theologischen Leitsätze des Cursillo gründen zuinnerst in
der Entschlossenheit, dem Menschen klar zu machen, daß er in
Gott keine zürnende, angsteinflößende, unberechenbare Macht
über sich zu sehen braucht, ein Wesen, das mit der Welt im
Grunde nichts zu tun hat, sondern die einzige wirkliche Kraft,
die in dieser Welt wirkt, und zwar als Liebe. Die Impulse,
die dem Teilnehmer diese Wirklichkeit nahebringen, enthalten
zugleich den Aufruf, sich zu entscheiden - für eine Lebensänderung im Sinne des Evangeliums und für seine Verfügbarkeit
trotz eigener Unzulänglichkeit."[110]

Die Darstellung der theologischen Schwerpunkte der Cursillobewegung macht deutlich, daß es dieser Bewegung nicht um
eine intellektuelle theologische Auseinandersetzung geht.
Sie will vielmehr dem ganzen Menschen eine Erfahrung vermitteln, die ihn in seinem Alltag befähigt, die Sehnsucht nach
eigener Vertiefung und Hingabe an Gott ständig wachsen zu
lassen.

4.5.6 Umkehr

Nach den vorhergehenden Überlegungen kann hier die Frage nach
der Umkehr in der Cursillobewegung gestellt werden. Als eigenes Thema kommt sie weder in der älteren noch in der neueren

Cursilloliteratur vor. Aus der Beschreibung der Situation, in der die Cursillobewegung entstanden ist, und aus den Zielen, die sie erreichen will, kann jedoch folgendes über den Umkehrgedanken gesagt werden:

1. Zunächst einmal geht es bei der Cursillobewegung um die Umkehr der Getauften. Sie ist deswegen ein Bewußtwerden und Bewußtannehmen aller in den Sakramenten der Taufe und Firmung empfangenen Gaben. Es ist eine Rückkehr zu dem schon bekannten Gott, wie es aus der Heiligen Schrift bekannt ist. Die bewußte Annahme der Gaben ist ein ständiger Prozeß. E. Bonnin zitiert dazu R. Guardini: "Der Gläubige wird guttun, nicht zu sagen, daß er Christ ist, sondern nur, daß er sich bemüht, es zu werden."[111]

2. In diesem Prozeß der ständigen Hinkehr zu Gott geschieht gleichzeitig eine Abkehr von dem lahmen, ohne "Rückgrat" und eigene Stärke durch das Milieu bestimmten Glauben[112], entsteht eine begeisterte und leidenschaftliche Liebe zu Christus, durch die die Christen, versetzt in eine charismatische Unruhe, getragen vom Heiligen Geist, die Anliegen Gottes und der Kirche mutig vertreten.[113]

3. Durch die Betonung der Person Jesu aus der Heiligen Schrift kommt die Cursillobewegung dem gesetzlich-prophetischen Gedanken über Umkehr ganz nahe, in der die Begegnung mit Jahwe selbst gesucht wird, aus der das eigene Leben gestaltet werden soll, und so nicht Gefahr läuft, zum reinen Ritualismus zu werden.

4. Diese Umkehr soll in der Kirche geschehen als der Gemeinschaft, die von Gott für das Heil der Welt gestiftet ist. Deswegen muß der Umkehrende die von der Kirche angebotenen Mittel auf seinem Unterwegs-sein annehmen. Mit diesen Anforderungen übernimmt die Cursillobewegung die Dimension des prophetischen Umkehrgedankens.

Diesen Prozeß soll der einzelne in der kleinen Gruppe und die kleine Gruppe in der Großkirche leben und durch ständige gegenseitige Ermahnungen für die Botschaft des Evangeliums fähiger werden. So kann man bei der Cursillobewegung den

innerkirchlichen Rahmen des Umkehrprozesses verstehen.
Diese Umkehr hat über den innerkirchlichen Bereich hinaus
Bedeutung. Die so erneuerte Kirche soll die ganze Welt für
Christus aufschließen und sich zu ihm bekehren. Dabei geht
es um die universale Umkehr, die in Rückkehr aller zu Gott
besteht. Bei der Betonung dieser Dimension darf keine Aus-
schließlichkeit oder Heilskompetenz vertreten werden.[114]

Zusammenfassend kann gesagt werden, daß der Umkehrgedanke
und die Elemente und Kriterien des Umkehrlernens und -lehrens
in der Cursillobewegung zu finden sind.[115]

4.6 Der "kleine Kurs" - Aufbau und Verlauf

Hier soll der Cursillo in seinem inhaltlichen und methodischen
Aufbau dargestellt werden. Dieser "kleine Kurs" dauert drei
volle Tage, dazu der Vorabend des Kurses. Alle Teile
dieses Kurses mit ihren je eigenen Teilzielen sollen zu dem
Gesamtziel des Kurses beitragen, das im Entdecken, Erleben
und Erfassen des Wesentlichen des christlichen Glaubens besteht und in der bewußten Entscheidung, bei der Sendung der
Kirche durch die eigene Sendung mitzumachen.

Die zeitliche Gestaltung ist meist so, daß der Kurs am
Donnerstagabend anfängt und bis zum Sonntagnachmittag dauert.

Die Leiter des Lernprozesses (LLP) sind in der Regel zwei
Priester und fünf bis sieben Mitarbeiter, Männer oder Frauen,
je nach dem, um welche Zielgruppe es sich handelt. Wenn es
sich um eine gemischte Gruppe (Jugendkurse oder Familienkurse)
handelt, so ist dementsprechend auch das Mitarbeiterteam gemischt zusammengesetzt.

Bei der folgenden Skizze werden der Reihe nach Ziele, Leiter
des Lernprozesses, Inhalte, Methode und Medien angegeben.
Dazu wird noch eine Kategorie "Reaktion/Atmosphäre" von
J. G. Cascales übernommen.[116] In der Skizze wird unter der
Rubrik "Methode" das Gespräch mit "Vortrag" bezeichnet.

J. G. Cascales sagt über die Art, wie man ein "Gespräch"
halten soll: "Die Vorträge (Gespräche) des Cursillo werden
eher in einer meditativen Art gehalten. Sie gleichen eher
dem Zeichen eines Bildes als einer systematischen Darstellung".[117]

ZEIT	LLP	ZIELE	INHALTE	METHODE	MEDIEN	REAKTIONEN/ATMOSPHÄRE
Vorabend	Rektor[118]	Kennenlernen des Cursillo; Kennenlernen der Gruppe;	1. Begrüßung	Vortrag Darstellung der Teilnehmer Singen	Rhythmische Lieder	Spannung, Bereitschaft
	Priester	Selbsterkenntnis	2. Erkenne dich selbst	Vortrag		Unruhe, Unzufriedenheit
	Mitarbeiterteam, abwechselnd		3. Leidensweg Christi	Kreuzweg	Texte	
	Priester		4. Lk 15,11-32 "Der verlorene Sohn"	Vortrag	Schrift	Befreiung. Hoffnung. Stille.
1. Tag	Priester	Die Teilnehmer sollen auf eigene religiöse Erfahrungen hinhören	1. Begegnung mit Jesus: Mk 1, 17-22 (Der reiche Jüngling); Joh 13,11ff. (Judas und Jesus); Lk 22,61ff. (Petrus Sünde und Reue) (stille[119a] Messe)	Meditation	Lieder Texte	Christus ist nahe und interessiert sich für jeden persönlich; Interesse an Jesus wecken.

ZEIT	LLP	ZIELE	INHALTE	METHODE	MEDIEN	REAKTIONEN/ATMOSPHÄRE
	Laienmit-arbeiter		"Ideal"-seine Bedeutung und Notwendigkeit im Menschenle-ben	Vortrag Gebet Gruppenge-spräch oder Malen/Singen	Farbstifte Papier	besinnlich und ruhig
	Priester		2. "Gnade" - als Ideal schlechthin; Kinder Gottes; Brüder unter-einander; Tempel des Heiligen Geistes;	Vortrag Singen Gebet Gruppenge-spräch oder Malen	Rhythmische Lieder Texte Farbstifte Papier	Überraschung; Bewunderung; Befreiung; Sehnsucht
	Laienmit-arbeiter		3. "Christ in seiner Kirche" - in Ge-meinschaft pil-gerndes Volk Gottes; Sendung und Aufgabe;	Vortrag		ein volles "Ja"; ruhig
	Priester		4. "Glaube" - Antwort auf das Angebot der Gnade in Glaube,/Ver-trauen/, Hoffnung und Liebe;	Vortrag[119b] Vorlesen von "Nachschub" Rosenkranz	Briefe	konkrete Bereitschaft Gott anzunehmen; Betroffenheit durch die Erfahrung, daß die anderen beten

282

ZEIT	LLP	ZIELE	INHALTE	METHODE	MEDIEN	REAKTIONEN/ATMOSPHÄRE
	Laien-mitarbeiter		5. "Frömmigkeit"- Begriffe der falschen und wahren Frömmigkeit;	Vortrag Anbetung freies Beten	Besuch des Allerheiligsten	Entschlossenheit: ernst mitzumachen
			6. Tagesreflexion	Fragen-Antworten im Plenum		
			7. Abendgebet			
2. Tag	Priester	Die Teilnehmer sollen Christus begegnen	1. "Gestalt Christi"- in seinen Worten und Werken menschenfreundlich	Meditation Angebot des "Du"	Schweigen Lieder Text	Bewunderung. Freude.
	Laien-mitarbeiter		2. "Vertiefung"- Notwendigkeit, Wert und Möglichkeiten der Vertiefung	Vortrag	Farbstifte Papier	Interesse an eigener Vertiefung und Entschlossenheit, damit anzufangen

ZEIT	LLP	ZIELE	INHALTE	METHODE	MEDIEN	REAKTIONEN/ATMOSPHÄRE
	Priester		3."Sakramente"- Zeichen des Heiles und Verwirklichung der Begegnung mit Christus in der Gemein- schaft der Kirche	Vortrag	Tafel Kreide	Klare Sicht des christlichen Lebens; Hingabe; beeindruckt
	Laien- mitarbeiter		4."Apostolische Tat"- Apostolat aus der Praxis für die Praxis; Möglich- keiten und For- men	Vortrag		Überraschung über die entdeckten Formen des Apostolates; Bereitschaft
	Priester		5."Hindernisse im Gnadenleben"- die Gefahren, die Sünde, die den Plan Gottes mit Menschen zer- stört; Mittel dagegen	Vortrag Singen Gebet Gruppenge- spräch (Malen)	Lieder Texte Farbstifte Papier	Betroffenheit;121 Unruhe

ZEIT	LLP	ZIELE	INHALTE	METHODE	MEDIEN	REAKTIONEN/ATMOSPHÄRE
	Laien-mitarbeiter		6."Das Rückgrat des Christentums"- Übernahme der Verantwortung; Bedeutung von Persönlichkeit	Vortrag		Entschluß, etwas selbst zu übernehmen; Überzeugung, die Welt kann anders werden
			7.Tagesreflexion	Fragen-Antworten im Plenum	Empfehlung des Beicht-gesprächs	
			8.Abendgebet		Einladung zum spontanen Beten	
3. Tag	Priester	Die Teilnehmer sollen der Gemeinschaft der Gläubigen begegnen	1."Botschaft Christi"- Sendung - keine private Angelegenheit; Vertrauen und Zuversicht in der Haltung	Meditation	Text	Sympathie für Christus; Bereitschaft, Entschlossenheit
	Laien-mitarbeiter		2."Wir und die Welt" - Notwendigkeit, die Welt zu kennen und zu lieben; prophetische Interpretation der Zeichen der Zeit; Plan Gottes mit der Welt	Vortrag Singen[22] Gebet	Lieder Texte	Konkreter Einsatz

ZEIT	LLP	ZIELE	INHALTE	METHODE	MEDIEN	REAKTIONEN/ATMOSPHÄRE
	Priester		3."Gnadenleben"- konkrete Wege des geistigen Lebens; dazu konkrete Vorsätze	Vortrag Singen Gebet "Mein Programm"	abgedruckter Text	Bereitschaft, Freude
			4.Eucharistie-Erfahrung, da sie Werk des Volkes Gottes ist /"leiturgeia"/	Singen Tauferneuerung ; Übergabe des Cursillokreuzes Sendung123	metallenes Kreuz	Freude, Bereitschaft
	Laien-mitarbeiter		5."Kaskoversiche-rung"- natürliche und übernatürliche Hilfen für die Weiterführung der geschenkten Gnadengaben; Gruppe und ihre Bedeutung	Vortrag	Erfahrungs-austausch unter den Mitarbeitern über die Gruppe	Freude

ZEIT	LLP	ZIELE	INHALTE	METHODE	MEDIEN	REAKTIONEN/ATMOSPHÄRE
	Laien-mitarbeiter		6."Der vierte Tag"_124 Schilderung der Cursillistas nach dem Cursillo	Vortrag	Lieder Texte	ein letzter, vollendeter Vorsatz
	Rektor		7."Abschlußfeier" Austausch der Erfahrungen zwischen den neuen Teilnehmern und den alten, die zu dieser Abschlußfeier gekommen sind	Erfahrungsaustausch		einander Mut geben
	Priester		8."Apostolische Stunde"	Ansprache an alle Singen Beten	Lieder Texte	Sendung

4.7 Zur Organisation der Cursillobewegung

4.7.1 Träger

Jeder Kurs wird von einem Mitarbeiterteam organisiert. Zu
diesem Team gehören gewöhnlicherweise zwei Priester und 5-7
Mitarbeiter sowie einer oder zwei sogenannte "stille" Mitarbeiter, die sich auf ihre spätere aktive Mitarbeit vorbereiten. Die Zusammenarbeit von Priestern und Laien im Team wird
sehr betont, da sie nicht nur durch ihre "Gespräche" die Teilnehmer führen wollen, sondern als Kerngruppe einen "Sauerteig"
für die Teilnehmer darstellen. Sie sind ein wesentlicher
Bestandteil in der Struktur eines Kurses und die Schlüssel-
stelle in seinem Ablauf.[125] Um ein Mitarbeiter bei Cursillo
werden zu können, sind drei Merkmale vorausgesetzt:

- Persönlichkeit, Geist und Urteilsfähigkeit.
Mit "Persönlichkeit" meint man einen Menschen, der selbständig und aktiv ist, der von christlichen Werten motiviert
ist und sie in seiner Person harmonisch verbindet. Dazu gehört ein Bewußtsein, daß er sich selbst weiterbilden soll
und auch sich bilden und führen läßt, und so in seiner Entwicklung nicht stehenbleibt, sondern "immer neu über sich
hinauswächst".[126]

Mit "Geist" wird die Fähigkeit eines Menschen gekennzeichnet, das Menschliche mit dem Göttlichen zu verbinden. "Dieser Geist wird das Menschliche weder geringschätzen noch
überbewerten, sondern es in eine solche Harmonie mit dem
Göttlichen bringen, daß man von Mitarbeitern sagen muß,
daß er trachtet, heilig zu sein, wie er menschlich erscheint,
und so sehr trachtet, Mensch zu sein, wie er heilig erscheint."[127]

Unter dem Merkmal "Urteilsfähigkeit" wird eine Geschick-
lichkeit im Umgang mit Menschen und das dazu nötige praktische Urteilsvermögen verstanden. Sie soll aus der Verbindung des Menschlichen mit dem Göttlichen hervorkommen.
Diese Fähigkeit wirkt sich in konkreten Situationen des
täglichen Lebens aus. Sie zeigt sich im Ablauf des Kurses

im Umgehen mit den Teilnehmern, indem man jeden einzelnen
Teilnehmer von dort abholt, wo er ist, und die Vorgehensweise so wählt, daß der Teilnehmer sie in der jeweiligen
Situation ausüben kann. Als Begründung für dieses "Abge-
holt-werden" beruft sich Bonnin auf Sciacca: "Auch wenn
die Wahrheit nur eine einzige ist, so ist sie durch die
Art, sie anzunehmen jedem Menschen eigen, ist eine persönliche 'Schöpfung' für jeden einzelnen. Und das verlangt
psychologisches Einfühlungsvermögen und vor allem Einsatz-
bereitschaft und persönliche Anteilnahme. Jedem Menschen
das passende Wort! Das Wort, das inneres Leben ist, ruft
wieder inneres Leben hervor, es schafft sich Raum und
dringt ein, schlägt Wurzel und trägt Frucht. Man darf
nicht abstrakt sprechen, leere Formeln wiederholen, sondern
man muß die Wahrheit leben und das Erlebnis mitteilen, sie
in den Menschen zu innerer Wirklichkeit werden lassen."[128]

4.7.2 Mitarbeiterschulung

Jedem Teilnehmer wird die Möglichkeit angeboten, bei dem
Cursillo mitzuarbeiten. Wer sich dazu angetrieben fühlt,
wird zuerst einige Male als "stiller" Mitarbeiter bei den
Cursillokursen und noch bei einem Mitarbeiterseminar teilnehmen. Diese Seminare haben die Aufgabe, die Teilnehmer
einerseits mit der Methode des Cursillo vertraut zu machen
und andererseits die Vertiefung des geistigen Lebens zu
fördern.

Es soll gewöhnlich ein Jahr seit dem ersten Kurs und mindestens noch ein Jahr der Schulung vergangen sein, bevor sich
einer auch aktiv, mit einem "Vortrag", bei einem Kurs beteiligen kann.[129]

Meinhold bringt zu der Mitarbeiterzahl folgende Statistik:
"Heute vereinigt der Cursillo an die 6000 Mitarbeiter. Es
gehören ihm mehrere hunderte Bischöfe an. Auch in der katholischen Kirche Deutschlands hat er einen großen Kreis
von Mitarbeitern unter Geistlichen und Laien gefunden".[130a]
In Deutschland sind es ungefähr 350.

4.7.3 Sekretariate

Die Cursillobewegung will kein Verein sein. Deswegen versucht man, möglichst wenig zu organisieren. In jeder Diözese, in der sie sich verbreitet, besteht ein Sekretariat.[130b] Es hat die Aufgabe, die einzelnen Kurse zu organisieren und trägt Sorge für die monatlichen Zusammentreffen, die Ultreyas, und ebenso für die Information und Werbung, die auf verschiedene Weise durchgeführt werden. Ein ganz besonderer Wert wird auf das persönliche Gespräch gelegt, ferner auf die Berichte und Einladungen in Gemeindeblättern und Pfarrbriefen. Manchmal werden auch Gottesdienste von Cursilloleuten gestaltet, nach denen die Gottesdienstbesucher angesprochen werden. Diese 'Werbegottesdienste' finden dort statt, wo die Cursillobewegung zum ersten Mal einen Kurs anbietet.

Seit dem Jahre 1973 besteht in der BRD eine "Cursillo-Arbeitsgemeinschaft der Bundesrepublik Deutschland" (CAD). CAD hat die Aufgabe, die Cursilloarbeit zu fördern und zu koordinieren.

Von den Zeitschriften sind "Cursillo. Für eine Kirche in Bewegung"[131], "Cursillo-Information"[132] und "Mitarbeiter-Brief"[133] zu erwähnen. Dazu kommen noch verschiedene Flugblätter, Kleinschriften und Broschüren, die von der CAD herausgegeben werden.

4.8 Die Verbreitung der Cursillobewegung

4.8.1 Die internationale Ebene

Die Cursillobewegung hatte die Grenzen von Mallorca bald überschritten und sich in Spanien verbreitet. Es gab am Anfang viele Schwierigkeiten, und zwar von verschiedenen Seiten. Der erste "Cursillo" wurde in Spanien 1953 in Liria (Valencia) gehalten. Kurze Zeit später wurde er auch in anderen Gegenden (Segovia, Toledo) angeboten und zuletzt auch in der Hauptstadt.   Seitdem wurde Cursillo auch in den anderen Diözesen Spaniens anerkannt und eingeführt.

Der erste Cursillo außerhalb Mallorcas wurde 1952 in Kolumbien
gehalten, zwei Monate früher als in Spanien. Nach dem Bericht
von Bonnin ist es dazu ganz zufällig gekommen, weil zu dieser
Zeit ein geistlicher Beirat und Vertreter der katholischen
Aktion auf einer Rundreise in Europa war mit dem Ziel, verschiedene neue Impulse für die Pastoral kennenzulernen. Dabei begegnete er Cursillo. Die Erfahrungen, die er in den drei
Tagen machte, waren für ihn entscheidend, dieses Modell nach
Kolumbien zu bringen. In Kolumbien zeigten sich bald neue
Zeichen des Lebens in den Gemeinden,und Cursillo war schon
ein unentbehrliches Instrument der Seelsorge geworden, weil
sich dann auch die Nachbarstaaten für den "kleinen Kurs" zu
interessieren begannen. Es waren zuerst Argentinien, Peru
und Mexiko. Inzwischen kennen alle Länder Amerikas die Cursillo-
bewegung.Sie hat sich auch inzwischen auf die anderen Konti-
nente - in über 60 Länder (700 Diözesen) - der Welt weiter
verbreitet.

"In vielen Ländern - wie z.B. auf den Philippinnen, wo schon
fast eine Million Christen den Cursillo erlebt haben - nimmt
der Cursillo eine wichtige Position in der Missionsarbeit
und bei der Heranbildung von Katecheten ein. In Venezuela geht
die Mehrheit der kirchlichen Berufe aus dem Cursillo hervor.
In Südamerika gehören 'Cursillos' längst zum festen Bestandteil der Seelsorge, und in vielen Ländern sind Cursillistas
in den vordersten Reihen derer zu finden, die sich für die
Unterdrückten und Entrechteten einsetzen."[134]

4.8.2 Verbreitung der Cursillobewegung in der BRD

Im europäischen Raum hat sich die Cursillobewegung ebenso
verbreitet. Außer in Spanien ist sie in Portugal, England,
Irland, Italien, Österreich sowie in der Schweiz, Kroatien/
Jugoslawien und der Bundesrepublik Deutschland eingeführt.[135]
Jose Garcia-Cascales, Clarentiner-Pater, hat sie in den
deutschsprachigen Raum gebracht. Er lebt derzeit in Wien und
gilt als geistlicher Leiter der Cursillobewegung.

In Deutschland wurde der erste Kurs vom 10. bis 13. März 1961 gehalten, und zwar in der Diözese Rottenburg/Stuttgart.[136] Inzwischen praktizieren fast alle Diözesen in Deutschland den Cursillo.-Hier folgen die Diözesen mit dem Einführungsjahr in Klammern: Aachen (1975), Bamberg (1971), Eichstätt (1976), Essen (1968), Freiburg (1969), Fulda (1973), Hildesheim (1974) Limburg/Mainz (1968), München/Freising (1969), Osnabrück (1973), Regensburg (1969), Rottenburg a.N. (1961), Würzburg (1971) und Trier (1976).

Nach den Statistiken, die vom Sekretariat in Rottenburg gegeben worden sind, haben bisher ca. 8000 in Deutschland und ca. 12000 in Österreich lebende Christen den Cursillo mitgemacht.

4.9 Zeugnisse von Teilnehmern am "Cursillo"[137]

1. Der Schriftsteller Waldemar Kurtz schildert sein Cursillo-Erlebnis so:

"Ich wollte erfahren, was das Wesentliche des Christentums ist - wohlgemerkt: erfahren, nicht lesen oder bloß hören. Sonst hätte ich den 'Grundkurs des Glaubens' von Rahner, die 'Einführung ins Christentum' von Ratzinger, Küngs 'Christsein' oder das 'Neue Glaubensbuch' mit seinen 686 Seiten lesen können. Drei Tage in einer von Laien getragenen und vorbereiteten Gemeinschaft, im Zwiegespräch mit Priestern und Theologen, um das Kraftzentrum des Altars: das schien mir besser zu sein. Meine Erwartung, die vielleicht nicht besonders hochgespannt, aber intensiv war, wurde weit übertroffen. Nie zuvor, so scheint mir, bin ich dem Geheimnis der Kirche mit dem allverbindenden Kraftstrom, der von ihrer brennenden Mitte ausgehen kann, so nahe gekommen wie in diesen drei Tagen.

Wir waren ein ganz heterogen zusammengewürfeltes Häuflein: Zwei Professoren technischer Fachschulen, ein Rechtsanwalt, ein Industriechef, ein Gipser, ein Maurer, ein Schriftsteller, ein 18jähr. Kaufmannslehrling, ein 74jähr. Bauer und andere, dazu der Priester, der uns immer wieder am Altar zusammenführte.

Die Erfahrung dieser Tage war intensiv, elementar und fröhlich - nicht zuletzt durch die frühlingsfrisch gesungenen, von einer Stimmung des Aufbruchs getragenen Lieder. - Warum ist dieser Wind, der Alte jung werden läßt und müde Junge aufweckt, nicht überall in der Kirche spürbar? Er würde nicht nur die Kirche erneuern, sondern unsere ganze verwirrte Welt, die nach Erneuerung aus der Tiefe des Lebens schreit.

Wir müssen auch in der Kirche elementar werden, wenn wir der bedrohten Menschheit den Dienst erweisen wollen, zu dem uns der Name des Menschensohnes verpflichtet. Das kann in einem Cursillo gelernt werden.

Was ist das Wesentliche des Christentums? Die Liebe Gottes, die uns in Jesus Christus begegnet, und ihre Weitergabe durch uns nach allen Seiten. Das ist das ganze Geheimnis, das alle Glaubenswahrheiten, das ganze Kirchenjahr und alle Sakramente umfaßt. Wenn du das annehmen kannst, dann bist du auf dem Weg, ein Mensch nach dem Willen Gottes, ein mündiger Schüler des Menschensohnes und ein ganzer Mensch zu werden."

2. Ein Priester berichtet:

"Ich hatte Gelegenheit, an diesem Kurs der Glaubensvertiefung teilzunehmen. Ich war nicht mit hohen Erwartungen hingegangen, aber ich rechnete damit, daß es eine gediegene Arbeit sein würde. Meine Erwartungen sind bei weitem übertroffen worden. Ich kenne nichts Vergleichbares an Versuchen zur Glaubensvertiefung. Mir scheint der Cursillo eine besonders intensive Form von Exerzitien zu sein. Dabei konzentrierte sich der Kurs bewußt auf die Vertiefung und Verlebendigung des Glaubens. Er möchte in allen Teilnehmern deutlich werden lassen, welche Kräfte von einem lebendigen Glauben ausgehen können. Er will Freude am Glauben wecken. Und das geschieht! Hier erfahren die Menschen die Bedeutung, die der Glaube für die Gemeinschaft von Gläubigen hat.

Es geht im Cursillo nicht um die Erörterung theologischer Probleme. Es geht um die ganz persönliche Begegnung mit Christus. Und es geht um Sendung und Auftrag des Christen in unserer Zeit. Dabei spielt eine besondere Rolle, daß die Referate von Priestern und Laien nicht einfach theologische Abhandlungen sind, sondern aufzeigen, wie der Glaube an Christus im Christen zum Zuge kommt und welchen Einfluß das hat auf die Bewältigung der eigenen Lebenssituation. Gerade das Zeugnis der Laien konnte dabei innerlich tief bewegen. Aber es war ein Zeugnis ohne jedes Pathos und ohne jede Verharmlosung von Kreuz und Leid, die es im Leben des Menschen geben kann und gibt. Mir schien diese Haltung besonders wichtig, da aufgezeigt wurde, wie eng Kreuz und Leid mit einem Leben der Nachfolge Christi verbunden ist und wie notwendigerweise der Glaube sich gerade in solchen Situationen bewähren muß.

Ich muß gestehen: Ich bin sehr froh, daß ich die Gelegenheit hatte, an diesem Cursillo teilzunehmen. Ich halte ihn für eine der intensivsten Formen der Glaubensvertiefung. Ich möchte wünschen, daß recht viele Männer und Frauen an einem solchen Kurs teilnehmen könnten. Ich hatte einen Männer-Cursillo erlebt. Nach allem, was ich erlebt habe, scheint mir die hier angebotene Form für Männer in besonderer Weise ansprechen zu können. Dieser Cursillo ist für mich - und für alle Teilnehmer - zu einem tiefen und - so hoffe ich - nachhaltigen Erlebnis geworden."

(Dr. R. D., Paderborn)

3. Ein Laien-Mitarbeiter:

"Seit bald 12 Jahren arbeite ich im Cursillo mit. Es ist nicht schwer für mich, zu bezeugen, daß der Cursillo sicher ein Werkzeug des Heiligen Geistes in unserer Zeit ist. Ohne Pathos darf ich sagen, daß ich Zeuge eines gewaltigen Gnadenstroms geworden bin in dieser Tätigkeit. Wenn man erleben darf, daß Menschen in drei Tagen in der Tiefe ihres Lebens umgeformt und vom Geist Gottes erfaßt werden, so daß neue Anfänge und eine neue Beständigkeit im Glauben möglich werden, dann muß ich mich nur noch selbst fragen, ob dies auch für mich selbst als 'Mitarbeiter Gottes' (1Kor 3,9) zutrifft.

Was sich aus meinem eigenen, ersten Cursillo vor 13 Jahren am nachhaltigsten ausgewirkt hat, das war und ist die befreiende Erfahrung der Liebe Gottes. Bis dahin war mein Glauben und Beten, mein Christsein besetzt und verdunkelt von der Vorstellung Gottes als einer willkürlich herrschenden, drohenden, keinesfalls Liebe und Vertrauen einflößenden Macht. Am wenigsten war mir bewußt, daß Gott nicht nur über mir, sondern in mir lebt und wirkt. Die im Cursillo zur Erfahrung gewordene Erkenntnis, daß diese zugleich verborgene, aber doch strahlende und verwandelnde Wirklichkeit Gottes in mir meine eigene Vergöttlichung bewirkt, ist mir noch heute bewußt als erlebte Taufe.

Ausgehend von einem neuen Umgang mit dieser 'inneren Autorität' veränderte sich meine Einstellung zu vielen scheinbaren 'Autoritäten', die mein Leben bis dahin mehr oder weniger bestimmt und vor denen ich mich oft ängstlich gebeugt hatte. Dies betraf Menschen ebenso wie materielle oder geistige Kräfte. Ich müßte tatsächlich Feuer verwenden, um all das zu beschreiben, was mich Gott in den zurückliegenden Jahren gelehrt, wohin er mich geführt und in wie vielen kleinen und großen Dingen er meinen Dienst im Cursillo begleitet und bestimmt hat.

Die Freude über den Sieg, den Christus auch in meinem Leben errungen hat, scheint mir noch immer größer zu werden, wenn auch durch Schmerzen hindurch."

4. Ein Gefangener aus Straubing:

"Noch jung an Jahren kam ich nach D., habe das Glück gehabt, in einer christlichen Familie geboren zu sein - kann jedoch nicht sagen, daß ich von zu Hause als ein wahrer Christ wegging. Ich war eben, wie es leider sehr viele gibt, ein lauer Christ. Es vergingen viele Jahre, ohne die wirkliche Nähe Gottes gespürt zu haben. Dann, wie das Schicksal es wollte, oder zutreffender, wie die eigene Dummheit es bewirkte, landete ich hier, wo man die Luft gefiltert atmen darf, hinter Gittern. Hier ging ich alle Sonntage in die Kirche, aber es fehlte, wie immer bisher, an etwas - nicht in der Kirche - sondern an mir - wie ich in den letzten drei Tagen feststellen mußte. Es fehlte, daß ich mich Gott nicht völlig eröffnen konnte und ihm nicht ohne Vorbehalt "Ja, Vater!" sagen konnte.

Vor kurzem, an einem Sonntag bei der Predigt, der Anwalt
Gottes, unser Seelsorger W. Fink, sagte an die anwesenden
ca. 50 Leute, mit fester Stimme und leuchtenden Augen,
folgendes: "Männer! In wenigen Tagen wird hier der erste
'Cursillo' gegeben, der in deutschen Gefängnissen veran-
staltet wird. Der Cursillo wird drei Tage dauern. - Wer
teilnehmen will, möge sich schriftlich melden. Es ist
etwas Schönes", sagte er - ohne jedoch näher zu bezeichnen, um was es ging. - Man kann es in der Tat nicht, wie
ich dann mit großer Freude feststellen mußte, denn wie
kann man die Wärme Gottes erklären, die dadurch in einen
strömt?! Brüder und Schwestern in Christus, ich ging zum
Cursillo mit Neugier, aber auch mit Skepsis - muß auch gestehen, daß die ersten zwei Stunden, bis der Vorhang in
meinem Herzen sich langsam öffnete, die schwersten waren.
Aber dann konnte ich von dem, was Gott mir durch seine
Gesandten ins Herz fließen ließ, nicht genug bekommen -
ich hatte Durst danach! Und ich, nicht Würdiger, trank -
ich trank das Blut Jesu Christi, der um uns Sünder zu
retten, mit seiner Hingabe, am Kreuze starb. Jetzt fühle
ich, daß Er in mir ist. Dadurch haben die Gitter, die
meterdicken Wände ihren Schrecken verloren - es ist nicht
mehr still und kalt in meiner Zelle - die kahlen Wände
sind heller und freundlicher, es ist das Licht Gottes
und die Gnade seiner Liebe bei mir, ich bin frei! Gefangen
sind nur die, die sich weigern zu Gott "Ja" zu sagen und
in ihren Herzen kein Fenster für Ihn, die "wahre Liebe",
offen halten, damit er in ihnen Platz nehmen kann.

Es gäbe noch viel zu sagen über diese drei Tage, denn
mein ganzes Leben ist mit Gott - ist von einer unermeß-
lichen Euphorie erfüllt, aber die Knastregeln müssen eingehalten werden und die Zeit drängt. Mit Erlaubnis jedoch
möchte ich an meine Knastbrüder, die mit mir das Glück
hatten, am Cursillo teilzunehmen, sagen: Gehen wir mit
frischem Mut ans Werk - an das Werk Gottes - um es weiter
aufzubauen bis ans Ende der Zeit - machen wir aus unserem
Leben ein Rendezvous der Liebe mit Gott und allen Menschen.
Der dritte Tag ist zu Ende, jetzt gehen wir! Gehen wir in
den Ewigen vierten hinein! So wie es ganze Männer zu tun
pflegen - wie die sechs, die Gott uns für diese drei
Tage sandte."

5. Johann Weber, Bischof von Graz:

"Die Cursillobewegung stellt für unsere Kirche einen
Impuls besonderer Art dar, weil sie die beiden Grundrich-
tungen für unser Christsein und damit für die Kirche sehr
stark sichtbar und spürbar macht: Gemeinschaft mit Christus
und Gemeinschaft untereinander.

Anerkennend hervorheben möchte ich in diesem Zusammenhang,
daß von den Cursillistas wieder mehr Freude und Dankbarkeit über die Zuwendung Gottes in Jesus Christus in unsere Kirche, in die Pfarreien, bei Pfarrgemeinderäten und

verschiedenen anderen Gruppen hineingetragen werden.
Durch ihr gemeinsames und persönliches Bemühen, tiefer
zu graben, um zum eigentlichen "Grundwasser Jesus Christus"
vorzustoßen, bringen sie ihr Zeugnis in die gewachsenen
Einrichtungen und Strukturen unserer Kirche ein und helfen somit, daß daraus wieder neues und frisches Leben
wächst."

5.0 Untersuchung und Analyse der Umkehrpraxis in Cursillo-Veranstaltungen

5.1 Empirisch-analytischer Teil

5.1.1 Fragestellung

Unsere Hauptfrage lautet: wie wird zu Umkehr und Erneuerung als einer der zentralen Aufgaben des Christseins in der theologischen Erwachsenenbildung angeleitet. Es wurden bisher verschiedene Wege eingeschlagen, um auf diese Frage eine vollständige Antwort zu geben. Es wurden die verschiedenen lehramtlichen Aussagen auf dieses Thema hin überprüft, und es wurde festgestellt, daß Umkehr und Erneuerung dabei eine entscheidende Rolle spielen. Zugleich wurde die Rückfrage an die biblisch-theologischen Quellen gestellt, um zu erfahren, was dort Umkehr ist und wie sie verstanden wird. Die Ergebnisse aus dem theologischen Teil zeigen uns, daß Umkehr in sich immer ein Antwortverhalten auf Gottes Heilsinitiative ist, das eine Hinkehr und zugleich eine Abkehr beinhaltet. Abkehr ist immer gedacht als ein Aufgeben der Eigensinnigkeit im persönlichen wie makrosozialen Bereich des Volkes Israel, der Kirche. Positiv wurde Umkehr verstanden als Hinkehr bzw. Zurückkehren zu Gott und seinen Weisungen und Verheißungen, indem die alte Bundesliebe von neuem entdeckt und gefunden wird: von den einzelnen und den Gruppen und dem ganzen Volk Gottes. Die Abkehr, als eine Bemühung um das Verlassen des alten Weges, und die Hinkehr, als eine Bewegung ins Neue, bewirken in dem Menschen eine Spannung, die ertragen und durchgetragen werden will; dies ist der Weg der Verwandlung eines Menschen, seine Neuwerdung. Derjenige, der diesen Weg aus der Hoffnung und dem Vertrauen auf Jesus Chistus geht, befindet sich auf dem Weg der christlichen Umkehr und Erneuerung, die in der Gemeinschaft der Gläubigen dem einzelnen geschenkt wird.

Mit diesem Verständnis der Umkehr im Hintergrund wurde die Erwachsenenbildungsliteratur befragt. Keiner von den unter-

suchten Katechismen hat dieses zentrale Thema vollständig
behandelt. Dasselbe kann über die andere Erwachsenenbildungsliteratur gesagt werden. Das bedeutet nicht, daß das Thema
der Umkehr nicht vorkommt, aber als eine zentrale Aufgabe
der Erwachsenenbildung wurde es bisher noch nicht gesehen
und behandelt.

Nach dieser Vorarbeit schien es uns wichtig, nach einem
Praxismodell zu suchen, das sich als Modell für die Umkehr
und Erneuerung, für die Bewegung in der Kirche einsetzt und
an es die Frage zu stellen, inwiefern es das Ziel der Umkehr
und Erneuerung verwirklicht. Für diese Überprüfung der Praxis
an einem Modell zeigte sich der Cursillo als sehr geeignet:
zum ersten, weil er sich als Praxis der Umkehr und Erneuerung
definiert; weiterhin, weil diese Kurse in verschiedenen
Diözesen Deutschlands regelmäßig gehalten werden und weil sie
dem Autor selbst zugänglich waren. Die Frage, mit der sich
die Untersuchung also beschäftigen soll, lautet: geschieht
durch Cursillo eine Änderung bei den Teilnehmern? Und wenn
sie geschieht, ist sie feststellbar, wird sie beobachtbar und
meßbar oder nicht? Weiterhin stellt sich die Frage, welche
Faktoren eine eventuelle Veränderung bewirken und beeinflussen?

5.1.2 Operationalisierung der Hypothese

Bevor man mit einer solchen Untersuchung anfangen kann, muß
man sich im klaren sein, welche Meßinstrumente anzuwenden
sind, welche veränderbaren Inhalte zu befragen sind und wie
die Fragen gestellt werden sollen. Um dies zu erfahren, habe
ich selbst zunächst an einigen Kursen teilgenommen. Aus den
gewonnenen Einsichten in den Themenbereich, in die Methodik
und in die Art und Weise, wie die Kurse gehalten werden,
schien es mir möglich und notwendig, folgende Inhalte und
Bezüge auf ihre Veränderung hin zu untersuchen:

- Beziehungen zu Gott Vater, Sohn und Heiligem Geist,
- Verständnis der Kirche und der Pfarrei,

- das eigene Selbstverständnis des Christseins in bezug auf
  Beten, Glauben, Einsatz in der Welt, am Arbeitsplatz und
  in der Familie, schließlich
- die Beziehung zur Heiligen Schrift.

Aus den theoretischen Kenntnissen des Cursillomodells, die
ich mir durch intensive Lektüre und zahlreiche Informationsge-
spräche mit führenden Leuten in der BRD aneignete, und aus den
Erfahrungen bei der Teilnahme an mehreren Kursen, formuliere
ich die folgende Hypothese:

Wenn durch den Cursillo bei den Teilnehmern eine Veränderung
eintreten soll, so könnte sie durch veränderte Einstellungen
zu obengenannten theologischen Inhalten und Bezügen gemessen
werden.

5.1.3 Möglichkeiten der Einstellungsmessung

5.1.3.1 Mögliche Methoden und Methodenwahl

An dieser Stelle ist zu überlegen, welche Methoden bei dieser
Untersuchung angewendet werden.

Es gibt verschiedene Wege und Methoden, die für solche Unternehmen entwickelt worden sind. Am häufigsten angewandt werden:
Interview, mündliche Gespräche mit einer oder mehreren Personen bzw. Gruppen, schriftliche Befragung einer oder mehrerer
Personen, Gruppendiskussion.[1]

Nach der Abwägung aller Gründe wurde für diese Untersuchung
die schriftliche Befragung vorgezogen, weil auf diese Weise
die Atmosphäre des Cursillo, der übliche Rahmen der Veranstaltung, am wenigsten gestört wurde. Es wurde die Form eines Fragebogens mit geschlossenen Aussagen entwickelt zu jedem der Gebiete, die für unsere Fragestellung wichtig erschienen. Für
die Bewertung wurde die Likertskala gewählt[2], die den Versuchspersonen verschiedene Einstufungen jeder einzelnen Aussage im
Fragebogen ermöglicht. In unserem Fall ist es die fünfstufige
Likertskala mit folgenden Einstufungen:
- starke und schwache Zustimmung,
- Unentschiedenheit,
- schwache und starke Ablehnung.[3]

Jeweils nach einem Komplex von Fragen zu einzelnen Inhalten
wurde den Teilnehmern die Möglichkeit gegeben, eine eigene
Aussage zu dem betreffenden Inhalt zu machen.

Um weiter zu beleuchten, warum hier die schriftliche Befragung
gewählt wurde, bringe ich eine Gegenüberstellung der Vorzüge
und Nachteile von mündlichen Interviews und schriftlicher Befragung[4]:

Aspekt	mündl.Interview	schriftl.Interview
Verläßlichkeit der Ergebnisse	höher durch mögliche Kontrolle der Situation —— Vergleichbarkeit (+)	geringer durch fehlende Kontrolle der Situation —— mangelnde Vergleichbarkeit (-)
Ehrlichkeit der Antworten	größer durch Spontaneität (+) $_{vs.}$ geringer aufgrund fehlender Anonymität (-)	größer durch Anonymität (+) $_{vs.}$ geringer aufgrund "taktischer Überlegungen" (Noelle) (+)
verfälschende Einflüsse	Vermeidung von Mißverständnissen durch Interviewhilfe und -kontrolle (+) $_{vs.}$ verfälschender Intervierwereinfluß (-)	Fehlen eines verfälschenden Interviewereinflusses (+) vs. Gefahr von Mißverständnissen bei der Beantwortung (-)
Gründlichkeit der Antworten	größer durch die Sondierungsfragen des Interviewers und Interviewerdruck (+) vs. geringer durch Zeitdruck (-)	größer durch ausreichende Besinnungszeit (+) vs. geringer durch Auslassungen und geringen Aussageumfang (-)

Aspekt	mündl. Interview	schriftl. Interview
Verbindlichkeits-grad der Antworten	größer durch Unmittel-barkeit der Situation (+) vs. Gefahr oberflächlicher Antworten (-)	größer aufgrund eigener schriftli-cher Fixierung der Antworten vs. Gefahr "konstruier-ter" Antworten (-)
Beantwortungs-motivation	größer durch Unmittel-barkeit der Situation und stimulierende Wirkung des Inter-viewers (+)	geringer durch Unverbindlichkeit der Situation und fehlende Stimulie-rung (-)
Fähigkeit des Befragten zu antworten	in der Regel gegeben aufgrund größerer Vertrautheit mit der Gesprächssituation (+)	oft nicht gegeben, aufgrund mangelnder Vertrautheit mit schriftl. Äußerungs-form (-)
Repräsentati-vität hinsicht-lich Ausgangs-stichprobe	groß wegen geringer Ausfallquote (+)	gering wegen hoher Ausfallquote (-)
Ökonomie	gering wegen großen zeitlichen und finan-ziellen Aufwands (-)	groß wegen Wegfalls der Interviewertä-tigkeit (+)

Diese Gegenüberstellung der zwei eventuellen Methoden, die für diese Untersuchung zur Verfügung standen, macht deutlich, daß jede Methode ihre Vor- und Nachteile mit sich bringt. Folgende Gründe bewogen mich schließlich, mich für die schriftliche Befragung zu entscheiden:

- von der Seite des Untersuchers ist bei dieser Methode die Auswertung leichter, da die Codierung durch geschlossene Fragen erleichtert ist;

- diese Methode macht es möglich, die Untersuchung bei einem Kurs wie Cursillo durchzuführen. Andere, zeitraubendere Methoden wie z.B. das Interview konnten aufgrund des sehr

dichten Kursprogramms nicht ohne und zusätzliche Belastungen
für die Teilnehmer angewandt werden, so daß ich es vorzog,
auf sie zu verzichten;

- da es hier um Einstellungsfragen geht, besteht leicht die
  Möglichkeit, die Versuchspersonen unbeabsichtigt in Verle-
  genheit zu bringen und zu unehrlichen Antworten zu verleiten. Diese Gefahr ist bei einer schriftlichen Befragung weniger
  gegeben. Ein großer Vorteil dieser Methode ist die Anonymität. Es wurde kein Name bei der Antwort verlangt, um so zu
  den sicheren Ergebnissen zu kommen.

5.1.3.2 Ethisches Problem

Hier soll ein Problem grundsätzlich angesprochen werden,
wenn es auch nicht gelöst werden kann. Es stellt sich nämlich
die Frage, ob es überhaupt erlaubt ist, die innersten und
tiefsten Angelegenheiten eines Menschen, auf welche Weise
auch immer, messen zu wollen.

Zwei Meinungen sollen diese Frage verdeutlichen, und zwar
von Franz Buggle und Peter Zimmermann, die sie in ihren
Dissertationen zum Ausdruck bringen, in denen sie die weltanschaulichen Einstellungen von Studenten und deren Haltungen
zu verschiedenen Fragen untersuchten.

F. Buggle schreibt: "Der Vorwurf der Ehrfurchtlosigkeit oder
gar des zynischen Infragestellens, der aus der Tatsache, das
Höchste des Menschen einer empirisch-objektiven Untersuchung
zu unterwerfen, entstehen könnte, soll nicht leichtge-
nommen werden. Die Gefahr des Abgleitens in eine solche un-
sympathische Haltung des Psychologisierens ist tatsächlich
nicht klein, und jedem, der den Vorsatz, diese Gefahr zu
vermeiden, durch sein mahnendes Wort unterstützt, soll mit
Dankbarkeit begegnet werden".[5] Für ihn ist die Ehrfurcht
zweifach. Einmal bezieht sie sich auf das Individuum und
seine Würde, zum anderen "auf die von der Menschheit in Jahrhunderten hervorgebrachten, zusammengetragenen und für wertvoll oder gar heilig gehaltenen weltanschaulichen Vorstel-
lungsinhalte".[6]

P. Zimmermann schreibt zum Begriff der Einstellung folgendes:
"Der Begriff der 'Einstellung' oder die aus dem Amerikanischen
entlehnte 'Attitude' meint einen komplexeren Sachverhalt, der
nicht mehr direkt beobachtbar ist, sondern nur durch verbales,
affektives oder direktes Verhalten erschlossen werden kann".[7]

Solche Überlegungen sind besonders dringend, wenn es um Fragen des Glaubens geht wie bei dieser Untersuchung. Die Fragen, ob es möglich und erlaubt ist, müssen gestellt werden,
auch wenn sie im Rahmen dieser theologischen Arbeit nicht zu
lösen sind. Trotz dieser gegebenen Unsicherheit soll eine
empirische Untersuchung über Umkehr und Erneuerung durchgeführt werden.

Es kann davon ausgegangen werden, daß sie, obwohl sie zu den
tiefsten Angelegenheiten des Glaubens mit ihrer inneren
Dimension gehören, ebenfalls eine Dimension besitzen, die sich
durch äußere Merkmale erkennen lassen.

5.1.4 Versuchsplan

Will man Änderungen in der Einstellung feststellen und messen,
dann muß man mindestens zwei Erhebungen an den gleichen Versuchspersonen zu zwei Meßpunkten durchführen. Wir haben uns
aus Gründen, die später noch zu explizieren sind, für drei
Meßpunkte entschieden.

5.1.4.1 Erster Meßzeitpunkt

Der erste Meßzeitpunkt liegt am Anfang des Kurses, um so die
Einstellung der Versuchspersonen vor der eigentlichen Arbeit
im Kurs in Erfahrung zu bringen. Man verfuhr dabei so, daß
man den Fragebogen den Teilnehmern nach der Vorstellungsrunde
verteilte. Bei der Vorstellungsrunde wurde den Teilnehmern
gesagt, worum es bei dem Fragebogen geht und welches Ziel die
Arbeit verfolgt. Ebenfalls wurde ihnen von den Versuchslei-
tern erklärt, wie man den Fragebogen ausfüllen sollte. Die
Versuchspersonen hatten dann die Möglichkeit, wegen eventuel-
ler Schwierigkeiten bei der Beantwortung sich an den Versuchsleiter zu wenden.[8a]

Der ausgefüllte Fragebogen sollte beim Frühstück des ersten
Kurstages abgegeben werden.

Die Ergebnisse der ersten Befragung sind als Bestandsaufnah-
me zu verstehen; mit ihnen sollen die Ergebnisse aus den anderen zwei geplanten Befragungen verglichen werden. Der Vergleich der Ergebnisse soll dann Aufschluß darüber geben, ob
und welche Veränderungen es gegeben hat, wo sie stattgefunden
haben und möglicherweise warum.

5.1.4.2 Zweiter Meßzeitpunkt

Aus den Erfahrungen, die der Autor durch die Teilnahme an
verschiedenen Kursen gewonnen hatte, schien es angebracht,
den zweiten Meßzeitpunkt unmittelbar vor dem Abschluß anzu-
setzen. Am Sonntag, in der Pause zwischen Mittagessen und
weiterem Nachmittagsprogramm, war Gelegenheit zum Ausfüllen
des Fragebogens gegeben. Die Versuchspersonen sollten den beantworteten Fragebogen vor der Abreise abgeben. Die Absicht
war, zu sehen, welche Aussagen die Teilnehmer direkt nach dem
dichten Kurs machen. Es ist die Zeit nach dem feierlichen
Gottesdienst, bei dem erfahrungsgemäß bei den Teilnehmern
vieles aufbricht, und wonach gewöhnlich Hochstimmung herrscht.

5.1.4.3 Dritter Meßzeitpunkt

Der dritte Meßzeitpunkt war drei Monate nach dem Kurs ange-
setzt; und zwar so, daß jeder der Versuchspersonen einen
Fragebogen zugeschickt bekam. Um den Versuchspersonen die
Antwort zu erleichtern, wurde dazu noch ein frankierter Umschlag mit der Adresse des Autors mitgesandt. Da man mit den
Erfahrungen bei den ersten zwei Befragungen rechnen durfte,
wurden keine weiteren Erklärungen und Hinweise für die Beantwortung gegeben. Bei dieser Befragung ist der Einfluß des
Versuchsleiters eher auszuschließen als bei den ersten zwei
Befragungen, da er nicht persönlich anwesend ist. Hier besteht jedoch eine andere Möglichkeit der Beeinflussung, nämlich, daß eine andere Person aus der Familie oder aus dem

Bekanntenkreis sich "einmischt", was die Ergebnisse negativ
beeinflussen könnte. Weiter ist noch zu bedenken, daß bei
diesem Test mit einer höheren Ausfallquote zu rechnen ist,
d.h., daß eine größere Anzahl der Versuchspersonen keine Antwort schickt.

Zu dem Termin von drei Monaten ist zu sagen, daß er vom Gesichtspunkt, wieviel Zeit dem Autor für die Arbeit zur Verfügung steht, bestimmt worden ist. In einer solchen Untersuchung
wäre ein längerer Zeitabstand der Sache selbst sicherlich gerechter.

5.1.5 Erstellung des Fragebogens

5.1.5.1 Entstehungsgeschichte

Um das Meßinstrument für diese Untersuchung zu entwickeln,
sammelte der Autor zuerst eigene Erfahrungen bei den Kursen.
Es waren je zwei Kurse in Wittlich/Trier und in Freiburg im
Frühjahr 1979. Aus den Erfahrungen erschien es notwendig,
jenes in den Aussagen des Fragebogens anzusprechen, was die
Cursillobewegung in ihren Zielen formuliert. Es sind die
Weckung einer persönlicheren Beziehung zu Gott Vater, Sohn
und Heiligem Geist; weiterhin die Entdeckung des eigenen
Charismas, des Geschenkten, der Gaben und letztens die Entdeckung der Aufgaben gegenüber der Welt und der Gemeinschaft
der Kirche. Danach wurden die Aussagen formuliert, die im
Fragebogen in allen drei Meßzeitpunkten[8b] erscheinen. In bezug
auf diese Aussagen blieb der Fragebogen unverändert. Außer
den inhaltlichen Aussagen ist bei jedem Meßzeitpunkt auch
nach anderen statistischen Daten gefragt.[9]

5.1.5.2 Voruntersuchung

Verschiedene Konsultationen führten zu der Erstellung des
Fragebogens. Mit diesem wurde zuerst eine Voruntersuchung bei
einer Mitarbeiterbesprechung in Freiburg durchgeführt. Es

waren insgesamt 10 Personen, die den Fragebogen beantworteten. Durchschnittlich brauchten sie dafür 20 Minuten. Nach einer kurzen Erläuterung der Fragestellung hatten sie keine Schwierigkeiten mit der Beantwortung. Bei dieser Voruntersuchung wurde eine 7-stufige Likert-Skala angewandt, aber aus den Erfahrungen dieser 10 Personen kam der Vorschlag, sich auf eine 5-stufige Skala zu beschränken, weil ihrer Meinung nach die 7-stufige zu differenziert und deswegen etwas verwirrend ist. Dieser Vorschlag wurde angenommen.

5.1.6 Beschreibung des Fragebogens

5.1.6.1 Sozialvariablen[10]

Die Versuchspersonen wurden zuerst nach ihrem Alter gefragt. Es wurden 5 Altersphasen unterschieden, so wie die Einteilung in der Psychologie gewöhnlich gemacht wird.[11] Nach der Struktur des Cursillo waren alle Altersphasen zu erwarten, weil er auf keine bestimmte Altersgruppe beschränkt ist.

Weitere Variablen sind:
- Geschlecht,
- Familienstand,
- Beruf,
- Konfession,
- bisherige Tätigkeit in der Pfarrgemeinde.

5.1.6.2 Kursvariablen - erster Meßzeitpunkt[12]

Es ist an diejenigen Variablen des Fragebogens gedacht, die sich auf den jeweiligen Kurs beziehen. In verschiedenen Meßzeitpunkten gibt es entsprechend verschiedene Kursvariablen.

5.1.6.2.1 Stellenwert des Kurses

Die Frage nach dem Stellenwert des Kurses ist in allen drei Meßzeitpunkten gestellt. Es geht dabei um die Frage, ob sich

etwas in der Einstellung der Versuchspersonen zu den Glaubensveranstaltungen an sich durch den dreitägigen Kurs verändert
hat oder nicht. Ein wachsendes Bewußtsein in bezug auf
Notwendigkeit solcher Veranstaltungen würde auch ein Beitrag
und ein Element für den Erneuerungsprozeß des einzelnen und
der Gemeinde bedeuten.

5.1.6.2.2 Motivationsfrage

Bei dieser Frage will man die Motive der Teilnahme an dem
dreitägigen Kurs erfahren. Aus den Antworten hofft der Autor,
einen Hinweis auf die Wirkung der Teilnehmer des früheren
Kurses zu geben, denen als Aufgabe beim Kurs gegeben wird,
sich mit Wort und Tat für die Kandidaten einzusetzen, sie für
die Kurse in den kleinen Gruppen vorzubereiten. Dabei geht
es also nicht um die Frage nach der Veränderung der Versuchspersonen, sondern um die Frage nach der Wirkung in der Nacharbeit der früheren Cursilloteilnehmer und somit auch um die
Frage nach den Impulsen, die von ihnen einzeln oder von den
Gruppen in das Gemeindeleben ausgehen.

5.1.6.2.3 Erwartungen an den Kurs

Die Ergebnisse dieser Kursvariable sollen einen Einblick in
die Erwartungen der Teilnehmer ermöglichen. Diese Aussagen
können für die Planer sehr hilfreich sein in der Gestaltung
der Angebote der theologischen Erwachsenenbildung und besonders für die Durchführung des Cursillo, um adressatengerecht
zu planen und zu vermitteln.

5.1.6.3 Kursvariablen - zweiter Meßzeitpunkt[13]

Bei dieser zweiten Befragung gibt es zwei weitere Variablen.
Es geht darum zu erfahren, was für die Teilnehmer wichtig war
und was sie bei der Veranstaltung gestört hat. Sie werden
außerdem gebeten, auch eigene Äußerungen zu allem zu machen,
sollte etwas nicht in den Aussagen enthalten sein, was für

sie wichtig ist.

Ebenso wird nach der momentanen Bereitschaft, bei Cursillokursen aktiv mitzuarbeiten, gefragt.

5.1.6.4 Kursvariablen - dritter Meßzeitpunkt[14]

Hier wird die Frage nach dem Anschluß an eine Cursillogruppe
gestellt. Aus den Ergebnissen dieser Variablen wird ersichtlich, wie die Teilnehmer zur Nacharbeit in einer Cursillogruppe bereit sind und wie hoch sie die Notwendigkeit einer
solchen Gruppe für ihr Wachstum im Glauben einschätzen. Es
kann außerdem daraus ersehen werden, welche Dauermotivation
ein Kurs über die momentane Begeisterung hinaus leistet.

5.1.6.5 Inhaltliche Variablen (V)[15a]

Der Fragebogen enthält 11 inhaltliche Einheiten, die sich in
drei Gebiete aufteilen, und zwar:

- Glaube, Hoffnung und Liebe als Ausdruck der Beziehungen
  zu Gott, VV 1-15;

- Verständnis des Christseins in bezug auf die Kirche im
  allgemeinen und auf die Pfarrei, VV 16-22;

- Selbstverständnis des Christseins in bezug auf den Vollzug
  im Glauben, Beten, Lesen der Heiligen Schrift, Verantwortungsbewußtsein, VV 23-50.

In diesen 50 Variablen können die angesprochenen Gebiete
natürlich nicht erschöpfend zur Sprache gebracht werden.
Unserer Meinung nach sind sie jedoch gut geeignet, einen
Überblick darüber zu vermitteln, welche Einstellungen die
Teilnehmer zu den Kursen mitgebracht haben, und ob und wie
sich an ihnen durch den Kurs etwas geändert hat.

Von den Zielen des Cursillo her sind keine großen theoretischen Veränderungen zu erwarten, sondern die bewußtere Annahme dessen, was die Teilnehmer an Glaubenswissen mitgebracht

haben. Um dieses Ziel zu erreichen, wird die affektive Komponente bewußt angesprochen. Die Struktur des Kursprogramms und die Thematik setzen voraus, daß die Teilnehmer größtenteils mit dem vorgetragenen Inhalt und mit der religiösen Praxis vertraut sind. Der Fragebogen baut auf diesen Voraussetzungen auf und orientiert sich bei seinen Fragen an der Zielsetzung des Cursillo.

5.2 Stichprobenbeschreibung

5.2.1 Die Teilnehmer

Diese Untersuchung wird nur an den Teilnehmern, die zum ersten Mal einen Cursillokurs besuchen, durchgeführt. Es geht hier darum, die ersten Eindrücke und die daraus entstehenden Folgen für die Teilnehmer festzustellen. Die Mitarbeiter müssen deshalb als Untersuchungsgegenstand ausgeschlossen werden, weil sie durch ihr wiederholtes Engagement bei den Kursen für unsere Untersuchung und Fragestellung keine Bedeutung haben. Da diese Arbeit keinen Anspruch auf einen repräsentativen Charakter erhebt, wurde mit 150-180 Versuchspersonen gerechnet, und zwar Männern und Frauen. In der Cursillomethodik ist eine Gruppengröße von 25-30 die ideale Teilnehmerzahl. Davon ausgehend hatte der Autor 5 Kurse, und zwar drei Männerkurse (MC) und zwei Frauenkurse (FC), eingeplant. Aber aufgrund der geringen Teilnehmeranzahl bei einigen Kursen mußte man, um die geplante Anzahl der Versuchspersonen zu bekommen, vier weitere Kurse dazunehmen.

Der Ort, die Zeit, die Zielgruppe mit der Zahl in Klammern, die die Anzahl der Kurse für die betreffende Zielgruppe in der jeweiligen Diözese angibt (die diözesanen Cursillosekretariate nummerieren die Kurse), die Teilnehmerzahl, der Versuchsleiter und die Prozentzahl, die die Anteilnahme der Versuchspersonen des jeweiligen Kurses an der Gesamtzahl der Versuchspersonen bedeutet, sind in der folgenden Tabelle angegeben.

Tabelle 1: Übersicht über die Stichprobenerhebung in den 9 Kursen

Ort/ Diözese	Zeit	MC/FC	Teilneh-mer-Anzahl	Versuchs-leiter	Prozent
Limburg	27.-30.9. 1979	FC (17)	22	Autor	15,1
Wittlich/ Trier	11.-14.10. 1979	MC (6)	7	Autor	4,8
Wittlich/ Trier	25.-28.10. 1979	FC (4)	10	Autor	6,8
Hohritt Freiburg	1.-4.11. 1979	MC (13)	13	Fridolin Weigel Skagerrak-str. 4 7800 Freiburg	8,9
Hünfeld/ Fulda	15.-18.11. 1979	MC (9)	28	Gerhard Mattern Josefstr.22 6418 Hünfeld	19,2
Horrem/ Köln	15.-18.11. 1979	MC (6)	10	P.Bernardo Hölscher Al. Magnus-Str. 39 5300 Bonn	6,8
St.Lioba/ Freiburg	22.-25.11. 1979	FC (14)	22	Autor	15,1
Vierzehn-heiligen/ Bamberg	13.-16.12. 1979	MC (15)	16	Autor	11
Neusatzeck/ Freiburg	24.-27.1. 1980	FC (15)	18	Autor	12,3
Summe			146		100%

Es sind also die Teilnehmer von 9 Kursen aus verschiedenen
Diözesen die Versuchspersonen dieser Untersuchung. Davon
waren 5 MC und 4 FC. Die Untersuchung fand zwischen Septem-
ber 1979 und Januar 1980 statt.

5.2.2 Versuchsleiter

Aus der Tabelle sieht man, daß der Autor selbst bei 6 Kursen
die Untersuchung erhoben hat. Dabei war er auch als Priester-
Mitarbeiter tätig, da sich zur Zeit in der BRD der Mangel an
Priestern auch in der Cursillobewegung bemerkbar macht. Hier
ist zu vermuten, daß diese Situation die Versuchspersonen
beeinflußt hat. Andererseits, da es sich um eine schriftliche
Befragung handelte, dürfte der Einfluß als gering zu veran-
schlagen sein.

Bei den übrigen 3 Kursen haben zwei Laien und ein Priester-
Mitarbeiter die Untersuchung erhoben. Ihnen wurde jeweils
der genaue Vorgang der Untersuchung und auch ihr Ziel vom
Autor selbst erklärt. Dies bezieht sich auf den ersten und
zweiten Meßzeitpunkt. Der dritte wurde vom Autor selbst durch
schriftlichen Kontakt mit den Versuchspersonen durchgeführt.
Die anderen Versuchsleiter wurden genommen, weil die Anzahl
der Kurse, die vorher geplant waren, sich fast verdoppelt hatte,
so daß der Autor nicht in der Lage war, die Untersuchung allein
durchzuführen.

5.2.3 Sozialvariablen

Hier werden die befragten Versuchspersonen nach den Sozialvariablen dargestellt. Aus Tabelle 2 erkennt man die altersmäßige Zusammensetzung der Befragten.

5.2.3.1 Alter

Nach den fünf Altersphasen ergab sich folgende Aufteilung [15b]

Tabelle 2: Teilnehmerzahl für den 1. Meßzeitpunkt

Altersgruppe	Teilnehmer-Anzahl	Prozent
1. 18-30	45	30,8
2. 31-41	37	25,3
3. 42-56	38	26,0
4. 57-68	17	11,6
5. 69-80	9	6,3
Summe:	146	100,0

Es zeigt sich, daß die erste Erwachsenenphase (30,8%) am meisten vertreten ist, wenn man die ganze befragte Gruppe nimmt. Die zweite und die dritte Altersphase machen zusammen 51,3% aus, was bedeutet, daß die beiden Gruppen, die getrennt genommen gleich vertreten waren, zusammengerechnet die Hälfte der Cursilloteilnehmer stellten.

Hier ist zu fragen, wie die altersmäßige Zusammensetzung bei anderen Veranstaltungen der theologischen Erwachsenenbildung aussieht. Der Autor kann aber dieser Frage hier nicht nachgehen.

Für die Cursillobewegung wäre jedoch von Interesse, anzufragen, worauf die in ihren Kursen altersmäßige Zusammensetzung zurückzuführen und ob sie für sie von Bedeutung ist.

Im Hinblick auf das Alter ist ein Vergleich mit der Diplomarbeit von R. Schwan über Cursillo aufschlußreich. Sie kommt bei ihrer Untersuchung zu denselben Ergebnissen. Sie konstatiert: "Das Durchschnittsalter beträgt in Wü (Würzburg) 45 und in LM (Limburg) 41,2 Jahre. Sieht man die beiden Gruppen zusammen und in einer Altersspanne von 10 Jahren, so sind tendenziell die 18-30- und die 40-50jährigen am stärksten vertreten; junge Frauen zwischen 30 und 40 Jahren dagegen kaum".[16]

Dies ist eine Bestätigung dafür, daß diese Zusammensetzung für die Cursillobewegung in der BRD signifikant sein könnte.

5.2.3.2 Geschlecht

Von der Gesamtgruppe sind 51,4% Männer und 48,6% Frauen. Die Cursillo werden meistens für Männer und Frauen getrennt gehalten, abgesehen von Alter, Beruf oder Familienstand. Darüber wurde in der Darstellung der Cursillobewegung in dieser Arbeit schon diskutiert. Es bleibt aber die Frage offen, ob eine solche Zusammensetzung der Zielgruppe nach Geschlechtern getrennt den Erfolg der Kurse beeinträchtigt oder fördert. In der letzten Zeit werden auch Kurse für gemischte Gruppen gehalten, jedoch nur für Jugendliche, also Personen aus der ersten Altersphase. Es wäre hilfreich, wenn man in dieser Richtung Untersuchungen und Umfragen machen würde.

5.2.3.3 Familienstand

Bei den Angaben zum Familienstand wurde deutlich, daß alle Familienstände vertreten sind. Es waren 43,2% Ledige, 46,6% Verheiratete, 7,5% Verwitwete und 1,4% Geschiedene. Die Verheirateten machten also den größten Teil der Teilnehmer aus.

5.2.3.4 Beruf

Aus den Angaben zur Sozialvariable "Beruf" hat sich folgendes ergeben: Die erste, stärkste Gruppe bilden die Angestellten, für deren Berufsausübung Volksschule oder mittlere Reife erforderlich ist (50,7%). Es ist ein Hinweis, daß die Cursillobewegung die mittleren Schichten anspricht. Die zweite Gruppe bilden die Hausfrauen. Bei der Gesamtzahl der Versuchspersonen beträgt ihr Anteil 12%, aber von der Gesamtzahl der

Frauen, die bei den Kursen teilgenommen haben, 33,3% .
Die dritte Gruppe bilden die Schüler und Studierenden (10,3%).
Dies war auch zu erwarten, weil die erste Altersphase am
stärksten vertreten ist und weil die Praxis der Jugendcur-
sillos erst langsam in der BRD eingeführt wird (Fulda,
Freiburg). Es kann dies auch ein Zeichen sein, daß die Cursillobewegung dafür hellhöriger werden sollte. Die vierte
und letzte Gruppe umfaßt die Berufsausübenden, für deren
Tätigkeit ein Abitur und Studium erforderlich ist (10,4%).
Von ihrer Gesamtzahl (14%) sind fünf Priester dabei gewesen.
Wenn man dies in Kauf nimmt, dann bleibt noch eine geringere
Zahl derer, die mit einer höheren Ausbildung bei Cursillo
teilnehmen. Daraus entsteht die Frage an die Cursillobewegung, ob es ihr in der Praxis gelingt, zu den höheren Schichten vorzudringen.

Es haben 17,1% bei dieser Variable keine Angaben gemacht.
Warum die betreffenden nicht geantwortet haben, ist schwer
zu sagen. Aus den anderen Angaben zu den Sozialvariablen
ist zu sehen, daß es meistens Versuchspersonen aus der 4.
und 5. Altersphase sind. Es ist zum Fragebogen deshalb
kritisch zu bemerken, daß neben "Beruf" noch "Rentner"
hätte angegeben sein müsssen.

5.2.3.5 Konfession

Die Kurse sind zu einem hohen Prozentsatz von katholischen Christen besucht (94,5%). Einer anderen Konfession,
hier ausschließlich der evangelischen, gehören 5,5% an.
Es kann nicht überraschen, daß der Cursillo überwiegend von
Katholiken belegt wird, besonders, wenn man seine Ziele,
Inhalte, Methoden und Medien vor Augen hält. Daher wird
die Frage interessant, wenn man diese 5,5% zu deuten versucht. Ist es eine zufällige Zahl oder etwas, was die Cursillobewegung von sich aus anstrebt? In der Cursilloliteratur
gibt es keine klaren Linien und Aussagen über Ökumenismus.
Es ist anzunehmen, daß die Teilnahme anderer Christen auf

die persönliche Einladung der früheren Teilnehmer zurückzuführen ist und daß daraus keine Aussagen über den Ökumenismus in der Cursillobewegung gemacht werden können.

Da der Autor bezüglich der Teilnahme anderer Konfessionen
an anderen katholischen Erwachsenenbildungs-Veranstaltungen
keine Befragung unternommen hat, kann diese Frage nicht
beantwortet werden, ob 5,5% im Vergleich zu anderen katholischen Veranstaltungen in diesem Bereich ein hoher oder
ein niedriger Prozentsatz ist.

Für unsere Untersuchung ist diese Prozentzahl zu klein, um
zwischen konfessionsverschiedenen Teilnehmern Vergleiche
in verschiedenen Antworten ziehen zu können.

5.2.3.6 Bisherige Tätigkeit

Von den befragten Personen sind 71,9% schon bei einer Aktivität in der Pfarrei dabei. Es ist interessant zu bemerken,
daß 40% einmal in der Jugendarbeit engagiert waren. Den
meisten von ihnen (31%) ist es nicht gelungen, nach ihrem
Ausscheiden aus der Jugendarbeit eine neue Tätigkeit in der
Pfarrei zu finden. Dies ist aus den Angaben zu schließen:
"Jugendarbeit bis vor 10 Jahren, dann nichts".

Die Tätigkeiten der übrigen verteilen sich auf verschiedene
Gebiete wie Kirchenchor, Kommunion- und Firmhelfer, Pfarrgemeinderat, Familienkreis.

Zum richtigen Verständnis der Angaben muß zuerst daran erinnert werden, daß bei den Cursillokursen vorwiegend Leute
teilnehmen, die mit den Inhalten und Möglichkeiten der Mitarbeit in einer Pfarrei vertraut sind. Es entsteht aber die Frage, besonders in bezug auf die obengenannten 31%, ob es nicht
bedeutend ist, daß sich in der Jugendarbeit ein großer Prozentsatz engagiert, später aber dann aus der aktiven Mitarbeit ausscheidet. Diese Tatsache läßt eine berechtigte Frage
an die theologische Erwachsenenbildung richten, und zwar, inwiefern es ihr gelingt, den aktiven heranwachsenden Christen
neue Möglichkeiten zu eröffnen, oder sie im Sinne des "perso-

nalen Angebots" in der Jugendarbeit zu engagieren.[17]
Es ist nämlich interessant zu bemerken, daß keine von den
Versuchspersonen eine Teilnahme an einer Cursillogruppe erwähnt hat. Dies ist vor allem im Bezug auf die Cursillovor-
arbeit interessant, da es in der Cursilloliteratur heißt,
daß die eventuellen Teilnehmer für den dreitägigen Kurs durch
die Aufnahme in eine schon bestehende Cursillogruppe vorbereitet werden sollen, um so den Kurs möglichst intensiv zu
erleben. Damit ist das Entscheidende der Vorarbeit, die in
der Cursillomethodik vorgesehen ist, in Frage gestellt.
28,1% von den Teilnehmern haben nie eine Tätigkeit im Rahmen
der Gemeinde ausgeübt.

5.2.4 Ausfallquote und fehlende Daten

Die Untersuchung sollte sich über drei Termine erstrecken.
Bei einer solchen Untersuchung fallen erfahrungsgemäß beim
2. und 3. Termin einige Personen aus, die verhindert sind
oder ihre Motivation für die weitere Mitarbeit verloren
haben.

In unserer Untersuchung füllten von den ursprünglich 146
Cursillo-Teilnehmern beim 2. Termin 9 und beim 3. Termin
weitere 7 den Fragebogen nicht mehr aus. Von den 16 Personen
sind 10 Frauen und 6 Männer. Diese Ausfallquote zerstreut
sich auf alle Kurse.

Was die fehlenden Daten in den abgegebenen Fragebögen anbe-
trifft, kann festgestellt werden, daß sie sich ebenso bei
allen drei Terminen und bei jedem Kurs finden und für die
Gesamtgruppe 20% betragen. Mit diesen fehlenden Daten war
schon wegen der gewählten Methode in der Untersuchung zu
rechnen, weil jede Versuchsperson den Fragebogen für sich
allein nach der Instruktion des Versuchsleiters ausfüllen
sollte, wobei verschiedene Elemente einen Einfluß ausüben
können (z.B. Übersehen einer Frage, Nicht-zu-antworten-
wissen oder Unsicherheit beim Antworten, Müde- oder Nervös-
werden usw.).

Es stellt sich die Frage, ob eine Abhängigkeit von den Variablen, und wenn ja, von welchen, feststellbar ist.

In unserem Fall hat das Alter der Versuchspersonen für alle
drei Termine bei den fehlenden Daten eine entscheidende Rolle
gespielt. Es entfallen z.B. für alle drei Termine pro Versuchsperson aus der ersten Altersphase 6, aus der zweiten 9, aus
der dritten 11, aus der vierten 15 und aus der fünften 21
fehlende Daten. Wenn man diese fehlenden Daten nach dem Geschlecht aufschlüsselt, entfallen 65% auf das weibliche und
35% auf das männliche Geschlecht.

Die anderen Variablen wie z.B. Beruf, Familienstand, Versuchsleiter fallen bei den fehlenden Daten weniger ins Gewicht.

5.3 Auswertungsphasen

Nach der Beschreibung des Meßinstrumentes und der Stichprobenerhebung sowie der Vorstellung der Gruppe nach Sozialvariablen,
erfolgten die Auswertungsphasen.

Jede Auswertung der gesammelten empirischen Daten geschieht
in drei Phasen: die Codierung der Daten, ihre Verarbeitung
und Interpretation.

5.3.1 Codierung

Die Codierung ist die erste Phase, in der die Daten klassifi-
ziert werden, um sie messen zu können. Wir haben uns für die
elektronische Verarbeitung der Daten entschieden, daher wurden sie auf Lochkarten übertragen. Die Codierung war dadurch
leicht möglich, da die Stichprobe in Form eines Fragebogens
mit geschlossenen Aussagen durchgeführt wurde.

5.3.2 Verarbeitung der Daten

Es sind diejenigen Daten zu verarbeiten, die wir von den Teilnehmern der erwähnten 9 Kurse nach dem ersten und zweiten Meß-
punkt erhalten haben und die Daten, die wir aus den zurück-
geschickten Fragebögen erheben konnten.

Obwohl es sich bei allen drei Meßzeitpunkten um dieselbe
Gesamtgruppe handelte, gab es eine Rücklaufquote. So hatten
wir bei dem ersten Meßzeitpunkt 146 ausgefüllt abgegebene
Fragebögen; bei dem zweiten waren es 137 und bei dem dritten
Meßzeitpunkt 130.

5.3.3 Interpretation

Die Interpretation der erhaltenen Daten aus allen Meßzeitpunkten ist durch die folgende Hypothese bestimmt: Wenn durch
den Cursillo etwas verändert und in Bewegung gesetzt wird,
dann sollte es sich im Vergleich der dreimal erhobenen Daten
zeigen. Auf verschiedenen Ebenen sind Änderungen zu erwarten,
die einen Umkehrprozeß erkennen lassen.

5.3.4 Auswertung der Kursvariablen

5.3.4.1 Stellenwert des Kurses

Bei allen drei Meßzeitpunkten wurde nach der Wichtigkeit
eines Glaubenskurses für die Versuchspersonen persönlich und
für die Erwachsenen überhaupt gefragt. Wir wollten dadurch
erfahren, mit welchen Einstellungen die Teilnehmer zu einer
solchen Glaubensveranstaltung kommen, und ob sich etwas an
diesen Einstellungen durch den Cursillo ändert.

Die Ergebnisse der Antworten für alle drei Termine bringen
wir in den nächsten Tabellen: ausgedrückt in den Mittelwerten (MW) [18] für jeden Termin. Aus dem Mittelwertvergleich [19]
kann man für die Gesamtgruppe das Ergebnis ablesen:

Tabelle 3: "Wie wichtig für mich der Glaubenskurs ist".

MW (Mittelwert) [20]	VA (Varianzanalyse)
1. 1,452	
2. 1,204	0,003
3. 1,360	

Tabelle 4: "... für jeden erwachsenen Christen empfehlens-
           wert ist."

<u>MW</u>   <u>VA</u>

1. 1,474
───
2. 1,206   0,003
───
3. 1,292
───

Aus den angegebenen Mittelwerten zu diesen zwei Variablen
sieht man zunächst, daß die Gesamtgruppe positiv zu den
Glaubenskursen eingestellt ist. Der Unterschied zwischen
dem 1. und 2. Meßzeitpunkt zeigt, daß beim Kurs selbst die
Einstellung gewachsen ist. Bei beiden Variablen aber nimmt
in der Zeit von drei Monaten die Einstellung etwas ab, so
daß der Unterschied zwischen 1. und 2. Termin kleiner wird,
aber noch immer größer als der erste Mittelwert ist. Die
Prüfung dieser Unterschiede durch das Programm ANOVAR[21]
zeigt, daß eine signifikante Einstellungsänderung im positiven Sinne stattgefunden hat.

Somit kann festgehalten werden, daß dieses Ergebnis zeigt,
daß beim Teilnehmer der Cursillobewegung die Notwendigkeit
für die Angebote der Erwachsenenbildung sich verstärkt.

Außer den zwei Fragen zu der Wichtigkeit der Glaubensveranstaltungen wurde in dem Fragebogen die Möglichkeit zu frei-
en Äußerungen gegeben mit "Oder etwas anderes". In 56% der
Äußerungen schlagen die Teilnehmer vor, für die Jugendlichen
intensive Glaubenskurse anzubieten. Als Begründung führen
sie die von ihnen erfahrene Glaubensnot der Jugendlichen an,
denen die Familien keine Hilfen geben können, und die sich
dadurch überfordert fühlen. Deswegen erwarten sie geeignete
Angebote für die Jugendlichen. Es ist interessant festzustellen, daß die dritte Altersphase dieses Bedürfnis stärker betont als die erste. 40% der Äußerungen entfällt auf die dritte und 16% auf die erste Altersphase, obwohl die erste bei
den Untersuchten viel stärker vertreten war.

10% der Antworten beziehen sich auf die der Kirchen Ent-
fremdeten, die einmal den Kontakt mit den Kirchen verloren
haben und ihn von neuem suchen. Nach Meinung der Versuchspersonen sollte man durch die Erwachsenenbildung denjenigen,
die sich der Kirche entfremdet haben, geeignete Angebote
machen, damit sie wieder zur Gemeinschaft der Gläubigen finden.

14% der Antworten betonen die Notwendigkeit von Exerzitien
und Besinnungstagen, die mehr, als es bei Cursillo der Fall
ist, der Stille und dem Gebet gewidmet sind.

5.3.4.2 Motivationsfrage

Hier wurden drei Möglichkeiten angegeben, wodurch man motiviert worden ist, zu einem solchen Kurs zu gehen. Was Cursillo selbst betrifft, geht es hier um die Frage, wie die Teilnehmer auf den Kurs aufmerksam geworden sind: Waren es persönliche Kontakte und Beziehungen zu früheren Teilnehmern oder
war es durch Plakatwerbung und andere Schriften oder war es die
Änderung der Lebenspraxis eines früheren Cursillo-Teilnehmers?

81,5% der Versuchspersonen haben sich von einem früheren Teilnehmer motivieren lassen, bei dem Kurs teilzunehmen, ohne
über den Kurs etwas gelesen zu haben.

13,7% waren angesprochen worden und hatten darüber gelesen
und sich daraufhin entschlossen, am Kurs teilzunehmen.

Von allen Versuchspersonen haben 29,5% durch die erfahrene
Lebensänderung Interesse am Cursillo bekommen. 71,5% konnten
diese Aussage nicht bestätigen. Hier entstehen für uns einige grundsätzliche Fragen, was die Motivierung der Gläubigen
zu einer Glaubensveranstaltung betrifft:

- wer läßt sich motivieren? Wenn wir die Gesamtgruppe von
  der Variablen der bisherigen Tätigkeit betrachten, dann
  sehen wir, daß 71,9% mit der Gemeinde in aktiven Beziehungen standen. Als Folgerung kann man sagen, daß diejenigen
  zumeist ansprechbar und von den Cursillo-Teilnehmern angesprochen worden sind, die positiv zu den Veranstaltungen

der theologischen Weiterbildung eingestellt sind.

- wer kann motivieren? Die Ergebnisse zeigen hier, daß das persönliche Ansprechen bei Cursillo die entscheidende Rolle spielt. Die Einladungen, die über das Pfarrblatt oder Plakate ausgesprochen werden, zeigen sich nicht als besonders erfolgreich. Dies ist m.E. ein deutlicher Hinweis, daß das Sprechen über die eigenen Erfahrungen und deren Bezeugung der beste Weg zur Motivierung ist.

Somit ist die Motivierung der Erwachsenen zur weiteren Glaubensbildung auf die persönlichen Beziehungen zurückzuführen und der Versuch, wie z.B. im Jellouscheck-Modell, eine Kerngruppe zu bilden, die die Gläubigen motivieren soll, ist ein plausibler Weg.

Derjenige kann motivieren, der sein Leben anders zu gestalten versucht und darüber sich auch äußert. Letzteres ist dem Hinweis von den genannten 29,5%, die die Änderung der Lebenspraxis bei jemandem bemerkt haben, zu entnehmen, daß die Lebensänderung auch durch das Wort weitergegeben worden war.

5.3.4.3 Erwartungen an den Kurs

Mittels der vier Aussagen, zu denen die Versuchspersonen Stellung nehmen sollten[22a], wollten wir in Erfahrung bringen, was die Teilnehmer von einem solchen Kurs erwarten. Ob für sie mehr das Wissen über den Glauben oder das Handeln aus dem Glauben im Vordergrund stand, wollten wir erfahren.

Es sind insgesamt 83,3% der Versuchspersonen, welche von dem Kurs eine Lebenshilfe erwarten. Damit bestätigt sich die Zielsetzung, die von D. Emeis und K.H. Schmitt für die theologische Erwachsenenbildung gefordert ist. Es geht dabei nicht um mehr Wissen und mehr Verstehen, sondern um eine neue Orientierung und mehr Hilfe dazu. Wenn immer häufiger Stimmen zu hören sind, die konstatieren, daß die gewünschte Erneuerung der Kirche und der Gemeinden nicht aufgetreten ist, dann ist m.E. die Frage berechtigt, wie es der theologi-

schen Erwachsenenbildung gelungen ist, den Gläubigen in
ihren Grunderwartungen und Nöten zu helfen.[22b]

So schreibt F. J. Hungs, daß sich heute die theologische EB.
zwischen der anfänglichen Euphorie und der Enttäuschung nach
den verschiedenen Erfahrungen befinde. Ihr mangele es an den
grundlegenden lernpsychologischen Einsichten sowie an geplan-
ter und kontrollierter Praxis.[23] Besonders fatal ist, daß
wegen der fehlenden Situationsanalyse die elementare didakti-
sche Einsicht, den Teilnehmer von dort abzuholen, wo er ist,
nicht genug berücksichtigt werden kann. X. Fiederle macht die
theologische EB auf den wichtigen Punkt aufmerksam, daß es
ihr nicht darum gehen kann, die Teilnehmer ans Ziel zu bringen, sondern ihr "Ziel" muß sein, sie auf den Weg zu schicken;
sie soll ihnen auf diesem Weg, den jeder einzelne für sich
finden muß, eine Orientierung sein.[24]

Es ist jedoch zu fragen, inwieweit im voraus die Angebote
der theolgischen EB formulierbar sind, durch welche Methoden am besten die Erwartungen der Teilnehmer erfüllt werden
können und welche Möglichkeiten es gibt, sie von dort abzuholen, wo sie stehen. Es ist eindeutig, daß es Spannungen
zwischen den Erwartungen der Teilnehmer und den Angeboten
der theologischen EB gibt, die sich für den Erfolg der EB
negativ auswirken. X. Fiederle schreibt in demselben Auf-
satz: "Aktivierung der Teilnehmer vollzieht sich am besten,
wenn sie sich selber einbringen können, ihre Erfahrungen,
Fragen, Wünsche und Probleme den anderen mitteilen und von
anderen hören, was sie bewegt".[25] Deswegen schlägt X. Fiederle
als eine mögliche Lösung vor, "relativ konstante Lerngruppen
zu ermöglichen, die ihre Aktivierung von sich aus betrei-
ben".[26] Dies läßt hier eine kritische Frage an die Gestaltung
des dreitägigen Kurses der Cursillobewegung zu, die so in
Details vorgeschrieben ist. Jedenfalls bleibt dies eine
schwierige Frage in der theologischen EB, weil einerseits
der soziokulturelle Kontext und die Erwartungen der Teilnehmer sehr individuell und komplex sind, und auf der anderen
Seite die Angebote nicht so individuell gestaltet werden
können.

Dieselben Fragen und Probleme stellen sich bei den anderen
Ergebnissen zu den Erwartungen. 54,8% erwarten die Veränderung ihrer christlichen Lebens- und Glaubenspraxis; 28,8%
haben keine Angaben zu dieser Aussage gemacht und 16,4% waren entweder unentschieden oder lehnten diese Aussage ab.
Hier stellt sich eine Frage, auf die wir keine Antwort geben
können, und zwar wie die Erwartung einer Lebenshilfe und
Bereitschaft zu einer Veränderung zueinander stehen. Werden
die äußeren Impulse, die zur veränderten Glaubenspraxis führen sollen, was wünschenswert wäre, als Hilfe zur Weckung der
inneren Kräfte verstanden oder als fertige Lösungen, die
den eigenen Einsatz erübrigen?

Es geht um die Frage nach der von P. Zulehner genannten
"religiösen" Einstellung, die Befürfnis nach Gott und Gemeinschaft der Gläubigen sucht.[27]

Bei den Versuchspersonen zeigt sich weiterhin auch ein star-
kes Verlangen nach "Mehr-Wissen" um den Glauben. 74,6% wollen
noch etwas dazulernen.

Zu der Aussage "erwarte gute Gemeinschaft" haben sich bei
dem Kurs 93,9% positiv geäußert, die diese Erwartung an
erster Stelle nennen. Dies dürfte ein Hinweis sein, welchen
Stellenwert die Erfahrung der Gemeinschaft in der theologischen EB einnehmen soll.

F. J. Hungs stellte bei der Entwicklung eines neuen "theologischen Seminars" Überlegungen an, wie man das Verlangen
nach Wissen auf der einen Seite und die Suche nach Lebenshil-
fen und Gemeinschaftserfahrungen auf der anderen Seite verbinden könnte. Für die Gestaltung dieses Seminars, das über
2 Semester je 10 Lerneinheiten beinhaltet, hat er zwei Wochenenden vorgesehen. "Die beiden Wochenenden dienen der Gruppenbil-
dung und der spirituellen Anregung. Sie sollen also das
Lernangebot des Seminars nicht fachlich-informativ vertiefen, sondern existentiell entfalten."[28] Aus den Erfahrungen
mit dem Kurs berichtet er über die Rangordnung der Erwartungen, die er bei den Teilnehmern feststellen konnte. An
erster Stelle werden "Hilfen zur existentiellen Aneignung

des Glaubens", an zweiter Stelle "Hilfen zur Weitervermitt-
lung von Glaubensaussagen" und an dritter Stelle "Erweiterung des theologischen Wissens" angeführt.[29]

Die Erwartungen, die an eine Gemeinschaft in bezug auf
Glaubenlernen gestellt werden, sind auch in unseren Ergebnissen zum Ausdruck gekommen, indem 93,9% der Teilnehmer sie
an die erste Stelle gestellt haben.

F. J. Hungs faßt seine Meinung folgendermaßen zusammen: "Der
Glaube wächst kaum durch die Bewältigung von theologischem
Lehrstoff, er bedarf vor allem des gemeinsamen Erlebnisses".[30]
In den freien Antworten zu diesem Aussagen-Block, die 20% der
Teilnehmer formulierten, geht es also darum, die Möglichkeit
zu haben, in Gemeinschaft mit anderen Wege zu suchen und zu
finden, wie man den Glauben leben kann und mit ihnen zu fragen, welche Folgen für den heutigen Menschen aus dem Glauben
entstehen, z.B. in bezug auf die Beziehungen zu den Menschen,
zur eigenen Familie usw.

5.3.4.4 Was war in dem Kurs wichtig?

In den Fragen nach dem Kurs wollten wir die Erfahrungen der
Teilnehmer kennenlernen, was für sie in dem Kurs wichtig war,
und ob sie selber bereit wären, bei solchen Veranstaltungen
aktiv mitzuarbeiten.

20,4% der Gesamtgruppe haben sich in dem zweiten Meßzeitpunkt
(N-137) bereit erklärt, aktiv bei den Kursen mitzuarbeiten.
Die Interpretation dieser Zahl ist sehr schwierig: Wir
wissen, daß ein großer Teil der Versuchspersonen schon vor
dem Kurs auf irgendeine Weise kirchlich engagiert war. Dieses Ergebnis kann ein Hinweis sein, wo Kräfte für verschiedene Veranstaltungen zu finden sind. Dies ist interessant im
Blick auf die Schwierigkeiten, die A. Exeler und D. Emeis
in bezug auf die Zahl der Mitarbeiter in der theologischen
EB erwähnen. Sie sehen eine zweifache Schwierigkeit. Die
jetzt zur Verfügung stehenden Personen seien überfordert

und andere sind sehr schwer zugänglich für die aktive Mitarbeit in der theologischen Erwachsenenbildung.[31]

79,6% der Versuchspersonen waren aus verschiedenen Gründen
(Alter, berufliche Tätigkeit usw.) nicht zu einer aktiven
Mitarbeit bereit, aber alle haben sich bereit erklärt, da-
bei auf die ihnen mögliche Weise zu helfen.

Dies dürfte ein Zeichen guter Ansätze für eine breitere
Aktivität bei der Gemeindearbeit sein.[32]

5.3.4.5 Wichtigkeit einiger Elemente aus dem Kurs

Bei diesem Komplex der Aussagen wurde nach der Wichtigkeit
einiger Elemente aus dem Kurs gefragt:

Am ersten und zweiten Tag wird eine einfache Eucharistiefeier mit vorhergehenden katechetischen Einführungen gefeiert. Aber am dritten Tag wird sie so gefeiert, daß das Geschehen der Eucharistie auch am äußeren Ablauf ablesbar wird.
Am Vormittag des letzten Tages wird dieser Feier genug Zeit
eingeräumt. 89% der Teilnehmer nannten diese Eucharistiefeier eine der wichtigsten Erfahrungen. Dies ist ein Hinweis,
daß die Gestaltung der Eucharistiefeier in sich Elemente hat,
die ansprechen können und ebenso, daß bei den Veranstaltungen der theologischen Bildung ihr genügend Zeit gegeben
werden soll. F. J. Hungs sagt, daß in dem in seinem theologischen Seminar vorgesehenen Wochenende die meditative Begegnung mit der Schrift und die gemeinsame Eucharistiefeier
zweifellos der Mittelpunkt sein sollen.[33]

Durch die intensive Erfahrung der Gemeinschaft bei dem
eucharistischen Mahl werden die Gefühle der Teilnehmer
stark angesprochen. Die affektive Komponente ist also hier
von besonderer Bedeutung. Es geht um die emotionalen Impulse,
deren entscheidende Rolle beim Glaubenlernen F. J. Hungs
folgendermaßen beschreibt: "Der Leiter seinerseits sollte
sich ständig darüber klar sein, daß emotionale Impulse den
Lernprozeß weit stärker lenken als intellektuelle Argumente
- eine Einsicht, die didaktisch wichtiger zu sein scheint

als alle möglichen Sorgen über die 'Kopflastigkeit' des
Angebots".[34]

Hier kommt das Grundprinzip der Erwachsenenbildung zum
Ausdruck, das in der Kombination von Hören, Sprechen
(Antwort-geben) und Feiern besteht. Aus solchen Erfahrungen soll der Teilnehmer lernen, daß Miteinander-glauben
wichtig ist. Eines der Ziele bei dem erwähnten theologischen
Seminar von F. J. Hungs lautet: "Die Teilnehmer erleben diesen Weg als einen Prozeß des Miteinander-Glaubens. Dabei
ist das religiöse Sozialisationsgeschehen in der eigenen
Gruppe von entscheidender Bedeutung".[35]

Von diesen Erfahrungen hängt es ab, ob die Teilnehmer erfolgreich motiviert werden für ein intensives Miteinander-
unterwegs-sein im Glauben, was für Wachsein im Glauben entscheidend ist. W. Rück schreibt: "Nur wer bei anderen sieht
und erfährt, wie Glauben heute möglich ist und wie der Glaube
das Leben positiv zu bestimmen vermag, wird angesichts des
derzeitigen Pluralismus sein eigenes Christentum auf die
Dauer leben können".[36]

- Die Vorträge, die von zwei Priestern abwechselnd gehalten
  wurden, sind von 85% der Teilnehmer positiv gewertet worden. Durch die fundamentale Einführung in die Grundkatego-
  rien des gelebten Glaubens wie Gnade, Glaube, Sakramente
  usw., wird eigentlich die katechumenale Arbeit geleistet.
  Diese Aufgabe der Kirche wird heute öfters betont. "Wir
  leben heute in einer permanenten Katechumenatssituation,
  in der eine fundamentale Einführung in den Glauben notwendig ist. Wir können das Vorhandensein einer persönlichen Glaubensüberzeugung nicht mehr voraussetzen und müssen damit rechnen, daß auch die 'praktizierenden Christen'
  hier grundlegende Probleme und Schwierigkeiten haben.
  Ohne das Glaubensfundament hängen jedoch alle anderen An-
  strengungen des kirchlichen Dienstes in der Luft."[37]

- Die Vorträge der Laienmitarbeiter haben 79% der Teilnehmer für sich als sehr wichtig empfunden. Wenn wir bedenken, daß es dabei meistens um das persönliche Zeugnis
  geht, z.B. die eigene Vertiefung, apostolische Tätigkeit,

Frömmigkeit usw., kann uns ein Hinweis sein, wie das Voneinander-lernen durch die Vermittlung eigener Erfahrungen für die Teilnehmer wichtig ist.

- Kontakte mit der Gruppe haben ebenso eine entscheidende Rolle gespielt. Ohne die fehlenden Angaben, die hier 8% betragen, haben 89% positiv geantwortet und 3% waren unentschieden. Dadurch wird bestätigt, daß das Gemeinschaftserlebnis, das durch die Kontakte mit der Gruppe durch Gespräche, Singen, Beten und Feiern wahrgenommen wird, im Vordergrund steht. Dies zeigten schon die Antworten auf die Frage nach der Motivation. Somit wird auch das Ergebnis von R. Schwan bestätigt, daß das Gemeinschaftserlebnis bei Cursillo so im Mittelpunkt steht, daß mit dem inhaltlichen Angebot individuell keine Auseinandersetzung stattfinden kann.[38] Dies soll als eine Forderung an Cursillo selbst bedeuten, daß das Gleichgewicht zwischen Wissen und Gefühl, zwischen kognitiver und emotionaler Komponente bewahrt werden soll und besonders vor der Überbetonung der Gemeinschaft oder des Gefühls gewarnt werden soll.

- Auf das Sakrament der Versöhnung wird bei Cursillo ein besonderer Wert gelegt. Aus den Ergebnissen wird ersichtlich, daß eine hohe Prozentzahl der Teilnehmer, nämlich 48,9%, von neuem zu dem Sakrament der Buße findet und es für sich als sehr wichtig empfunden hat. Dies zeigten die katechumenalen Ansatzpunkte, die Cursillo in sich trägt.

5.3.4.6 Analyse der offenen Fragen

Auf die Frage "Was hat mir beim Kurs gefallen" antworteten 77%, davon waren 40,5% Männer und 36,5% Frauen. In jeder Antwort ist von neuem und besonders die Gemeinschaft betont. Das meist erwähnte Element, das den Teilnehmern gefallen hat, ist die erlebte Offenheit bei den Gesprächen in den kleinen, durch drei Tage hindurch konstanten, Gruppen, die jeweils nach dem "Vortrag" des Priesters oder Laienmitarbeiters stattfand.

Die Teilnehmer der 4. und 5. Altersphase betonen in ihren
Aussagen besonders das Zusammensein und das Angenommensein
von den jüngeren Teilnehmern als wichtige Erfahrung für sie.

Als weiteres wichtiges Element wird das positive Verhältnis
zwischen Priester und Laienmitarbeiter genannt und ihr persönliches Zeugnis.

Die neuen Erfahrungen im Glauben konzentrieren sich in diesen
freien Antworten auf neue Beziehungen zu Gott, zu denen man
durch die Gemeinschaft gefunden hat, und auf den neuen Zugang
zum Beten, zur Eucharistie und zum Sakrament der Versöhnung.

An der Vorgangsweise wurde von den Versuchspersonen die Metho-
denvielfalt positiv bewertet.

Niemand hat zu den Inhalten Stellung genommen; die Themenfor-
mulierung wurde von den Teilnehmern als einfach, aktuell und
verständlich charakterisiert.

Aus diesen freien Angaben wird von neuem deutlich, daß es bei
Cursillo auf das gemeinschaftliche Erleben ankommt, durch das
neue Zugänge zur Glaubenspraxis und neue Einstellungen vermittelt werden.

Kritik wurde von 38% geübt. Der erste Punkt, der am meisten
als Störfaktor bei Kursen erwähnt wird, ist das zu gedrängte
Programm. Nach Empfinden von 38% der Teilnehmer, die sich in
dieser Weise äußerten, gibt es zu viele Impulse und dadurch
wird alles zu dicht und undurchschaubar. Daher fühlen sie
sich ständig in Zeitdruck und Hektik, was sich negativ ausgewirkt hat. Es wurden deshalb die Vorschläge gemacht, entweder dasselbe Programm auf mehrere Tage zu verteilen oder
"den Mut" zu haben, etwas ausfallen zu lassen.

Die von R. Schwan formulierte Behauptung, daß die Fülle des
Inhalts und des Programms insgesamt die individuelle und
rationale Auseinandersetzung mit dem Gesagten beeinträchtigt,
wird von diesem Umfrageergebnis bestätigt.[39]

Das andere Element, das von der obengenannten Prozentzahl
der Teilnehmer als störend und gefährlich empfunden wurde,

ist manipulierendes Verhalten verschiedener Mitarbeiter, indem sie "über eine große Wende", "über etwas Unerwartetes" sprachen oder "durch das tendierte Sprechen das erwartete Ergebnis vorgaben" (sic!).

Dabei störte sie eine gewisse Sentimentalität und Euphorie, für die sie keinen Grund sehen konnten.

Ein Kritikpunkt ist weiterhin der Gruppenzwang. Die wiederholte Rede vom "freien Angebot" erschien als unecht, weil man sich dem Eindruck nicht entziehen konnte, daß alle doch zu jedem Punkt des Programms unbedingt erscheinen sollen. Einige wenige äußerten sich kritisch zur Atmosphäre, die durch Singen rhythmischer Lieder und durch das übliche Erzählen der "Cursillowitze" entstand. 5% der Teilnehmer, die sich kritisch äußerten, befragen kritisch sich selbst, indem sie sich selbst eine bisher eigene falsche Einstellung in der Glaubenspraxis vorwerfen, aus der verschiedene Schwierigkeiten entstanden. Es sind Verschlossenheit, Aus-sich-nicht-herauskommen-können, Verkrampfungen, eigener Stolz oder innere Zerrissenheit erwähnt.

Einige Kritik galt dem Niveau der Vorträge und der Diskussionsführung bei der allgemeinen Abendaussprache.

5.3.4.7 Anschluß an die Gruppe

Die Frage nach dem Anschluß an eine Gruppe wurde im dritten Meßzeitpunkt gestellt. Aus den 130 Antworten ist zu entnehmen, daß 47,7% der Teilnehmer in der Zwischenzeit den Anschluß an eine Gruppe gefunden hatten. 43% antworteten mit "Nein" und 9,3% waren noch auf der Suche nach einer Gruppe. Durch diese Ergebnisse ist der Kern der Methode der Cursillobewegung in der Nacharbeit angetastet. Die Gemeinschaftserfahrungen beim Cursillo selbst haben als Ziel, die Wichtigkeit der Gemeinschaft im Glaubenlernen entdecken zu helfen. Der bei dem Kurs angefangene Prozeß kann nur weiter wachsen, wenn man sich einer Gruppe anschließt und mit ihr im lebendigen Austausch bleibt. Die Gruppe an sich ist heute sowohl

für die allgemeine Sozialisation als auch für das Glaubenlernen genug gewürdigt. W. Rück stellt ganz allgemein fest:
"Das Gespräch in der kleinen Gruppe, sofern dieses regelmäßig geführt wird, erweist sich besonders geeignet dafür, daß
Lernprozesse im Glauben in Gang kommen".[40] Zur Stellung der
Cursilloliteratur zur Gruppe kann man mit N. Schnorbach übereinstimmend feststellen: "Die Bildung sogenannter christlicher Freundschaftsgruppen wird in der Literatur der Cursillo-
Bewegung als zentrales Anliegen dargestellt. Häufig und mit
besonderem Nachdruck wird betont, das eigentliche Ziel eines
Cursillos liege nicht in den Erfahrungen während des dreitägigen Kurses, sondern in der Änderung der geistigen Einstellung und Lebensweise. Diese Änderung könne durch die Erfahrungen während des Kurses lediglich veranlaßt werden, zu
verwirklichen sei sie nach dem Cursillo".[41]

Aber wenn man die Praxis der Cursillobewegung betrachtet,
kann man mit J. G. Cascales kritisch fragen, ob man doch
nicht bei dem Cursillo selbst den drei Tagen zu viel Bedeutung zuschreibt, so daß die Betonung der Nacharbeit in den
Gruppen nicht gehört und verstanden wird.[42] Bei den weiteren
Überlegungen über die Rolle der Gruppe hat er sicherlich
recht, wenn er sagt, daß ohne Anschluß an eine Gruppe etwas
Wesentliches der Methodik der Cursillobewegung fehlt und
damit auch der Teilnehmer ebenso etwas Wesentliches verpaßt.
Ohne die Gruppe kehrt der Teilnehmer zu schnell in die ge-
fährliche Anonymität zurück, meint J. G. Cascales, und wiederholt die alte Formulierung von Tertulian "'Unus christianus,
nullus christianus' - ein Christ, der alleinbleiben will,
hört auf, Christ zu sein".[43] Hier läßt sich aber kritisch
sagen, daß man sich vor der Überbetonung der Gruppe, was zu
einer gefährlichen Abhängigkeit führen kann, hüten soll.

Man kann feststellen, daß 47,7% eine hohe Prozentzahl in bezug auf den Anschluß an eine Gruppe ist. Aber welche Bedeutung die Gruppe in den konkreten Fällen im weiteren Prozeß
einnehmen wird, läßt sich in dieser Arbeit wegen der relativ
kurzen Zeit zwischen den Meßzeitpunkten nicht sagen. Die
Fragen also, was die Gruppe für den einzelnen oder für das

Gemeindeleben konkret bedeutet, wie lange sie andauert und
welche Aktivitäten sie entwickelt, müssen unbeantwortet bleiben.
Einen Hinweis darauf, wie die Cursillo-Gruppen zusammenkommen und
wie sie in der Praxis aussehen, bekommt man aus den Untersuchungs-
ergebnissen von N. Schnorbach.[44] Er stellt beim Vergleich seiner
Ergebnisse mit den Empfehlungen der Cursilloliteratur fest, daß
es sich in der Regel um abgeschlossene Gruppen mit intensiven
Binnenkontakten handelt, äußere Kontakte mit den Außenstehenden
dagegen selten und Kontakte zu den Gemeindepfarrern oft problematisch seien.[45] Weil es bei der Cursillobewegung um die Erneuerung der Kirche insgesamt und des Gemeindelebens im besonderen
durch die Erneuerung der einzelnen geht, übernehmen wir die Ergebnisse aus der Arbeit von N. Schnorbach in bezug auf das Gemeindeleben und die Cursillogruppen. Er stellt fest, daß sehr
selten eine Cursillogruppe als solche in der Pfarrei tätig ist,
obwohl die in der Pfarrei Engagierten oft aus den Cursillogruppen kommen. Dies ist nicht ganz im Sinne der Cursillobewegung,
die das Engagement der Gruppe in den Gemeinden sehr betont. Es
gibt verschiedene Gründe, warum die Praxis so aussieht. 42% der
von N. Schnorbach Befragten führen es auf die Einstellungen der
Pfarrer zurück, indem sie ihr Verhältnis zur Cursillobewegung
als "gleichgültig", "neutral", "abwertend", "völlig desinter-
essiert", "skeptisch" oder "abweisend" beurteilen.[46] Also die
äußeren Gründe, wie die Struktur des Pfarrgemeindelebens einerseits[47], und keine Vertrautheit der Verantwortlichen in den
Gemeinden mit den Zielen der Cursillobewegung andererseits[48],
führen zu den Mißverständnissen in der Praxis.

Es wäre falsch am Platze, die Gründe dieser Mißverständnisse
allein bei den Kirchengemeinden und Pfarrern zu suchen, sondern
auch in den Cursillogruppen, die auch nicht immer genügend
Offenheit und Bereitschaft zeigen, sich in den Dienst der Gemeinde zu stellen.

Es wird z.B. davor gewarnt, daß man die Cursillogruppen als
Ersatz-Gemeinden versteht. Ersatz-Gemeinde heißt in einem sol-
chen Fall, daß sich die ganze Gruppe in Anonymität zurückzieht.
Diesen anonymen Gruppen kann man eine Bedeutung für das
Glaubenlernen nicht absprechen, aber durch solche Gruppen kommt

kaum das zentrale Anliegen der Cursillobewegung, das Leben
in den Gemeinden aktiv mitzugestalten und zu errneuern, zum
Ausdruck.[49]

5.3.4.8 Zeugnisse, Kritik und Vorschläge

Im folgenden sollen einige Zeugnisse und Kritikpunkte in
bezug auf den Kurs, wie sie beim dritten Meßzeitpunkt von
verschiedenen Versuchspersonen formuliert wurden, angeführt
werden.

Zeugnisse:

1. "Mit dem zeitlichen Abstand zum Kurs verlieren die negativen Erfahrungen (Zeitdruck, Themenumfang) zunehmend an
   Bedeutung zugunsten des positiven und bleibenden Gesamt-
   eindrucks. Aus der heutigen Sicht meine ich sogar, daß
   die "negativen" Punkte auch ein Stück zur Lebendigkeit des
   Kurses und zur intensiven Erfahrung der Gemeinschaft beige-
   tragen haben" (Beamtin).

2. "Beim Glaubenskurs im Jahr '79 habe ich dies erkannt und
   dieses halte ich für sehr wichtig!

   1. Die Gemeinschaft: zusammen beten, mit Gott sprechen,
   ihn um Gnade, Barmherzigkeit bitten und Gottes-Sohn danken, daß er für uns Sünder Mensch geworden ist, ...

   2. Dem Nächsten eigenes Ohr zu öffnen, sich ihm widmen,
   ihn, wie er ist, zu akzeptieren, ihn nicht schon vorher
   verurteilen, ... sondern sich dem Nächsten von Herzen
   öffnen, sich ihm mitteilen, ihm entgegenkommen, ein Bruder zu sein, ihm damit seelischen Kummer zu nehmen, ihn
   zu entlasten, ihm helfen, den Weg zur Gemeinschaft zurück-
   zufinden.

   3. Am letzten Tag, wo wir gemeinsam das heilige Meßopfer
   gefeiert haben, habe ich echt erkannt, woher ich meine
   Kraft zum Leben, für die Familie bekomme, vom Glauben an
   Gott und seine Hl. Kirche, ohne ihn wäre ich schon er-
   trunken, wie das Schiff im Sturm" (Masseur).

3. "Habe zwar bis jetzt noch an einem weiteren Cursillo-Kurs
   nicht teilgenommen. Die Art wie es gemacht und die Themen
   gut ausgewählt, hat mir zu denken gegeben, so daß das
   Glaubensleben schon vertieft werden kann daraufhin. Das
   Ausarbeiten und die Gedanken in einem Symbol darzubieten
   hat das Ganze eingeprägt. Denke gerne daran zurück und
   werde versuchen andere Mitmenschen dafür zu begeistern"
   (Wirtschaftsleiterin).

4. "Die Öffentlichkeit müßte über den Cursillo mehr aufge-
   klärt werden, denn nur wenige den inneren Wert eines
   Cursillo einzuschätzen wissen. Für mich ist es heute noch
   unfaßbar, welche innere Kraft ich durch die Teilnahme
   empfangen durfte... Ich kann nur sagen, daß ohne Gott so

ein Cursillo nicht möglich wäre ..." (Arbeiter, z.Zt. in Haft).

5. "Cursillo hat meine Glaubenseinstellung noch vertieft" (Student).

6. "Ein neuer Anfang zu einer lebendigen Gottesbeziehung" (Schülerin).

7. "Ich werde weiterhin am Ball bleiben und hoffe, eines Tages mehr über Gott zu verstehen und meine Ruhe und Zufriedenheit in ihm finden" (Arzt).

8. "Das Erlebnis der Ökumene ist sehr wichtig. Auf das gemeinsame Zentrum - Christus kommt es an" (Studentin, evangelisch).

Kritik:

1. "Er war für mich Theologie-Vorlesung-Moral" (Student).

2. "Exerzitien und Bibeltage haben für mich mehr Tiefgang" (z.Zt. Hausfrau).

3. "Zum Teil übertrieben und aus der realen Welt herausgerissen" (Schüler).

4. "Ich bin Pater, 35 Jahre alt. Ich mache beim Cursillo nicht weiter mit, weil ich den Eindruck habe, daß es für viele eine Abhängigkeit bewirkt und keine innere Befreiung. So wie ich den Cursillo erfahren habe, kann ich ihn nicht empfehlen!" (Priester).

Vorschläge:

1. "Es wäre gut, Familiencursillo zu halten" (Ehefrau).

2. "Nicht in solcher Hektik! Entweder die Teilnahme nur bis eventuell 60 Jahre zumuten, oder für die älteren Leute gesondert" (Rentner).

3. "Mehr Jugendcursillo brauchen wir" (Jugendliche und Ältere).

4. "Über längere Zeit, den gleichen Stoff" (Vorschlag von mehreren!).

5. "Mehr Bibel beim Kurs selbst" (Hausfrau).

Verunsicherungen:

5% der Versuchspersonen (N-130) schreiben, daß sie unsicherer geworden sind:

"Beim Ausfüllen dieses Fragebogens wurde mir bewußt, daß ich die beiden ersten doch recht dürftig und unbefriedigend ausgefüllt habe ..."(Hausfrau).

"Beim Durchsehen der verschiedenen Fragen fällt mir zu meinem Erschrecken auf, wie schwer es mir nun nach all den Wochen fällt, eindeutig und ehrlich zu antworten. Nach den ersten beinahe euphorischen Hochgefühlen im Anschluß an den Cursillo und vielen guten Bemühungen in allen Anforderungen

des Glaubens wurde ich nämlich von sehr starken Anfechtun-
gen heimgesucht, die mich auch heute zeitweilig sehr heftig
überfallen... Aber um auf die Fragen des Rundbriefes zurück-
zukommen: Immer helfen mir dabei Gebet und neuerdings auch
in besonderem Maße die Zusammenkünfte mit anderen Cursillo-
schwestern... Alle weiteren Möglichkeiten, wie Teilnahme am
Gebetskreis, Ultreya, Gruppenveranstaltungen sind in diesem
Sinne meines Erachtens unerläßlich, weil sonst alle gegebenen Impulse gar zu leicht wieder versickern können..."(Lehre-
rin)

5.4 Statistisches Verfahren

Das für die Durchführung und Auswertung der Rechenprozedur
notwendige statistische Grundwissen erarbeitete ich mir
hauptsächlich aus den Büchern von McCollogh u.a. (1974),
Clauss u.a. (1971), Wottawa (1977), Revenstorf (1974) und
Friedrichs (1973) und aus den Dissertationen von Buggle
(1965), Zimmermann (1971) und Mayer (1980).

Für unsere verschiedenen Fragestellungen empfahl es sich,
ein integriertes System von Computerprogrammen heranzuziehen.
Wir wählten das im Rechenzentrum, Hermann-Herder-Str. 10,
Freiburg i. Brsg., verfügbare System SPSS[50], das in zuneh-
mendem Maße zur Analyse sozialwissenschaftlicher Daten herangezogen wird.

5.4.1 Mittelwertvergleiche

Beim Mittelwertvergleich werden zwei oder mehr aus den Angaben von einer Anzahl von Personen (Objekten) gebildete Mittelwerte einer intervallskalierten Variablen (abhängige
Variable: AV) miteinander verglichen, und es wird geprüft, ob
diese sich in ihrer Höhe signifikant voneinander unterscheiden.[51]
Bei der Prüfung zweier Mittelwerte wird der T-Test, bei
mehr als zwei Mittelwerten die einfaktorielle[52] (und einfache) Varianzanalyse angewendet. Die Anzahl der Mittelwerte
wird durch die Anzahl der Stichproben der unabhängigen
Variablen (des "Faktors": UV) bestimmt. Wird jede Stichprobe auf andere Personen angewendet, die dann pro Stichprobe

jeweils eine Gruppe bilden, so liegt eine unabhängige
Messung vor. Werden die Stichproben hingegen auf die gleichen Personen einer einzigen Gruppe nacheinander appliziert,
so haben wir es mit der einfachen Form einer abhängigen
Messung oder korrelierten Stichprobe zu tun.[53]

5.4.1.1 Der vorliegende Fall und der konkrete Zweck der Mittelwertprüfung

In unserem Fall liegen für jede AV drei abhängige Stichproben vor, die durch die drei Stufen bzw. Meßzeitpunkte der
UV erzeugt wurden. Diese drei Meßzeitpunkte wurden auf
N=146 Personen angewendet. Die Mittelwertprüfung läßt Aussagen über Änderungen in der betreffenden AV zu, die durch
äußere Einflüsse zwischen den drei Terminen bewirkt wurden.

Als äußere Einflüsse sind der dreitägige Cursillokurs und
verschiedene hier nicht erfaßbare Faktoren, die in der
dreimonatigen Zeitspanne nach dem Kurs anzunehmen sind, zu
nennen. Ebenso spielen Fehlereinflüsse und steigende Vertrautheit mit den Fragen in dem Meßinstrument eine nicht
genau einzuschätzende Rolle.[54]

5.4.1.2 Modifikation der Ausgangsdaten

Als Folge der Anonymität bei der Fragebogenerhebung war es
nicht möglich, die einzelnen Personen der Gesamtstichprobe
mit ihren Ausgangswerten in die Mittelwertvergleiche eingehen zu lassen. Vielmehr wurden die 9 Untergruppen mit ihren
Durchschnittswerten als "Personen" verwendet.

Diese Untergruppen waren von unterschiedlicher Größe. Sie
wurden jedoch bei der Bildung der Gesamtmittelwerte nicht
entsprechend gewichtet. So entstanden minimale Abweichungen
gegenüber den exakten Mittelwerten, die sich unter Berücksichtigung der unterschiedlichen Gruppengrößen ergeben würden. Der Einfluß dieser Abweichungen auf die Signifikanzbe-
stimmungen erwies sich jedoch als völlig unerheblich.

Die Bildung der Mittelwerte für die einzelnen Untergruppen
und Termine erfolgte über das SPSS-Programm CROSTBASS. An-
schließend wurden die Mittelwerte per Hand in die für die
weitere Ausbildung erforderliche Reihenfolge angeordnet.

5.4.1.3 Verwendete Programme

Zur Prüfung der Mittelwertunterschiede über alle drei
Termine wurde das varianzanalytische Programm ANOVAR für
abhängige Stichproben verwendet.[55] Für die Abschätzung von
Änderungseffekten zwischen nur zwei Terminen - vor allem
dem ersten und dritten Termin - fand der T-Test für abhängige Stichproben des SPSS-Programmpaketes Anwendung.

5.4.2 Parametrische Voraussetzungen

Die verwendeten Mittelwerts-Prüfverfahren setzen als
"parametrische" (nicht verteilungsfreie)Verfahren einige
Annahmen über die Verteilung der AV voraus. Beispielsweise
wird beim T-Test die Normalverteilung der Differenzen der
Meßwerte der beiden Meßzeitpunkte angenommen.

Aus zwei Gründen verwenden wir die parametrischen Verfahren,
ohne zu prüfen, ob die parametrischen Forderungen erfüllt
sind.

Zum einen ist der Informationsverlust beim Verwenden von
verteilungsfreien Verfahren u.U. erheblich. Zum anderen
verlieren die meßtheoretischen Voraussetzungen (etwas die
obige Forderung nach Normalverteilung der Differenzen oder
die Forderung nach Intervallskalenniveau der AV) ihre Relevanz in der Praxis.   In der Praxis handelt es sich zumeist
um Beschreibung der Variablenbeziehungen und weniger um ver-
allgemeinernde Schlüsse auf die Gesamt-Population aller
ähnlichen Individuen. Dieser Vorrang des inhaltlichen vor
dem formal-theoretischen Aspekt gilt auch für das nachfolgend
geschilderte Verfahren der Faktorenanalyse.[56]

Dieses parametrische Verfahren setzt u.a. Intervallskalenniveau der Ausgangsvariablen und deren Normalverteilung
voraus.

Beide Annahmen sind bei den vorliegenden Daten nicht gegeben; wir haben es mit Ordinalskalenniveau (Likertskala)
und zumeist sehr stark schiefer Verteilung zu tun. Dennoch
wird die Faktorenanalyse angewendet. Es bleibt jedoch zu
beachten, daß die schief verteilten Variablen eine deutliche
Faktorenstruktur verhindern.

5.5 T-Test und Varianzanalyse-Tabelle

Der T-Test zeigt die Veränderungen jeweils zwischen zwei
Terminen. Die Veränderungen auf 1%-Niveau werden mit dem
doppelten Pfeil nach rechts und links ($\Longrightarrow$; $\Longleftarrow$) und die Veränderungen auf dem 5%-Niveau mit dem einfachen Pfeil nach
rechts und links ($\longrightarrow$; $\longleftarrow$) gekennzeichnet. Nach dem Vor-
verständnis des Autors zeigen die nach rechts weisenden
Pfeile ein Wachstum in der Zustimmung oder in der Ablehnung
einer Aussage und die nach links weisenden eine Abnahme in
der Zustimmung oder Ablehnung von einem zum anderen Meßzeitpunkt an.

Die Varianzanalyse zeigt die signifikanten Veränderungen
zwischen allen drei Meßzeitpunkten. Das Zeichen "xx" weist
auf eine Veränderung auf 1%-Niveau und das Zeichen "x" auf
eine Veränderung auf 5%-Niveau hin.

5.5.1 T-Test-Tabelle und Varianzanalyse

Tabelle 6:

Termine	T-Test			Varianz-analyse
	1-2	1-3	2-3	1-2-3
V1 GOTT SORGT SICH UM MEIN LEBEN/		→		
V2 GOTT GIBT SINN UND ERFUELLUNG/	→			x
V3 GOTT RETTET DURCH SOHN AUS LIEBE/		→		
V4 KANN MIT GOTT NICHTS ANFANGEN/		⇒		xx
V5 HABE VOR GOTT NUR ANGST/				
V6 JESUS IST EIN NAME OHNE BEDEUTUNG/			→	
V7 JESUS IST FREUND UND BRUDER/	⇒	⇒		xx
V8 JESUS IST DER LEBENDIGE HERR/	⇒	⇒		x
V9 JESUS VERPFLICHTET MICH DEN MENSCHEN/	⇒	→		x
V10 JESUS VERPFLICHTET MICH DER WELT/	→		←	x
V11 JESUS IST DER VOLLENDER DER WELT/	→		←	x
V12 JESUS IST NUR RICHTER AM ENDE/				
V13 HL GEIST IST NUR DRITTE PERSON/	→	⇒		x
V14 HL GEIST ERHAELT KIRCHE IN DER WAHRHEIT/	→	→		x
V15 HL GEIST LEITET MICH PERSOENLICH/	→	→	←	xx
V16 KIRCHE IST INSTITUTION/	→	→		
V17 KIRCHE SIND PAPST BISCHOEFE ETC/				
V18 KIRCHE IST LEIB CHRISTI/				
V19 KIRCHE WILL DAS GUTE IN DER WELT/			←	
V20 PFARREI IST KIRCHE IM KLEINEN/				
V21 ERWARTE HILFE VON PFARREI/	→			x
V22 UEBERNEHME VERANTWORTUNG IN PFARREI/				
V23 BIN CHRIST WEIL GETAUFT UND GEFIRMT/		→		
V24 BIN CHRIST WEGEN SONNTAGSMESSE/	⇒	⇒		xx
V25 BIN CHRIST WEGEN DER SAKRAMENTE/		→		x
V26 BIN CHRIST WEGEN KIRCHL:KINDERERZIEHUNG/		→	→	x
V27 BIN CHRIST WEIL ICH AN JESUS GLAUBE/	→			x
V28 ALS CHRIST VERANTWORTLICH FUER FRIEDEN/				
V29 ALS CHRIST VERANTWORTLICH FUER MISSION/				
V30 ALS CHRIST VERANTWORTL NUR FUER MICH/				
V31 ALS CHRIST VERPFLICHTET FUER DAS GUTE/				
V32 GLAUBE IST PRIVATSACHE/	→			
V33 GLAUBE HEUTE MOEGLICH FUER JEDEN/				

Termine	T-Test 1-2	1-3	2-3	Varianz-analyse 1-2-3
V34 GLAUBE NUR IN LEBENDIGER GEMEINSCHAFT/			←	
V35 GLAUBE IST GESCHENK GOTTES/				
V36 GLAUBE IST NOTWENDIGE LEBENSHILFE/				
V37 BETEN IST WAS FUER ALTE MENSCHEN/				
V38 BETEN NUR IN NOTLAGEN NOETIG/				
V39 BETEN IST EINE PFLICHT/				
V40 BETEN BESCHRAENKT AUF SONNTAGSMESSE/				
V41 BETEN IST KRAFTQUELLE FUER ALLTAG/	⟹	→		xx
V42 BIBEL UNBEKANNT DA NICHT GELESEN/				
V43 BIBEL WICHTIG ABER UNKLAR - KEINE ZEIT/				
V44 BIBEL SEHR WICHTIG - LESE OFT/		→		
V45 BIBEL UNERLAESSLICH FUER TAEGL BETEN/	⟹	⟹	⟹	xx
V46 AKTIVER EINSATZ FUER CHRISTSEIN/	→	·	←	x
V47 CHRISTSEIN - BEI MIR SELBST/				
V48 CHRISTSEIN - IN MEINER FAMILIE/	⟹			xx
V49 CHRISTSEIN - IN MEINER GEMEINDE/				
V50 CHRISTSEIN - AM ARBEITSPLATZ/	⟹			
F1 GLAUBENSKURS FUER MICH SEHR WICHTIG/	⟹		←	xx
F2 KURS IST FUER JEDEN EMPFEHLENSWERT/	⟹	→		xx

5.5.2 Erklärung der Tabelle - Auswertung

5.5.2.1 Vertrauen und Sicherheit vor Gott

Aus den Variablen 1-5, die sich auf Gott Vater beziehen, wird ersichtlich, daß Vertrauen auf Gott, indem man von ihm den Sinn und die Erfüllung des eigenen Lebens erwartet, signifikante Änderungen aufzeigt. Eine auf dem 1%-Niveau signifikante Änderung hat die V4 erfahren. Sie ist negativ formuliert, und die Antworten bei dem letzten Meßzeitpunkt haben sich auf starke Ablehnung konzentriert. Es hängt mit der signifikanten Änderung der Variablen 2 zusammen. Wenn man die Mittelwerte nach dem Geschlecht vergleicht, dann sieht man, daß bei allen 5 Variablen die Männer weniger Änderungen zeigen, indem sich das Wachstum im religiösen Sinne vom ersten zum zweiten Termin positiv zeigt, aber vom zweiten zum dritten wieder die umgekehrte Tendenz annimmt, dennoch bleibt der feststellbare Unterschied positiv.

Bei den Frauen aber kann man die positive Tendenz nicht nur vom 1. zum 2. Termin feststellen, sondern auch vom 2. zum 3. So läßt sich deswegen aussagen, daß bei diesen Variablen die Änderung bei den Frauen konstanter ist als bei den Männern.

Tabelle 7:
Als Beispiel bringen wir die Mittelwerte der V2 "Gott gibt Sinn und Erfüllung". (In Klammern die Zahl der Antworten).

Termin:	Männer	Frauen	Total
1.	1,53 (62)	1,65 (48)	1,58
2.	1,21 (67)	1,50 (48)	1,33
3.	1,38 (58)	1,37 (51)	1,38
Total	1,37	1,50	1,43

5.5.2.2 Jesus von Nazareth, Freund und Bruder

Die Variablen 6-12 und 27 enthalten verschiedene Aussagen
über Jesus. Aus dem Mittelwertvergleich im T-Test zeigt sich
besonders in den persönlichen Beziehungen zu Jesus eine starke Veränderung und daraus ein steigendes Bewußtsein der Verpflichtung aus dem Glauben an Jesus gegenüber den Menschen
und der Welt überhaupt. Wenn man die Variablen 7 "Jesus ist
Freund und Bruder" und 8 "Jesus ist der lebendige Herr" vergleicht in ihren Mittelwerten und ihrem Wachstum, dann merkt
man, daß die Versuchspersonen am Anfang viel mehr mit der
Variablen 8 anfangen können, die ihn "den Herrn" nennt und
so eine weniger persönliche Beziehung zu Jesus ausdrückt.
Dies merkt man zunächst aus den fehlenden Daten, die bei V8
weniger sind als bei 7 und, ebenso aus den Anfangsmittelwerten,
die bei der V8 positiver aussehen als bei 7.

Bei den Frauen läßt sich ein größeres Wachstum feststellen
als bei den Männern. Aus allem läßt sich vermuten, daß Jesus
als Mensch den Versuchspersonen näherkommt.

Die Mittelwertvergleiche für alle drei Termine, für die Männer
und Frauen bei beiden Variablen, kann man aus der folgenden
Darstellung ablesen:

Tabelle 8:

Für die Variable 7 "Jesus ist Freund und Bruder".

Termin	Männer	Frauen	Total
1.	1,80 (66)	2,00 (49)	1,89
2.	1,46 (68)	1,57 (49)	1,50
3.	1,60 (6o)	1,65 (54)	1,62
Total	1,62	1,74	1,67

Fehlende Daten = 67.

Tabelle 9:

Für die Variable 8 "Jesus ist der lebendige Herr"

Termin	Männer	Frauen	Total
1.	1,63 (67)	1,46 (57)	1,55
2.	1,26 (68)	1,33 (55)	1,29
3.	1,45 (62)	1,23 (56)	1,35
Total	1,45	1,34	1,40

Fehlende Daten = 48

Wenn diese Ergebnisse, in denen sich die Beziehungen zu
Jesus Christus ändern und er mehr in seiner menschlichen
Gestalt erscheint, für diese Gruppe, bei denen die Untersuchung erhoben worden ist, signifikant sind, dann ist dadurch
die Feststellung von F. X. Arnold auf eine Weise bestätigt
worden, indem er behauptet und beweist, daß sich durch die
ganze Geschichte der Christologie eine Tendenz der Verkürzung
der Menschheit Christi feststellen läßt, die durch die Betonung der Gottheit Christi, seines Herrseins, ersetzt werden
sollte.[57]

Die in dieser Untersuchung festgestellten Verschiebungen vom
"Herrn" zum "Freund und Bruder" können ein Hinweis sein auf die
noch heute feststellbaren Tendenzen der Schmälerung der einen
oder anderen Wirklichkeit der Person Jesu, die sich schon im
4. Jahrhundert bei den christologischen Konzilien (besonders
Nikaia und Chalcedon) gezeigt hatten. Öfter wurde jedoch
Jesus Christus ins rein Göttliche als ins rein Menschliche
verschoben. Hier versucht F. X. Arnold, den Einfluß und die
Spuren alttestamentlicher Tradition zu erkennen, indem dadurch
"der Blick des gläubigen Denkens für die wahre Menschheit ge-
trübt werden konnte".[58]

In dieser Änderung zu einer persönlicheren Beziehung zu Jesu,
der zunehmend mehr in der menschlichen Gestalt als Freund und
Bruder erscheint, kann man ein wichtiges Element der christlichen Umkehr finden. Es geht um die Betonung der Person Jesu,

die in der Mitte des Umkehrgeschehens als personifizierter
Impuls zur Umkehr steht.

Wenn damit auch das steigende Bewußtsein der Verpflichtung
gegenüber den Menschen und der Welt zusammenhängt, dann könnte das die Frucht der lebendigen und persönlichen Beziehungen zu Jesus Christus sein. Hier handelt es sich auch um die
Mitte der neutestamentlichen Umkehrpredigt, wo der Glaube an
Jesu Person das erste Zeichen der Umkehr und die erste Bedingung dafür ist, ins Reich Gottes eingehen zu können.

Es ist zu vermuten, daß mit dieser Verschiebung auch das
neue Verständnis der Sakramente, worüber weiter unten diskutiert wird, zusammenhängt. Von der Lebendigkeit des persönlichen Gottesverhältnisses hängt ab, wie "Hunger und Sehnsucht"
nach Gott den elenden Zustand der Sündhaftigkeit eröffnen
und wie intensiv die Sakramente in ihrer Vielfalt als persönliche Begegnungen mit Gott verstanden werden.[59] Es heißt
in den "Richtlinien" ganz betont, daß wir Christi Brüder sind,
weil er unser Bruder geworden ist.[60] "Das Erlebnis der Kirche
als mystischer Leib Christi, tragende Idee des Cursillo, gibt
dem Christen wieder die wahre Dimension eines persönlichen
Christus, der persönlichen Beziehungen mit ihm, der brüderlichen, zwischenmenschlichen Beziehungen, durch die er sich als
Mitglied in der Gemeinschaft und für die Gemeinschaft weiß."[61a]

Dieser theologische Grundgedanke konnte im Kurs, das ist den
Antworten zu entnehmen, den Teilnehmern vermittelt werden.

5.5.2.3 Persönliche Führung vom Heiligen Geist

Die Inhalte der Variablen 13-15 beziehen sich auf den Heiligen Geist. Der T-Test zeigt im wesentlichen auch hier eine
Änderung vom 1. zum 2. Termin. Bei der V15 "Hl. Geist leitet
mich persönlich" zeigt sich eine signifikante Änderung zwischen dem 1. und 2. Termin auf dem 1%-Niveau und zwischen dem
2. und 3. Termin vermindert sich die steigende Tendenz. Das
Wachstum zwischen 1. und 3. Termin beläuft sich insgesamt
signifikant auf dem 5%-Niveau. Hier zeigen sich keine besonde-

ren Unterschiede unter Gruppen, deswegen greifen wir als
Beispiel die Gruppe 7, die dem Mittelwert aller Gruppen in
dieser Variablen am nächsten steht, heraus.

Tabelle 10:

Termin	Mittelwerte	T-Zahl	Total
1.	1,67	15	1,65
2.	1,35	17	1,35
3.	1,50	14	1,50
Total	1,50		1,50

Über den Heiligen Geist gibt es keinen eigenen Vortrag beim
Cursillo, aber vor jedem Vortrag wird ein Gebet mit den
Teilnehmern zum Heiligen Geist gesprochen, und es werden
moderne Lieder, die über seine Wirkung berichten, gesun-
gen, und in "Meinem Programm" ist an erster Stelle bei dem
Gruppentreffen das Gebet zum Heiligen Geist vorgesehen.[61b]

In den "Richtlinien" für die Vorträge findet man bei der
Beschreibung der Wirkungen der Gnade besonders betont, daß
der Christ durch die Gnade Tempel des Heiligen Geistes wird,
der in ihm wohnt, er schenkt ihm Gaben und Charismen und
entwickelt sie (vgl. 1Kor 12f.). Besonders soll das Gruppentreffen im Heiligen Geist, in seiner Kraft und Führung
verlaufen.[62]

Aufgrund dieser Ergebnisse können wir die Aussage machen,
daß Cursillo seine Teilnehmer für die persönlichen Beziehungen zum Heiligen Geist motiviert, auch wenn er nicht
eigens Thema eines Vortrags ist. Damit ist ebenso eine
Dimension der christlichen Umkehr angesprochen, und zwar
die pneumatologische.

5.5.2.4 Die Kirche wird Gemeinschaft

In den Variablen 16-19 wird nach der Einstellung zur Kirche
gefragt. Hier weist V16 im T-Test eine Veränderung auf dem
5%-Niveau auf. Schon bei dem ersten Meßzeitpunkt ist die

Kirche als Institution abgelehnt worden, aber die Ablehnung
wächst in der Gesamtgruppe. Aus der Tabelle 11 ist zu
ersehen, wie die Einstellung in dieser Variablen bei den
Männern und den Frauen getrennt aussieht. Die Männer lehnen
von Anfang an Kirche als Institution stärker als die Frauen
ab und ihre Ablehnung wächst.

Tabelle 11:

Variable 16 "Kirche ist Institution"

Termin	Männer	Frauen	Total
1.	3,89 (57)	3,80 (41)	3,86
2.	3,95 (59)	4,24 (33)	4,05
3.	4,02 (54)	3,98 (42)	4,00
Total	3,97	3,99	3,97

Diese Variable korreliert mit der V17, in der die Kirche
von ihrem hierarchischen Aufbau definiert wird.

Im Anliegen der Cursillobewegung steht es, in den Gläubigen
das Bewußtsein zu wecken, daß sie selbst "die Kirche" sind,
die hierarchisch geordnet ist. In den "Richtlinien" stellt
man die Kirche nach der Definition von M. Schmaus dar: "Sie
ist: Volk Gottes, Leib Christi, hierarchisch geordnet, für
das Reich Gottes, für das Heil aller Menschen".[63] Es wird
aber betont, daß "unter allen doch eine wahre Gleichheit in
der allen Gläubigen gemeinsamen Würde und Tätigkeit zum
Aufbau des Leibes Christi" waltet (Lg 32) und daß sie weder
monarchisch noch demokratisch, sondern eucharistisch sei.[64]

J. Cascales sagt dazu: "Der Cursillo hat vor, daß die Christen, die die Institution der Kirche bilden, echt Kirche
werden: ontologisch durch die Bekehrung, bewußt durch den
Glauben und dynamisch durch das Zeugnis".[65] Und N. Schnorbach zeigt in seiner Untersuchung, daß die Mitarbeiter des
Cursillo keines von den institutionellen Elementen der
katholischen Kirche ablehnen (z.B. hierarchische Ordnung
der Dienste und Ämter, Primat des römischen Bischofs,

Unterscheidung des Volkes Gottes nach Klerikern und Laien
u.a.m.), aber Ablehnung einer institutionalisierten Mitverantwortung zeigen und persönlichen Einsatz und Eigenini-
tiative hervorheben.[66]

Daraus kann die Folgerung gezogen werden, daß durch die
Cursillo-Arbeit ein Bild der Kirche vermittelt wird, das
im Rahmen des Hierarchischen bleibt, aber zugleich für das
Gemeinschaftselement und die Eigenveranwortung das Bewußtsein weckt.

5.5.2.5 Gemeinschaft in der Gemeinde

Die Variablen 20-22 beziehen sich auf die Einstellung zur
Pfarrei. Das hierarchische Bild von der Pfarrei (V2o) wird
von Termin zu Termin mehr abgelehnt und gleichzeitig steigt
die Bereitschaft, in der Pfarrei eine Verantwortung zu übernehmen. Eine signifikante Änderung auf dem 5%-Niveau hat
die V21 erfahren. Dabei geht es um die Beziehungen zur
Pfarrei als Gemeinschaft, von der man eine Hilfe erwartet.
Den Ergebnissen nach sind die Teilnehmer stark bereit,
eine Verantwortung zu übernehmen (V22). Bei der V22 zeigen
die Männer eine steigende Tendenz zur Übernahme einer Verantwortung, eine sinkende in der Erwartung der Hilfe.

In den folgenden Tabellen kann man vergleichend die
Mittelwerte ablesen:

Tabelle 12:

Variable 21 "Erwarte Hilfe von Pfarrei"

Termin	Männer	Frauen	Total
1.	1,86 (58)	2,14 (43)	2,08
2.	1,57 (65)	1,82 (45)	1,67
3.	2,00 (57)	1,96 (50)	1,98
Total	1,80	1,97	1,87

Tabelle 13:

Variable 22 "Übernehme Verantwortung in Pfarrei"

Termin	Männer	Frauen	Total
1.	1,43 (69)	1,49 (55)	1,46·
2.	1,39 (71)	1,32 (50)	1,36
3.	1,33 (60)	1,45 (56)	1,39
Total	1,39	1,42	1,40

Aus diesen Unterschieden zwischen den Erwartungen, die an
die Pfarrei gestellt werden, und der Bereitschaft, eine
Verantwortung zu übernehmen, kann man einerseits eine Tendenz des Verschließens in den kleinen Gruppen vermuten, in
denen die Mitglieder untereinander die nötigen Hilfen bekommen und so Erwartungen an die Pfarrei weniger werden; andererseits kann man vermuten, daß in den Gruppen die Bereitschaft,
in den Pfarreien die Aktivitäten zu übernehmen, wächst.

5.5.2.6 Christwerdung durch die Sakramente

Die Aussagen in den Variablen 23-26 beziehen sich auf das
Bewußtsein und die Beziehungen zu den Sakramenten. Die
Mittelwerte dieser Aussagen aus dem ersten Termin zeigen
eine ablehnende Haltung, daß man nicht Christ ist durch die
Sakramente Taufe und Firmung und die Sonntagsmesse. Das
Wachstum der Mittelwerte vom 1. bis zum 3. Termin deutet
auf die steigende Bedeutung der Sakramente im Bewußtsein
der Teilnehmer hin. Eine signifikante Änderung auf dem
1%-Niveau zeigt die V24, bei der es um die Messe (Eucharistie) geht. Das Erlebnis der Gemeinschaft in der Eucharistie
und durch sie ist bei Cursillo betont und dieses Erlebnis
hat sich in unserer Untersuchung bestätigt.

Tabelle 14:

Variable 24 "Bin Christ wegen Sonntagsmesse"

Termin	Männer	Frauen	Total
1.	3,00 (56)	3,10 (42)	3,04
2.	2,63 (60)	2,70 (43)	2,66
3.	2,29 (52)	2,73 (49)	2,50
Total	2,65	2,84	2,73

Die Eucharistie ist in den "Richtlinien" als Geschenk und
Geheimnis dargestellt. Ihre Funktion besteht besonders
in der Umwandlung des christlichen Lebens. "Es ist Sakrament unserer Umwandlung in Christus durch Liebe."[67]
Cursillo versteht sich von der Taufe und Firmung her und
"will 'die geistige Taufe der getauften Christen sein'".[68]
Zu diesem Ergebnis in bezug auf die Sakramente kann man sagen, - daß Cursillo die Notwendigkeit der Sakramente bewußt
macht. Hiermit ist auch ein Element der christlichen Umkehr
angesprochen. Es geht um ihre Kirchlichkeit und Angewiesen-
sein im Glaubenlernen auf die Sakramente.

5.5.2.7 Verantwortung gegenüber der Welt

Nach dem T-Test und der Varianzanalyse zeigen die Variablen,
die die Verantwortung z.B. für den Frieden in der Welt oder
die Verpflichtung zum Einsatz für das Gute in der Welt
(VV28-31) beinhalten, keine signifikante Veränderung.
Es entsteht die Frage, worauf das zurückzuführen ist. In
der Cursillo-Literatur wird nicht viel von sozialem Engagement geschrieben. In den "Richtlinien" wird z.B. im
Zusammenhang mit der Gnade die Soziallehre erwähnt. "Die
christliche Lehre der Gnade ist die beste Soziallehre.
Die Christen schulden der Gesellschaft das Zeugnis einer
vollendeten Soziologie."[69]

Wenn über das Verhältnis Christen und Welt in den "Richtlinien" gesprochen wird, dann wird die Welt mehr vom religiösen Standpunkt her analysiert als z.B. vom sozialen.
So heißt es: "Christus will, daß die ganze Welt belehrt
wird, daß sie glaubt und daß sie getauft wird".[70] Zusammenfassend über die Welt wird dort gesagt, daß in der Welt viele Möglichkeiten zur Lösung der Probleme bestehen, aber daß
ihr doch die richtige Lösung "ihrer tiefsten Probleme:
Christus" fehle.[71]

Wenn aber über die Aufgabe der Christen gesprochen wird,
die sie gegenüber der Welt haben, dann heißt es:"Die Welt
wartet darauf, daß wir ihr bringen: Liebe ohne Lüge; die
Freude selbst, nicht Ersatz der Freude, und innere Freiheit,
nicht Hemmungslosigkeit. Das bedeutet, daß wir ihr bringen
müssen: Gott, Christus und die Botschaft Christi in der
Kirche".[72a]

Weitere Hinweise, die in den "Richtlinien" zu finden sind,
bestätigen, daß hier die Antwort für die obengestellte
Frage zu suchen ist. N. Schnorbach kommt zu einer ähnlichen
Aussage. Die primären Aufgaben des Christen, der Gemeinde,
der Kirche sind, "den Glauben zu verkünden, das Gebetsleben
und die religiöse Vertiefung zu pflegen", und die soziale
Aufgabe steht zwar im Zusammenhang mit dieser primären
Aufgabe, jedoch deutlich sekundär.[72b] Er findet zwar bei seiner
Untersuchung keine Ablehnung der sozialen Aufgabe, aber
"daß sich bei einigen wenigen Befragten solche Antworten
häufen, die ein Desinteresse an sozialen Aufgaben erkennen
lassen" ist signifikant, zumal in den anderen Antworten
zum Ausdruck kommt, "daß ihre Interessen an der Cursillo-
Gruppe und am Gemeindeleben wesentlich in den Bereichen der
Seelenführung, der Vertiefung, des Gebetes und der spirituellen Bereicherung liegen".[73]

All das macht deutlich, daß die Cursillobewegung mehr eine
spirituelle Bewegung ist, die die innerkirchliche Erneuerung anstrebt als eine für die Entwicklung sozialer Tätigkeiten bei den Christen.

5.5.2.8 Glaube - über den privaten Bereich hinaus

Die Variablen 32-36 enthalten verschiedene Aussagen über den
Glauben, und zwar der Glaube als Privatsache, die Möglichkeit
des Glaubens, seine Notwendigkeit für die Bewältigung des
Lebens, Glaube und Gemeinschaft und Glaube als Geschenk Gottes.
Der T-Test zeigt bei der V32 eine Änderung von 5%-Niveau vom
1. zum 2. Termin, wo die Privatheit des Glaubens abgelehnt
wird, und mit der Zeit steigt die Ablehnung. Bei Männern und
Frauen ist die gleiche Tendenz festzustellen. Wir bringen hier
die Mittelwerte dieser Variable von allen drei Meßzeitpunkten
für Männer und Frauen getrennt.

Tabelle 15:

Variable 32 "Glaube ist Privatsache"

Termin	Männer	Frauen	Total
1.	3,75 (52)	4,00 (38)	3,86
2.	4,25 (57)	4,21 (39)	4,23
3.	4,30 (50)	4,26 (46)	4,28
Total	4,10	4,20	4,22

Es ist anzunehmen, daß diese Einstellungsunterschiede mit der
Betonung des Zeugnisgebens vom eigenen Glauben zusammenhängen.
Den Ergebnissen der V34 nach, wo Glaube in Verbindung mit der
Gemeinschaft gebracht wird, zeigt sich eine sinkende Tendenz
vom 2. zum 3. Termin. Wenn man die Ergebnisse nach dem Geschlecht vergleicht, dann zeigen die Frauen eine stärkere
Ablehnung. Hier bringen wir aber den Vergleich der Mittelwerte
nach dem Alter, weil sich ein deutlicher Unterschied zwischen
den Altersgruppen feststellen läßt.

Tabelle 16:

Termin	Altersphasen				
	18-30	31-41	42-56	57-68	69-80
1.	2,08 (36)	1,65 (26)	2,00 (26)	2,20 (5)	1,40 (5)
2.	1,76 (37)	1,72 (29)	2,21 (28)	1,36 (11)	1,40 (5)
3.	2,14 (25)	1,75 (28)	2,25 (28)	1,62 (13)	1,50 (4)
Total	1,99	1,71	2,16	1,62	1,43

Bei den Altersphasen, wie man aus den angegebenen Mittelwerten
sehen kann, verschiebt sich der Mittelwert des 3. Termins und
wächst in Richtung der Ablehnung außer bei der 4. Altersphase,
weil hier doch der 3. Mittelwert zur Zustimmung tendiert. Bei
der 2. und 3. Altersphase merkt man ständiges Wachstum der
Ablehnung, wobei vom 1. zum 2. Termin die Tendenz zur Zustimmung bemerkbar wird.

Diese sinkende Tendenz hängt vermutlich mit den Gemeinschaftserfahrungen während des Kurses, die sich in den darauffolgenden Monaten nicht wiederholt haben, zusammen. Es ist anzunehmen, daß gerade die ersten Erfahrungen in der Gruppe entscheidend für die weitere Bedeutung der Gruppe für das Glaubenlernen waren. Hier stellt sich die Frage nach dem Zusammenhang
zwischen den Erfahrungen beim Kurs selbst und denen, die
nach dem Kurs gemacht werden. Steht nicht hinter der sinken-
den Tendenz eine Enttäuschung oder Resignation, die daher die
Betonung der affektiven Dimension beim Glaubenlernen, wie es
bei den Kursen ist, in Frage stellen läßt? Oder haben hier
diejenigen das Ergebnis beeinflußt, die ohne den Anschluß an
die Gruppe geblieben sind? Von der Fragestellung im Fragebogen her sind diese Fragen nicht zu beantworten. Daher ist
hier eine Kritik des Fragebogens am Platz. Es wäre aufschlußreicher gewesen, wenn man auch an dieser Stelle nach den Gründen für die Zustimmung oder Ablehnung gefragt hätte. Aus den
gleichen Gründen ist es nicht möglich, eine Frage zu beantworten, worauf es zurückzuführen sei, daß die 4.Altersphase als einzige eine positive Tendenz zeigt.

Wenn man ihre Mittelwerte und eine Zahl der Antworten vergleicht, dann sieht man, daß die am Anfang am weitesten in
der Ablehnung gestanden haben. Im zweiten Meßzeitpunkt melde-
ten sich zustimmend mehrere Personen und beeinflußten den
Mittelwert. Beim dritten Meßzeitpunkt antworteten noch 2 Personen mehr. Die steigende Zustimmung ist auch beim dritten
Meßzeitpunkt festzustellen.

5.5.2.9 Beten als Kraftquelle

In den Variablen 37-41 ist nach der Einstellung zum Beten gefragt. Der Autor war daher veranlaßt, die Fragen so zu formulieren, da man bei der Abschlußfeier öfter hören kann, daß durch den Kurs ein neuer Zugang zum Beten gewonnen wurde, was früher als unangenehme Pflicht, Angelegenheit für alte Menschen usw. verstanden worden ist. Es wird aber betont, daß der neue Zugang in Richtung von persönlicherem Gebet geht, daß Beten zu einer Kraft wird, ohne die man das Leben nicht bewältigen kann.

Nach dem T-Test und der Varianzanalyse hat die Variable "Beten ist Kraftquelle für den Alltag" eine signifikante Änderung von 1%-Niveau erfahren.

Hier bringen wir eine Tabelle mit der Häufigkeitszählung und dem Vergleich aller drei Termine. Obwohl die ganze Gruppe dem Beten gegenüber positiv eingestellt war, zeigen sich Unterschiede.

Tabelle 17:

Variable 41 "Beten ist Kraftquelle für Alltag"

	Termine			
	1	2	3	Total
Starke Zustimmung	96	109	98	303
Schwache Zustimmung	30	18	23	71
Unentschieden	5	1	1	7
Schwache Ablehnung	1	1	1	3
Starke Ablehnung	1	0	0	1
Total	133	129	123	386

Im Kurs kommt dem Beten ein sehr großes Gewicht zu.

In den "Richtlinien" sind gesprochenes Gebet (bekannte Formeln und freies Beten) und betrachtendes Gebet (Betrachtung, betrachtendes Lesen der Bibel und Meditation) erwähnt. Dabei ist ein besonderer Akzent auf die Rolle des Gebetes gelegt, wo das Gebet tragendes Element für den Geist ist, wobei der lebendige Geist die Bedingung ist, um intensiv beten zu können.[74]

Wenn wir frühere Ergebnisse hinzuziehen, daß V7 "Jesus ist Freund und Bruder" und V15 "Der Heilige Geist leitet mich persönlich" signifikante Änderungen erfahren haben, können wir zwischen diesen Variablen Beziehungen herstellen und feststellen, daß sich die Ergebnisse der V7 und V15 hier bestätigen, da diese als eine wichtige Voraussetzung für eine intensivierte Gebetspraxis gelten dürfen.

5.5.2.10 Bibel und Beten

Bei den Aussagen, in denen die Einstellung zur Bibel angesprochen wird (Variablen 42-45), sieht man die signifikante Änderung auf dem 1%-Niveau bei der V45, an der deutlich wird, daß die Bibel für das tägliche Gebet als unerläßlich angesehen wird. Wenn durch den Kurs die persönlichen Beziehungen zu Jesus Christus und zum Heiligen Geist wachsen und das Gebet als Kraftquelle erfahren werden, sind auch persönlichere Beziehungen zur Heiligen Schrift als dem Lebendigen Wort Gottes anzunehmen.

Bei diesen Variablen ist die Quote der fehlenden Daten, besonders beim ersten Termin, im Vergleich zu den anderen Variablen viel größer. Aus den Erfahrungen während dieser Verarbeitung der Daten kann man sagen, daß dort viele fehlende Daten vorhanden sind, wo die Versuchspersonen mit einer Aussage nicht viel anfangen können. Da sie aber für sich allein schriftlich antworten, lassen sie die Antwort aus. Daraus entsteht beim Autor eine Vermutung, daß die Versuchspersonen dieser Untersuchung mit der Schrift im Sinne der Aussage nicht gearbeitet haben. Daraus aber entsteht eine weitere Frage an die Praxis besonders der theologischen Erwachsenenbildung, wie sehr sie bemüht ist und Wege gefunden hat, die Erwachsenen zu einem lebendigen Umgang mit der Schrift anzuleiten.

Aus der Größe der Anfangsmittelwerte sieht man die erste
Einstellung, die bei allen insgesamt eine Änderung im positiven Sinne zeigt. Damit ist ein Impuls gegeben, mit einem geweckten Interesse in den Gruppen weiterzuarbeiten. Hier kommt
es aber darauf an, ob die Gruppen dafür genügend befähigt sind,
diese geweckten Interessen aufzufangen. In dieser Hinsicht
sollte Aufmerksamkeit der Verantwortlichen in der Cursillobewegung gelenkt werden.

Hier bringen wir die Tabelle mit den Mittelwerten nach den
Altersphasen, und zwar die ersten drei, weil sie für dieses
Ergebnis signifikant sind.

Tabelle 18:

Variable 45 "Bibel unerläßlich für das tägliche Beten"

Termin	Altersphasen		
	18-30	31-41	42-56
1.	2,94 (35)	2,87 (23)	2,75 (24)
2.	1,92 (36)	2,07 (30)	2,26 (23)
3.	2,26 (34)	2,72 (29)	2,22 (27)
Total	2,37 (105)	2,52 (82)	2,41 (74)

5.5.2.11 Christsein in eigener Umgebung

Wenn wir feststellen konnten, daß die Verantwortung gegenüber
der Welt (besonders im sozialen Bereich) keine Änderungen
zeigte, und dann, daß der Glaube über den streng privaten
Bereich doch hinausgeht, entsteht die Frage, worauf sich die
Aufgabe oder besser die Verantwortung, die aus dem Christsein
entsteht, konzentriert. Auf diese Anfrage bekommen wir die
Antwort in den Ergebnissen der Variablen 46-50. Die beim 5%-
Niveau signifikante Änderung der Varbiable 46 "Aktiver Einsatz

für das Christsein" zeigt eine steigende Bereitschaft, sich
für das Christsein einzusetzen.

Die V48 hat eine Änderung auf 1%-Niveau erfahren, bei der es
um den Einsatz in der eigenen Familie geht. Zeigt dies ein von
neuem gewonnenes Vertrauen, zu Hause das eigene Christsein
leben zu können, in der eigenen Familie und vielleicht auch
eine neugewonnene Einsicht in die Verantwortung für den Glauben der Familie an, so bekommen wir die Antwort auf die Frage,
die wir oben gestellt haben.

Wenn man die Ergebnisse der V48 mit denen von V47, V49 und V50
vergleicht, dann sieht man, daß die Versuchspersonen gerade
in dieser Frage am meisten Vertrauen und Mut bekommen haben,
etwas zu machen.

Hier bringen wir den Altersphasen nach die Mittelwerte, um sie
in drei Terminen zu vergleichen:

Tabelle 20

Variable 48 "Christsein - in meiner Familie"

Termine	Altersphase				
	18-30	31-41	42-56	57-68	69-80
1.	1,46 (39)	1,61 (31)	1,32 (28)	1,30 (10)	1,17 (6)
2.	1,24 (38)	1,21 (33)	1,19 (31)	1,18 (11)	1,00 (4)
3.	1,31 (35)	1,29 (31)	1,27 (30)	1,40 (10)	1,17 (6)
Total	1,34	1,37	1,26	1,29	1,12

Diese Ergebnisse geben einen Hinweis, daß auch die Glaubenspraxis in den Familien durch den Cursillo neue Impulse bekommt.
Darin dürfte man besonders eine Chance der Erneuerung sehen.

Nach der Diskussion der Ergebnisse durch den T-Test und die
Varianzanalyse hoffen wir, eine Einsicht gewonnen zu haben in
das, was in der Zeitspanne von drei Monaten geschehen ist.
Bevor wir aber einige zusammenfassende Hinweise und kritische
Bemerkungen über die Praxis herausgeben, beschäftigen wir uns
noch mit der Faktorenanalyse.

5.5.3 Faktorenanalyse

"Das Hauptziel der Faktorenanalyse ist die Ableitung hypothe-
tischer Größen oder Faktoren aus einer Menge beobachteter
Variablen. Die Faktoren sollen möglichst einfach sein und
die Beobachtung hinreichend genau beschreiben und erklären."[75]

Durch die übliche Reduktion der Variablenmenge auf eine klei-
nere Anzahl von Faktoren wird eine real vorhandene oder nur
formal gebildete interne Struktur hinter den Ausgangsvariablen gefunden. "Die Faktorenanalyse ist also eine ordnende
und hypothesenbildende Methode."[76]

Die verschiedenen Modelle der Faktorenanalyse gehen jeweils
von der Korrelationsmatrix der Variablen aus. Bei dem momen-
tan gängigsten, auch hier verwandten, Verfahren wird, ausgehend von der Korrelationsmatrix mit Einsen in der Diagonalen,
über die Hauptkomponentenanalyse die Zahl der zu extrahie-
renden Faktoren bestimmt.[77]

Wir verwenden dazu den "Scree-Test"[78] in der Form, daß die
Anzahl von Faktoren nach einem größeren Eigenwert-Sprung
ausgewählt wird.[79]

Für alle drei Termine wurde versucht, die Faktorenlösung mit
gleicher Faktorenanzahl zu bestimmen.

Der Scree-Test als formales Mittel zur Lösung des Faktoren-
anzahlproblems läßt nur für die 2Faktorenlösung eine Stabili-
tät über alle drei Termine erkennen.

Eine weitere Lösung mit mehr Faktoren lag für den 1. Termin
bei 5, für den 2. bei 6 und für den 3. Termin bei 7 Faktoren.
Die nächste Lösung lag entsprechend bei 8 und 9 Faktoren.

Um eine Vergleichbarkeit der Faktorenlösungen zu ermöglichen,
beschränkten wir uns auf die 2, 5 und 9 Faktorenlösung für
alle drei Termine, wobei die beiden letzten Lösungen fast
ausschließlich inhaltlich bestimmt waren, da für sie formal
nur wenig Rechtfertigung bestand.

Diese verbleibende Anzahl von Faktoren wird aus der Korrelationsmatrix mit geänderten Diagonalen (SMC) nach der Haupt-

methode extrahiert und zur besseren Interpretierbarkeit der Faktoren senkrecht varimax-rotiert.[80] Die so gewonnene Faktorenmatrix, die die Korrelationen der Variablen mit dem jeweiligen Faktor enthält, wird dann, mit der größten Ladung beginnend, interpretiert.

5.5.3.1 Die 9 Faktorenlösung

1. Meßzeitpunkt:

Eigenwert (λ) = 4,84460

FAKTOR 1:

```
87 xxxxx V49 CHRISTSEIN - IN MEINER GEMEINDE
80 xxxxx V46 AKTIVER EINSATZ FUER CHRISTSEIN
73 xxxxx V50 CHRISTSEIN- AM ARBEITSPLATZ
60 xxxx  V2  GOTT GIBT SINN UND ERFUELLUNG
59 xxx   V1  GOTT SORGT SICH UM MEIN LEBEN
51 xxx   V22 UEBERNEHME VERANTWORTUNG IN PFARREI
44 xx    V15 HL GEIST LEITET MICH PERSOENLICH
42 xx    V45 BIBEL UNERLAESSLICH FUER TAEGL BETEN
```

λ = 4,31179

FAKTOR 2:

```
91 xxxxx V25 BIN CHRIST WEGEN DER SAKRAMENTE
85 xxxxx V23 BIN CHRIST WEIL GETAUFT UND GEFIRMT
79 xxxxx V24 BIN CHRIST WEGEN SONNTAGSMESSE
76 xxxxx V26 BIN CHRIST WEGEN KIRCHL KINDERERZIEHUNG
```

λ = 3,91488

FAKTOR 3:

```
73 xxxxx V19 KIRCHE WILL DAS GUTE IN DER WELT
71 xxxxx V11 JESUS IST DER VOLLENDER DER WELT
65 xxxx  V9  JESUS VERPFLICHTET MICH DEN MENSCHEN
60 xxx   V14 HL GEIST ERHAELT KIRCHE IN DER WAHRHEIT
57 xxx   V36 GLAUBE IST NOTWENDIGE LEBENSHILFE
48 xx    V15 HL GEIST LEITET MICH PERSOENLICH
48 xx    V33 GLAUBE HEUTE MOEGLICH FUER JEDEN
42 xx    V10 JESUS VERPFLICHTET MICH DER WELT
```

$\lambda = 3.45611$

FAKTOR 4:

```
68 xxxx  V47 CHRISTSEIN - BEI MIR SELBST
55 xxx   V41 BETEN IST KRAFTQUELLE FUER ALLTAG
52 xxx   V8  JESUS IST DER LEBENDIGE HERR
-51 xxx  V6  JESUS IST EIN NAME OHNE BEDEUTUNG :
43 xx    V27 BIN CHRIST WEIL ICH AN JESUS GLAUBE
42 xx    V35 GLAUBE IST GESCHENK GOTTES
42 xx    V48 CHRISTSEIN IN MEINER FAMILIE
-42 xx   V4  KANN MIT GOTT NICHTS ANFANGEN :
```

$\lambda = 3.07021$

FAKTOR 5:

```
79 xxxxx V44 BIBEL SEHR WICHTIG - LESE OFT
-68 xxxx V43 BIBEL WICHTIG ABER UNKLAR - KEINE ZEIT :
61 xxxx  V45 BIBEL UNERLAESSLICH FUER TAEGL BETEN
-53 xxx  V16 KIRCHE IST INSTITUTION :
-51 xxx  V17 KIRCHE SIND PAPST BISCHOEFE ETC :
```

$\lambda = 2.60889$

FAKTOR 6:

```
74 xxxxx V30 ALS CHRIST VERANTWORTL NUR FUER MICH
61 xxxx  V20 PFARREI IST KIRCHE IM KLEINEN
55 xxx   V4  KANN MIT GOTT NICHTS ANFANGEN
43 xx    V5  HABE VOR GOTT NUR ANGST
```

$\lambda = 2.49970$

FAKTOR 7:

```
66 xxxx  V32 GLAUBE IST PRIVATSACHE
66 xxxx  V38 BETEN NUR IN NOTLAGEN NOETIG
53 xxx   V37 BETEN IST WAS FUER ALTE MENSCHEN
-47 xx   V10 JESUS VERPFLICHTET MICH DER WELT :
-40 xx   V8  JESUS IST DER LEBENDIGE HERR :
```

$\lambda = 1.94045$

FAKTOR 8:

```
69 xxxx  V34 GLAUBE NUR IN LEBENDIGER GEMEINSCHAFT
62 xxxx  V29 ALS CHRIST VERANTWORTLICH FUER MISSION
```

λ = 1.78344

FAKTOR 9:

```
62 xxxx   V31 ALS CHRIST VERPFLICHTET FUER DAS GUTE
54 xxx    V21 ERWARTE HILFE VON PFARREI
```

2. Meßzeitpunkt:

Eigenwert (λ) = 4.21816

FAKTOR 1:

```
 73 xxxxx  V7  JESUS IST FREUND UND BRUDER
-63 xxxx   V6  JESUS IST EIN NAME OHNE BEDEUTUNG :
 63 xxxx   V27 BIN CHRIST WEIL ICH AN JESUS GLAUBE
-60 xxxx   V4  KANN MIT GOTT NICHTS ANFANGEN :
 60 xxx    V2  GOTT GIBT SINN UND ERFUELLUNG
 57 xxx    V18 KIRCHE IST LEIB CHRISTI
 54 xxx    V8  JESUS IST DER LEBENDIGE HERR
```

λ = 3.83914

FAKTOR 2:

```
 83 xxxxx  V44 BIBEL SEHR WICHTIG - LESE OFT
 70 xxxx   V45 BIBEL UNERLAESSLICH FUER TAEGL BETEN
-66 xxxx   V42 BIBEL UNBEKANNT DA NICHT GELESEN :
-63 xxxx   V43 BIBEL WICHTIG ABER UNKLAR - KEINE ZEIT :
 52 xxx    V22 UEBERNEHME VERANTWORTUNG IN PFARREI
 48 xx     V29 ALS  CHRIST VERANTWORTLICH FUER MISSION
 47 xx     V8  JESUS IST DER LEBENDIGE HERR
-43 xx     V13 HL GEIST IST NUR DRITTE PERSON :
 43 xx     V15 HL GEIST LEITET MICH PERSOENLICH
 42 xx     V41 BETEN IST KRAFTQUELLE FUER ALLTAG
```

λ = 3.58433

FAKTOR 3:

```
 73 xxxxx  V38 BETEN NUR IN NOTLAGEN NOETIG
 73 xxxxx  V40 BETEN BESCHRAENKT AUF SONNTAGSMESSE
 60 xxx    V37 BETEN IST WAS FUER ALTE MENSCHEN
 53 xxx    V30 ALS CHRIST VERANTWORTL NUR FUER MICH
 49 xx     V32 GLAUBE IST PRIVATSACHE
 40 xx     V26 BIN CHRIST WEGEN KIRCHL KINDERERZIEHUNG
```

λ = 3.38818

FAKTOR 4:

```
64 xxxx  V23 BIN CHRIST WEIL GETAUFT UND GEFIRMT
64 xxxx  V25 BIN CHRIST WEGEN DER SAKRAMENTE
60 xxx   V36 GLAUBE IST NOTWENDIGE LEBENSHILFE
59 xxx   V14 HL GEIST ERHAELT KIRCHE IN DER WAHRHEIT
50 xx    V24 BIN CHRIST WEGEN SONNTAGSMESSE
50 xx    V26 BIN CHRIST WEGEN KIRCHL KINDERERZIEHUNG
49 xx    V29 ALS CHRIST VERANTWORTLICH FUER MISSION
43 xx    V39 BETEN IST EINE PFLICHT
```

λ = 3.33294

FAKTOR 5:

```
 66 xxxx  V47 CHRISTSEIN - BEI MIR SELBST
 61 xxxx  V49 CHRISTSEIN- IN MEINER GEMEINDE
-60 xxx   V16 KIRCHE IST INSTITUTION :
 55 xxx   V50 CHRISTSEIN - AM ARBEITSPLATZ
 52 xxx   V48 CHRISTSEIN - IN MEINER FAMILIE
 50 xx    V46 AKTIVER EINSATZ FUER CHRISTSEIN
 48 xx    V18 KIRCHE IST LEIB CHRISTI
 40 x     V1  GOTT SORGT SICH UM MEIN LEBEN
```

λ = 2.82875

FAKTOR 6:

```
 69 xxxx  V10 JESUS VERPFLICHTET MICH DER WELT
 66 xxxx  V9  JESUS VERPFLICHTET MICH DEN MENSCHEN
 61 xxxx  V28 ALS CHRIST VERANTWORTLICH FUER FRIEDEN
 45 xx    V19 KIRCHE WILL DAS GUTE IN DER WELT
-45 xx    V5  HABE VOR GOTT NUR ANGST :
 44 xx    V26 BIN CHRIST WEGEN KIRCHL KINDERERZIEHUNG
 42 xx    V24 BIN CHRIST WEGEN SONNTAGSMESSE
```

λ = 2.29666

FAKTOR 7:

```
64 xxxx  V31 ALS CHRIST VERPFLICHTET FUER DAS GUTE
59 xxx   V33 GLAUBE HEUTE MOEGLICH FUER JEDEN
53 xxx   V21 ERWARTE HILFE VON PFARREI
48 xx    V2  GOTT GIBT SINN UND ERFUELLUNG
40 xx    V28 ALS CHRIST VERANTWORTLICH FUER FRIEDEN
```

$\lambda = 2.03115$

FAKTOR 8:

```
78 xxxxx V3  GOTT RETTET DURCH SOHN AUS LIEBE
72 xxxxx V35 GLAUBE IST GESCHENK GOTTES
```

$\lambda = 1.78950$

FAKTOR 9:

```
-75 xxxxx V17 KIRCHE SIND PAPST BISCHOEFE ETC :
-53 xxx   V12 JESUS IST NUR RICHTER AM ENDE :
```

3. Meßzeitpunkt:

Eigenwert (λ) = 6.37552

FAKTOR 1:

```
 83 xxxxx V7  JESUS IST FREUND UND BRUDER
 81 xxxxx V8  JESUS IST DER LEBENDIGE HERR
 70 xxxx  V27 BIN CHRIST WEIL ICH AN JESUS GLAUBE
 70 xxxx  V2  GOTT GIBT SINN UND ERFUELLUNG
 67 xxxx  V47 CHRISTSEIN - BEI MIR SELBST
 62 xxxx  V18 KRICHE IST LEIB CHRISTI
 57 xxx   V1  GOTT SORGT SICH UM MEIN LEBEN
-55 xxx   V4  KANN MIT GOTT NICHTS ANFANGEN :
 54 xxx   V11 JESUS IST DER VOLLENDER DER WELT
 54 xxx   V35 GLAUBE IST GESCHENK GOTTES
 52 xxx   V44 BIBEL SEHR WICHTIG - LESE OFT
 41 xx    V15 HL GEIST LEITET MICH PERSOENLICH
 41 xx    V45 BIBEL UNERLAESSLICH FUER TAEGL BETEN
```

$\lambda = 4.17115$

FAKTOR 2:

```
85 xxxxx V26 BIN CHRIST WEGEN KIRCHL KINDERERZIEHUNG
79 xxxxx V24 BIN CHRIST WEGEN SONNTAGSMESSE
76 xxxxx V25 BIN CHRIST WEGEN DER SAKRAMENTE
71 xxxxx V23 BIN CHRIST WEIL GETAUFT UND GEFIRMT
47 xx    V36 GLAUBE IST NOTWENDIGE LEBENSHILFE
45 xx    V30 ALS CHRIST VERANTWORTL NUR FUER MICH
42 xx    V19 KIRCHE WILL DAS GUTE IN DER WELT
```

λ = 3.08460

FAKTOR 3:

```
-90 xxxxx V38 BETEN NUR IN NOTLAGEN NOETIG :
-80 xxxxx V37 BETEN IST WAS FUER ALTE MENSCHEN :
-71 xxxxx V40 BETEN BESCHRAENKT AUF SONNTAGSMESSE :
 44 xx    V39 BETEN IST EINE PFLICHT
```

λ = 2.95721

FAKTOR 4:

```
69 xxxx V46 AKTIVER EINSATZ FUER CHRISTSEIN
59 xxx  V50 CHRISTSEIN - AM ARBEITSPLATZ
59 xxx  V49 CHRISTSEIN - IN MEINER GEMEINDE
59 xxx  V48 CHRISTSEIN - IN MEINER FAMILIE
49 xx   V2  GOTT GIBT SINN UND ERFUELLUNG
42 xx   V41 BETEN IST KRAFTQUELLE FUER ALLTAG
40 xx   V47 CHRISTSEIN - BEI MIR SELBST
```

λ = 2.74213

FAKTOR 5:

```
 69 xxxx V22 UEBERNEHME VERANTWORTUNG IN PFARREI
 52 xxx  V33 GLAUBE HEUTE MOEGLICH FUER JEDEN
-51 xxx  V17 KIRCHE SIND PAPST BISCHOEFE ETC :
 51 xxx  V49 CHRISTSEIN - IN MEINER GEMEINDE
 49 xx   V21 ERWARTE HILFE VON PFARREI
 46 xx   V18 KIRCHE IST LEIB CHRISTI
 42 xx   V36 GLAUBE IST NOTWENDIGE LEBENSHILFE
```

λ = 2.63224

FAKTOR 6:

```
91 xxxxx V9  JESUS VERPFLICHTET MICH DEN MENSCHEN
84 xxxxx V10 JESUS VERPFLICHTET MICH DER WELT
43 xx    V28 ALS CHRIST VERANTWORTLICH FUER FRIEDEN
```

λ = 2.45474

FAKTOR 7:

```
-67 xxxx V13 HL GEIST IST NUR DRITTE PERSON
 55 xxx  V43 BIBEL WICHTIG ABER UNKLAR - KEINE ZEIT
-47 xx   V45 BIBEL UNERLAESSLICH FUER TAEGL BETEN :
-44 xx   V44 BIBEL SEHR WICHTIG - LESE OFT :
-41 xx   V33 GLAUBE HEUTE MOEGLICH FUER JEDEN :
```

λ = 2.41838

FAKTOR 8:

```
-64 xxxx  V5   HABE VOR GOTT NUR ANGST :
-62 xxxx  V6   JESUS IST EIN NAME OHNE BEDEUTUNG :
-61 xxxx  V4   KANN MIT GOTT NICHTS ANFANGEN :
 45 xx    V34  GLAUBE NUR IN LEBENDIGER GEMEINSCHAFT
```

λ = 1.78075

FAKTOR 9:

```
67 xxxx  V28  ALS CHRIST VERANTWORTLICH FUER FRIEDEN
48 xx    V29  ALS CHRIST VERANTWORTLICH FUER MISSION
```

5.5.3.2 Auswertung der 9 Faktorenlösung

Bei der Auswertung und Interpretation der Faktoren geht es
zunächst einmal um die Bildung der Oberbegriffe, auf die sich
jeder Faktor zurückführen läßt. Damit werden zugleich die relevanten
Fragen des jeweiligen Meßzeitpunktes sowie ihre Verschiebung
ersichtlich. Die Verschiebung der relevanten Fragen läßt
weiterhin die Struktur der Antworten erkennen. Dabei soll
aber betont werden, daß die Stellungnahme der Befragten
daraus nicht zu entnehmen ist. Sie ist durch die Auswertung
der T-Test-Tabelle und der Varianzanalyse erfolgt.

Um die Verschiebung der relevanten Fragen anschaulicher zu
machen, bringen wir in einer Tabelle die Oberbegriffe, die
sich aus den jeweiligen Faktoren der drei Meßzeitpunkte haben
herausbilden lassen.

Tabelle 21:

1. Meßzeitpunkt	2. Meßzeitpunkt	3. Meßzeitpunkt
Faktor:	Faktor:	Faktor:
1 Engagiertes Christsein in Gemeinde und Umwelt (Glaubenszeugnis)	1 Persönliche Beziehung zu Jesus Christus	1 Jesus Christus - die Mitte des Christseins
2 Christsein aufgrund der Sakramente	2 Bedeutung der Heiligen Schrift für die Gestaltung des Lebens im Glauben	2 Verantwortung und Weitergabe des Evangeliums im eigenen Bereich

1. Meßzeitpunkt	2. Meßzeitpunkt	3. Meßzeitpunkt
Faktor:	Faktor:	Faktor:
3 Der positive Bei-trag des Christen-tums für die Welt	3 Notwendigkeit und Bedeutung des Betens	3 Die Bedeutung des Gebetes
4 Christsein als Lebenshilfe für mich	4 Sakramente in der Gemeinschaft als Hilfe zum Glauben	4 Missionarischer Einsatz als Christ
5 Heilige Schrift im Leben des Christen	5 Christsein als einzelner in der Gemeinschaft	5 Verantwortung in der Gemeinde
6 Verantwortung als Christ	6 Soziale Relevanz des Glaubens	6 Verantwortung für die Welt
7 Glaubensvollzug im privaten Bereich	7 Einsatz für das Gute	7 Heiliger Geist und Heilige Schrift
8 Glaube und Gemeinschaft	8 Das Heil als Angebot Gottes	8 Vertrauen auf Gott
9 Verhältnis zur Glaubensgemein-schaft	9 Die Strukturen der Kirche	9 Verantwortung für Frieden und Weltmission

5.5.3.3 Zusammenfassung

Zusammenfassend läßt sich sagen, daß die Oberbegriffe aus
dem ersten Meßzeitpunkt und ihre Reihenfolge, die die Relevanz der Oberbegriffe aufzeigt, eine sachbezogene Glaubens-
struktur erkennen lassen. Die horizontale Dimension des
Glaubenslebens ist relevant.

Bei dem zweiten Meßzeitpunkt hat sich die Relevanz der Frage
zur persönlichen Verwirklichung aufgrund des Glaubens an
Jesus Christus in der Gemeinschaft der Glaubenden verschoben.
Die horizontale Dimension tritt also etwas zurück zugunsten
der vertikalen.

Bei dem dritten Meßzeitpunkt kann man sagen, daß der Glaube
und das Glaubensleben eine neue Struktur erhalten. Dabei wird
Interesse für ein verantwortliches Christsein in Kirche und

Welt aus dem Verbundensein mit Jesus Christus und mit der
Gemeinschaft der Glaubenden geweckt.

Daraus läßt sich wiederum sagen, daß es der Cursillobewegung
einigermaßen gelingt, durch ihre Methode den Erwachsenen
den Weg zu einem persönlichen Christsein mehr zum Bewußtsein zu
bringen, aus dem sie durch den Glauben an Jesus Christus die
eigene Sinnerfüllung suchen. Die vertikale Dimension des
Glaubenslebens in der persönlichen Verbundenheit mit Jesus
Christus, die durch das Gebet und durch die Schrift in der
Gemeinschaft der Glaubenden genährt wird, wird eröffnet. Dabei
wird das Bewußtsein für die Weitergabe des Glaubens im missionarischen Sinne zugleich geweckt.

5.6 Zusammenfassung und kritische Würdigung der Theorie und Praxis der Cursillobewegung

Aus der Erarbeitung der Theorie und Praxis der Cursillobewegung kann zusammenfassend das Metanoiaprofil dieses Erneue-
rungsmodells wie folgt beschrieben werden:

1. Den Deszendenzcharakter des Metanoiaprofils erkennt man
   in den theoretischen Ansätzen eindeutig:
   a) Jesus Christus steht als der von Gott gesandte Erlöser
      und Heiland in der Mitte der Verkündigung. Er ist für
      die Menschen da und fordert die Gläubigen zu einem
      entschiedenen "Ja" auf, d.h. die bewußte Annahme der
      mit ihm erschienenen 'Basileia' Gottes ohne Zögern
      und Aufschieben. Das Wesentliche im Glauben, Jesus
      Christus persönlich anzunehmen, gehört zu den theologi-
      schen Schwerpunkten und Zielen der Cursillobewegung.
   b) Die Verkündigung der pneumatologischen Dimension im Leben
      der Kirche und des einzelnen Gläubigen ist in allem
      Geschehen präsent. Dies geschieht jedoch mehr auf einem
      indirekten Weg, in den Gebeten und rhythmischen Liedern
      und teilweise in den Vorträgen. Zu empfehlen wäre jedoch,
      dieses Thema auch direkt anzugehen in einem Vortrag oder

wenigstens sollte eine der Meditationen während des
dreitägigen Kurses über den Heiligen Geist gehen und
seine allumfassende Bedeutung in dem Erlösungs- und
Vollendungswerk darstellen.

Durch die Betonung der radikalen und unaufschiebbaren
Entscheidung für Jesus Christus im Heiligen Geist läuft
man aber bei der Cursillobewegung in der Praxis Gefahr,
die Teilnehmer unter Druck zu setzen, umkehren und ihr
Leben Gott übergeben zu müssen und so ihre freie Entscheidung zu mindern. Diese Gefahr des Unter-Druck-
Setzens soll dadurch vermieden werden, daß die freie
Entscheidung jedes einzelnen Menschen nachdrücklich betont wird.

c) Die ekklesiologische Dimension der Metanoia ist ebenfalls
in dem gebührenden Stellenwert beachtet durch die Betonung der Gemeinschaft der Gläubigen untereinander in der
Kirche. Die konkrete Gemeinde ist aufgewertet, da man
von den Teilnehmern ein Gemeinde-Engagement erwartet und
die Weitergabe des Erneuerungsimpulses. Man kann jedoch
kein spezielles Kirchen- und Gemeindeverständnis in der
Cursilloliteratur feststellen. Man kann sagen, daß die
Cursillobewegung das Kirchen- und Gemeindeverständnis
des Zweiten Vatikanischen Konzils vertritt.

Die Bedeutung der kleinen Gruppe beim Umkehrprozeß ist
erkannt und findet ihre genügende Umsetzung. Aber man
läuft in der Praxis dennoch Gefahr, auf die auch in der
Cursilloliteratur hingewiesen wird, daß sich alles Geschehen auf die kleine Gruppe konzentriert und so die
Gemeinde, Ortskirche und die Anliegen der Großkirche
aus dem Auge verloren werden. Ein daraus entstehender
"Cursillismus", d.h., daß man die Cursillobewegung als
den einzigen Weg zur Erneuerung darstellt ("Heilskompetenz") wäre fatal und dem Anliegen der Bewegung nicht
angemessen.

2. Der Aszendenzcharakter des Metanoiaprofils ist bei der
   Theorie der Cursillobewegung ebenso in verschiedenen
   Dimensionen zu finden:

   a) Der Verlaufsplan der Cursillobewegung (Vorcursillo,
      Cursillo und Nachcursillo) wird der Zeiterstrecktheit
      des Metanoiageschehens gerecht, indem sie den Teilneh-
      mern während dieser Zeit Begleitung anbietet. Dadurch
      kann die menschliche Freiheit geachtet und der
      vorhin erwähnte Aspekt einer Druckausübung entschärft
      werden.

   b) Die Ergebnisse der Untersuchung machen die Mangelhaftig-
      keit der Vorarbeit mit den Teilnehmern an den Kursen
      deutlich. Dies beeinträchtigt die Ziele der Bewegung
      selbst.

   c) Die Zielgruppen Männer und Frauen, für die in der BRD
      der Cursillo noch immer getrennt angeboten wird (erst
      seit neuestem werden gemischte Jugendcursillo gehalten,
      Familiencursillo noch nicht), entspricht nur teilweise
      der Struktur des Metanoiaprofils.

      Die Intensivierung der Umkehrpastoral macht verschiede-
      ne und differenzierte Zielgruppen erforderlich aufgrund
      der theologischen, sozio-kulturellen, anthropologischen
      und psychologischen Bedingungen des Lernens. Daraus
      entstand das Bedürfnis, das in der Cursillobewegung auch
      wahrgenommen wurde, daß nach anderen Gesichtspunkten
      differenziertere Angebote (Jugend- und Familiencursillo
      sowie Cursillo für Ehepaare) gemacht werden sollten.

3. Das für die drei Tage geplante Programm des Kurses ist zu
   gedrängt. Dadurch entsteht leicht Hektik, wenn man sich an
   das Geplante halten will, was auch meistens eintritt. Dadurch wird die Verarbeitung beeinträchtigt und der einzelne wird von dem ganzen Geschehen eher in Verwirrung gebracht, als daß er eine Klärung erfährt. Ebenso werden
   gruppendynamische Prozesse abgeblockt.

   Das dichte Programm kommt von der Zielsetzung, das

"Wesentliche im Christentum" den Teilnehmern entdecken
zu helfen (Entdeckung der eigenen Berufung in der Begegnung mit Christus in der Gemeinschaft).

Auf diese Zielsetzung müßte jedoch nicht verzichtet werden,
wenn man sich in den drei Tagen z.B. mit der Taufe beschäftigen würde und davon ausgehend die Inhalte aufbauen und
die christliche Existenz in allen ihren Dimensionen darstellen würde unter Beachtung des Lernprozesses der Gruppe.
Damit würde den Teilnehmern ein Durchblick in dem Geschehen
erleichtert und auch ein Typ mitgegeben, wie die Weiterarbeit in den kleinen Gruppen aussehen kann.

4. a) Die Cursillobewegung hat die Wichtigkeit der Gemeinschaft
im Metanoiageschehen entdeckt. Dies kommt besonders beim
Cursillo zum Ausdruck, z.B. bei der Eucharistiefeier oder
bei der Abschlußfeier usw. Dabei läuft man Gefahr, daß die
affektive Seite des gemeinschaftlichen Erlebens zu sehr
betont wird und dadurch das Erleben oberflächlich bleibt.

b) Es wird auf dem Cursillo versucht, die Teilnehmer für
die Gruppenarbeit in der Zeit des Nachcursillo zu begeistern. Weniger wird Sorge getragen, die Teilnehmer für
eine solche Arbeit auch zu befähigen. Einige Empfehlungen
am Ende des Cursillo dürften wohl kaum genug sein.

5. In der Bildung und in der Sorge um das Mitarbeiterteam
kann man die stellvertretende Dimension der Umkehr entdecken. Das Mitarbeiterteam versteht sich in einem Kurs als
Gruppe, die in der Teilnehmergruppe den Glauben bewußt lebt
und die eigene Erneuerungsbedürftigkeit betont und sich den
Teilnehmern ganz zur Verfügung stellt.

Daher trifft ein Mitarbeiterteam bei den Vorbereitungen
für einen Kurs öfter zusammen, um durch Gespräch und Gebete den eigenen Glauben zu vertiefen und gemeinsam zu
lernen. Dabei dürfte aber nicht vergessen werden, daß sich
die Mitarbeiter ständig um die Ausbildung in der Gesprächs-
führung bemühen sollen, um auch auf diese Weise fähig zu
werden, der Forderung des Metanoiageschehens nach dem personalen Angebot oder dem "signifikanten anderen" entgegen-
zukommen.

5.7 Kritische Würdigung des Instrumentariums

Hier sind einige Bemerkungen zum Instrumentarium der Untersuchung, zur Untersuchungsgruppe und zu den Meßzeitpunkten angebracht:

1. Für unsere Fragestellung wäre es besser gewesen, wenn wir uns entweder für die Zielgruppe Männer oder Frauen entschieden hätten. In diesem Fall, daß wir uns für beide entschieden haben (und dabei bei einer relativ geringen Zahl der Untersuchten aufgrund der zeitlichen Situation bleiben mußten), hätten wir eine größere Anzahl von beiden Zielgruppen untersuchen müssen, um zu differenzierteren Aussagen kommen zu können. In dieser Konstellation konnten wir z.B. keine Vergleiche unter den Berufen oder Konfessionen ziehen, was für die Begründung der differenzierteren Angebote ergiebiger hätte sein können. Ebenso konnten wir zu den Altersphasen nicht genügend Aussagen machen, weil es einfach zu wenig Leute waren.

2. Da wir eine Veränderung feststellen wollten, sollten wir über einen längeren Zeitabschnitt nach dem Kurs die Untersuchung wiederholen. Der Zeitabschnitt von drei Monaten ist dafür zu kurz. Ein Abstand von einem Jahr würde sicher zu tragenderen Aussagen führen.

3. Besonders ist die Zeit zu kurz, wenn man die Erfahrungen mit der Gruppe beurteilen möchte. Deswegen ist es in unserer Untersuchung, so wie wir sie durchgeführt haben, überhaupt nicht möglich gewesen, etwas über die Gruppenerfahrungen, Schwierigkeiten oder mögliche Hilfen zu sagen, die der einzelne in der Gruppe von dieser in seinem Unterwegssein bekommen hat. Dies ist jedenfalls ein wichtiger Punkt in der Beurteilung der Cursilloarbeit in bezug auf die Erneuerung der einzelnen und der Gemeinden.

4. Zu dem Fragebogen kann man sagen, daß die Übersichtlichkeit der Antworten durch die Ankreuzung eines von den fünf dicht nebeneinander liegenden Quadraten nicht sicher genug war, was besonders bei den älteren Leuten zur Verwechselung

der anzukreuzenden Quadrate hätte führen können. Damit
verbunden bestand die Möglichkeit, daß durch die Verunsicherung keine oder falsche Antworten abgegeben wurden.

5. Für die Beurteilung des ganzen Geschehens wäre nützlich
gewesen, wenn es mehrere Möglichkeiten der Befragung gegeben hätte, z.B. für freie Formulierungen im Fragebogen,
kürzere Gespräche mit den einzelnen oder den Gruppen während des ganzen Kurses über das Geschehen. Ebenso wäre
gut gewesen, wenn man die Aussagen der Teilnehmer bei
der Abschlußfeier aufgenommen hätte und diese dann mit
den Ergebnissen aus den Fragebogen hätte vergleichen können.

6. Es wäre für uns hilfreich gewesen, einige geschlossene
Aussagen über Sünde und Schuld und überhaupt zum Schuld-
bewußtsein sowie ebenso noch differenziertere Aussagen
zu den Sakramenten gemacht haben zu können. Dies ist aber
nicht geschehen, weil bei der Vorbereitung des Fragebogens
unter anderem die Beobachtung als Weg zur Operationalisie-
rung der Hypothese verwendet wurde und bei den Aussagen
der Teilnehmer meistens allgemeine, teilweise euphorische,
Aussagen zu hören waren.

Für den Autor ist dies wiederum ein Hinweis, daß sich das
Programm der drei Tage nicht auf viele Themen zerstreuen
dürfte, sondern sich auf wenigere Themen beschränken
müßte. Somit würde man leichter dem Gruppengeschehen und
den Erwartungen jedes einzelnen Mitgliedes gerecht werden.

6.0 Ertrag und Ausblick

6.1 Einordnung der Cursillobewegung

Die Cursillobewegung ist eine Bewegung innerhalb der katholischen Kirche mit dem Ziel, durch die Erneuerung der Erwachsenen im Glaubensleben die Kirche selbst zu erneuern und sie so in der Welt wirksamer werden zu lassen. Unter der Erneuerung des Glaubenslebens versteht man zunächst einmal die Vertiefung des spirituellen Lebens des einzelnen Christen. Dabei geht es um nichts anderes als um einen ständigen Prozeß zu einem bewußten "Ja-Sagen" zu den dem Getauften in der Taufe gegebenen Charismen und Gaben und den daraus resultierenden Aufgaben. Anders gesagt: die bewußte Entscheidung für ein Leben aus dem Glauben soll gefördert und herausgefordert werden. Ihr Ziel ist in erster Linie die spirituelle Erneuerung. Eine Veränderung im sozialen Verhalten wird zwar nicht direkt angezielt, aber die radikale Hinwendung zu Gott bedingt eine ebenso radikale Liebe zu den Mitmenschen und wirkt sich so in allen Dimensionen des menschlichen Lebens aus und zeigt ihre Effizienz somit auch im sozialen Engagement.

Man kann fragen, ob sich die Cursillobewegung mehr der konservativ-traditionellen Richtung innerhalb des Katholizismus, die sich in die gesellschaftliche Ordnung einbürgert, angepaßt verhält, ohne größere Ansprüche auf Veränderungen in Kirche und Welt oder der progressiven, die nach neuen Formen des christlichen Lebens sucht und sich besonders durch soziales Engagement auszeichnet, zuzurechnen ist. Sieht man davon ab, daß eine solche Unterscheidung in dieser groben Form sehr problematisch ist, und versucht eine Zuordnung, dann ist die Cursillobewegung in einer mittleren Richtung anzusiedeln.

Der Hierarchie und Autorität der Kirche gegenüber ist die Cursillobewegung loyal eingestellt. Indem sie den Strukturen der Kirche gegenüber ein loyales Verhältnis einhält, ist sie desto mehr personen- und gruppenorientiert. Daher kann man weiterhin sagen, daß ihr Anliegen gegenüber der Kirche darin besteht, die Laien einzeln und in kleinen Gruppen für die Mitarbeit und Mitentscheidung in dem bestehenden Rahmen der Kirche und der Ortsgemeinden zu aktivieren.

Die Tendenzen, die Ortsgemeinden mit ihrem Leben zu umgehen,
liegen außerhalb der eigentlichen Ziele der Cursillobewegung
und werden stark kritisiert. Ein totales Aufgehen in der
Ortsgemeinde, ohne die eigene Note zu bewahren, kann auch nicht
die Lösung sein.

Der Weg, der beide Gefahren zu umgehen versucht, ist durch
die Bewahrung der eigenen Ziele, Inhalte und Methoden ein
lebendiges Zeichen, in der Ortsgemeinde zu sein, und so zu
ihrer Lebendigkeit beizutragen. Ein solches Verhältnis des
gegenseitigen befruchtenden Austausches zueinander würde
beide fördern.

Man kann feststellen, daß die Cursillobewegung auch heute
in der veränderten gesellschaftlichen und kirchlichen Situation ihren Platz hat als annehmbares und fähiges Instrument
zur Erneuerung primär derer im Glauben, die schon im Glauben
stehen und der Kirche nahe sind, die dann auch für die
anderen Kategorien der Gläubigen da sein können. Damit nimmt
sie teil am Grundanliegen der Kirche, die Gläubigen ständig
zu motivieren. Aus diesem Geschehen lebt die Kirche selbst
und wird fähig, ihre eigene Aufgabe in der Welt zu erfüllen.

6.2 Beitrag der Cursillobewegung zum Umkehrlernen und -lehren

Aus dem in 2.5 dargestellten Metanoiaprofil lassen sich für
die Cursillobewegung verschiedene Elemente aufzeigen, die
ihren Beitrag zur Intensivierung der Umkehrpastoral deutlich
machen.

Die Zielsetzung der Cursillobewegung, den Gläubigen einen
persönlichen Zugang zu Jesus Christus, den der Vater gesandt
hat, im Heiligen Geist in der Gemeinschaft der Gläubigen zu
erschließen und sie für das Geheimnis seiner Basileia zu
öffnen, entspricht dem ersten Kriterium des christlichen
Umkehrverständnisses: in Orientierung an Jesus Christus
sein Leben neu auf Gott hin auszurichten und zu gestalten.

Zu diesem Kriterium gehört unbedingt die pneumatologische und ekklesiologische Dimension, indem die Orientierung des Lebens an Jesus Christus im Heiligen Geist in der Gemeinschaft der Gläubigen gelernt und gelehrt werden kann (Deszendenzcharakter).

Der ganze Verlaufsplan (Vorcursillo, Cursillo und Nachcursillo) mit der Vorbereitung auf den Kurs, die intensive Begegnung beim Kurs und die Nacharbeit lassen ebenfalls den Aszendenzcharakter des Metanoiaprofils in seiner Vielschichtigkeit erkennen. Durch die so konzipierte Methode ist den Erwachsenen der Raum zum Umkehrlernen und -lehren gegeben. Durch die auf ihre Weise eröffnete Möglichkeit des Mit-einander-lernens des Glaubens hat die Cursillobewegung ihren besonderen Beitrag geleistet. Dadurch haben sich für die Cursillobewegung in der heutigen Kirche für die Erneuerung des Katechumenates konkrete Möglichkeiten ergeben. Ihre Arbeit ist gut geeignet, den Katechumenen in seinem Prozeß des Glaubens- und Umkehrlernens zu begleiten und zu unterstützen.

Außerdem leistet die Cursillobewegung auch einen Beitrag zu der von der Gemeinsamen Synode erhobenen Forderung nach dem "personalen Angebot", das besonders den Jugendlichen durch die Erwachsenen gewährleistet werden soll.

Es kann festgehalten werden, daß in der Methode der Cursillobewegung die Kriterien gegeben sind, die das christliche Metanoiaprofil fordert.

6.3 Pastoraltheologische Konsequenzen

Wenn wir die Umkehrpastoral intensivieren wollen, dann ergeben sich einige Postulate aufgrund des hier herausgearbeiteten Metanoiaprofils:

1.a) In allem Handeln der Kirche soll die Metanoia als Gabe und als Aufgabe zum Ausdruck kommen. Sei es Liturgia, Martyria oder Diakonia: die Metanoia soll klar und eindeutig, der Analyse der Zeit und des Ortes einerseits

und treu den biblischen Aussagen andererseits verkündet
und gelebt werden. Mit anderen Worten: damit das Metanoiaprofil in seiner ganzen Fülle von Bedeutungen und Dimensionen aufleuchtet und in der Praxis sich als effektiv
erweist, soll dabei den theologischen, soziologischen
und psychologischen Aspekten Rechnung getragen werden.

b) Unter theologischen Aspekten meinen wir das ganze Spektrum
von Bedeutungen der Metanoia, die uns in der Schrift vor-
gegeben sind. Sowohl der alttestamentliche als auch der
neutestamentliche Metanoiabefund soll unverkürzt verkündet
werden. Es soll einerseits die prophetische Radikalität
in der Verkündigung der Sünde und Schuld, Reue und Buße
erkennbar gemacht werden. Andererseits soll die radikale
Liebe Gottes und Annahme des Menschen betont werden. Der
Ernst der Aufforderung zur Metanoia wie bei Johannes dem
Täufer und die Freude über einen, der sich hat finden
lassen, wie sie in den Evangelien geschildert wird, dürften bei diesen Aspekten nicht fehlen.

c) Unter soziologischen Aspekten ist einmal an die Analyse
der Situiertheit der Adressaten gedacht. D.h. daß man
erst dann, wenn man die Situation der Adressaten, zu denen man spricht, kennt, effektiv auch die Metanoia verkünden kann, weil es dabei um die Erneuerung und Freisetzung des konkreten Menschen in seiner konkreten Situation
geht. Dabei ist auch an gesellschaftliche Relevanz der
Metanoia gedacht. Es darf nicht vergessen werden, daß
die Metanoia als eine tiefgreifende Verwandlung und Erneuerung des einzelnen nicht ohne Einfluß auf die gesellschaftliche Situation bleiben kann. Gerade diese Aspekte
verlangen von der Kirche, die sich als Trägerin der Metanoia versteht, eine Offenheit für die gesellschaftlichen
Situationen, Mut, sie zu analysieren und die Situationen
zu verbalisieren. Dies kann nur in einer langfristig geplanten und allumfassenden Verkündigungs- und Bildungsarbeit geschehen.

d) Bei den psychologischen und anthropologischen Aspekten
mit denen die Umkehrpastoral ebenso rechnen muß,

ist zuerst an die Folgen der Sünde und Schuld gedacht, die sich zerstörerisch auf den Menschen auswirken. Dabei geht es um menschliche Hilfen für die Menschen, die in ihrer Bereitschaft, umzudenken, sich zu erneuern und zu wandeln in "Ängste, Identitätskrise" und andere Nöte geraten.

2. a) Die Umkehrpastoral soll weiterhin dafür sorgen, daß im Umkehrprozeß die Begleitung der einzelnen und Gruppen gewährleistet ist. Dies ist wichtig, weil dabei oft sehr komplizierte seelische Prozesse ausgelöst werden. Es geht darum, daß der Umkehrwillige nicht alleinbleibt und daß ihm ermöglicht wird, sich selbst an Jesu Leben zu orientieren, seine eigene Aufgabe zu finden und sie zu verwirklichen.

Die Ortskirche soll Begleiterin für ihre Substrukturen sein. Und in den Substrukturen kann eine Gruppe einen begleiten. Der Katechumenat und das Patenamt sind vergessene Möglichkeiten, die von neuem belebt werden sollen.

b) Die Gruppe und ihre Rolle beim Umkehrlernen und -lehren soll immer mehr gefördert werden und in den Strukturen der Gemeinden Raum bekommen, in dem sie wachsen und sich entfalten können. So kann nach und nach in den Gemeinden eine neue Praxis eines im Glauben erneuerten Lebens Wirklichkeit werden.

c) Es muß in diesem Zusammenhang besonders die Sakramentenpastoral betont werden. Durch sie kann sich die Umkehrpastoral besonders intensivieren und so eine neue Dynamik gewinnen. In ihnen ereignet sich die Begegnung Gottes mit den Menschen schlechthin. In dieser Begegnung verdichtet sich das ganze Geschehen der Metanoia und vergegenwärtigt sich. Zugleich feiern die Menschen das Geschehene miteinander, leben es und geben es weiter.

d) Ein Postulat an die ganze Kirche wie auch an die Ortskirchen ist, die besonderen Zeiten zur Intensivierung des Metanoiageschehens einzuhalten. Diese Zeiten gibt es in der Kirche schon von Anfang an. Sie sind besonders geeignet für die Motivierung der Menschen zu verschiedenen Bußübungen, die wiederum situationsgerecht vermittelt werden sollen, durch die man das Frei-werden-von-etwas, ein Aus-sich-heraustreten 'und das Öffnen für Gottes Anruf erfahren kann.

e) Mit der gleichen Begründung sind besondere Orte zu fördern, wenn man vom Metanoiaprofil her eine Umkehrpastoral entwirft. Ein Ort der Stille, des Gebetes, der Begegnung mit den anderen, von denen man weiß, daß sie auch ihr Unterwegs-sein als Christen von der Metanoia her verstehen, kann eine neue Bekräftigung für jeden einzelnen, auf dem Weg zu bleiben, bedeuten.

V Anmerkungen

I. Teil

1. Vgl. M. von Galli - B. Moosbrugger, Das Konzil und seine Folgen, Luzern,Frankfurt/M, 1966, 64

2. Vgl. Johannes der XXIII, Ansprache zur Eröffnung des Zweiten Vatikanischen Konzils, vom 11. Oktober 1962, in: Amtsblatt für die Erzdiözese Freiburg, 26/1962, Nr. 197

3. Alle Zitate, die im Laufe dieser Arbeit aus den Konzilsdokumenten gebracht werden, werden aus dem "Kleines Konzilskompendium", hg.von K. Rahner - H. Vorgrimler, Freiburg 1966, entnommen. Die jeweilige Abkürzung des Konzilsdokumentes mit der entsprechenden Nummer werden im Text gelassen. Dafür spricht die Häufigkeit der Hinweise. Dieselbe Methode der Zitierung wird auch für die Zitate aus der Apostolischen Konstitution "Paenitemini", Synoden-Beschlüssen und aus der Heiligen Schrift angewendet.

4. Dieser "consensus fidelium", der hier angesprochen wird, ist schon lange bekannt, jedoch erst in neuerer Zeit als theologische Quelle des Glaubens ernstgenommen. Damit bekommt die Gemeinschaft der Gläubigen eine neue theol. Qualität. Vgl. dazu M. Seckler, Glaubenssinn, in:LThK,IV, 945-948; A. Grillmeier, Kommentar zur Konstitution "Lumen Gentium", in: LThK I, 156-21o, 189; J.H. Newman, Über das Zeugnis der Laien in Fragen des Glaubens, in: Ausgewählte Werke ^{2}IV Mz 1959, 253-292.

5. M.von Galli - B. Moosbrugger, a.a.O., 296

6. H. Mühlen, Una persona mystica, München u.a., 1967,384

7. M.Löhrer, Die Hierarchie im Dienst des christlichen Volkes, in: De ecclesia, II, hg. von G. Barauna; deutsche Ausgabe besorgt von O. Semmelroth u.a., Freiburg u.a., 1966,9-24,17

8. M. Gozzini, Die Beziehungen zwischen den Laien und der Hierarchie, in: De ecclesia, II, 327-348,327

9. Vgl. M. Labourdette, Die Berufung aller Glieder der Kirche zur Heiligkeit, in: De ecclesia, II, 351-361

1o. Zu den anderen ekklesiologischen Fragen des Zweiten Vatikanischen Konzils vgl. G. Philips, Die Geschichte der dogmatischen Konstitution über die Kirche "Lumen Gentium", in: LThK/I /für das Zweite Vatikanische Konzil/, Freiburg 1966,139-155;G. Barauna, De ecclesia, Freiburg, 1966; H. Küng, Die Kirche, Freiburg u.a., ^{2}1968; F. Klostermann, Gemeinde - Kirche der Zukunft, Freiburg u.a., 1974; R. Völkl, Dienende Kirche - Kirche der Liebe, Freiburg 1969

11 M. v. Galli - B. Moosbrugger, a.a.O., 63

12 J. Feiner, Kommentar zu "Unitatis redintegratio",
    in: LThK/II, Freiburg 1967, 4o-126, 74

13 A. Grillmeier, a.a.O., 187

14 Ebd., 187

15 "Botschaft der Konzilsväter an die Welt" von 2o.
    Oktober 1962, in: Amtsblatt für die Erzdiözese Freiburg, 26/1962/,
    Nr. 2o1

16 Vgl., ebd., Nr. 2o1

17 Vgl., ebd., Nr. 197

18 J. Ratzinger, Was ist Erneuerung der Kirche, in: Diakonia,
    6/1966/, 3o3-316, 316

19 B. Dreher, Das Zweite Vatikanische Konzil und die kath.
    Erwachsenenbildung, in: EB 2/1966/, 65-71,66

2o Ebd., 66

21 Apostolische Konstitution "Paenitemini" über die kirchli-
    che Fasten- und Bußdisziplin, von 17. Februar 1966, von
    Papst Paul dem VI, in: Amtsblatt der Erzdiözese Freiburg
    1967, Beilage zum kirchlichen Amtsblatt, Nr 1

22 W. Trilling, Metanoia als Grundforderung der neutestament-
    lichen Lebenslehre, in: Einübung des Glaubens, Kl. Tilmann
    zum 6o. Geburtstag, hg. von G. Stachel und A. Zenner,
    Würzburg 1965, 178-19o, 178

23 Hier wird nach der Offiziellen Gesamtausgabe I (1976) und
    II (1977), Freiburg-Basel-Wien, zitiert. Die Hinweise sind
    im Text der Arbeit zu finden mit den Abkürzungen "OG I"
    und "OG II" und der Seitenangabe.

24 Das Synodenpapier "Katechetisches Wirken" gehört zu den
    Arbeitsergebnissen der Sachkommission I, die nicht in der
    Vollversammlung diskutiert waren, daher haben sie nicht
    die Qualität von Beschlußvorlagen. Die OG II ist als
    Ergänzungsband erschienen.

25 Zu den Fragen des Katechumenats vgl. D. Zimmermann,
    Erneuerung des Katechumenats in Frankreich und seine
    Bedeutung für Deutschland, (Diss. theol.,), Münster 1974

II. Teil

1   R. Schnackenburg, Umkehrpredigt im Neuen Testament, in:
    Christliche Existenz nach dem Neuen Testament, München
    1967, 35

2   Es wird nach der "Jerusalemer Bibel" zitiert; hg. von
    Arenhoevel, Diego, Deissler Alfons und Vögtle, Anton,
    Freiburg u.a. 1968

3   R. Schulte, Die Umkehr (metanoia) als Anfang und Form
    christlichen Lebens, in: Mysterium salutis (MySal) V,
    hg. von Feiner, Johannes und Löhrer, Magnus, Zürich u.a.
    1976, 117-221, 119

4   Vgl. R. Schulte, a.a.O., 120 und O. Michel, 'metamelomai',
    'ametameleetos', in: Theologisches Wörterbuch zum Neuen
    Testament (ThWNT) IV, hg. von G. Kittel, Tübingen 1942,
    630-633, 630

5   L.X. Dufour, Wörterbuch zur biblischen Botschaft, Freiburg
    u.a. 1969, 91,Sp. II

6   E.K. Dietrich, Die Umkehr (Bekehrung und Buße) im Alten
    Testament und im Judentum, (Diss. theol.), Stuttgart 1936,11

7   W. Holladay, The root 'subh' in the Old Testament,
    Leiden 1958, 51. Wir haben hier nur einige von den Bedeu-
    tungen, die Holladay in seiner Monographie über die Wurzel
    'subh' ausführt, erwähnt. Auf alle anderen Bedeutungen
    und ihre Systematisierung in verschiedenen Verbalformen kann
    hier nur verwiesen werden. 'Subh' ist das 12. Wort in der
    Bibel der Häufigkeit nach. Es kommt in jedem Buch des AT vor
    außer im Buch Haggai. Die meisten Verbalformen sind Qual
    und Hiphil.

8   Vgl. W. Holladay, a.a.O., 51 ff.

9   Vgl. ebd., 51

10 J.A. Saggin, 'šub', in: Theologisches Wörterbuch zum
    Alten Testament, II,hg. von E.Jenni - C. Westermann, München-
    Zürich 1976, 884

11 H.W. Wolff, Das Thema"Umkehr"in der alttestamentlichen
    Prophetie, in:ZThK 48/1951/ 129-148, 134

12 E.K. Dietrich, a.a.O., 23

13 R. Schulte, a.a.O., 121

14 Vgl. H.U. von Balthasar, Umkehr im Neuen Testament, in:
    Communio 6/1974/ 481-491

15 H. Leroy, Zur Vergebung der Sünden, Stuttgart 1974, 15.
    Der Verfasser stellt ein Schema solcher Begegnungen auf,
    in denen von einem einzelnen Umkehr gefordert wurde, mit
    folgenden Elementen:
    1. Aufforderung zum Hören;
    2. Anklage;
    3. Einleitung der Ankündigung durch die Botenformen (mit
    "darum");
    4. Gerichtsankündigung in persönlicher Anrede.

16a E.K. Dietrich, a.a.O., 144

16b Den Gedanken über den "Rest der Getreuen" findet man auch
    im NT, vgl. dazu Röm 11,5

17 L.X. Dufour, a.a.O., 567, Sp. I. Der Gedanke über den
    Rest in Israel ist vom 9. Jahrhundert an geläufig und ist
    mit verschiedenen Katastrophen verbunden. Deswegen gibt es
    auch verschiedene Typen des "Restes". Hier ist der "heilige
    Rest" gemeint. Nach dem Exil wird dieser Rest mit den
    "Armen Jahwes" gleichgesetzt.

18 Vgl. ebd., 567

19 E.K. Dietrich, a.a.O., 72 f.

2o Vgl. L.X. Dufour, a.a.O., 566

21 A. Deissler, Die Grundbotschaft des Alten Testamentes
    Ein theologischer Durchblick, Freiburg u.a., 1972,143

22 Ebd., 142

23 H. Schlier, Römerbrief, (Reihe) Herders Theologischer
    Kommentar zum Neuen Testament VI, hg. von A. Wilkenhauser,
    A. Vögtle, R. Schnackenburg, Freiburg 1977, 341

24 H.F. von Campenhausen, Griechische Kirchenväter, Stuttgart
    1955, 49

25 Vgl. B. Altaner, Patrologie, Freiburg 1938, 125

26 Bei diesen Überlegungen und bei der Unterscheidung der
    Ansatzpunkte für die Umkehr haben wir uns auf die Ergebnisse
    von E.K. Dietrich gestützt.

27 R. Schulte, a.a.O., 123 f.

28 Ebd., 128

29 Ebd., 128

3o Vgl. B. Welte, Von Wesen und Unwesen der Religion, Frankfurt
    1952, 21 ff.

31 Vgl. zum Ganzen F. Mußner, Traktat über Juden, München 1979;
    Cl. Thoma, Christliche Theologie des Judentums, Aschaffen-
    burg 1978; P. Fiedler, Das Judentum im katholischen Religi-
    onsunterricht, Düsseldorf 198o

32 E.K. Dietrich, a.a.O., 28

33 M. Hoffer, Metanoia (Bekehrung und Buße) im NT, (Diss.
    Theol.), Tübingen 1947, 12

34 R. Schulte, a.a.O., 126

35 M. Schmaus, Kult,in: Sacramentum mundi /SM/, hg. von
    K. Rahner u.a., III, Freiburg 1969, lol-lo6, lo2

36a L.X. Dufour, a.a.O., 4ol

36b A.Grabner-Haider, Praktisches Bibel-Lexikon, Freiburg 1969,
    891

37 J. McKenzie, Geist und Welt des Alten Testaments, Luzern
    1963, 891

38 Vgl. B. Welte, a.a.O., 35 ff.

39 Vgl. O. Kaiser, Einleitung in das Alte Testament,
    Gütersloh, 1975, 265-271. Über die Gattungen der propheti-
    schen Reden und ihrer Rolle in der Prophetenbotschaft und
    damit verbundenen Fragen vergleiche noch:E: Balla, Die
    Droh- und Scheltworte des Amos, Leipzig 1926; H.W. Wolff,
    Die Begründung der prophetischen Heils- und Unheilssprüche,
    ZAW 52/1934; R. Bach, Die Aufforderungen zur Flucht und
    Kampf im alttestamentlichen Prophetenbuch, WMANT 9,
    Neukirchen 1962

4o E.K. Dietrich, a.a.O., 28

41 E. Kalt, Biblisches Reallexikon I, Wien u.a., 1938, 22

42 Vgl. H. Haag, Bibellexikon, Zürich u.a., 1968, 13

43 E.K. Dietrich, a.a.O., 122

44 P. Fiedler, Jesus und die Sünder, Frankfurt 1976, 3o

45 Ebd., 3o

46 P.M. Zulehner, Umkehr - Prinzip und Verwirklichung,
    Frankfurt 1979, 93

47 A.K. Ruf, Sünde , Buße, Beichte, Regensburg 1976, 23 f.

48 P. Fiedler, a.a.O., 3o

49 Vgl. A.Grabner-Haider,a.a.O., 1122

5o E.K. Dietrich, a.a.O., 64

51 R. Schulte, a.a.O., 126 f.

52 H. Schönweiß, Gebet, in: Begriffslexikon zum Neuen
    Testament /BLzNT/ I, hg. von L. Coenen. Wuppertal 197o,
    421-433, 426

53a E.K. Dietrich, a.a.O., 135

53b Zur Methode der indirekten Verkündigung vgl. Via indirecta,
    Beiträge zur Vielstimmigkeit der christlichen Mitteilung.
    (Theodorich Kampmann zum 7o. Geburtstag), hg. von
    G. Lange und W. Langer, München-Paderborn-Wien 1969

54 Vgl. A. Deissler, Die Psalmen (42-89), Düsseldorf 196o.
    Den Psalm 51 teilt er,wie folgt,ein:
    1. Einführende Bitte (VV 1-4);
    2. Anerkennung und Bekenntnis der Schuld (VV 5-8);
    3. Bitte um Entsündigung (VV 9-11);
    4. Bitte um einen neuen Geist und Dankgelübde (VV 15-19);
    5. Fürbitte für Sion (VV 2o-21).

55 Vgl. F. Laubach, Bekehrung, Buße, Reue, in: BLzNT, 69-74,
    69

56 Das hebräische Äquivalent zur 'epistrofe' ist 'tesuba'.

57 Vgl. L. Coenen, a.a.O., 71

58 J. Behm - E. Würthwein, 'metanoeo, metanoia', in:
    ThWNT IV, 973-1oo4, 994

59 R. Schulte, a.a.O., 129

6o J. Behm - E. Würthwein, a.a.O., 995

61 Vgl. H. Leroy, Zur Vergebung der Sünden, Stuttgart 1975,
    65

62 R. Schulte, a.a.O., 13o

63 Vgl. ebd., 129

64 Vgl. E. Schlink, Die Lehre von der Taufe, Kassel 197o,
    passim; C.H. Tatschow, Die eine christliche Taufe, Güters-
    loh 1972, passim.

65 K.H. Schelkle, Theologie des Neuen Testamentes III,
    Düsseldorf 197o, 79

66 J. Bommer, Befreiung von Schuld, Zürich u.a. 1976, 32
    Vgl. weitere Literatur zum Thema "Reich Gottes" R.
    Bultmann, Besprechung von H.D. Wendland, Die Eschatologie
    des Reiches Gottes bei Jesus, in: DLZ 55/1934/, 2o19-2o25;
    Ders. Reich Gottes und Menschensohn, (Über R. Ottos gleich-
    betiteltes Buch.), in: ThR NF/1937/, 1-35; H. Merklein,
    Die Gottesherrschaft als Handlungsprinzip, Untersuchun-
    gen zur Ethik Jesu, Würzburg 1978; H. Flender,Die
    Botschaft Jesu von der Herrschaft Gottes, München 1968

67 R. Schnackenburg, Christliche Existenz I, München 1967,45

68 R: Schulte, a.a.O., 131

69 Vgl. M. Hofer, a.a.O., 76

7o J. Behm - E: Würthwein, a.a.O., 997

71 Vgl. H.D. Wendland, Ethik des Neuen Testamentes, Göttingen
    197o, 6

72 R. Schulte, a.a.O., 133

73 E. Neuhäusler, Anspruch und Antwort Gottes, Düsseldorf
    1962, 136

74 Vgl. W: Trilling, Hausordnung Gottes, Leipzig 196o, 19 ff.;
    ders. Metanoia als Grundforderung, in: Einübung des
    Glaubens, hg. von G. Stachel und A: Zenner, Würzburg 1965,
    189

75 Vgl. W. Trilling, Hausordnung Gottes, 19

76 J. Jeremias, Neutestamentliche Theologie I, Gütersloh 1971,
    155

77 Vgl. H. Schilling, Grundlagen der Religionspädagogik,
    Düsseldorf 197o, 371-39o

78 R. Bultmann - A. Weiser, 'pisteuoo', in: ThWNT VI, 174-
    23o, 197

79 J. Jeremias, a.a.O., 177

8o Vgl. ebd., 178

81 H.D. Wendland, a.a.O., 7

82 F. Mußner, Traktat über die Juden, München 1979, 193

83 Vgl. Ch. Ben-Chorin, Bruder Jesus, München 1967, 76

84 Vgl. W. Trilling, Metanoia als Grundforderung, 186

85 A. Exeler, Umkehr und Buße, in: Mitten in der Welt,
    März/1968/28, Freiburg, 12-43, 18

86 Vgl. W: Trilling, die Botschaft Jesu, Freiburg 1978, 28

87 Ebd., 31

88 Ebd., 33

89 Ebd., 34

9o Ebd., 35

91 H. Schuster, Umkehr und Buße im Leben der Kirche, in:
    Handbuch der Pastoraltheologie /HPTh/ IV, hg. von

F. Klostermann, K. Rahner u.a., Freiburg 1969, 95-11o, 96 f.

92 Ebd., 99

93 A. Exeler, Umkehr und Buße, a.a.O., 21

94 H. Schuster, a.a.O., loo

95 Vgl. ebd., lol

96 W. Trilling, Metanoia als Grundforderung, 181 f.

97 L.X. Dufour, a.a.O., 781

98 Vgl. J. Jeremias, a.a.O., 155

99 R. Schnackenburg, a.a.O., 47

loo W. Trilling, Metanoia als Grundforderung, 184

lol Vgl. ebd., 184

lo2 Ebd., 185

lo3 Vgl. R. Schulte, a.a.O., 134

lo4 Vgl. M. Hoffer, a.a.O., lol

lo5 W. Trilling, Metanoia als Grundforderung, 179

lo6 J. Behm - E. Würthwein, a.a.O., 999

lo7 Vgl. G. Lohfink, Paulus vor Damaskus, Stuttgart 1965, passim.

lo8 Ph. Seidensticker, Paulus, der verfolgte Apostel Jesu Christi, Stuttgart 1965, 17

lo9 O. Kuss, Paulus, Regensburg 1971, 45

llo Vgl. G. Lohfink, a.a.O., 69 ff.

111 M. Dibelius - W.G. Kümmel, Paulus, Berlin 1951, 47 f.

112 Vgl. J. Holzner, Paulus, sein Leben und seine Briefe, Freiburg 1937, 27 ff.

113 J. Holzner, Rings um Paulus, München 1947, 135

114 R. Schulte, a.a.O., 134

115 R: Bultmann - A. Weiser, a.a.O., 217

116 R. Schulte, a.a.O., 134

117 J. Behm - E. Würthwein, a.a.O., looo

118 R. Schulte, a.a.O., 153

119 Vgl. R. Bultmann - A. Weiser, a.a.O., 225

12o Vgl. H. Sasse, 'kosmeō', in: ThWNT III, 867-898, 895

121 H.D. Wendland, a.a.O., 118

122 Vgl. W. Trilling, Metanoia als Grundforderung, 183

123 Vgl. O. Kuss, Der Brief an die Hebräer, Regensburg 1966, 199

124 H. D. Wendland, a.a.O., 118

125 Vgl. J. Guhrt, Zeit, Ewigkeit, in: BLzNT,1457-1462, 1457

126 H. Sasse, 'aiōn', in: ThWNT I, 197-2o9, 2o3

127 Ebd., 2o4

128 J. Guhrt, a.a.O., 1461

129 Vgl. H. Chr. Hahn, 'kairos',in:BLzNT, 1462-1466,1462 f.

13o Vgl. G. Schiwy, Weg ins Neue Testament I, Würzburg 1965, 139

131 F. Maliske, 'kairos', in: LThK V, hg.von J. Höfer und K. Rahner, Freiburg 196o, 1242-1244, 1242

132 Vgl. H. Schlier, Der Brief an die Epheser, Düsseldorf 1957, 63 ff.

133 Vgl. H. Chr. Hahn, 'kairos', a.a.O., 1466

134 H. Schlier, Römerbrief, 396

135 Ebd., 137

136 H. Chr. Hahn,'kairos', a.a.O., 1465

137 D. Wiederkehr, Entwurf einer systematischen Christologie, in: MySal 3/I, 477-646, 629

138 Vgl. R. Schulte, Mysterien der "Vorgeschichte", in: MySal 3/II,23-57, bes. 27-37

139 Vgl. D. Wiederkehr, a.a.O., 629

14o R. Pesch, Das Markus Evangelium I, Freiburg 1976, 95

141 Vgl. ebd., 98

142 D. Wiederkehr, a.a.O., 623

143 Vgl. ebd., 624 und H.U. von Balthasar, Mysterium Paschale, in: MySal 3/II, 133-32o, bes. 159-194

144 D. Wiederkehr, a.a.O., 625

145 Ebd., 625

146 R. Pesch, Das Markus Evangelium II, Freiburg 1977, 164

147 Ebd., 162

148 D. Wiederkehr, a.a.O., 598

149 Ebd., 599

15o B. Stoeckle, Erlöst, Stuttgart 1973, 68

151 Vgl. ebd., 169

152 D. Wiederkehr, a.a.O., 6oo

153 Vgl. ebd., 6oo

154 Vgl. E. Schillebeeckx, Jesus, Freiburg 1976, 177 ff.

155 Vgl. B. Stoeckle, a.a.O., 21

156 Vgl. E. Schilleebeckx, a.a.O., 183

157 W. Beinert, Christus und der Kosmos, Freiburg u.a., 1976, 87

158 Vgl. ebd., 87

159 Vgl. R. Schulte, Das sakramentale Geschehen der Umkehr in der Taufe, in: MySal V, 136-158, 144

16o F. Gogarten, Jesus Christus, Wende der Welt, Tübingen 1966, 45

161 Von der weiterführenden Literatur zu dieser Problematik verweisen wir auf folgende: E. Brandenburger, Adam und Christus, Neukirchen 1962: K. Barth, Christus und Adam nach Röm 5, Zollikon-Zürich 1952, O. Kuss, Röm 5,12-21, Breslau 1930 usw..

162 H. Schlier, Der Römerbrief, Freiburg 1977, 18o

163 Ebd., 18o

164 Vgl. ebd., 181

165 Vgl. ebd., 181

166 P. Althaus, Brief an die Römer, Göttingen [9]1959, 49 f.

167 Vgl. ebd., 5o

168 Vgl. ebd., 5o f.

169 F. Gogarten, a.a.O., 43

17o Vgl. R. Schulte, Das Christusereignis als Tat des Vaters, in: MySal 3/I, 477-646, 629

171 Vgl. B. Stoeckle, a.a.O., 17 f.

172 A. Hamman, Das Christusereignis als Tat des Sohnes,
     in: MySal 3/I, 89-1o3, 1oo

173 A. Schilson - W. Kasper, Christologie im Präsens,
     Freiburg ²1974, 146

174 Ebd., 146 f.

175 Chr. Schütz, Das Mysterium des öffentlichen Lebens und
     Wirkens Jesu, in: MySal 3/II 58-124, 61

176 R. Schulte, Mysterien der "Vorgeschichte, a.a.O., 32

177 Ebd., 32 f.

178 Vgl. H. Mühlen, Das Christusereignis als Tat des
     Heiligen Geistes, in: MySal 3/II, 513-545, 521

179 H. Mühlen, Die Erneuerung des christlichen Glaubens,
     München ²1976, 166; vgl. dazu H. Schürmann, Das
     Lukasevangelium, Freiburg 1969, 196

18o Vgl. H. Mühlen, Das Christusereignis,a.a.O., 535

181 Vgl. ebd., 536

182 Vgl. ebd., 539

183 LG 7, zitiert nach K. Rahner-H. Vorgrimler, Kleines
     Konzilskompendium, 129

184 Vgl. A. Wikenhauser, Die Christusmystik des Apostels
     Paulus, Freiburg ²1956, 38 f.

185 H. Mühlen, Der Heilige Geist als Person, Münster ²1966,
     19o

186 H. Mühlen, Una persona mystica, München u.a., 1967, 452.
     Zu anderen penumatologischen Fragen der heilsgeschicht-
     lichen Funktion des Heiligen Geistes in der Sendung
     Jesu,intertrinitarischen Beziehungen, Wirkung des
     Geistes in der Kirche usw. verweisen wir auf weitere
     Werke von H. Mühlen: Der Heilige Geist als Person in
     der Trinität, bei der Inkarnation und im Gnadenbund:
     Ich-Du-Wir, Münster ²1967; Die Kirche als die geschicht-
     liche Erscheinung des übergeschichtlichen Geistes Christi.
     Zur Ekklesiologie des Vaticanum II, in: Theologie und
     Glaube 55/1965/, 27o-289; Vgl. dazu noch H.U.von
     Balthasar, Spiritus Creator: Skizzen zur Theologie III,
     Einsiedeln 1967 usw.

187 Die Darstellung der alttestamentlichen Fragen zur
     Ekklesiologie findet man in dem Beitrag von N.Flüglister,
     Strukturen der alttestamentlichen Ekklesiologie, in:
     MySal 4/I, 23-99 mit der weiterführenden Literatur;
     zu den Fragen der neutestamentlichen Ekklesiologie, die
     jeweils bei Matthäus, Lukas, Johannes und Paulus ver-
     schiedene Ansätze hat, sei der Beitrag von H. Schlier,

Ekklesiologie des Neuen Testamentes, in: MySal 4/I, lol-215, mit weiterführender Literatur, genannt.

188 Zu den Fragen der Ekklesiologie des Zweiten Vatikanischen Konzils vgl. H. Mühlen, Una persona mystica, Paderborn u.a., 1967, 359-452

189 LG 5, nach K. Rahner-H. Vorgrimler, a.a.O., 125

190 H. Küng, Die Kirche, Freiburg [2]1968, 74

191 Vgl. B.D. Dupuy, Theologie der kirchlichen Ämter, in: MySal 4/II, 488-524, 494

192 Vgl. E. Schillebeeckx, Jesus, 335

193 Vgl. ebd., 336 ff.

194 Vgl. H. Küng, Die Kirche, 244 f.

195 Vgl. B. Häring, Frei in Christus I, Freiburg 1979, 4o2

196 Vgl. K. Rahner, Grundkurs des Glaubens, Freiburg 1976, 326

197 Vgl. SC 5; 26; LG 1 usw.

198 K. Rahner - H. Vorgrimler, a.a.O., 1o6

199 B. Häring, Frei in Christus I, 41o

2oo Vgl. ebd., 411

2o1 K. Rahner, Kirche und Sakramente, Freiburg 196o, 17

2o2 Vgl. ebd., 2o

2o3 O. Semmelroth, Gott und Mensch in Begegnung, Frankfurt 1955, 191; vgl. dazu E. Schillebeeckx, Christus, Sakrament der Begegnung, Mainz 196o und O. Semmelroth, Die Kirche als Ursakrament, [3]1963

2o4 B. Häring, Frei in Christus I, 413

2o5 Vgl. R. Schulte, Die Umkehr (Metanoia) als Anfang und Form des christlichen Lebens, a.a.O., 142

2o6 Ebd., 146

2o7 Ebd., 147

2o8 Ebd., 151

2o9 B. Häring, Frei in Christus I, 415

21o R. Schulte, a.a.O., 173

211 Vgl. ebd., 178

212 Vgl. H. Schlier, der Römerbrief, 2oo f.

213 Vgl. R. Schulte, a.a.O., 173

214 Vgl. ebd., 198

215 Ebd., 179; vgl. dazu F. Klostermann, Gemeinde - Kirche der Zukunft I, 179-226, bes. 192 ff.

216 H.Schlier, Die Grundzüge einer paulinischen Theologie, Freiburg 1978, 197

217 Vgl. R. Völkl, Dienende Kirche - Kirche der Liebe, Freiburg 1969, 15

218 Ebd., 16

219 Vgl. R. Schulte, a.a.O., 2o1

22o Vgl. D. Emeis - K.H. Schmitt, Grundkurs Sakramentenkatechese, Freiburg 198o, 83-11o, 84

221 Vgl. G. Biemer, Firmung, Theologie und Praxis, Würzburg 1973, 11

222 SC 71, zitiert nach K. Rahner-H. Vorgrimler, a.a.O., 73

223 Vgl. G. Biemer, Firmung, 16

224 Vgl. A. Benning, Gabe des Geistes, Münster 1972,21

225 D. Emeis - K.H. Schmitt, Grundkurs, 88

226 Vgl. S. Regli, Firmsakrament und christliche Entfaltung, in: MySal V, 297-347, 298

227 A. Benning, Gabe des Geistes, 22

228 Vgl. G: Biemer, Firmung, 22

229 Vgl. H. Küng, Was ist Firmung; Zürich u.a. 1976, 41 f.

23o Vgl. G. Biemer, Firmung, 37 ff.

231 Ebd., 42

232 Vgl. ebd., 43 f.

233 Vgl. D. Emeis - K.H. Schmitt, Grundkurs, 93 f.

234 LG 11, zitiert nach K. Rahner - H. Vorgrimler, a.a.O.,135

235 G. Biemer, Eingliederung in die Kirche, Mainz 1972, 37

236 Zu anderen theologischen, pastoralen und anthropologischen Fragen in bezug auf die Firmung und ihre Geschichte wie auch heutige Problematik vgl. B. Neunheuser, Taufe und Firmung, Handbuch der Dogmengeschichte, IV/II, hg. von M. Schmaus, J. Geiselmann und A. Grillmeier, Freiburg 1965;

U. Schwalbach, Firmung und religiöse Sozialisation,
Innsbruck-Wien-München 1979; P. Fransen, Firmung, in: LThK
IV, 145-152; W. Kasper - K. Lehmann, Die Heilssendung der
Kirche in der Gegenwart, Mainz ²1970; zum Problem der post-
baptismalen Salbung vgl. B. Welte, Postbaptismale Salbung,
Freiburg 1939; H. Küng, Die Firmung als Vollendung der Tau-
fe, in: ThQ 154/1974/ 26-47; Zu dem Begriff von Zeugnis
vgl. G. Biemer - P. Siller, Grundfragen der praktischen
Theologie, Mainz 1971, 150-155; vgl. auch "Sakrament der
Mündigkeit", Ein Symposion über die Firmung, hg. von Otto
Betz, München 1968

237   K. Rahner, Kirche und Sakramente, 18; vgl. dazu R. Schulte,
      Die Umkehr, a.a.O., 176

238   D. Emeis - K. H. Schmitt, Grundkurs, 117

239   LG 11, zitiert nach K. Rahner - H. Vorgrimler, a.a.O.,
      135

240   Johannes-Paul II., Über das Geheimnis der heiligsten
      Eucharistie, Februar 1980, hg. vom Sekretariat der DBK,
      Bonn 1980, Art. 4

241   Hier verweisen wir auf einige exegetische Werke, die sich
      mit den Problemen des letzten Mahles in verschiedenen
      Traditionen, die den Einsetzungsberichten zugrunde liegen,
      auseinandersetzen, wie J. Jeremias, Die Abendmahlsworte
      Jesu, Göttingen ⁴1966; R. Pesch, Wie Jesus das Abendmahl
      hielt, Freiburg 1977; ders., Das Abendmahl und Jesu Tod-
      verständnis, Freiburg 1978; H. Schürmann, Jesu ureigener
      Tod, Freiburg 1975

242   A. Gerken, Theologie der Eucharistie, München 1973, 54f.

243   Vgl. D. Emeis - K. H. Schmitt, Grundkurs, 119

244   Einen vollständigen Überblick über die Genese der Eucha-
      ristie findet man bei J. A. Jungmann, Missarum sollemnia
      I und II, Wien 1949; vgl. dazu Handbuch der Liturgie-
      wissenschaft, hg. von A. G. Martimort, (aus dem Französi-
      schen übertragen), Freiburg 1963, hier: Bd I, 272-456; zu
      den Fragen der erneuerten Messordnung vgl. E. J. Lengeling,
      Die neue Ordnung der Eucharistiefeier. Allgemeine Einfüh-
      rung in das römische Meßbuch. Endgültiger lateinischer und
      deutscher Text. Einleitung und Kommentar, Münster ⁴1972

245   E. Béraudy, Die christliche Initiation, in: Handbuch der
      Liturgiewissenschaft II, hg. von A. G. Martimort, 45-101,
      97

246   Zu den dogmatischen Fragen des Eucharistieverständnisses
      vgl. J. Ratzinger, Das Problem der Transsubstantiation
      und die Frage nach dem Sinn der Eucharistie, in: ThQ 147/
      1967/ 129-176; B. Welte, Auf der Spur des Ewigen, Freiburg
      1965, 459-467; einen Einblick in die dogmengeschichtlichen
      Fragen bietet der Beitrag von J. Betz, Eucharistie als
      zentrales Mysterium, an, in: MySal 4/II, 185-312, hier:
      210-312

247 J. H. Emminghaus, Vom Empfangen und Geben, in:Gott feiern, hg.von J.G.Plöger, Freiburg 1980, 170-182, 177

248 Vgl. Th. Schnitzler, Was die Messe bedeutet, Freiburg 1976, 64 ff.

249 E.J. Cooper, Buße-Umkehr-Versöhnung, in:Anzeiger 3/1980/, 84-88, 86

250 D. Emeis - K.H. Schmitt, Grundkurs, 130

251 A. Gerken, Jesus unter uns, Münster 1977, 75

252 Vgl. ebd., 75 ff, un d D. Emeis - K.H. Schmitt, a.a.O., 139f.

253 K. Rahner, Kirche und Sakramente, 77

254 Th. Schneider, Zeichen der Nähe Gottes, Mainz 1979, 171

255 L. Bertsch, Gottesdienst, in: OG I, 187-225, 200

256 Vgl. H. Vorgrimler, Der Kampf des Christen mit der Sünde, in: MySal V, 349-383, 352 ff.

257 R. Knierim, Die Hauptbegriffe für die Sünde im Alten Testament, Gütersloh 1965, 57

258 Vgl. ebd., 61

259 P. Schoonenberg, Theologie der Sünde, Einsiedeln u.a. 1966, 12

260 H. Leroy, Begriffe für Sünde und Vergebung im Alten Testament, in:Chance der Umkehr, hg. von P. Müller, Stuttgart 1978, 32-34, 33

261 P. Schoonenberg, a.a.O., 12

262 Vgl. ebd., 12 ff.

263 Vgl. R. Knierim, a.a.O., 74

264 Vgl. A. Deissler, Die Sünde der Menschen, in: Mitten in de Welt MÄrz/1968/ 28, 10-11, 10

265 W. Günther, Sünde, in:BLzNT III, 1192-1204, 1192

266 P. Schoonenberg, a.a.O., 14

267 Zu den anderen Fragen über die Sünde vgl. W. Grundmann, 'åmartano, åmartia', in:ThWNT I, 267-320; K. Rahner, Sündige Kirche nach den Dekreten des Zweiten Vatikanischen Konzils, in:Schriften zur Theologie VI, 321-347; B. Häring, Sünde im Zeitalter der Säkularisation, Graz 1974; J. Bommer - G. Condrau, Schuld und Sühne, Zürich 1970

268 Vgl. P. Schoonenberg, a.a.O., 25

269 Vgl. H. Vorgrimler, a.a.O., 361

27o Ebd., 362

271 Vgl. A.K. Ruf, Sünde - was ist das?, München 1972, 64 ff.

272 F. Böckle, Das Problem der Sünde, in: HPTh IV, 115-14o, 121

273 K. Rahner, Bußsakrament, in: LThK II, 826-838, 829

274 D. Emeis - K.H. Schmitt, a.a.O., 172

275 Zu geschichtlichen Fragen der Buße vgl. K. Rahner,
Frühe Bußgeschichte in Einzeluntersuchungen, in: Schriften
zur Theologie XI, Einsiedeln u.a. 1973; ders., Das Sakrament der Buße als Wiederversöhnung mit der Kirche, in:
Schriften zur Theologie VIII, Einsiedeln 1967, 447-471;
zu den Fragen der Bußriten vgl. J.A. Jungmann, Bußriten,
in LThK II, 823-826; ders., Die lateinischen Bußriten,
Innsbruck 1932; zu der Bußdisziplin in allgemeinen vgl.
K. Rahner, Bußdisziplin, in: LThK II, 8o5-815

276 SC 72, zitiert nach K. Rahner - H. Vorgrimler, a.a.O., 74

277 Die Kongregation für den Gottesdienst versteht "Ordo
Paenitentiae" von 2. Dezember 1973 (deutsche Ausgabe:
Die Feier der Buße, Freiburg 1974, hg. von Liturgische
Institute, Salzburg-Trier-Zürich) als Möglichkeit durch
die neu bearbeitete Ordnung für die Feier der Buße den
Gläubigen das sakramentaleGeschehen erfaßbar und zugänglich
zu machen. Es sind drei Grundformen vorgesehen:
1. Die Feier der Versöhnung für einzelne;
2. Gemeinschaftliche Feier der Versöhnung mit Bekenntnis
und Lossprechung der einzelnen;
3. Gemeinschaftliche Feier der Versöhnung mit allgemeinem
Bekenntnis und Generalabsolution. Die letzte Form der
Feier der Versöhnung wird : in der BRD nicht praktiziert.

278 Buße und Bußsakrament, in: OG I, 258-268, 261

279 Die Feier der Buße, 5

28o Vgl. J. Eger, Erneuerung des Bußsakramentes, Freiburg [2]1966,
58 ff.

281 Vgl. D. Emeis - K. H. Schmitt, a.a.O., 172

282 Ebd., 173

283 Th. Schneider, a.a.O., 2o8

284 Vgl. H. Vorgrimler, a.a.O., 368 ff.

285 Zu den verschiedenen Fragen wie Schlüsselgewalt, Sakramen-
talität des Bußsakramentes im engeren Sinne von "Binden
und Lösen" und besonders die Fragen in bezug auf die
"zweite Buße", vgl. H. Vorgrimler, "'Binden und Lösen'"

in der Exegese nach dem Tridentinum bis zum Beginn des
2o. Jahrhunderts,in: ZKTh 85/1963/, 460-477; A. Vögtle,
Sünde wider den Heiligen Geist, in: LThK IX, 1187-1188;
W. Doskocil, Der Bann in der Urkirche, München 1952;
K. Mörsdorf, Exkommunikation, in: HThG I, München 1962,
375-382; Buße und Beichte, hg. von E.C. Suttner,Regensburg
1972 (ein ökumenisches Symposion); A. Esser, Das Phänomen
der Reue, Köln 1963; F. Lakner, Genugtuung, in: SM II,
246-251; K. Rahner, Sündenstrafen, in: SM IV, 761-766

286 H. Vorgrimler, Die sakramentale Sichtbarkeit für Sündenvergebung, in: MySal V, 384-461, 441

287 Th. Schneider, a.a.O., 2o8

288 F. Böckle, a.a.O., 112

289 P.M. Zulehner, Umkehr - Prinzip und Verwirklichung,
Am Beispiel der Beichte, (Beiträge zur praktischen Theologie, Erwachsenenbildung), Frankfurt 1979

29o Vgl. ebd., 5

291 Ebd., Umschlag

292 In seinen Ausführungen und Gedanken zum Umkehrprozeß
übernimmt P.M. Zulehner die Ergebnisse aus den
Humanwissenschaften über Identität und Selbstverwirkli-
chung. Daher verweisen wir hier auf einige Literatur, auf
die er sich stützt, Vgl. E. Erikson, Identität und Lebens-
zyklus, Frankfurt ²1974; ders., Kindheit und Gesellschaft,
Stuttgart 1961;Y. Spiegel, Der Prozeß des Trauerns,
München-Mainz 1973; H. Stenger, Wege zu einem starken Ich,
in: Jetzt 8/1975/, H. 3, H. 4, und 9/1976/ H. 1.; T.
Brocher antwortet M. Linz, Schuld und Trauer. Zur Psycho-
analyse der Beichte, Düsseldorf 1971; I.A. Caruso,
Trennung der Liebenden, Stuttgart 1968; die soziologischen
Analysen übernimmt er hauptsächlich von P.L. Berger -
T. Luckmann,Die gesellschaftliche Konstruktion der Wir-
klichkeit,Frankfurt 1969; P.L. Berger, Zur Dialektik
von Religion und Gesellschaft, Frankfurt 1973

293 P.M. Zulehner, a.a.O., 8

294 Ebd., 5

295 Ebd., 6

296 Ebd., Umschlag

297 Vgl. ebd., .98

298 Vgl. ebd., 99

299 Vgl. ebd., 1oo

3oo Vgl. ebd., 1o2

301   Vgl. ebd., 1o3

302   Vgl. ebd., 1o4

303   Ebd., 1o4

304   Ebd., 1o4 f.

305   Vgl., ebd., 1o5

306   Vgl. ebd., 198

307   Vgl. ebd., 1o8 ff.

308   Ebd., 1o9

309   Vgl. ebd., 112

31o   Ebd., 111 f.

311   Vgl. ebd., 1o9 f.

312   Vgl. ebd., 112 f.

313   Vgl. ebd., 111

314   Vgl. ebd., 115

315   Vgl. ebd., 116

316   Vgl. ebd., 117

317   Ebd., 118

318   Vgl. ebd., 119

319   Vgl. ebd., 12o

32o   Ebd., 12o

321   Vgl. ebd., 122

322   Ebd., 123

323   Ebd., 125

324   Vgl. ebd., 149 ff.

325   Vgl. ebd., 196 f.

326   Vgl. ebd., 198

327   Vgl. ebd., 2o4

328   Vgl. K. Lehmann, Die verlorene Fähigkeit zur Umkehr, in:
      Communio H. 5/1978/, 385-39o, 387

329 Vgl. G. Biemer - P. Siller, Grundfragen,118-132

33o Vgl. E. Fromm, Haben oder Sein. München 1976. wo er sich
     unter anderem Gedanken über die verschiedenen
     Existenzweisen macht, die sich im "Haben" oder im "Sein"
     begründen. Der Mensch, der aus dem Sein lebt und sich
     anders zur Welt verhält, ist der Typ des neuen Menschen,
     der die neue Erde herbeiführen kann und die jetzige Welt
     vor der Katastrophe bewahren kann.

331 K. Lehman, a.a.O., 387

332 P. Schoonenberg, a.a.O., 217 f.

333 J. Ratzinger, Metanoia als Grundbefindlichkeit christliche
     Existenz, in: Buße und Beichte, hg. von E.Chr. Suttner,
     III Regensburger Ö. Symposion, Regensburg 1972, 21-37,24

334 F. Böckle, Der Weg des erlösten Menschen in der Zwischen-
     zeit, in MySal V, 21-113, 65

335 J. Ratzinger, Metanoia als Grundbefindlichkeit, a.a.O.,,21

336 Ebd., 23

337 Ebd., 22

III Teil

1 Vgl. Glaubensverkündigung für Erwachsene, Deutsche Ausgabe
   des Holländischen Katechismus (HK), Freiburg [6]1972, VII

2 Vgl. ebd., VIII

3 Ebd., V

4 Ebd., V

5 Ebd., VI

6 Ebd., 293

7 Ebd., 293

8 Vgl. ebd., 297

9 Vgl. ebd., 298

lo Ebd., 299

11 Ebd., 3oo

12 Vgl. ebd., 294 f.

13 Vgl. ebd., 295 f.

14 Vgl. ebd., 292

15 Vgl. ebd., 293

16 Vgl. ebd., 8 f.

17 Ebd., 9

18 Ebd., 3oo

19 Vgl. ebd., 3ol

2o Vgl. ebd., 3o3 f.

21 Ebd., 297

22 Vgl. ebd., 279

23 Vgl. H.A. Mourits, Grundthemen des Holländischen Katechismus,
    München 1968, 6o-66

24 HK, 504

25 Ebd., 499

26 Vgl. ebd., 265 f.

27 Vgl. ebd., 3ol

28 Ebd., 3ol

29 Vgl. ebd., 27; 35o

3o G. Bitter,Erlösung - Die religionspädagogische Realisierung eines zentra-
    len theologischen Themas, München 1976, 215

31 Vgl. ebd., 214

32 Vgl. HK, 87

33 Ebd., 268

34 Ebd., 139

35 Ebd., lo5; vgl. ebd., lo3; 111; 139

36 Vgl. ebd., 317

37 Ebd., 315

38 Vgl. ebd., 3o4; 318; 53o

39 Ebd., 266

4o Ebd., 266

41 Ebd., 266

42 Vgl. ebd., 267

43 Ebd., 268

44 Ebd., 79

45 Ebd., 18o

46 Ebd., 112

47 Vgl. ebd., 111 f.

48 Vgl. ebd., 114 ff.

49 Ebd., 392

5o Ebd., 392

51 Vgl. ebd., 393

52 Vgl. ebd., 298

53 Ebd., 163

54 Ebd., 153

55 Vgl. ebd., 272

56 Ebd., 279

57 Vgl. ebd., 282, wo zur Kindertaufe Stellung genommen wird.

58 Ebd., 273

59 Vgl. ebd., 276

6o Ebd., 277

61 Ebd., 278

62 Ebd., 278

63 Ebd., 279

64 Ebd., 289

65 Vgl. ebd., 29o f.

66 Ebd., 291

67 Ebd., 312

68 Vgl. ebd., 326; 329

69 Ebd., 498

7o Ebd., 5o7 ff.

71 Ebd., 513

72 Ebd., 513

73 Ebd., 5o7

74 Ebd., 5o7

75 Vgl. ebd., 6-11; 133; 265 f.; 292-3o4; 498-5o4

76 G. Bitter, Wandlungen im Erlösungsverständnis, in: Lernprozesse im Glauben, hg. von D. Emeis, Freiburg 1973, 86-141, 11o

77 Vgl. ebd., 3oo; 5o3; 5o4

78 Vgl. ebd., 27; 35o; 139; 1o5;; 163; 5o7; 279;289; 5o8; 512 ff.

79 Vgl. ebd., 28o; 284

8o Vgl. 2.5. in dieser Arbeit

81 Neues Glaubensbuch,der gemeinsame christliche Glaube (NG), hg. von J. Feiner - L. Vischer, Freiburg u.a. [7]1973, 13

82 Ebd., 2o

83 Ebd., 2o

84 Vgl. ebd., 17; 2o

85 Ebd., 228

86 Vgl. ebd., 24 ff.

87 Vgl. ebd. 325 f.

88 Ebd., 326

89 Ebd., 327

9o Vgl. ebd., 331

91 Vgl. ebd., 279

92 Ebd., 296

93 Ebd., 533

94 Ebd., 533

95 Ebd., 298

96 Ebd., 297 f.

97   Ebd., 544

98   Ebd., 326

99   Ebd., 33o

1oo Ebd., 322

1o1 Vgl. ebd., 322 ff.; 119

1o2 Ebd., 325

1o3 Ebd., 65

1o4 Vgl. ebd., 485

1o5 Vgl. ebd., 228

1o6 Ebd., 484

1o7 Vgl. ebd., 332 ff.

1o8 Vgl. ebd., 134 f.

1o9 Ebd., 135

11o Ebd., 3o4

111 .Ebd., 3o6

112 Ebd., 3o8

113 Vgl. ebd., 3o9 ff. 322

114 Ebd., 311

115 Ebd., 42

116 Vgl. ebd., 207; 334; 485

117 Ebd., 287

118 Ebd., 287 f.

119 Ebd., 288

12o Ebd., 41

121 Ebd., 3o4

122 Vgl. ebd., 2o9

123 Ebd., 24o

124 Ebd. 241

125 Ebd., 3o4

126 Vgl. ebd., 346

127 Ebd., 381

128 Ebd., 584

129 Ebd., 312

13o Ebd., 312

131 Vgl. ebd., 384 ff.; 581 ff.

132 Ebd., 456

133 Ebd., 363

134 Vgl. ebd., 296; 533

135 Ebd., 544

136 Vgl. ebd., 65; 119; 228; 322 ff.; 33o; 485

137 Vgl. ebd., 42; 135; 3o8 ff.; 322

138 Vgl. ebd., 287 ff; 312; 381 ff.; 581

139 Vgl. Evangelischer Erwachsenen Katechismus (EEK), Gütersloh 1975, 37

14o Vgl. ebd., 36 ff.

141 Vgl. ebd., 2o

142 Vgl. ebd. 39

143 Ebd., 27o f.

144 Ebd., 335

145 Vgl. ebd., 289 ff.,

146 Ebd., 274

147 Vgl. ebd., 286-289

148 Vgl. ebd., 325

149 Ebd., 336

15o Vgl. ebd., 336

151 Ebd., 325

152 Ebd., 327

153 Ebd., 328

154 Vgl. ebd., 328 ff.

155 Ebd., 332

156 Vgl. ebd., 271

157 Ebd., 325

158 Vgl. ebd., 229; 253; 325 ff.; 334

159 Ebd., 332

16o Ebd., 335

161 Ebd., 452

162 Vgl. ebd., 27o ff.

163 Ebd., 274

164 Ebd., 274 f.

165 Ebd., 334

166 Vgl. ebd., 257; 267; 275

167 Ebd., 267

168 Ebd., 518

169 Vgl. ebd., 52o

17o Vgl. ebd., 44o

171 Vgl. ebd., 269

172 Ebd., 541

173 Vgl. ebd., 277; 446; 1192

174 Vgl. ebd.,276 ff.

175 Vgl. ebd., 39

176 Vgl. ebd., 36o

177 Vgl. ebd., 361; 551

178 Ebd., 519

179 Ebd., 439

18o Ebd., 439; vgl. 442; 448; 45o

181 Vgl. ebd., 463

182 Vgl. ebd., 452

183 Ebd., 442

184   Vgl. ebd., 36o; 519; 551

185   Ebd., lo6o

186   Ebd., lo6o

187   Vgl. ebd., lo62

188   Vgl. ebd., lo87

189   Vgl. ebd., lo63 f.

19o   Ebd., 132

191   Vgl. ebd., 276; 442; 541 ff.; lo65; 1252 ff.

192   Ebd., 549

193   Vgl. ebd., 545; 1246 f.; 1281 ff.

194   Ebd., 1197

195   Vgl. ebd., 545; 1246 f.; 1281 ff.

196   HK, VII

197   Vgl. Bruno Dreher - Klaus Lang, Theologische Erwachsenen-
      bildung (ThEB), Graz 1969, 28

198   Vgl. ebd., 38

199   Ebd., 41

2oo   Vgl. ebd., 15o f.

2o1   Vgl. B. Dreher, Glaubensstunden für Erwachsene. Ein Ar-
      beitsbuch mit ausgeführten Modellen, Bde I/1971, II/1972,
      III/1973/, Graz. In keinem von diesen Kursbüchern ist
      Umkehr oder Bekehrung thematisiert. Beim Thema "Buße und
      Beichte unmodern?" werden anhand des HK und anderer mo-
      derner Literatur Sünde und Schuld, Buße und Bußsakrament
      behandelt. Dabei findet man nur eine allgemeine Defini-
      tion der Umkehr nach dem AT, wo die Hinwendung des ganzen
      Menschen zu Gott und die Bekehrung des Herzens hervorge-
      hoben werden und die horizontale Dimension der Umkehr in
      der Liebe zum Bruder (vgl. Bd II, 179-199).

2o2   Vgl. B. Dreher, ThEB, 14 ff.

2o3   Ebd., 4o f.

2o4   Vgl. ebd., 17 ff.

2o5   Vgl. ebd., 114 ff.

2o6   Ebd., 43

2o7 Vgl. ebd., 38; 41 f.; 15o

2o8 Ebd., 2o

2o9 Vgl. ebd., 28; 38; 41; 15o

21o Vgl. B. Dreher, Glaubensstunden für Erwachsene II, 191 ff.

211 Vgl. B. Dreher, ThEB, 43

212 Ebd., 62

213 Vgl. ebd., 44 ff.; 51 f.

214 Ebd., 53

215 Durch alle ausgeführten Modelle in den Kursbüchern
I, II. und III bringt B. Dreher viele Denkanstöße aus
dem konkreten Leben und führt die induktive Methode
konsequent durch.

216 Vgl. B. Dreher, ThEB, 28; 38; 41; 15o. Das Seminar verläuft in drei Etappen mit je neun Abenden jeweils mit
Vortrag und Diskussion.

217 Vgl. dazu, was in dieser Arbeit über das Modell von
P. M. Zulehner gesagt ist (2.4).

218 Vgl. B. Dreher, ThEB 14

219 E. Feifel, Erwachsenenbildung, Zürich u.a. 1972, 13

22o Vgl. ebd., 14; 16 f.; 22

221 Vgl. ebd., 17; 21

222 Vgl. ebd., 23

223 Vgl. ebd., 2o f.; 28 f.; 33

224 Ebd., 45

225 Vgl. ebd., 48; 61; 72

226 Ebd., 74 f.

227 D. Emeis, Lernprozesse im Glauben (LG1), Freiburg 1973,26

228 Vgl. ebd., 12; 27

229 Ebd., 12 f.

23o Ebd., 13

231 Unter "Science" versteht D. Emeis die Wissenschaft,
deren Grundlage objektive Daten und Tatsachen sind.
Deswegen ist das in der "Science" geübte und angewandte
Denken messendes und berechnendes Denken. Sie kann auch
als "Meßwissenschaft" bezeichnet werden. "Unmeßbares
und Unberechenbares oder noch Ungemessenes und Unbe-
rechnetes gilt in der Science zugleich als nur unsicher
Erkennbares oder noch unsicher Erkanntes." (WG, 23).
Damit läuft man Gefahr, daß durch ein solches Denken
und Verfahren der Science eine Sicht der Wirklichkeit, die
nicht durch Messen erfaßt werden kann, entgeht.
Unter "Technik" versteht D. Emeis die durch die "Science"
geschaffene Möglichkeit, aufgrund der Daten bestimmte
Prognosen herzustellen, durch die künftiges Geschehen
vorauszusagen und zu beeinflussen ist. Mit "Science
und Technik" ist ein Erlebnis der Macht verbunden, da
die Welt durch sie als machbar und veränderbar erfahren
wird.

232 Vgl. D. Emeis, Wegzeichen des Glaubens (WG), Freiburg
1973, 59

233 Ebd., 65

234 Ebd., 66

235 Vgl. ebd., 66 f.; 78 f.; lo6 f.; 123 f.

236 Vgl. ebd., 124 ff.; 143; 152; 169

237 Ebd., 134

238 Vgl. D. Emeis, LGl., 5

239 Vgl. ebd., 13; 15 ff.

24o D. Emeis, WG., 127

241 Vgl. ebd., 192 f.; 195

242 Vgl. H. Jellouscheck - A. Imhasly, Freier leben,
Freiburg 1973, 5

243 Vgl. ebd., 7

244 Ebd., 40

245 Vgl. ebd., 12

246 Ebd., 11

247 Ebd., 11

248 Vgl. ebd., 12 f.; 14; 45 ff.; 89 ff.

249 Bei E. Feifel kann man nicht über Inhalte, Methode und
Medien im engeren Sinne sprechen, weil er kein konkretes Modell, sondern nur die Theorie der th. EB. entwickelt
hat.

IV. Teil

1   In dieser Arbeit wird mit "Cursillobewegung" das ganze
    Geschehen bei diesem Modell bezeichnet, im Gegensatz
    zu "Cursillo", was für den dreitägigen Kurs dieser Bewe-
    gung steht.

2   Obwohl die Cursillobewegung schon über drei Jahrzehnte
    in der Kirche arbeitet (in der BRD schon zwei Jahrzehnte),
    ist sie ziemlich unbekannt. In der letzten Zeit entstan-
    den zwei Diplomarbeiten über die Cursillobewegung:
    Norbert Schnorbach schrieb seine Arbeit mit dem Titel
    ".Christliche Freundschaftsgruppe und Basisgemeinde" -
    Untersuchungen zur Cursillo-Bewegung im deutschsprachi-
    gen Raum und zu ihrem Gemeindeverständnis, Tübingen 1980;
    Rita Schwan untersuchte den Cursillo, den dreitägigen
    Kurs, im Bezug auf das Erlebnis in der Gemeinschaft und
    die Glaubenserfahrung in ihr, in ihrer Arbeit: "Cursillo -
    Chancen und Grenzen einer neuen spirituellen Bewegung",
    Würzburg 1980. Beide Arbeiten bringen gute Ansatzpunkte
    zu einer kritischen Auseinandersetzung mit der Cursillo-
    bewegung. Bei N. Schnorbach findet man ein vollständiges
    Cursilloverzeichnis der deutschsprachigen Cursilloitera-
    tur.

3   Die Versuche wurden schon in Fulda und in Freiburg
    durchgeführt. Darüber gibt es aber bis jetzt weder eine
    Statistik noch Richtlinien.

4   Kurse für Ehepaare werden in der BRD noch nicht gehalten;
    es gibt sie schon in Australien und Amerika.

5   Im Rahmen dieser Arbeit kann es nicht darum gehen, die
    ganze gesellschaftlich-kirchliche Situation in Spanien
    zur Zeit der Entstehung der Cursillobewegung darzustellen,
    sondern nur darum, auf einige Zeichen der Zeit hinzuweisen,
    um einen Einblick zu geben, wie die äußere Situation auf
    die Entstehung dieser Bewegung einwirkte, die sich mit der
    Erneuerung der Kirche auseinandersetzte. Die Gedanken zur
    damaligen Situation sind einem Interview entnommen, das
    Wolfgang Schneller, Vertreter der Cursillobewegung in der
    BRD, mit Eduardo Bonnin, dem Hauptgründer der Bewegung,
    geführt hat. Es befindet sich in dem unveröffentlichten
    Manuskript von W. Schneller zur Darstellung der Cursillo-
    bewegung "Komm und sieh!" (Rottenburg), vgl. 13-16

6   E. Bonnin - M. Fernandez, Entstehung und Methodik des
    Cursillo, Klagenfurt 1974, 12

7   J. G. Cascales, Aus dem Rucksack eines Wanderers, Wien
    1978, 23. Josef Garcia Cascales, CMF, ist geistlicher
    Leiter der Cursillobewegung im ganzen deutschen Sprachge-
    biet.

8 Vgl. F. Klostermann, Der Apostolat der Laien in der
   Kirche, in: HPTh III, hg. von F. X. Arnold u.a. Freiburg
   1968, 586-635, mit weiterführender Literatur.

9 W. Schneller, Komm und sieh!, 12

lo E. Bonnin - M. Fernandez, a.a.O., 11

11 Ebd., 12

12 W. Schneller, Cursillo - das Tauferlebnis des Getauften,
   in: Erneuerung in Kirche und Gesellschaft, Paderborn
   4/1978, 24-26, 24

13 Vgl. E. Bonnin - M. Fernandez, a.a.O., 25

14 N. Schnorbach, Christliche Freundschaftsgruppe und
   Basisgemeinde, 41

15 Vgl. Richtlinien für die Mitarbeiter des Cursillo,
   hg. von Arbeitsgemeinschaft der Diözesansekretariate
   der Cursillobewegung in Österreich (ADC), Wien ^{2}1971, 33;
   vgl. dazu E. Bonnin - M. Fernandez, a.a.O., 29

16 Vgl. E. Bonnin - M. Fernandez, a.a.O. 15

17 Ebd., 17 f.

18 Vgl. ebd., 19 f.

19 Vgl. ebd., 22

2o Vgl. ebd., 22

21 Vgl. ebd. 22

22 Vgl. B. Dreher, Die Beachtung der Altersstufen und die
   stufenweise Initiation in das gelebte Christentum,
   in: HPTh II/1, 11o-133

23 Vgl. K. Rahner - N. Greinacher, Religion und Kirche in
   der modernen Gesellschaft, in: HPTh II/1, 222-232

24 Dies ist eine von den mehreren Definitionen der Cursillo-
   bewegung. In den "Richtlinien für die Mitarbeiter des
   Cursillo" findet sich folgendes: "Der Cursillo liebt die
   Definitionen. Er selber ist:
   - Das freudige Weiterschenken des christlichen Seins.
   - Das Erlebnis des Wesentlichen im Christentum mit dem
     Ziel, der Christenheit das Rückgrat zu geben.
   - Das neue Pfingsten in unserer Zeit.
   - Die geistige Taufe des getauften Christen.
   - Das Erwachen zum Leben der Gnade.
   - Eine geistige Aufrüttelung und ihre Projektion für das
     Leben, die die Christen zum konsequenten Bewußtsein
     ihres Christentums erwecken und dadurch aus ihnen das
     Rückgrat der Kirche machen.", 25

25 Vgl. ebd., 25 und J. G. Cascales, Die geistige Taufe, in: Cursillo-Fundamente, hg. von ADC, Altausee 1979, 80-85

26 Ebd., 8o; "Nachcursillo" ist der Begriff für die Zeit nach dem Cursillo.

27 W. Schneller, Cursillo - das Tauferlebnis, a.a.O., 25

28 Hier sei auf das Buch von G. Biemer verwiesen: Edilbert Menne und sein Beitrag zur Pastoraltheologie. Eine pastoraltheologische Untersuchung. (= Untersuchungen zur Theologie der Seelsorge), XXV, hg. von F. X. Arnold, Freiburg u.a., 1969. Der Autor zeigt, wie E. Menne (1750-1828) in der Aufklärungszeit Taufe und Tauferneuerung thematisiert.

29 J. G. Cascales, Aus dem Rucksack eines Wanderers, 66

3o Ebd., 66

31 J. G. Cascales, Die christliche Freundschaftsgruppe. Ein Lexikon für Theorie und Praxis, Wien 1974, 63, (im folgenden "Lexikon" genannt).

32 J. Capmany, Das Prophetische und das Charismatische in der Cursillobewegung, in: Fundamente, 99-12o, 99f.

33 Vgl. J. G. Cascales, Für eine Kirchenbewegung. Worauf es ankommt bei Cursillo, Wien 1976, 26 ff.

34 Vgl. R. Schwan, Chancen und Grenzen einer neuen spirituellen Bewegung, 18

35 Vgl. J. Capmany, a.a.O. 1o1

36 Vgl. ebd., 1o1

37 Vgl. ebd., 1o2

38 Vgl. ebd., 1o2

39 Vgl. ebd., 1o2

4o Vgl. ebd., 1o3

41 Vgl. ebd., 11o f.

42 Ebd., 1o4

43 Vgl. ebd., 114

44 Zitiert nach "Fundamente", 115

45 Im Beitrag von J. Capmany und in anderen Beiträgen
   beim Treffen in Altausee vom 18.-2o. Mai 1979, die in
   "Fundamente" erschienen sind, ist die Theologie des
   Zweiten Vatikanischen Konzils über die Kirche als Volk
   Gottes, ihre pneumatologische Dimension und ihre Sendung
   herausgearbeitet. Es ist bezeichnend, daß die theologischen Schwerpunkte und Inhalte in ihrer Bearbeitung und
   Darstellung bei den Kursen von den Leitern abhängen und
   in diesem Punkt die Cursillobewegung viel offener ist
   als in der Struktur des Kurses selbst. An der Struktur
   dürfen keine Veränderungen vorgenommen werden. Es heißt:
   "... und da der Cursillo (sc. Bewegung) keine eigentliche zentrale Autorität oder Führung außerhalb der
   Diözese kennt, suchten wir das Minimum und gleichzeitig
   das Maximum an Einheit in der Gemeinschaft und in der
   Arbeitsweise ... und so können wir uns nicht so leicht
   erlauben, aus einem Werkzeug der Seelsorge so viel
   Verschiedenheit zu machen, daß man da und dort den
   Eindruck bekommt, es handle sich um verschiedene Sachen",
   in: Fundamente, 11

46 Vgl. J. G. Cascales, Die gerade Straße, Wien 1974, 45;
   Richtlinien für die Mitarbeiter des Cursillo, 79 ff.;
   E. Bonnin - M. Fernandez, a.a.O., 56 ff.

47 W. Schneller, Cursillo - das Tauferlebnis, 25

48 E. Bonnin - M. Fernandez, a.a.O., 57

49 J. G. Cascales, Die gerade Straße, 9

5o P. Meinhold, Außenseiter in der Kirche, Freiburg 1977,
   97

51 Ebd., 97

52 J. Capmany, a.a.O. 116

53 Ebd., 117

54 J. G. Cascales, Die gerade Straße, 78

55 Vgl. das einleitende Kapitel dieser Arbeit, besonders
   die hervorgehobenen Gedanken und Richtlinien des
   Zweiten Vatikanischen Konzils über den Beitrag der
   Laien bei der Erneuerung, 1.1.7

56 Zum Begriff "Zeugnis" vgl. G. Biemer - P. Siller,
   Grundfragen der praktischen Theologie, Mainz 1971,
   15o-157

57 Vgl. H. Mühlen, Einübung in die christliche Grunderfah-
   rung, I und II, Mainz 1976, hier: I, 88-11o; vgl. ders.,
   Erfahrungen mit dem Heiligen Geist (Zeugnisse und Berichte),Mainz 1979, hier: 12-36

58 Vgl. W. Schneller, Cursillo - das Tauferlebnis, a.a.O., 25 ff.

59 Vgl. J. G. Cascales, Lexikon, 17

6o Vgl. ebd., 17 f.

61 "Freundschaftsgruppen" werden in der Cursilloliteratur Gruppen genannt, die von den Teilnehmern des Cursillo gebildet werden. Vgl. dazu J. G. Cascales, Lexikon, 5o ff.; 228 f.

62 J. G. Cascales, Lexikon 18

63 "Mein Programm", das bei Cursillo den Teilnehmern erteilt wird, will eine Hilfe für die regelmäßige Überprüfung der religiösen Praxis im Alltag sein, durch die die Entfaltung des religiösen Lebens gefördert wird. Vgl. Anhang 2

64 "Programm für das Gruppentreffen" gibt Hinweise für den Ablauf eines Treffens der Freundschaftsgruppe. Vgl. Anhang 3

65 Vgl. "Mein Programm", Anhang 2

66 J. G. Cascales, Lexikon, 215

67 Ebd., 115

68 Vgl. ebd., 115

69 Vgl. S. Gayá, Liebe, Begeisterung, Hingabe, in: Fundamente, 87-97; 92 ff. Sebastian Gayá ist Priester und gehört zu der Initiativgruppe der Cursillobewegung.

7o Vgl. K. Rahner, Die grundlegenden Imperative für den Selbstvollzug der Kirche in der gegenwärtigen Situation, in: HPTh II/1, 256-275

71 N. Schnorbach, a.a.O., 85

72 Vgl. K. Rahner, Strukturwandel in der Kirche, Freiburg 1973, 88

73 J. G. Cascales, Lexikon, 275

74 Vgl. ebd., 274 f.

75 So ist ein konkretes Beispiel der Patenschaft gegeben. Zur gleichen Zeit ist dies auch ein Ansatzpunkt für das Katechumenat. Vgl. dazu R. Padberg, Die Wort-Verkündigung, in: HPTH I, 266-287, hier 266-274 und 282 ff. und D. Zimmermann, Erneuerung des Katechumenats in Frankreich und seine Bedeutung für Deutschland, Münster 1973; ders., Erfahrungen mit dem erneuerten

Katechumenat in Frankreich, in: Die Feier der Einglie-
derung Erwachsener in die Kirche, nach dem neuen Rituale
Romanum, hg. von den Liturgischen Instituten Salzburg,
Trier, Zürich, Einsiedeln 1975

76 J. G. Cascales, Lexikon, 274

77 Vgl. E. Bonnin - M. Fernandez, a.a.O., 25 und
J. G. Cascales, Lexikon, 275

78 Vgl. J. G. Cascales, Die gerade Straße, 48

79 Ebd., 48

8o Ebd., 49

81 Vgl. ebd., 49 f.

82 Ebd., 5o

83 Ebd., 5o f.

84 Ebd., 5o

85 Vgl. ebd., 52 ff.

86 Ebd., 53

87 Ebd., 56

88 J. G. Cascales, Für die Kirche in Bewegung, 25

89 Ebd., 26

9o J. Hervas, Cursillo-Handbuch, Wien 1962, 165

91 Ebd., 166

92 Vgl. ebd., 166 ff.

93 J. G. Cascales, Lexikon, 256

94 J. G. Cascales, Zertretene Millionen, Wien [5]1975,
Nr. 397

95 OG II, 96; vgl. ferner a.a.O., 58; 87 f. und W. Rück,
Erwachsenenkatechese und kommunikativer Lernprozeß in
der christlichen Gemeinde, (Diss. theol.) Wien 1979,
128 ff.

96 "Ultreya" bezeichnet das monatliche Treffen der
Freundschaftsgruppen einer Gegend. Es ist in der
Cursillobewegung von dem spanischen Pilgerruf "Eya
ultra" : "Vorwärts" übernommen.

97 J. Hervas, Handbuch, 169

98 Vgl. J. G. Cascales, Die gerade Straße, 57

99 Vgl. ebd., 16

1oo Vgl. E. Bonnin - M. Fernandez, a.a.O., 62

1o1 Ebd., 71

1o2 Ebd., 73

1o3 Ebd., 73

1o4 Ebd., 77

1o5 Vgl. ebd., 77

1o6 W: Schneller, Komm und sieh!, 78

1o7 Ebd., 8o

1o8 Ebd., 8o

1o9 Vgl. Richtlinien um den Cursillo zu halten, Wien
    o.J., 14a-14d

11o W. Schneller, Komm und sieh!, 81

111 E. Bonnin - M. Fernandez, a.a.O., 77

112 Vgl. ebd., 77

113 Vgl. ebd., J.G. Cascales, Lexikon, 151

114 Vgl. N. Schnorbach, a.a.O., 84 ff. Die Frage ist:
    ob die Aufgabe der Kirche darin besteht, die Welt
    zu "verchristlichen" oder zu "verweltlichen" und die
    Menschen zu "vermenschlichen"? Seine Kritik stützt
    auf J.B. Metz, Versuch einer positiven Deutung der
    bleibenden Wirklichkeit der Welt, in: HPTh II/2,
    239-267, hier: 265-267

115 Vgl. dazu in dieser Arbeit 2.5. und 5.6.

116 J.G. Cascales bringt für jedes "Gespräch" eine Skizze
    mit Kategorien: Inhalt, Reaktion und Atmosphäre. In
    unserer Skizze wird statt "Gespräch" "Vortrag" als
    Methode angegeben, weil es mehr der geläufigen Auf-
    teilung entspricht. Vgl. dazu Die gerade Straße, 64-72.
    In der Regel werden Erfahrungen gemacht, daß man wegen
    der Fülle des Programmes in Hektik gerät. Daher wird
    empfohlen, daß die "Gespräche" der Laienmitarbeiter
    nicht mehr als eine Viertel-Stunde dauern und nur
    Impulse für das Gespräch in der Gruppe geben.

117 J.G. Cascales, Die gerade Straße, 64. In der folgen-
    den Skizze werden bei der Kategorie "Reaktion-
    Atmosphäre" die Kennzeichen von J.G. Cascales übernom-
    men (ohne Anführungszeichen). Vgl. dazu Die gerade
    Straße, 64-72

118 "Rector" wird der Hauptverantwortliche für die Organisation eines Kurses genannt, der von dem jeweiligen
Team gewählt wird.

119a Die hl. Messe, Beten, Anbetung, Beichte und Beicht-
gespräche können nur in einem weiteren Sinne zur
Methode gezählt werden. Es sind in ihnen Möglichkeiten
gegeben,religiöse Erfahrungen zu machen.

119b Mit "Nachschub" werden die Gebete gekennzeichnet,
die die früheren Teilnehmer des Cursillo für einen
Kurs verrichten. Es werden Briefe an die Teilnehmer
persönlich von ihren Freunden und Bekannten und
an den ganzen Kurs geschrieben, in denen besonders
die Verbundenheit im Glauben und im Gebet füreinander
betont wird. Ein solcher Austausch findet bei jedem
Cursillo auch auf der internationalen Ebene statt.

12o Das Angebot des "DU" beim Cursillo wird als Zeichen
der brüderlichen und schwesterlichen Gemeinschaft
verstanden.Es wird nach der Messe am zweiten Tag
angeboten.

121 An dieser Stelle wird von J.G. Cascales "Reaktion und
Atmosphäre" als feste Entschlossenheit, selbstverständliche Haltung, beeindruckte Freude beschrieben.
Vgl. ders. a.a.O., 69.Aus Erfahrungen des Autors
läßt sich die"Atmosphäre und Reaktion" nach dem
Vortrag über die Hindernisse im Gnadenleben, wo
meistens über die Sünde gesprochen wird, mit Betroffen-
heit und Unruhe wiedergeben. Die Reaktion der
Teilnehmer hängt meistens damit zusammen, wie man
über die Sünde und ihre Folgen spricht.

122 Am Sonntag werden keine Gruppengespräche gehalten.

123 Die Übergabe des Cursillokreuzes findet entweder
bei der Eucharistiefeier oder bei der Abschlußfeier
statt. Es wird von dem Priester jedem einzelnen
der Teilnehmer übergeben

124 "Der vierte Tag" ist Ausdruck für die Zeit nach
den drei Tagen des Cursillo selbst. Indem der
"Nachcursillo" mehr die formale Dimension der Zeit nach
dem Cursillo bezeichnet, wird mit dem "vierten
mehr die inhaltliche Dimension angesprochen. Damit
soll die Dringlichkeit der intensiven Fortsetzung der
drei Tage eingeprägt werden.

125 Vgl. E. Bonnin - M. Fernandez, a.a.O., 1o5

126 Ebd., 1o6

127 Ebd., 1o8

128 M.F. Sciacca, La ora de Cristo, Barcelona 1954,
zitiert nach E. Bonnin -M. Fernandez, a.a.O., 11o

129 Die Mitarbeiterseminare bietet in der BDR W. Schneller
     mit einem dazu gewählten Team an.

130a P. Meinhold, a.a.O., 97
130b Vgl. Anhang 5

131 Der frühere Titel dieser Zeitschrift (1964-1969) war
     "Das Karat". Hauptredakteur ist J.G. Cascales.
     Erscheinungsort ist Wien. Pro Jahr sind es lo Hefte.

132 Sie wurde von W. Schneller geleitet (197o-1974).
     Pro Jahr waren es 6 Hefte. Die Adressaten waren die
     Teilnehmer der Kurse in der BRD. Es wurde über die Aktivitä-
     ten der Cursillobewegung berichtet. Dazu wurden immer
     Texte zur Vertiefung und Impulse für das religiöse Leben
     gegeben.

133 Der "Mitarbeiter-Brief" erscheint unregelmäßig seit
     1977, hg.von W. Schneller, und ist für die Mitarbeiter
     in der BRD gedacht.

134 W. Schneller, Komm und sieh!, 36

135 Vgl. ebd., 41 f.

136 Seit 1976 erschient in Oberdischingen, Diözese
     Rottenburg/Stuttgart, eine Zeitschrift "Cursillo-
     -Haus. Nachrichten aus Oberdischingen" in Zusammenhang
     mit dem seit dieser Zeit bestehenden Cursillo-Haus.

137 Die folgenden Erfahrungsberichte sind dem Heft 4/1978/
     "Erneuerung in Gesellschaft und Kirche; "Cursillo.
     Für eine Kirche in Bewegung" Nr. lo/1978/ und
     "Fundamente" 5, entnommen.

V. Teil

1 Folgende Literatur wurde dabei konsultiert: R. König,
   Praktische Sozialforschung, Dortmund - Zürich 1952;
   ders., Die Beobachtung, in: Handbuch der empirischen
   Sozialforschung I, Stuttgart 1962; 1-6o
   E.K. Scheuch, Auswahlverfahren in der Sozialforschung,
   in: Handbuch der empirischen Sozialforschung I, hg. von
   R. König, Stuttgart 31974, 1-86

2 Bei der Likertskala gibt es die Möglichkeit ein Merkmal
   in verschiedenen Abstufungen anzukreuzen, wobei die
   Abstände zwischen den Abstufungen im allgemeinen nicht
   gleich groß sind.

3 Vgl. Instrumentarium, Anhang 9

4 H. Hartmann, Weltanschauliche Einstellung heutiger
   Primaner, München 1969, 26

5 F. Buggle, Empirische Untersuchung über weltanschauliche
   Einstellungen heutiger deutscher Universitätsstudenten,
   Freiburg 1965, 12

6 Ebd., 12

7 P. Zimmermann, Eine Untersuchung über die Meinungen und
   Haltungen der Studenten der Justus-Liebig-Universität,
   Gießen, zu einigen Frägen der Universität, des Studiums
   und deren Reform, Freiburg 1971, 5

8a Vgl. weiter unten 5.2.2.

8b Vgl. Anhang 9

9 Vgl. Anhang 6, 7, 8

1o Die Bezeichnung für einen Faktor oder eine Einflußgröße,
   die bei der Messung und Überprüfung eines Phänomens
   eine Auswirkung hat, nennt man "Variable"(V).

11 Vgl. F. Pöggeler, Der Mensch in Mündigkeit und Reife,
   Paderborn 1964, 74 ff.

12 Vgl. Anhang 6

13 Vgl. Anhang 7

14 Vgl. Anhang 8

15a Vgl. Anhang 9
15b Vgl. Anhang 6

16 R. Schwan, a.a.O., 51

17 Zu den Fragen des in der Jugendarbeit "personalen Angebotes" vgl. H.Steinkamp, Kirchliche Jugendarbeit als
   soziales Lernen, München ²1979, 46 ff.

18 Der Mittelwert einer Variable wird gebildet, in dem man
   die Werte dieser Variable für alle Mitglieder einer
   Gruppe zusammenzählt und die so erhaltene Summe durch
   die Anzahl der Gruppenmitglieder teilt.

19 Beim Mittelwertvergleich werden die Mittelwerte zweier
   verschiedener Gruppen oder von der gleichen Gruppe
   zu verschiedenen Terminen miteinander verglichen, und
   es wird eine Aussage darüber getroffen, ob die Unterschiede der so gebildeten Mittelwerte gemäß einer
   vorher festzulegenden Wahrscheinlichkeit (z.B. einer
   95%-prozentigen beim 5%-Niveau) bedeutsam sind. Übliche
   Wahrscheinlichkeitsniveaus sind das 5%- oder 1%-Niveau.

2o Es wurde hier bei den Mittelwertvergleichen die Skala vom
   1%- bis 5%-Niveau genommen, d.h., je näher ein Mittelwert
   dem 1%-Niveau liegt, desto größer ist die Zustimmung der
   Befragten zu der vorgegebenen Aussage. Mit der Abweichung
   vom 1%-Niveau zum 5%-Niveau vermindert sich die Zustimmung und vergrößert sich die Ablehnung.

21 ANOVAR ist ein varianzanalytisches Programm für abhängige Stichproben.

22a Vgl. Anhang 6

22b Vgl. D. Emeis - K. H. Schmitt, Kleine Methodik der Erwachsenenbildung in der Kirche, Freiburg u.a. 1974, 1 ff.

23 Vgl. F. J. Hungs, Zwischen Euphorie und Enttäuschung, (Selbstkritische Bemerkungen zur gegenwärtigen Praxis und Theorie in der th. Erwachsenenbildung), in: EB 24/1978/, 81-88

24 Vgl. X. Fiederle, Lernen und Lehren in der EB, in: Lebendige Seelsorge, 31/198o/, 5o-55, 52

25 Ebd., 45

26 Ebd., 54

27 Vgl. P. M. Zulehner, Umkehr als Prinzip, 1o2

28 F. J. Hungs, Theologisches Grundseminar. Eine neue oder eine bewährte Arbeitsform der theologischen Erwachsenenbildung, in: KatBl 1/1979/, 63-7o, 69 f.

29 Vgl. ebd., 67

3o Ebd., 67

31 Vgl. A. Exeler - D. Emeis, Reflektierter Glaube, Freiburg 197o, 12

32 Was die Fragen zu diesen Erfahrungen im Fragebogen betrifft, wäre aufschlußreicher gewesen, wenn dabei noch die Frage gestellt worden wäre: Was bewegt Sie zu einer aktiven Mitarbeit? Haben Sie die Möglichkeiten zu einer aktiven Mitarbeit durch den Cursillo wahrgenommen?

33 Vgl. F. J. Hungs, Theologisches Grundseminar, a.a.O., 7o

34 F. J. Hungs, Theologische Erwachsenenbildung als Lernprozeß, Mainz 1971, 125

35 F. J. Hungs, Theologisches Grundseminar, a.a.O., 64

36 W. Rück, Erwachsenenkatechese und kommunikativer Lernprozeß in der christlichen Gemeinde, 1o2

37 W. Kasper - K. Lehmann, Die Heilssendung der Kirche in der Gegenwart, Mainz 2197o, 7o; vgl. dazu W. Rück, a.a.O., 189 f.; und vgl. dazu im ganzen D. Zimmermann, Die Erfahrungen mit dem erneuerten Katechumenat in Frankreich, in: Die Feier der Eingliederung Erwachsener in die Kirche, nach dem neuen Rituale Romanum, hg. von den Liturgischen Instituten, Salzburg, Trier, Zürich, Einsiedeln 1975, 265-270; ders., Katechumenat in Frankreich, in: Lebendige Seelsorge 29/1977/ 179-183

38 Vgl. R. Schwan, a.a.O., 87

39 Vgl. ebd., 35

4o W. Rück, a.a.O., 291

41 N. Schnorbach, a.a.O., 43

42 Vgl. J.G. Cascales, Weiterschenken, in: Fundamente,
    51-85, 81

43 Ebd., 71

44 Vgl. N. Schnorbach, a.a.O., 51-63

45 Vgl. ebd., 62

46 Vgl. ebd., 62

47 Vgl.J. Caldentey, Die Bedeutung der christlichen
    Basisgemeinden für die Kirche: in: Concilium 11/1975/,
    269-273

48 Vgl. Richtlinien für die Mitarbeiter, 161

49 Vgl. Mitarbeiter-Brief 9/1981, 3-5, 3

5o Vgl. P. Beutel - H. Küffner u.a., SPSS - Statistik
    Programm. System für die Sozialwissenschaften, Stuttgart
    1976, 15-81

51 Intervall- oder Einheitsskala besagt, daß die Abstände
    zwischen den benachbarten (aufeinanderfolgenden)
    Skalenwerten konstant sind. Sie wird dann gebraucht, wenn
    es darum geht, nicht nur festzustellen, ob Objekt "A"
    schlechthin größer (kleiner oder gleich) gegenüber dem
    Objekt "B" ist, sondern darüber hinaus auch um die
    Größe der Differenz. Ihre Struktur ist metrisch.
    Vgl. dazu G. Claus - H. Ebner, Grundlagen der Statistik,
    Berlin 1971, 22 ff.
    Abhängige, unabhängige und intervenierende Variable besagt
    die Beziehungen zwischen den Variablen untereinander.
    Abhängig und unabhängig bezieht sich auf ihren Einfluß
    untereinander bei einer Stichprobe.Eine Variable wird
    intervenierende genannt, wenn sie hinsichtlicht ihres
    Einflusses auf den Versuch nicht kontrolliert werden
    kann
52 Bezüglich des technischen Prinzips von T-Test und
    Varianzanalyse vgl. G. Claus - H. Ebner, a.a.O., 271 ff.

53 Eine abhängige Messung ergibt sich dort, wo die Variab-
    len oder Faktoren aufeinander einen Einfluß ausüben.

54 Vgl. F. Petermann, Veränderungsmessung, Stuttgart 1978,
    21 ff.

55 Vgl. D. J. Veldmann, FORTRAN programming for the behavioral science, 1967. (Aus der Programmbibliothek des
   Psychologischen Instituts der Universität Freiburg.)

56 Vgl. W. W. Wittmann, Faktorenanalytische Modelle
   (Diss. Phil.), Freiburg 1977, 16

57 Vgl. F. X. Arnold, Seelsorge aus der Mitte der Heilsgeschichte, Freiburg 1956, 28

58 Ebd., 53

59 Vgl. A. Exeler, Umkehr und Buße, in: Mitten in der Welt,
   H. 28 (1968), 12-43, 27

6o Vgl. Richtlinien für die Mitarbeiter, 6b

61a J. G. Cascales, Die gerade Straße, 63

61b Vgl. Anhang 2 und 3

62 Vgl. Richtlinien für die Mitarbeiter, 6c, 18a, 19c

63 Ebd., 7a

64 Vgl. ebd., 7c

65 J. G. Cascales, Die gerade Straße, 35

66 Vgl. N. Schnorbach, a.a.O., 65 ff.

67 Vgl. Richtlinien für die Mitarbeiter, 12

68 Vgl. ebd. 12c

69 Ebd., 6d

7o Ebd., 17; vgl. dazu J. G. Cascales, Die gerade Straße,
   7o

71 Vgl. Richtlinien für die Mitarbeiter, 17 ff

72a Ebd., 17c

72b Vgl. N. Schnorbach, a.a.O., 71

73 Ebd., 72

74 Vgl. Richtlinien für die Mitarbeiter, 18b

75 K. Überla, Faktorenanalyse, Berlin 1971, 3

76 Ebd., 3

77 Vgl. W. W. Wittmann, a.a.O., 43

78   Vgl. Anhang lo

79   Vgl. K. Überla, a.a.O. 127

8o   Vgl. W. W. Wittmann, a.a.O., 43

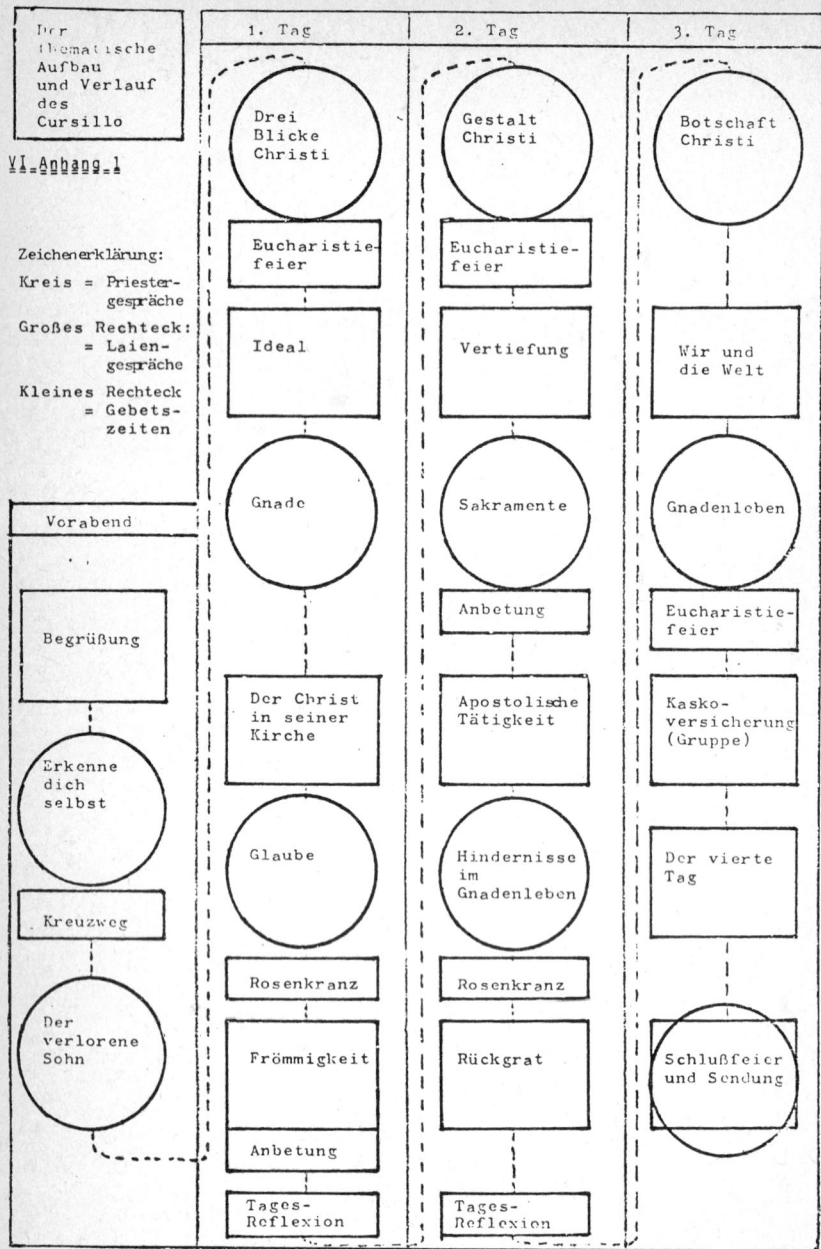

Der
thematische
Aufbau
und Verlauf
des
Cursillo

VI. Anhang 1

Zeichenerklärung:

Kreis = Priester-
gespräche

Großes Rechteck:
= Laien-
gespräche

Kleines Rechteck
= Gebets-
zeiten

	1. Tag	2. Tag	3. Tag
	Drei Blicke Christi	Gestalt Christi	Botschaft Christi
	Eucharistie-feier	Eucharistie-feier	
	Ideal	Vertiefung	Wir und die Welt
	Gnade	Sakramente	Gnadenleben
		Anbetung	Eucharistie-feier
	Der Christ in seiner Kirche	Apostolische Tätigkeit	Kasko-versicherung (Gruppe)
	Glaube	Hindernisse im Gnadenleben	Der vierte Tag
	Rosenkranz	Rosenkranz	
	Frömmigkeit	Rückgrat	Schlußfeier und Sendung
	Anbetung		
	Tages-Reflexion	Tages-Reflexion	

Vorabend

Begrüßung

Erkenne dich selbst

Kreuzweg

Der verlorene Sohn

Anhang 2

„Löscht den Geist nicht aus!"

MEIN PROGRAMM

für die Entfaltung im religiösen Leben

Meine Vorsätze sind weder Gebote noch Gesetz. Ich werde sie aus Liebe und mit Geist halten.

GEBETSLEBEN	RELIGIÖSE VERTIEFUNG	APOSTOLISCHER EINSATZ
„Wenn ihr betet, sagt ‚Vater unser'"	*„Die Wahrheit wird euch frei machen"*	*„Die Liebe Christi drängt uns"*
Eucharistie	Betrachtung – Meditation	In der Familie
Heilige Schrift	Gewissenserforschung	Im Beruf
Bußsakrament	Geistliche Führung	In der Pfarrei
Weihe des Tages	Gruppe	In den anderen Milieus
Dankgebet am Abend	Ultreya	Bei Menschen in Not
Besuch des Allerheiligsten	Studium	Allein
Rosenkranz	– Bücher	Gemeinsam
	– Zeitschriften	

CHRISTUS UND ICH -
ABSOLUTE MEHRHEIT

Anhang 3

Wo zwei oder drei in meinem Namen versammelt sind da bin ich mitten unter ihnen

Anregungen für
das Glaubensgespräch
und das Gebet in kleinen Gruppen

Freies Beten in der Gruppe

1. Bevor ich in der Gruppe mit-bete, muß ich innerlich dazu bereit — und bereitet sein. Ich kann unmöglich als Zuschauer teilnehmen.

2. Ich brauche Zeit, um mich einzufinden, um dort, wo wir miteinander beten, gegenwärtig zu werden. Ich brauche Zeit, um nach innen zu hören, wo der Geist Gottes in mir beten will. Darum ist jede Hast und Hetze vor und während eines Gebetes zu vermeiden.

3. Mit den anderen versuche ich mich auf Gott hin und auf die anderen hin zu öffnen. Wir beten ja als Glieder am Leib Christi mit Christus, dem gegenwärtigen Haupt dieses Leibes, zu Gott, unserem gemeinsamen Vater. Darum versuche ich, auch das Beten des anderen innerlich mitzutragen und mit ihm mein „Amen" dazu zu sprechen.

4. Mir ist Freiheit gelassen, laut zu beten oder nicht laut zu beten. Denn es gibt Mitteilbares vor den anderen und Nicht-aussprechbares. Es gibt grundsätzlich keinen Zwang, so oder so zu beten.

5. Ich kann erwarten, daß die anderen mir und meinem Beten mit Ehrfurcht begegnen, wie auch ich Ehrfurcht vor den anderen habe. Freies Beten setzt ein Klima des Vertrauens voraus, schafft aber auch einen Raum des Vertrauens. Keiner trägt etwas aus diesem Raum nach draußen!

Bitten um den Heiligen Geist

V: Komm, Heiliger Geist,

A: erfülle die Herzen deiner Gläubigen und entzünde in ihnen das Feuer deiner Liebe.

V: Sende aus deinen Geist, und alles wird neu geschaffen.

A: Und du wirst das Angesicht der Erde erneuern.

V: Lasset uns beten.

Gott, du hast die Herzen der Gläubigen durch das Licht des Heiligen Geistes belehrt. Gib, daß wir in diesem Geist richtig leben und uns immer freuen. Durch Christus, unsern Herrn. Amen.

(aus: unterwegs zu Gott, Wien/ADC 1977)

Komm, HEILIGER GEIST, HEILIGE UNS!

Erfülle unsere Herzen mit brennender Sehnsucht nach der WAHRHEIT, dem WEG und dem vollen Leben —

Entzünde in uns DEIN FEUER, daß wir selber davon zum LICHT werden, das leuchtet, wärmt und tröstet —

Laß unsere schwerfälligen ZUNGEN Worte finden, die von DEINER LIEBE und SCHÖNHEIT sprechen —

Schaffe uns neu, daß wir Menschen der LIEBE werden, DEINE HEILIGEN, sichtbare WORTE GOTTES —

Dann werden wir das ANTLITZ der ERDE erneuern und alles wird neu geschaffen —

Komm, HEILIGER GEIST, heilige uns, stärke uns, bleibe bei uns! AMEN.

(aus der Ostkirche)

Herausgegeben von der Informationsstelle der Cursillo-Arbeitsgemeinschaft Deutschland (ICAD), Burggraben 18, 7407 Rottenburg/Neckar 1, Telefon 07472-21975 oder 29-426.

2844 Curt. III.81-1000

421

Ein Wort zur Gruppe:

„Der Christ unserer Tage braucht die Gemeinschaft. Er braucht Menschen, mit denen er die eigentlichsten und wesentlichsten und tiefsten Fragen seines Lebens besprechen kann; Menschen, die ihn nicht gleich auslachen; Menschen, die genauso auf der Suche sind wie er. Der isolierte Christ kommt heute nicht mehr durch. Du brauchst einen, an dem Du Dich festhalten kannst, weil er schon einige Standfestigkeit gewonnen hat. Du brauchst einen, der schon einen Weg gefunden hat und der daher Vorbild sein kann; nicht weil er besonders gut ist, sondern weil er schon ein wenig länger sucht als Du. Auch er hat vielleicht Kinder und kommt dennoch zur Besinnung, zum Gebet. Auch er hat einen verantwortungsvollen Beruf und richtet sich dennoch sein Geschäft nach seinem Gewissen ein und nicht nach seinem Gewinn. Auch er hat eine schwierige Ehe und schafft dennoch jenen Frieden, indem zugleich das Kreuz erhalten ist. Solche Menschen braucht Du. Menschen, an denen Du „Christus" schaust, weil sie Christus verwirklichen, Leib Christi sind. In so einer Gemeinschaft kannst Du Geborgenheit finden, Wärme finden, damit Dein bißchen Glaube nicht erlischt. Du brauchst immer von neuem einen Anstoß, der Dir über den toten Punkt hinweghilft."

(Kardinal König, Wien in „Zeichen Gottes")

Leitfaden für das Gruppentreffen

1 Wir beginnen mit einem Gebet zum Heiligen Geist.
Wir loben und danken Gott und machen uns bewußt, daß jetzt Christus in unserer Mitte ist.

2 Wir hören miteinander das Wort Gottes in der Schriftlesung.

3 Wir halten eine Stille von etwa fünf Minuten. Wir öffnen uns für das, was Gott jedem einzelnen jetzt sagen will.

4 Wir sprechen miteinander darüber, was mir ganz persönlich das Schriftwort, das wir miteinander gehört haben, bedeutet.

5 Daraus ergibt sich das Gespräch über meine Glaubenserfahrung der vergangenen Wochen. Wie hat der Herr mich geführt? Welche Freuden durfte ich erleben? Mit welchen Schwierigkeiten hatte ich zu kämpfen?

6 Das Gespräch mündet in das Gebet, das frei gesprochen werden kann. Wir danken Gott und tragen ihm unsere Anliegen vor (auch Texte aus dem GOTTESLOB oder andere sind geeignet).

7 Zum Schluß legen wir (wenn nötig) fest, wann wir uns das nächste Mal treffen.

Wenn ihr zusammenkommt,
trägt jeder etwas bei....
Alles geschehe so, daß es aufbaut."
1 Kor 14, 26

Spielregeln für das Gespräch

1. Den anderen annehmen, wie er ist.

2. Zuhören und herausbekommen, was der andere sagen will.

3. Keine Angst haben, seine Gedanken zu äußern, auch wenn sie noch unausgereift sind.

4. Es wagen, anderen Fragen zu stellen.

5. Gemeinsamkeiten aufspüren.

6. Hinter den Worten die Gefühle zu erspüren suchen.

7. Sich nicht in die Schuldfrage verlieren, sondern nach Lösungen suchen.

8. Es muß nicht stören, wenn das Gespräch zeitweilig stockt. Notfalls das Gespräch für einige Minuten unterbrechen.

9. Nicht „man" oder „wir", sondern „ich" sagen.

10. Mehr persönliche Erfahrungen austauschen, weniger allgemeine Ansichten diskutieren.

Die Gruppe sollte wöchentlich, wenigstens jedoch vierzehntägig zusammenkommen.
Das Gruppentreffen soll nicht länger als eine Stunde dauern.
In der Gruppe gibt es keinen Vorbeter (auch nicht der Priester!).
Jeder in der Gruppe ist verantwortlich für die ganze Gruppe. Sprechen und Hören, Sich-einbringen und Sich-zurücknehmen, Freimut und Behutsamkeit sind wichtige Elemente für eine gelingende Gruppe.

Anhang 4: Plakatblatt mit den Kursterminen

CURSILLO in der Bundesrepublik Deutschland
TERMIN – ÜBERSICHT II. Halbjahr 1981 (Änderung vorbehalten)

(Erz.-) Diözesen (Spalten): Würzburg, Trier, Rottenburg, Regensburg, Passau, Paderborn, München, Limburg/Mainz, Köln, Hildesh./Osna., Fulda, Freiburg, Essen, Eichstätt, Berlin, Bamberg, Augsburg, Aachen

Termin	MC	FC	Tagungshaus, Ort
3.– 6. 9.		48	Schloß Spindlhof, 8413 Regenstauf
4.– 7. 9.		2	Exerzitienhaus Maria Frieden, Ludickeweg 5, 1000 Berlin-Kladow
10.–13. 9.	15	10	Kloster Steinerburg, Pappeldamm 72, 3320 Salzgitter-Thiede
10.–13. 9.		9	Nils-Stensen-Haus, Billeweg 32, D-2057 Reinbek
24.–27. 9.		9	Exerzitienhaus St. Remigius, Gerberstraße 20, 4060 Viersen
24.–27. 9.		31	Exerzitienhaus Schloß Fürstenried, 8000 München-Fürstenried
8.–11.10.	5		Lebenszentrum Ottmaring, Am Wasserturm, 8904 Friedberg
8.–11.10.		11	Exerzitienhaus St. Augustinus, Heidhauser Straße 182, 4300 Essen 16
8.–11.10.		15	Diozesanhaus Vierzehnheiligen, 8623 Staffelstein
8.–11.10.	11		Missionshaus St. Paul, 6650 Wittlich-Wengerohr
15.–18.10.	31		Haus der Begegnung, 8621 Zangberg über Mühldorf/Inn
15.–18.10.	18		Exerzitienheim Himmelspforten, Manausstraße 42, 8700 Würzburg
15.–18.10.		8	Missionshaus St. Paul, D-5560 Wittlich
22.–25.10.	8		Franziskushaus, Steinergraben 37, 4760 Werl
22.–25.10.		9	Haus der Begegnung, Höhenweg 51, 5014 Kerpen-Horrem
29.10.–1.11.	19		Haus St. Elisabeth, D-7753 Allensbach 4 (Hegne)
29.10.–1.11.		22	Exerzitienhaus der Pallottinerinnen, Weilburger Str. 5, 6250 Limburg
29.10.–1.11.	13		Bonifatiuskloster, 6418 Hünfeld
5.– 8.11.	6		Exerzitienhaus St. Remigius, Gerberstraße 20, 4060 Viersen
12.–15.11.	14		Bonifatiuskloster, 6418 Hünfeld
12.–15.11.		62	St. Theresienheim, 7991 Erikirch-Moos
19.–22.11.	7		Schloß Hirschberg, 8432 Beilngries
19.–22.11.	17		Exerzitienhaus St. Elisabeth, D-7753 Allensbach 4 (Hegne)
19.–22.11.		32	Exerzitienhaus Schloß Fürstenried, 8000 München-Fürstenried
19.–22.11.		7	Franziskushaus, Steinergraben 37, 4760 Werl
19.–22.11.	57		Schloß Spindlhof, 8413 Regenstauf
19.–22.11.	73		Cursillo-Haus, 7931 Oberdischingen
26.–29.11.	14		Exerzitienhaus St. Augustinus, Heidhauser Straße 182, 4300 Essen 16
26.–29.11.	18		Bischof-Ketteler-Haus, Konviktstraße 23, 6110 Dieburg
26.–29.11.		15	Exerzitienheim Himmelspforten, Manausstraße 42, 8700 Würzburg
3.– 6.12.	32		Exerzitienhaus Schloß Fürstenried, 8000 München-Fürstenried
10.–13.12.	19		Diozesanhaus Vierzehnheiligen, 8623 Staffelstein
10.–13.12.	9		Haus der Begegnung, Höhenweg 51, 5014 Kerpen-Horrem

Kursbeginn: Jeweils am erstgenannten Tag um 18.30 Uhr (Abendessen)

Kursende: Jeweils am letztgenannten Tag gegen 18.30 Uhr

Informationen und Hinweise

Was heißt Cursillo?

„Cursillo" heißt einfach „kleiner Kurs". Der Cursillo ist ein kleiner Glaubenskurs, entstanden vor etwa 30 Jahren aus dem Bemühen junger Christen, das Evangelium nicht nur zu verkünden, sondern für jedermann erfahrbar zu machen. Der Cursillo ist ein Erlebnis!

Die Schritte des Cursillo

Im Verlauf eines Cursillo, der drei volle Tage umfaßt, erfährt der Teilnehmer seine persönliche Einmaligkeit, in der er von Gott bejaht und geliebt ist. Er erfährt aber auch, welcher Klärung und Entfaltung seine Beziehungen bedürfen. Die Beziehung zu sich selbst, zum Mitmenschen und zu Jesus Christus.

Wer verfügbar werden will für eine tiefere Beziehung zu Gott, stellt bald fest, daß dafür eine Entscheidung fallen muß. Er muß offen werden für eine mögliche „Kurskorrektur" seines Lebens. Aber diese Entscheidung wird leichter in einer Gemeinschaft von Menschen, die sich ebenso unterwegs wissen. Die offene, herzliche Atmosphäre des Cursillo schafft Raum für die Lebensfreude, der Lebensart Jesu entspricht. Dazu gehören die Lebensfreude ebenso wie das Gebet, Stille und Gespräch ebenso wie das Fest, die Feier der Liturgie.

Die Teilnehmer

Der Cursillo wird für Männer bzw. für Frauen getrennt angeboten, um beide Stände auf je spezifische Weise ansprechen zu können. Dies ist eine bemerkenswerte Eigenart des Cursillo, die sich in langjähriger Praxis bewährt hat.

Ein Kurs umfaßt in der Regel 20–30 Personen, möglichst bunt gemischt nach Alter, Beruf und gesellschaftlichem Rang. Eine gewisse Entscheidungsreife und Belastbarkeit werden vorausgesetzt, ebenso die Bereitschaft, am Kurs von Anfang bis Schluß ohne Unterbrechung teilzunehmen.

Die Mitarbeiter

Laien und Priester gestalten den Cursillo gemeinsam, freiwillig und „umsonst", d. h. ohne Honoraranspruch. Sie sprechen über praktische Lebensfragen und theologische Wahrheiten und geben ihr Glaubens-Zeugnis in „Freude und Einfalt des Herzens" (Apg 2,46). Das Mitarbeiterteam steht für drei volle Tage als Kursleitung zur Verfügung.

Kosten

Die Kosten für einen Cursillo (= 3 Tage Vollpension) richten sich nach den ortsüblichen Tagessätzen der einzelnen Häuser. Die jeweiligen Cursillo-Sekretariate geben dazu gerne nähere Auskunft. Eine Übernahme(?) ist möglich. Aus finanziellen Gründen soll die Teilnahme am Cursillo für niemanden scheitern.

Anmeldung

... mit beiliegender Postkarte an das für den gewählten Kurs ... den ... zuständige Cursillo-Sekretariat.

Erlebnis des Wesentlichen im Christentum

Anhang 5: Anschriften und Telefon-Nummern der ADC, der CAD und der Cursillo Diözesansekretariate

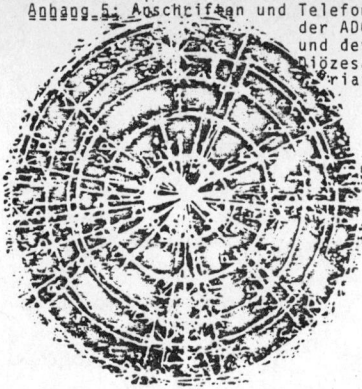

CURSILLO
Der kleine Glaubenskurs

Kursprogramm

II. Halbjahr 1981

Weiterführende Informationen, insbesondere über die nächsten Cursillos können Sie anfordern bei allen Cursillo-Diözesansekretariaten und Cursillo-Arbeitsgemeinschaften im deutschsprachigen Raum:

Bundesrepublik Deutschland

Cursillo Arbeitsgemeinschaft Deutschland (CAD)
Obermünsterplatz 7, 8400 Regensburg 7

Diözese Aachen:
Cursillo-Sekretariat (Frau Hilde Theisen)
Kruger-Pfad 6 b/Gresenfeld
4054 Netzetal-Hinsbeck, Ruf 02153-4816

Diözese Augsburg:
Cursillo-Sekretariat (Fam. Fichtl)
Am Hexenberg 25, 8901 Steppach b. Augsburg
Ruf 0821-483487

Erzdiözese Bamberg:
Cursillo-Sekretariat (Fr. Barbara Geiger)
Jakobsberg 31, 8600 Bamberg
Ruf 0951-56580 oder 56544

Diözese Berlin:
Cursillo-Kontaktstelle (Frau Anna Maria Winzek)
Intzestraße 24 a, 1000 Berlin 48
Ruf 030 7221228

Diözese Eichstätt:
Cursillo-Sekretariat (Fr. Erika Schmidt)
Munding 4, 0 9856 Harburg
Ruf 09003-1680

Diözese Essen:
Cursillo-Sekretariat (Fam. Gottfried Moser)
Lindenhofer Weg 49, 4300 Essen 14 (Steele)
Ruf 0201-521720

Erzdiözese Freiburg:
Cursillo-Sekretariat (Fr. Elisabeth Vogele)
Schellerstraße 4, 7800 Freiburg/Breisgau
Ruf 0761-26040

Diözese Fulda:
Cursillo-Sekretariat (Fr. Elisabeth Hanika)
Mittelweg 3, 3501 Schauenburg 4
Ruf 05601-2090

Diözese Hildesheim:
Cursillo-Sekretariat (Pfr. Joop Hoogervorst)
Feldstraße 22, 3040 Soltau
Ruf 05191-3636

Erzdiözese Köln:
Cursillo-Sekretariat (Fr. Doris Busch)
Annfeldstraße 25, 4000 Düsseldorf 1
Ruf 0211-632651 (abends)

Diözesen Limburg und Mainz:
Cursillo-Sekretariat (Anwaltsbüro Wihildal)
Kaiser-Friedrich-Ring 80, 6200 Wiesbaden
Ruf 06121-39691

Erzdiözese München:
Cursillo-Sekretariat (Frau Beate Zainer)
Bruhlikenstraße 14 A, D 8014 Neuöberg
Ruf 089-602681 oder 604306

Diözese Osnabrück:
Cursillo-Sekretariat (Frau Monika Polanco)
Ahrensburgerstraße 88, 2000 Hamburg 70
Ruf 040-6561674

Erzdiözese Paderborn:
Cursillo-Sekretariat (Dr. Dittrich)
DomPropsteigasse 1, 4790 Paderborn
Ruf 05251-23162

Diözese Passau:
Cursillo-Sekretariat (Fr. Johanna Witzmann)
Plattinger Straße 23, 8353 Osterhofen
Ruf 09932-1672

Diözese Regensburg:
Cursillo-Sekretariat (Pfr. Robert Ammer)
Schloß Spindlhof, 8413 Regenstauf
Ruf 09402-1810

Diözese Rottenburg:
Cursillo-Sekretariat (Wolfgang Schneiter)
Burggraben 18, 7407 Rottenburg/Neckar 1
Ruf 07472-21975 (privat) 07472-29426 (dienstl.)

Diözese Trier:
Cursillo-Sekretariat (Br. Franz Schneider)
Missionshaus St. Wendel, 6690 St. Wendel
Ruf 06851-5011

Diözese Würzburg:
Cursillo-Sekretariat (Karl Rottmann)
Simon-Breu-Straße 36, D 8700 Würzburg 1
Ruf 0931-74383

Österreich

Arbeitsgemeinschaft der Diözesansekretariate
der Cursillobewegung Österreichs (ADC)
Bennogasse 21/1, A 1080 Wien
Ruf 0043-222-425318

Schweiz

Diözese St. Gallen
Cursillo-Sekretariat IP Hans Kaufmann SVD)
Gymnasium Marienburg CH 9424 Rheineck
Ruf 0041-71442525

Italien (Südtirol)

Diözese Bozen-Brixen:
Cursillo-Sekretariat,
Pfarrplatz 27/8, I 39100 Bozen
Ruf 0039-471-27220

Yugoslawien

Erzdiözese Zagreb
Cursillo Sekretariat
Kaptol 31, Y 41000 Zagreb
Ruf 041-33644

2768.XI.80

424

Anhang 5.

P. Slavko Barbaric
Günterstalstr. 59
7800 Freiburg i.Br.

FRAGEBOGEN ZUR UNTERSUCHUNG DER WIRKSAMKEIT DES CURSILLOMODELLS (I)

Verehrte(r) Kursteilnehmer(in)!
Ich bitte Sie um Ihre Mitarbeit bei einer Untersuchung, bei der es um die Wirksamkeit von
religiösen Veranstaltungen geht. Cursillo ist dafür ein besonders gutes Beispiel.
Darf ich Sie bitten, die Aussagen anzukreuzen, die für Sie am ehesten zutreffen? Es ist gut,
wenn Sie spontan, ohne lange Überlegung, antworten.
Ihre Antworten bleiben anonym; in dem Bogen wird kein Namenseintrag verlangt.
Im voraus danke ich Ihnen sehr für Ihre Mühe.

I.
1. Wie alt sind Sie?

Zwischen 18–30 ☐
31–41
42–56 ☐
57–68 ☐
69–80 ☐

2. Ihr Geschlecht? männlich weiblich ☐

3. Familienstand:
☐ ledig verheiratet
☐ geschieden verwitwet ☐

4. Ihr Beruf: _____

5. Ihre Konfession: · katholisch evangelisch ☐

6. Bisherige Tätigkeit in der Pfarrgemeinde:
(Betreffendes ankreuzen!)

in Vereinen, Gruppen ☐
im Pfarrgemeinderat ☐
in katechetischen Kursen
oder: etwas anderes ☐

_____

II.
Einen Glaubenskurs halte ich:

	Zustimmung			Ablehnung	
	2	1	0	1	2
– für mich für sehr wichtig		☐	☐	☐	☐
– für jeden erwachsenen Christen empfehlenswert		☐	☐	☐	☐

– oder: (etwas anderes)_____
_____

III.

1. Wie ich zu diesem Kurs gekommen bin:

– Ich wurde persönlich angesprochen, und ich habe
   mich entschlossen teilzunehmen ;   ja   nein ☐

– Ich habe über diesen Kurs gelesen und mich daraufhin
   angemeldet;   ☐ ja   nein ☐

– Ich habe bei einem Cursillo-Teilnehmer eine positive
   Veränderung wahrgenommen und interessiere mich
   deshalb dafür.   ja   nein ☐

2. Was ich von diesem Kurs erwarte:

	Zustimmung			Ablehnung	
	2	1	0	1	2
– daß ich mit meinem Leben besser fertig werde;		☐	☐	☐	☐
– weitreichende Veränderungen meiner christlichen Lebenspraxis;	☐	☐	☐	☐	☐
– daß ich über meinen Glauben mehr weiß und ihn besser verstehe;		☐	☐	☐	☐
– daß ich eine gute Gemeinschaft erfahre.		☐	☐	☐	☐

Oder etwas anderes _____
_____

IV.

(I.)

Anhang_7

P. Slavko Barbaric
Günterstalstr. 59
7800 Freiburg i.Br.

FRAGEBOGEN ZUR UNTERSUCHUNG DER WIRKSAMKEIT DES CURSILLOMODELLS (II)

Verehrte(r) Kursteilnehmer(in)!
Die drei Tage unseres intensiven Glaubenskurses sind zu Ende. Sie haben sicher vielfältige Erfahrungen gemacht. Wie Sie wissen, sind Ihre Erfahrungen für die weitere Gestaltung dieser Kurse wichtig. Deshalb bitte ich Sie, diejenigen Aussagen anzukreuzen, die für Sie jetzt, in diesem Moment, nach den Erfahrungen in diesen drei Tagen am ehesten zutreffen. Lassen Sie sich dabei nicht irritieren, daß ich noch einmal zum Teil dieselben Fragen stelle.
Ihre Antwort bleibt wieder anonym; in dem Bogen wird kein Namenseintrag verlangt.
Im voraus danke ich Ihnen aufrichtig für Ihre Mühe und Mitarbeit.

I.

1. Wie alt sind Sie?

Zwischen 18–30	□
31–41	□
42–56	□
57–68	□
69–80	□

II.

Einen Glaubenskurs halte ich:

	Zustimmung			Ablehnung	
	2	1	0	1	2
— für mich für sehr wichtig;	□	□	□	□	□
— für jeden erwachsenen Christen empfehlenswert;	□	□	□	□	□
— oder: (etwas anderes)_____					

III.

1.
- Ich möchte Mitarbeiter bei diesen Kursen werden; ☐ ja   nein ☐
- Ich kann zwar selbst nicht aktiv mitarbeiten, aber
  ich rate jedem dazu, der es kann: ☐ ja   nein ☐
- oder (etwas anderes): _____

2.
Wenn ich nach diesen Tagen zurückblicke,
versuche ich zu erkennen, was für mich persönlich
wichtig und was weniger wichtig war:

	Zustimmung			Ablehnung	
	2	1	0	1	2
die Gespräche der Mitarbeiter (die Vorträge);	☐	☐	☐	☐	☐
die Kontakte mit der Gruppe;	☐	☐	☐	☐	☐
die Vorträge der Priester;	☐	☐	☐	☐	☐
persönliche Aussprache mit dem Priester;	☐	☐	☐	☐	☐
die Eucharistiefeier am dritten Tag;	☐	☐	☐	☐	☐

- oder (etwas anderes): _____

- Was hat mir am Cursillo gefallen? _____
  _____
  _____

- Was hat mich in diesen Tagen gestört? _____
  _____
  _____

IV.

(II.)

Anhang 8
P. Slavko Barbaric
Günterstalstr. 59
7800 Freiburg i.Br.

FRAGEBOGEN ZUR UNTERSUCHUNG DER WIRKSAMKEIT DES CURSILLOMODELLS (III)

Verehrte(r) Kursteilnehmer(in)!
Ihre Teilnahme am Cursillo vom .... liegt nun schon etwa drei Monate zurück. Inzwischen
stehen Sie wieder voll im Alltag. Die damals gewonnenen Erkenntnisse und Erfahrungen bewerten
Sie vielleicht inzwischen anders. Für uns ist das sehr wichtig. Ich wäre Ihnen deshalb dankbar, wenn
Sie mir auch noch bei dieser letzten Auswertung des Cursillo aus dem zeitlichen Abstand helfen
würden. Wie Sie wissen, ist dafür nur ein kurzer Zeitaufwand nötig.
Darf ich Sie bitten, wieder die Aussagen anzukreuzen, die für Sie heute, im zeitlichen Abstand
vom damaligen Cursillo, am ehesten zutreffen?
Ihre Antworten bleiben wieder anonym; es ist nicht nötig, daß Sie Ihren Namen eintragen.
Ich bitte Sie, diesen Bogen alsbald — spätestens in einer Woche — an meine Adresse zurückzusenden.
Im voraus danke ich Ihnen sehr für diese und frühere Bereitschaft, mir bei meiner Arbeit zu helfen.
Mit allen guten Wünschen für Ihre weitere Zukunft

De colores!

P. Slavko ofm

I.
1. Wie alt sind Sie?

Zwischen 18–30	☐
31–41	☐
42–56	☐
57–68	☐
69–80	☐

2. Ihr Geschlecht: ☐ männlich   weiblich ☐

3. Ihr Beruf: _____

II.
Einen Glaubenskurs halte ich:

	Zustimmung			Ablehnung	
	2	1	0	1	2
— für mich für sehr wichtig:	☐	☐	☐	☐	☐
— für jeden erwachsenen Christen empfehlenswert:	☐	☐	☐	☐	☐
— oder (etwas anderes): _____					

_____

III.
- Ich habe mich einer Gruppe angeschlossen;   □ ja   nein □
- Die Gruppe scheint mir aus meiner jetzigen Sicht
  für mein weiteres Leben sehr wichtig;   □ ja   nein □
- Ich habe in der Zwischenzeit – während der letzten
  drei Monate – an weiteren Cursillos teilgenommen;   □ ja   nein □
- Ich habe in der Zwischenzeit an anderen Veranstal-
  tungen, bei denen es um den Glauben ging, teilge-
  nommen;   □ ja   nein □
- Wenn Sie noch etwas Besonderes zu diesen
  Glaubensveranstaltungen sagen könnten, wäre
  ich Ihnen dankbar (z.B. Thema, Art der Durchführung, Ihre Erfahrungen):   _____

_____

_____

IV.

                                      Danke!

(III.)

Anhang 9

IV.

1. Gott „Vater":	Zustimmung			Ablehnung	
	2	1	0	1	2
− sorgt sich um mein Leben;	☐	☐	☐	☐	☐
− gibt meinem Leben Sinn und Erfüllung;	☐	☐	☐	☐	☐
− hat aus Liebe seinen Sohn gesandt, um uns zu retten;	☐	☐	☐	☐	☐
− Ich kann mit Gott in meinem Leben nichts anfangen;	☐	☐	☐	☐	☐
− Ich habe vor Gott eigentlich nur Angst.	☐	☐	☐	☐	☐

Oder: Gott „Vater" ist _____

2. Jesus Christus ist für mich:	2	1	0	1	2
− ein Name, den ich kenne, der aber für mein Leben keine Bedeutung hat;	☐	☐	☐	☐	☐
− ein Freund und Bruder, zu dem ich persönliche Beziehungen habe;	☐	☐	☐	☐	☐
− der lebendige Herr, dem ich im Gebet begegne;	☐	☐	☐	☐	☐
− derjenige, der mich zu guten Beziehungen zu den Menschen verpflichtet;	☐	☐	☐	☐	☐
− der mich zum Einsatz in der Welt für die bessere Welt verpflichtet;	☐	☐	☐	☐	☐
− der Vollender der Welt, und durch meinen Dienst verhelfe ich ihm dazu;	☐	☐	☐	☐	☐
− nur Richter am Ende.	☐	☐	☐	☐	☐

Oder: Jesus Christus ist _____

3. Der heilige Geist ist für mich:	2	1	0	1	2
− die dritte Person der heiligen Dreifaltigkeit, zu der ich aber keine Beziehungen habe,	☐	☐	☐	☐	☐
− der Geist, der die Kirche in der Wahrheit unfehlbar erhält;	☐	☐	☐	☐	☐
− der Geist vom Vater und Sohn, der mich persönlich leitet.	☐	☐	☐	☐	☐

Oder: Der Geist ist für mich _____

4. Die Kirche ist für mich:	2	1	0	1	2
− eine Institution, die auf Jesus Christus zurück-geht, die sich aber kaum von anderen Institutionen unterscheidet;	☐	☐	☐	☐	☐
− Papst, Bischöfe, Priester und das ihnen untertane Volk;	☐	☐	☐	☐	☐
− ist Leib Christi, zu dem ich durch meine Taufe gehöre;	☐	☐	☐	☐	☐
− eine Organisation, die sich für das Gute in der Welt einsetzt.	☐	☐	☐	☐	☐

Oder: Die Kirche ist _____

		Zustimmung		Ablehnung	

5. Die Pfarrei ist für mich:

	2	1	0	1	2
− eine Kirche im Kleinen, wo der Pfarrer als Leiter für alle Vorgänge verantwortlich ist;	□	□	□	□	□
− eine lebendige Gemeinde, von der ich und meine Familie Hilfe erwarten;	□	□	□	□	□
− eine lebendige Gemeinde, in der ich selbst auch Verantwortung übernehme.	□	□	□	□	□

Oder: Pfarrei ist für mich _____

6. Ich bin ein Christ:

	2	1	0	1	2
− weil ich getauft und gefirmt bin;	□	□	□	□	□
− weil ich an der Sonntagsmesse teilnehme;	□	□	□	□	□
− weil ich die Sakramente empfange;	□	□	□	□	□
− weil ich meine Kinder in die Kirche schicke und kirchlich erziehe;	□	□	□	□	□
− weil ich an Jesus Christus glaube und von ihm Heil erwarte.	□	□	□	□	□

Oder: Ich bin ein Christ, weil _____

7. Ich als Christ bin:

	2	1	0	1	2
− verantwortlich für den Frieden und die Gerechtigkeit in der Welt;	□	□	□	□	□
− verantwortlich für die Verbreitung der frohen Botschaft in der Welt;	□	□	□	□	□
− verantwortlich nur für mich und meine Familie;	□	□	□	□	□
− verpflichtet, mich immer für das Gute einzusetzen.	□	□	□	□	□

Oder: Ich als Christ bin verantwortlich _____

8. Glaube ist:

	2	1	0	1	2
− heute eine private Angelegenheit;	□	□	□	□	□
− heute möglich und notwendig für jeden Menschen;	□	□	□	□	□
− nur möglich im Kontakt mit einer lebendigen Gemeinschaft;	□	□	□	□	□
− ein Geschenk Gottes und Antwort des freien Menschen;	□	□	□	□	□
− Glaube ist eine Lebenshilfe, ohne die kein sinnvolles Leben möglich ist.	□	□	□	□	□

Oder: Glaube ist _____

(IV.)

9. Beten ist:	Zustimmung			Ablehnung	
	2	1	0	1	2
– eine Angelegenheit für alte Menschen, die dazu Zeit haben;	▫	▫	▫	▫	▫
– nur in schwierigen Situationen notwendig;	▫	▫	▫	▫	▫
– ist eine Pflicht, die ich erfüllen soll;	▫	▫	▫	▫	▫
– für mich auf die Sonntagsmesse beschränkt;	▫	▫	▫	▫	▫
– für mich eine Quelle, aus der ich Kraft für meinen Alltag bekomme.	▫	▫	▫	▫	▫

Oder: Beten ist für mich _____

10. Heilige Schrift ist für mich:	2	1	0	1	2
– unbekannt, weil ich sie nicht lese;	▫	▫	▫	▫	▫
– wichtig, aber ich verstehe sie nicht genug, oder ich habe keine Zeit, mich mit der Schrift mehr zu beschäftigen;	▫	▫	▫	▫	▫
– sehr wichtig, deswegen lese ich öfters in der Schrift;	▫	▫	▫	▫	▫
– unerläßlich für mein tägliches Beten.	▫	▫	▫	▫	▫

Oder: Heilige Schrift ist für mich _____

11. Mein Einsatz für das Christsein:	2	1	0	1	2
– Ich sehe Möglichkeit, mich aktiv für das Christsein einzusetzen;	▫	▫	▫	▫	▫
– Ich fühle mich zur Verantwortung des Christseins verpflichtet:					
– bei mir selbst;	▫	▫	▫	▫	▫
– in meiner Familie;	▫	▫	▫	▫	▫
– in meiner Gemeinde;	▫	▫	▫	▫	▫
– an meinem Arbeitsplatz.	▫	▫	▫	▫	▫

Oder: Ich sehe meinen Einsatz _____

(IV.)

Anhang 12

Scree-Test für alle drei Gruppen,
um die Faktorenzahl zu bestimmen.

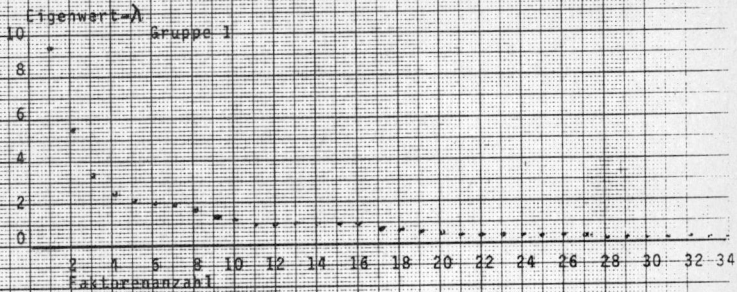

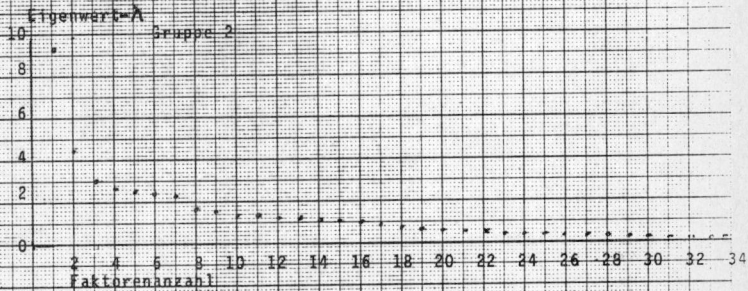

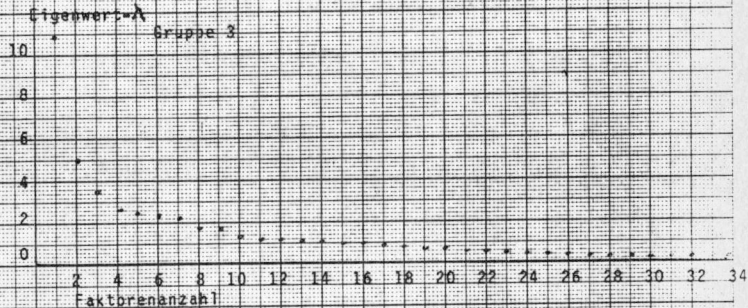

VII Literaturverzeichnis

1. Theologische Literatur

Altaner, Berthold, Patrologie, Freiburg 1938

Althaus, Paul, Der Brief an die Römer, Das Neue Testament Deutsch, Teilband VI, Göttingen [9]1959

Arnold, Franz-Xaver, Seelsorge aus der Mitte der Heilsgeschichte, Pastoral-theologischer Durchblick, Freiburg 1956

Balthasar, von, Hans-Urs, Mysterium paschale, in: MySal Bd 3/II, Einsiedeln-Zürich-Köln 1969, 133-220

Ders., Umkehr im Neuen Testament, in: Communio 6/1974, 481-491

Begriffslexikon zum Neuen Testament, hg. von Coenen, Lothar, Wuppertal 1969

Behm, Johannes - Würthwein, Ernst, metanoeō, metanoia, in: ThWNT, Bd 4, Stuttgart 1942, 913-1001

Beinert, Wolfgang, Christus und der Kosmos, Perspektiven zu einer Theologie der Schöpfung, Freiburg-Basel-Wien 1974

Ben-Chorin, Bruder Jesus. Der Nazaräner in jüdischer Sicht, München 1967

Benning, Alfons, Gabe des Geistes. Zur Theologie und Katechese des Firmsakramentes, Münster 1972

Bertsch, Ludwig, Gottesdienst, in: GeSy, Freiburg 1976, 127-225

Betz, Johannes, Eucharistie, Bd 1, Freiburg-Basel-Wien 1967

Bibel Lexikon, hg. von Haag, Herbert, Zürich 1968

Biblisches Reallexikon, hg. von Kalt, Edmund, Wien 1938

Biemer, Günter, Eingliederung in die Kirche. Pastorale Handreichung für den pastoralen Dienst, Mainz 1972

Ders., Firmung, Theologie und Praxis. Pastorale Handreichungen Bd 6, Würzburg 1973

Bitter, Gottfried, Erlösung - Die religionspädagogische Realisierung eines zentralen theologischen Themas, München 1976

Bless, Willem - van Leeuwen, H., Bildungsarbeit mit dem Holländischen Katechismus, Erfahrungen mit der Glaubensverkündigung für Erwachsene, Freiburg 1969

Böckle, Franz, Das Problem der Sünde, in: HPTh, Bd 4, Freiburg 1969, 115-140

Bommer, Joseph, Befreiung von Schuld, Zürich 1976

Bultmann, Rudolf, Theologie des Neuen Testamentes, Tübingen [7]1977

Bultmann, Rudolf - Weiser, Artur, pisteuō, in: ThWNT, Bd 6, Stuttgart 1958

Buße und Beichte, III. Regens. Ö. Symposion, hg. von Suttner, E.-Christian, Regensburg 1972

Campenhausen, Hans, Griechische Kirchenväter, Stuttgart [3]1955

Cooper, Eugen-J., Buße-Umkehr-Versöhnung, in: Anzeiger, Theologie und Religion aktuell, Freiburg 3/1980, 84-88

Cullmann, Oskar, Die Tauflehre des Neuen Testamentes, Zürich [2]1958

Deissler, Alfons, Die Grundbotschaft des Alten Testamentes. Ein theologischer Durchblick, Freiburg [7]1979

Ders., Die Psalmen, Düsseldorf 1960

Dibelius, Martin - Kümmel, Werner-Georg; Paulus. Sammlung Göschen, Bd 1160, Berlin 1951

Dietrich, Kurt-Erich, Die Umkehr (Bekehrung und Buße) im Alten Testament und im Judentum, Stuttgart 1936

Dreher, Bruno, Das Zweite Vatikanische Konzil und die kath. Erwachsenenbildung, in: EB 2/1966, 65-71

Ders., Glaubensstunden für Erwachsene. Ein Arbeitsbuch mit ausgeführten Modellen, Bde 1-3, Graz 1971ff.

Dreher, Bruno - Lang, Klaus, Theologische Erwachsenenbildung, Graz 1969

Dreißen, Joseph, Diagnose des Holländischen Katechismus. Eine Interpretation, Gütersloh 1969

Dupuy, Bernhard-D., Theologie der kirchlichen Ämter, in: MySal Bd 4/II, Einsiedeln-Zürich-Köln 1973, 488-524

Eger, Josef, Erneuerung des Bußsakramentes, Freiburg 1966

Eichrodt, Walter, Theologie des Alten Testamentes, Göttingen [7]1957

Einübung des Glaubens. Klemens Tilmann zum 60. Geburtstag, hg. von Stachel, Günter - Zehner, Aloys, Würzburg 1965

Emeis, Dieter, Lernprozesse im Glauben. Ein Arbeitsbuch für die Erwachsenenbildung mit dem Holländischen Katechismus, Freiburg 1973

Ders., Wegzeichen des Glaubens, Freiburg 1972

Emeis, Dieter - Schmitt, Karl-Heinz, Kleine Methodik der Erwachsenenbildung in der Kirche, Freiburg 1974

Emeis, Dieter - Schmitt, Karl-Heinz, Grundkurs. Sakramenten-katechese, Freiburg 1980

Evangelischer Erwachsenen Katechismus, Gütersloh 1975

Exeler, Adolf, Umkehr und Buße, in: Mitten in der Welt, 3/1968, 12-43

Exeler, Adolf - Emeis, Dieter, Reflektierter Glaube, Freiburg 1970

Exeler, Adolf - Ortkemper, Franz-Joseph u.a., Zum Thema Buße und Bußfeier, Stuttgart 1971

Die Feier der Buße nach dem neuen Rituale Romanum, Studien-ausgabe, hg. von den Liturgischen Instituten Salzburg-Trier-Zürich, Freiburg-Wien 1974

Feifel, Erich, Erwachsenenbildung. Unterweisen und Verkünden, Theorie und Praxis, Zürich 1972

Ders., Bußerziehung in der Gemeinde, in: Buße, Bußsakrament, Bußpraxis, hg. von E. Feifel, München 1975

Feiner, Johannes, Kommentar zu "Unitatis redintegratio", in: LThK/II, Freiburg 1967, 40-126

Fiedler, Peter, Jesus und die Sünder, Frankfurt 1976

Fohrer, Georg, Studien zu alttestamentlichen Prophetie. Umkehr und Erlösung beim Propheten Hosea, in: Zeitschrift für die alttestamentliche Wissenschaft, Berlin 1967, 222-241

Fromm, Erich, Haben oder Sein. Die seelischen Grundlagen einer neuen Gesellschaft, München 1976

Galli, von, Mario - Moosbrugger, Bernhard, Das Konzil und seine Folgen, Luzern-Frankfurt/M., 1966

Gemeinsame Synode der Bistümer in der Bundesrepublik Deutschland, Offizielle Gesamtausgabe I, Freiburg-Basel-Wien 1976

Gemeinsame Synode der Bistümer in der Bundesrepublik Deutschland, Offizielle Gesamtausgabe II, Ergänzungsband, Freiburg-Basel-Wien 1977

Gerken, Alexander, Jesus unter uns. Was geschieht in der Eucharistiefeier, Münster 1977

Ders., Theologie der Eucharistie, München 1973

Glaubensverkündigung für Erwachsene,(Deutsche Ausgabe des Holländischen Katechismus, Freiburg 61972

Gogarten, Friedrich, Jesus Christus, Wende der Welt. Grundfragen zur Christologie, Tübingen 1966

Goppelt, Leonhard, Theologie des Neuen Testamentes I, Göttingen 1975

Gott feiern. Theologische Anregung und geistliche Vertiefung zur Feier von Messe und Stundengebet, hg. von Josef Plöger, Freiburg 1980

Gozzini, Mario, Die Beziehungen zwischen den Laien und der Hierarchie, in: De ecclesia Bd 2, hg. von G. Barauna,Freiburg 1966, 327-348

Grillmeier, Aloys, Kommentar zur Konstitution "Lumen Gentium", in:LThK/I, Freiburg 1966, 156-210

Günther, Walter, Sünde, in: BLzNT, Bd 3, Wuppertal 1972, 1192-1204

Hamman, Adalbert, Das Christusereignis als Tat des Sohnes, in: MySal, Bd 3/I, Einsiedeln-Zürich-Köln 1970, 89-103

Handbuch der Pastoraltheologie, Bde 1-4, Freiburg-Basel-Wien 1964ff.

Handbuch der Liturgiewissenschaft, 2 Bde, hg. von Martimort, Aimé-Georges, Freiburg 1965

Häring, Bernhard, Frei in Christus. Moraltheologie für Praxis des christlichen Lebens, Bde 1-2, Freiburg 1979f.

Hausmann, Susi, Buße als Umkehr und Erneuerung von Mensch und Gesellschaft, Zürich 1975

Hildebrand, von, Dietrich, Die Umgestaltung in Christus. Gesammelte Werke, Regensburg 1971

Hoffer, Margarete, Metanoia (Bekehrung und Buße) im Neuen Testament, (Diss. Theol.), Tübingen 1947

Holleday, William, The root subh in the Old Testament with particular Reference to its Usages convenantal contexts, Leiden 1958

Holzner, Josef; Paulus, sein Leben und seine Briefe, Freiburg 1937

Ders., Rings um Paulus. Blicke in die Umwelt und Innenwelt des Apostels, München 1947

Hungs, Franz-Josef, Erwägungen zum gegenwärtigen Problemfeld einer theologischen Weiterbildung/Erwachsenenbildung in freier, kirchlicher Trägerschaft, in: LS 26/1975, 65-74

Ders., Theologische Erwachsenenbildung als Lernprozeß, Mainz 1976

Ders., Theologisches Grundseminar. Eine neue oder eine bewährte Arbeitsform der theologischen Erwachsenenbildung, in: KatBl 1/1979, 63-70

Ders., Zwischen Euphorie und Enttäuschung. Selbstkritische Bemerkungen zur gegenwärtigen Praxis und Theorie in der th. Erwachsenenbildung, in: EB 24/1978, 81-88

Jeremias, Joachim, Neutestamentliche Theologie, Gütersloh 1971

Jellouscheck, Hans - Imhasly, Andreas, Freier leben. Gemeinde-seminar zu kommunikativer und kreativer Freizeitgestaltung, Freiburg 1973

Kaiser, Otto, Einleitung in das Alte Testament, Gütersloh [3]1975

Kasper, Walter, Christsein ohne Entscheidung oder soll die Kirche Kinder taufen, Mainz 1970

Ders., Jesus der Christus, Mainz [7]1978

Ders., Wesen und Formen der Buße, in: KatBl 92/1967, 737-753

Kasper, Walter - Lehmann, Karl, Die Heilssendung der Kirche in der Gegenwart. Pastorale Handreichung für den pastoralen Dienst, Mainz 1970

Klostermann, Ferdinand, Gemeinde - Kirche der Zukunft. Thesen, Dienst, Modelle, Freiburg-Basel-Wien 1974

Knierim, Rolf, Die Hauptbegriffe für Sünde im Alten Testament, Gütersloh 1965

Koch, Robert, Erlösungstheologie (Gen 1-11), Frankfurt 1965

Küng, Hans, Die Kirche, Freiburg-Basel-Wien [2]1978

Ders., Was ist Firmung. Theologische Meditationen, Zürich-Einsiedeln-Köln 1976

Kuss, Otto, Der Brief an die Hebräer, Regensburger Neues Testament, Bd 8, hg. von Alfred Winkenhauser und Otto Kuss, Regensburg 1966

Labroudette, Michel, Die Berufung aller Glieder der Kirche zur Heiligkeit, in: De ecclesia Bd 2; hg. von G.Barauna,Freiburg 1966, 351-361

Laubach, Fritz, Bekehrung, Buße, Reue, in: BLzNT, Bd 1, Wuppertal 1967, 69-74

Lehmann, Karl, Die verlorene Fähigkeit zur Umkehr, in: Communio 5/1978, 385-390

Ders., Gegenwart des Glaubens, Mainz 1974

Leroy, Herbert, Begriffe für Sünde und Vergebung im Alten Testament, in: Chance der Umkehr. Ein Arbeitsbuch für die Erwachsenenbildung zu Buße und Beichte, hg. von Peter Müller, Stuttgart 1978, 32-34

Ders., Zur Vergebung der Sünden. Die Botschaft der Evangelien, Stuttgarter Bibel-Studien, Stuttgart 1973

Lexikon für Theologie und Kirche, Bde 1-10, hg. von Josef Höfer und Karl Rahner, Freiburg 1957ff.

Lohfink, Gerhard, Paulus vor Damaskus, Stuttgarter Bibel-Studien, Stuttgart 1965

Löhrer, Magnus, Die Hierarchie im Dienst des christlichen Volkes, in: De ecclesia Bd 2, hg.von G. Barauna, Freiburg 1966, 9-24

McKenzie, John-L., Geist und Welt des Alten Testamentes, Luzern 1962

Michel, Otto, metamelomai, 'ametamelētos, in: ThWNT, Bd 4

Mühlen, Heribert, Das Christusereignis als Tat des Heiligen Geistes, in: MySal, Bd 3/II, Einsiedeln-Zürich-Köln 1969, 513-545

Ders., Der Heilige Geist als Person, in der Trinität, bei der Inkarnation und im Gnadenbund Ich-Du-Wir, Münster, zweite erweiterte Auflage, 1966

Ders., Die Geisteserneuerung des christlichen Glaubens. Charisma, Geistbefreiung, München 21976

Ders., Una persona mystica. Die Kirche als das Mysterium der Identität des Heiligen Geistes in Christus und den Christen: Eine Person in vielen Personen, zweite erweiterte Auflage, München-Paderborn-Wien 1967

Mourits, H. A., Grundthemen des Holländischen Katechismus, München 1968

Mußner, Franz, Traktat über die Juden, München 1979

Mysterium salutis, Bde 1-5, hg. von Johannes Feiner und Magnus Löhrer, Einsiedeln-Zürich-Köln 1965ff.

Neues Glaubensbuch. Der gemeinsame christliche Glaube, hg. von Johannes Feiner und Lukas Vischer, Freiburg 71973

Neuhäusler, Engelbert, Anspruch und Antwort Gottes, Düsseldorf 1962

Ortkemper, Franz-Joseph, Der Ruf zur Umkehr in der Bibel, in: Zum Thema Buße und Bußfeier, hg. von Adolf Exeler u.a., Stuttgart 1971

Papst Johannes-Paul II., Über das Geheimnis der heiligsten Eucharistie, hg. vom Sekretariat der BDK, Bonn 1980

Pesch, Otto-Hermann, Buße konkret-heute, Zürich 1974

Ders., Die Zehn Gebote, Mainz 1976

Pesch, Rudolf, Das Markus Evangelium, Herders theologischer Kommentar zum Neuen Testament, Bde 1-2, Freiburg 1976f.

Philips, Gérard, Die Geschichte der dogmatischen Konstitution über die Kirche "Lumen gentium", LThK/I, Freiburg 1966, 139-155

Pöggeler, Franz Der Mensch in Mündigkeit und Reife, Paderborn 1964

Pohlmann, Hermann, Die Metanoia als Zentralbegriff der christlichen Frömmigkeit, Leipzig 1928

Poschmann, Bernhard, Paenitentia secunda. Die kirchliche Buße im ältesten Christentum, Bonn 1940

Praktisches Bibel Lexikon, hg. von Anton Grabner-Haider, Freiburg 1969

Rad, von, Gerhard, Theologie des Alten Testamentes, Bde 1-2, München [6]1975

Rahner, Karl, Grundkurs des Glaubens. Einführung in den Begriff des Christentums, Freiburg-Basel-Wien 1976

Ders., Laienbeichte, in: LThK, Bd 6, Freiburg 1961, 741-742

Ders., Sündige Kirche nach den Dekreten des Zweiten Vatikanischen Konzils, ST IV, Zürich [2]1964, 321-347

Ders., Vergessene Wahrheiten über das Bußsakrament, ST II, Zürich [7]1964, 143-185

Ders., Kirche und Sakramente, Questiones Disputatae, hg. von Karl Rahner - Heinrich Schlier, Freiburg 1970

Ders., Bußsakrament, in: LThK, Bd 2, Freiburg 1957, 826-838

Rahner, Karl - Vorgrimler, Herbert, Kleines Konzilskompendium, Freiburg 1966

Ratzinger, Joseph, Metanoia als Grundbefindlichkeit christlicher Existenz, in: Buße und Beichte, hg. von E. Chr. Suttner, Regensburg 1972, 21-37

Ders., Was heißt Erneuerung der Kirche, in: Diakonia 6/1966, 65-71

Regli, Sigisbert, Firmsakrament und christliche Entfaltung, in: MySal, Bd 5, Einsiedeln-Zürich-Köln, 1976, 297-347

Report über den Holländischen Katechismus. Dokumente-Berichte-Kritik, hg. von G. Beekmann, Freiburg 1969

Robert, Louis - Feuiller, A., Einleitung in die Heilige Schrift, Freiburg 1973

Ruf, K.-Ambrosius, Sünde, Buße, Beichte, Regensburg 1976

Ders., Sünde - was ist das?, München 1972

Rück, Werner, Erwachsenenkatechese und kommunikativer Lernprozeß in der christlichen Gemeinde, (Diss. theol.), Wien 1979

Sacramentum mundi. Theologisches Lexikon für Praxis, Bde 1-4, hg. von Karl Rahner - Adolf Darlap u.a., Freiburg-Basel-Wien 1967ff.

Sasse, Hermann, kosmeō, kosmos, in: ThWNT, Bd 3, Stuttgart 1938

Schelkle, K.-Heinrich, Theologie des Neuen Testamentes, Bde 1-3, Düsseldorf 1970

Schillebeeckx, Eduard, Jesus. Eine Geschichte des Lebenden. Freiburg-Basel-Wien 1976

Schilson, Arno - Kapser, Walter, Christologie im Präsens. Kritische Sichtung neuer Entwürfe, Freiburg-Basel-Wien [4]1974

Schiwy, Günther, Weg ins Neue Testament, Würzburg 1965

Schlier, Heinrich, Besinnung auf das Neue Testament, Freiburg 1964

Ders., Der Brief an die Epheser, Düsseldorf 1957

Ders., Der Römerbrief, Herders theologischer Kommentar zum Neuen Testament, Bd 6, Freiburg 1977

Ders., Die Zeit der Kirche. Exegetische Aufsätze und Vorträge, Freiburg 1966

Schlink, Edmund, Die Lehre von der Taufe, Handbuch des evangelischen Gottesdienstes V: Der Taufgottesdienst, Kassel 1970

Schlößer, Felix, Schuldbekenntnis-Vergebung-Umkehr, Limburg 1971

Schnackenburg, Rudolf, Christliche Existenz nach dem Neuen Testament. Abhandlungen und Vorträge, München 1967

Schneider, Georg, Die Idee der Neuschöpfung beim Apostel
Paulus und ihr religionsgeschichtlicher Hintergrund,
in: Trierer theologische Zeitschrift 69/1959, 257-270

Schneider, Theodor, Zeichen der Nähe Gottes, Grundriß der
sakramentalen Theologie, Mainz 1979

Schniewind, Joseph, Die Freude der Buße, Göttingen 1960

Schnitzler, Theodor, Was die Messe bedeutet. Hilfen zur
Mitfeier, Freiburg 1976

Schönweiß, Hans, Gebet, in: BLzNT, Bd 1, hg. von L. Coenen,
Wuppertal 1969, 421-433

Schoonenberg, Piet, Theologie der Sünde. Ein theologischer
Versuch, Einsiedeln-Zürich-Köln 1966

Schulte, Raphael, Das Christusereignis als Tat des Vaters,
in: MySal, Bd 3/I, Einsiedeln-Zürich-Köln 1970, 477-646

Ders., Die Mysterien der "Vorgeschichte", in: MySal, Bd 3/II,
Einsiedeln-Zürich-Köln 1969, 23-57

Ders., Die Umkehr (Metanoia) als Anfang und Form christlichen
Lebens, in: MySal, Bd 5, Einsiedeln-Zürich-Köln 1976,
117-221

Schürmann, Heinz, Das Lukasevangelium, Herders theologischer
Kommentar zum Neuen Testament, Bd 4, Freiburg 1969

Schütz, Christian, Das Mysterium des öffentlichen Lebens Jesu,
in: MySal, Bd 3/II, Einsiedeln-Zürich-Köln 1969, 58-124

Seidensticker, Philipp; Paulus der verfolgte Apostel Jesu
Christi, Stuttgarter Bibelstudien, Stuttgart 1965

Semmelroth, Otto, Gott und Mensch in Begegnung. Ein Durchblick
durch die katholische Glaubenslehre, Frankfurta/M. 1955

Stoeckle, Bernhard, Erlöst. Grundkonzept christlichen Daseins,
Stuttgart 1973

Tatschow, C-Hermann, Die eine christliche Taufe, Gütersloh 1972

Theologisches Handwörterbuch zum Alten Testament, hg. von
Ernst Jenni - Claus Westermann, Zürich 1976

Theologisches Wörterbuch zum Neuen Testament, Bde 1-10, hg. von
Gerhard Kittel, Stuttgart-Tübingen 1933ff.

Thyen, Hartwig, Studien zur Sündenvergebung im Neuen Testament,
und seinen alttestamentlichen und jüdischen Voraussetzungen,
FRLANT 96, Göttingen 1970

Trilling, Wolfgang, Die Botschaft Jesu. Exegetische Orientie-
rungen, Freiburg 1978

Ders., Christusverkündigung in den synoptischen Evangelien,
Leipzig 1969

Ders., Hausordnung Gottes, Leipzig 1960

Ders., Metanoia als Grundforderung der neutestamentlichen
Lebenslehre, in: Einübung des Glaubens, Festschrift für
Kl. Tilmann, hg. von G. Stachel und A. Zenner, Würzburg 1965,
178-190

Völkl, Richard, Dienende Kirche - Kirche der Liebe, Freiburg
1969

Vorgrimler, Herbert, Der Kampf des Christen mit der Sünde,
in: MySal, Bd 5, Einsiedeln-Zürich-Köln 1976, 349-383

Welte, Bernhard, Von Wesen und Unwesen der Religion,
Frankfurt 1952

Wendland, Heinz-Dietrich, Ethik des Neuen Testaments (Ergän-
zungsreihe 4), Göttingen 1970

Wiederkehr, Dietrich, Entwurf einer systematischen Christologie,
in: MySal, Bd 3/I, Einsiedeln-Zürich-Köln 1970, 447-646

Wikenhauser, Alfred, Die Christusmystik des Apostels Paulus,
Freiburg ²1956

Wolff, Hans-Walter, Das Thema "Umkehr" in der alttestamentlichen Prophetie, in: ZThK 48/1951, 129-148

Wörterbuch zum Neuen Testament, hg. von X.-Leon Dufour,
Freiburg-Basel-Wien 1964

Ziegenaus, Anton, Umkehr-Versöhnung-Friede, Freiburg-Basel-
Wien 1975

Zimmermann, Dietrich, Erneuerung des Katechumenats in Frankreich und seine Bedeutung für Deutschland, (Diss.Theol.),
Münster 1974

Zulehner, Paul-Michael, Umkehr: Prinzip und Verwirklichung.
Am Beispiel der Beichte, Frankfurt a.M. 1979

2a. Quellen zur Cursillobewegung

Arbeitsgemeinschaft der Diözesansekretariate der Cursillobewegung (ADC), Hg.: Was sind die Cursillos?, Wien o.J.

Dies., Das Brausen des Geistes. Aufsätze, Studien und Anregungen für Cursillistas, Wien 1972

Dies., Fundamente. Beiträge zum Eigentlichen der Cursillobewegung, Wien 1979

Dies., Richtlinien für die Mitarbeiter des Cursillo, Wien [2]1971

Dies., Richtlinien, um den Cursillo zu halten, Wien o.J.

Bonnin, Eduardo - Fernandez Miguel, Entstehung und Methodik
des Cursillo, hg. von ADC Wien 1974

Cascales, Josef-Garcia, Das Wesen des Cursillo, Wien 1963

Ders., Die Gruppe, Wien o.J.

Ders., Die gerade Straße. Der Cursillo in seinem Wesen,
Wien 1974

Ders., Die christliche Freundschaftsgruppe. Ein Lexikon für
Theorie und Praxis, Wien 1974

Ders., Zertretene Millionen, Wien [5]1975

Ders., Für eine Kirche in Bewegung. Worauf es ankommt beim
Cursillo, Wien o.J.

Ders., Bund der Freundlichkeit, Wien [10]1972

Ders., Aus dem Rucksack eines Wanderers. Über den Cursillo,
vier Cursillistas. Im Dienste der Kirche und der Welt.
Gesammelte Artikel zum 25jährigen Priesterjubiläum, Wien o.J.

Ders., (Kleinschriften und Broschüren)
- Faustregeln für Apostel, Wien o.J.
- Die Kraft der Hoffnung, Wien 1968
- Mündiger Glaube, Wien 1970
- Die Sakramente. Rendez-vous der Liebe, Wien 1971
- Jesus Christus Weltprovokation, Wien 1973
- Fähig der Verantwortung, Wien 1973
- Ein Manifest für das Apostolat, Wien 1974
- Die Kirche Christi - eine Utopie?, Wien 1975
- Schreie aus der Seele, Wien 1976
- Gotteserfahrung - Christuserlebnis, Wien [2]1978
- Mensch und Christ sein. Aber wesentlich, Wien [2]1979

Cascales, Josef-Garcia u.a., Das Zeugnis des Cursillo, Wien 1966

Hervas, Juan, Cursillo-Handbuch, hg. von ADC, Wien 1962

2 b. Sekundäre Literatur zur Cursillobewegung

Meinhold, Peter, Außenseiter in der Kirche, Freiburg 1977

Schneller, Wolfgang, Cursillo - das Tauferlebnis des Getauften,
in: Erneuerung in Kirche und Gesellschaft, Paderborn 4/1978,
24-26
Ders., Komm und sieh! Weg und Erfahrung des Cursillo. Oder:
Zum Erlebnis des Wesentlichen im Christentum (unveröffent-
lichtes Manuskript)

Schnorbach, Norbert, "Christliche Freundschaftsgruppe" und
"Basisgemeinde". Untersuchungen zur Cursillo-Bewegung im
deutschsprachigen Raum und zu ihrem Gemeindeverständnis,
(Diplomarbeit), Tübingen 1980

Schwan, Rita, Cursillo - Chancen und Grenzen einer neuen
spirituellen Bewegung, (Diplomarbeit), Würzburg 1980

2 c. Zeitschriften der Cursillobewegung

Cursillo. Für eine Kirchenbewegung, (von 1964-1969 mit dem
Titel: Das Karat). Hg. von ADC und CAD

Cursillo-Information, hg. vom Cursillosekretariat, Rottenburg/N.
(von 1970-1974)

Cursillo-Haus. Nachrichten aus Oberdischingen, hg. vom
Cursillo-Haus, Oberdischingen seit 1976

Mitarbeiter-Brief. Handreichungen für Cursillo-Mitarbeiter
in der BRD, hg. von dem Leitungsteam der CAD, seit 1977

3. Literatur zum empirisch-analytischen Teil

Atteslander, Peter, Methoden der empirischen Sozialforschung, Berlin ²1975

Bäumler, Christof u.a., Methoden der empirischen Sozialforschung in der praktischen Theologie. Eine Einführung, München 1976

Beutel, Peter - Küffner, Helmuth, SPSS - Statistik-Programm-System für die Sozialwissenschaften, Stuttgart 1976

Buggle, Franz, Empirische Untersuchung über weltanschauliche Einstellungen heutiger deutscher Universitätsstudenten, (Diss.Phil.),Freiburg 1965

Claus, Günther - Ebner, Heinz, Grundlagen der Statistik für Psychologen, Pädagogen und Soziologen, Frankfurt 1972

Cohen, John - Cohen, P., Applied multiple regression for the behavioral Sciences. Correlation analysis, Hillshale, N.J. 1975

Friedrichs, Juergen, Methoden der empirischen Sozialforschung, Reinbek bei Hamburg, 1973

Hartmann, Hans, Weltanschauliche Einstellung heutiger westdeutscher Primaner, Deutsches Jugendinstitut, München 1969

Havers, Norbert, Der Religionsunterricht - Analyse eines unbeliebten Fachs - eine empirische Untersuchung, München 1978

König, René, Handbuch der empirischen Sozialforschung, Bd 1, Stuttgart 1962

Ders., Das Interview. Praktische Sozialforschung, Bd 1, Köln-Berlin ²1966

Lienert, Adolf-Gustav, Testaufbau und Testanalyse, Weinheim 1961

Mayer, Frumentia, Entwicklungslogik und Reziprozität kommunikativer Ethik, (Diss.Psych.), Freiburg 1980

Petermann, Franz, Veränderungsmessung, Stuttgart 1978

Überla, Karl, Faktorenanalyse, Berlin 1971

Veldman, Donald-John, FORTRAN programming for the behavioral Sciences, New York 1967

Wittmann, Walter, Faktorenanalytische Modelle. Methodenstudien und Probleme der Reproduzierbarkeit, (Diss.Phil.), Freiburg 1977

Zimmermann, Peter, Eine Untersuchung über die Meinungen und Haltungen der Studenten der Justus-Liebig-Universität, Gießen, zu einigen Fragen der Universität, des Studiums und deren Reform, (Diss. Phil.), Freiburg 1971